Phillip Ziegler / Tobey Hiller
Verliebt, verlobt und dann ...?
Paartherapie – lösungsorientiert

Dieses Buch ist drei Paaren gewidmet,
die einen Unterschied machen:

Sam und Emma
Ethan und Lisa
Josh und Jan

Phillip Ziegler / Tobey Hiller

Verliebt, verlobt und dann …?

Paartherapie – lösungsorientiert

borgmann

Dieses Buch erschien unter dem Titel *Recreating Partnership. A Solution-Oriented, Collaborative Approach to Couples Therapy* bei W.W. Norton, New York-London, 2001. Alle Rechte vorbehalten.

Aus dem Englischen übersetzt von Brigitte und Hartwig *Eckert* (Medelby).

Herausgeberische Betreuung: Jürgen Hargens

© 2004 verlag modernes lernen, Borgmann KG, D - 44139 Dortmund
Edition: borgmann publishing

Gesamtherstellung: Löer Druck GmbH, Dortmund

Bestell-Nr. 8332   ISBN 3-86145-261-8

Urheberrecht beachten!
Alle Rechte der Wiedergabe dieses Fachbuches zur beruflichen Weiterbildung, auch auszugsweise und in jeder Form, liegen beim Verlag. Mit der Zahlung des Kaufpreises verpflichtet sich der Eigentümer des Werkes, unter Ausschluss der § 52a und § 53 UrhG., keine Vervielfältigungen, Fotokopien, Übersetzungen, Mikroverfilmungen und keine elektronische, optische Speicherung und Verarbeitung (z.B. Intranet), auch für den privaten Gebrauch oder Zwecke der Unterrichtsgestaltung, ohne schriftliche Genehmigung durch den Verlag anzufertigen. Er hat auch dafür Sorge zu tragen, dass dies nicht durch Dritte geschieht.

Zuwiderhandlungen werden strafrechtlich verfolgt und berechtigen den Verlag zu Schadenersatzforderungen.

Inhalt

Vorwort
Andrea Ebbecke-Nohlen — 7

Danksagung — 11

Einleitung — 13

Kapitel 1
Geschichten, die Paare leben:
Geschichten, Wahrnehmung und Bedeutungsgebung im Beziehungsleben — 21

Kapitel 2
Grundlegende Arbeitsvoraussetzungen — 47

Kapitel 3
Aktive Neutralität:
Ein Arbeitsbündnis mit beiden Partnern schaffen — 77

Kapitel 4
Den Griff lockern, in dem uns die Erzählung mit schlechter Geschichte hält:
Problemsprache, die einen Unterschied macht — 99

Kapitel 5
Therapeutisch wohl definierte Ziele ko-konstruieren:
Zielvorstellungen und Transformation — 131

Kapitel 6
Die Erzählung mit *guter Geschichte* wieder beleben:
Erfolgsgeschichten und Ausnahmen gemeinsam verfassen — 163

Kapitel 7
Skalierungsfragen:
Zahlen können einen Unterschied machen — 187

Kapitel 8
Konversationen, die Perspektiven verschieben:
Empathie und die Erzählung mit *guter Geschichte* verdichten — 213

Kapitel 9
Die Sitzung beenden — 233

Kapitel 10
Von „Schön, dass Sie wieder da sind" bis „Auf Wiedersehen":
Von der zweiten Sitzung bis zur Beendigung der Therapie 261

Kapitel 11
Paartherapie mit nur einem Partner 283

Kapitel 12
Koda 313

Literatur 325

Personenverzeichnis 334

Vorwort

Phillip ZIEGLER und Tobey HILLER stellen mit ihrem paartherapeutischen Ansatz *Recreating Partnership Therapy* eine neue Form von Paartherapie vor, die den Anspruch erhebt, effektiver mit Paaren zu arbeiten und sie dabei zu unterstützen, die Qualität ihrer Beziehungen zu verbessern. Nachdem sich auf dem Markt systemisch orientierter Publikationen inzwischen einige Bücher zum Thema Paarthorapie finden lassen, fehlte doch bislang ein Werk, das lösungsorientierte, narrative und kollaborative psychotherapeutische Ansätze zusammenführte und für den Kontext Paartherapie passend machte.

Die AutorInnen stellen auf sehr anschauliche Weise ihren paartherapeutischen Ansatz dar und machen auf die vielen Möglichkeiten aufmerksam, mit denen Paare es schaffen, ihre Beziehung mehr oder weniger erfolgreich zu gestalten. Sie wecken Neugier auf die je eigenen einzigartigen Lösungsgeschichten, die Paare in Paartherapien erzählen können, wenn man sie denn zum Erzählen „guter Geschichten" einlädt.

Auf der Suche nach wirksameren Formen der Paartherapie fanden Tobey HILLER und Phillip ZIEGLER heraus, dass zum Gelingen einer Paartherapie entscheidend ist, wie früh Partner ihre Stärken als Individuen und als Paar erkennen und ihre Motivation für eine gemeinsame erwünschte Zukunft weiterentwickeln können.

Die AutorInnen hinterfragen in ihrem Buch zunächst ein paar Grundannahmen klassischer Paartherapie. Sie bezweifeln nachvollziehbarerweise, dass der Erfolg einer Paartherapie davon abhängt, dysfunktionale Kommunikationsmuster zu benennen, Kommunikationsfähigkeiten zu vermitteln oder Einsicht in die jeweils vorhandene destruktive Beziehungsdynamik zu fördern. Sie lehnen es folglich auch ab, sich auf das zu konzentrieren, was ein Paar falsch macht, sondern richten ihren Fokus auf die zukünftigen Möglichkeiten, die vergangenen Erfolge, die Stärken und die Ressourcen eines Paares. Sie lassen sich hierbei von der lösungsorientierten Arbeitsweise von Insoo Kim BERG und Steve DE SHAZER, von dem narrativen Vorgehen von Michael WHITE und David EPSTON, den kollaborativen Ansätzen von Tom ANDERSEN und Harry GOOLISHIAN und der sozial-konstruktionistischen Herangehensweise von Kenneth GERGEN anregen und beeinflussen. Das therapeutische Gespräch erscheint dabei als ein Übergangsritual, in dem eine besondere Atmosphäre geschaffen wird, in der wiederum Veränderungen angesprochen und in Gang gesetzt werden können. Durch die zahlreichen Transkripte verschiedener Paartherapien in ganz unterschiedlichen therapeutischen Situationen gewinnt die LeserIn einen guten Einblick in die Art und Weise, mit der die AutorInnen ihren Ansatz in die Praxis umsetzen.

Die *Recreating Partnership Therapy* stellt sechs Prämissen für die paartherapeutische Arbeit auf: Paartherapie sollte zukunfts- und nicht vergangenheitsorientiert sein. Sie sollte auf Stärken und nicht auf Schwächen aufbauen, sie sollte Krisen als vorübergehend sehen und nicht als Ausdruck dysfunktionaler Muster. Paartherapie sollte den DE SHAZERschen Satz beherzigen, dass Problemgespräche Probleme und Lösungsgespräche Lösungen hervorbringen. Sie sollte sich überwiegend auf die wechselseitige Wahrnehmung beider Partner, also auf deren Beschreibungen und Bewertungen des Verhaltens des jeweils anderen beziehen und weniger auf das tatsächliche Verhalten selbst. Paartherapie sollte in einem kooperativen und konsultativen Rahmen das ExpertInnenwissen der KlientInnen nutzen und Therapeutinnen eher zu einer Haltung der „Neugier" und des „Nichtwissens" einladen.

In einer gelungenen Mischung aus ressourcenorientiertem, lösungsfokussiertem und narrativem Vorgehen geht die *Recreating Partnership Therapy* verschiedene methodische Schritte. Sie relativiert zunächst die vom Paar beklagten Probleme in der Partnerschaft, in dem sie Krisen und Konflikte normalisiert und ihnen damit das Pathologische nimmt. In diesem Zusammenhang werden viele konkrete Fragebeispiele und verschiedene Interviewtechniken vorgestellt, so z.B. Umdeutungen, Externalisierungen, Bewältigungs- und Auswegsfragen.

In der Folge machen Phillip ZIEGLER und Tobey HILLER die „gute Geschichte" eines Paares zum Ausgangspunkt für die Entdeckung weiterer Ressourcen. Dabei werden die DE SHAZERschen Unterscheidungen von Besuchenden, Klagenden und KundInnen für den Kontext Paartherapie genutzt. Die verschiedenartigen Erwartungen eines Paares an eine Therapie und die damit einhergehende besondere Situation während der Auftragsklärung lässt sich mit Hilfe dieser Rollenunterscheidungen leichter erfassen. Zudem ermöglicht sie es der TherapeutIn, ebenfalls unterschiedliche Rollen einzunehmen und zwischen ihnen zu wechseln und sich einmal als GastgeberIn, ein anderes Mal als Mitfühlende oder ein weiteres Mal als KonsultantIn zu zeigen.

In der *Recreating Partnership Therapy* erarbeiten die TherapeutInnen mit einem Paar ausgehend von der jeweiligen Auftragslage wohl formulierte Ziele und bringen diese mit den in Frage kommenden Lösungsmöglichkeiten in Verbindung. Die Unterschiede beider Partner und besonders ihre verschiedenartigen individuellen Interpretationen werden dabei als Ressourcen genutzt. Ausnahmen und Erfolge spielen für die Zielfindung eine besondere Rolle. Besondere Bedeutung kommt dabei den positiv orientierten Selbstgesprächen und der Kommentierung von Selbst- und Fremdwahrnehmung zu. Durch die Verknüpfung der therapeutischen Ziele mit den Mitteln, die einem Paar potentiell zur Verfügung stehen, kann ein Handlungsplan für weitere Veränderungen entworfen werden.

Die einer systemisch versierten LeserIn bereits bekannten Skalierungsfragen erscheinen im Kontext Paartherapie in einem neuen Licht. Zahlen können eben einen Unterschied machen, der einen Unterschied macht. Sie formen durch die Quantifizierung eher weiche Äußerungen, wie die Bewertung von Fortschritt, Hoffnung, Vertrauen, Motivation und das Gefühl von Sicherheit in härtere Daten um, die das Selbstbild beziehungsweise die Einschätzung des Partners messbar und damit vergleichbar mit der Sichtweise des anderen machen. Auch die Wunderfrage wird für den paartherapeutischen Bereich neu beleuchtet. Sie ermöglicht einen gemeinsamen kreativen Such- und Findeprozess und erleichtert das Gestalten und Ausschmücken von Zielbildern.

Aus europäischer Sicht würde man sich bei der Lektüre manchmal eine weniger dichotomistische Unterteilung der Erlebniswelt in „gut" und „schlecht" und damit in „gute" und „schlechte" Geschichten wünschen, wie es im amerikanischen Kulturkreis so beliebt ist. Statt dessen würde man vielleicht gern einmal einen Blick auf das „Gute" in der „schlechten" Geschichte werfen und damit der Frage nachgehen, wofür das Verhalten, das Gegenstand der „schlechten" Geschichte ist, auch ein Lösungsversuch und wofür das Erzählen der „schlechten" Geschichte wichtig sein könnte.

Dieses Buch ist jedoch besonders durch die vielen anregenden Transkripte therapeutischer Sequenzen und die damit in Zusammenhang gebrachten theoretischen Ausführungen mit entsprechenden Rückgriffen auf unterschiedliche therapeutische Richtungen eine Bereicherung für alle, die sich mit Paartherapie beschäftigen. Es stellt sowohl für alte Häsinnen und Hasen, die sich schon lange auf dem Acker der Paartherapie tummeln, eine spannende Lektüre dar als auch für Neulinge, die sich in diesem Feld erst noch bewähren wollen und nach praktischen Vorgehensweisen und gangbaren Wegen suchen, sich in

Konflikten und Krisen, „schlechten Geschichten" und wechselseitigen Abwertungen von Paaren nicht zu verlieren oder zu verirren.

Heidelberg, im März 2004 *Andrea Ebbecke-Nohlen*

Danksagung

Am Zustandekommen dieses Buches waren viele Menschen beteiligt – viel zu viele, als dass man sie alle hier aufzählen könnte. Aber einige müssen unbedingt erwähnt werden. Wir möchten folgenden Menschen danken:

FreundInnen und KollegInnen, die uns unterstützt haben: Dr. Pepper Schwartz, Dr. Michael Hoyt, Dr. Scott Miller, Kim Chernin und Renate Stendhal.

Unseren ehemaligen LehrerInnen: Ike Sofaer, Dick Korn, Eva und Al Leveton, M.D.

PraktikerInnen und TheoretikerInnen, die uns in unseren Ideen und in unserer Praxis durch ihre Workshops und Bücher beeinflusst haben: Insoo Kim Berg und Steve de Shazer, John Walter und Jane Peller, Harlene Anderson, Michael White, David Epston und Karl Tomm.

Teilnehmern an der SFT-L listserv, von denen Phil genügend gute Ideen übernommen hat, um die Zeit zu rechtfertigen, die er von der Arbeit an diesem Buch abzweigte, um on-line zu gehen.

Unseren HerausgeberInnen bei W. W. Norton, Deborah Malmud und Casey Ruble, die dafür sorgten, dass wir uns richtig ausdrückten, damit das, was wir zu sagen haben, auch etwas bewirken möge.

TeilnehmerInnen und Trainees an Workshops, deren Enthusiasmus uns anfeuerte und deren kritische Fragen uns ständig zu größeren Anstrengungen herausforderten.

Allen unseren Freunden, besonders denen in Hurd's Gulch, die im Hintergrund blieben.

Den Paaren, unseren wichtigsten Lehrmeistern, die uns Zugang zu ihrem Leben gewährten und uns lehrten, wie man helfen kann.

Und schließlich und vor allem: uns gegenseitig für all die wunderbaren Geschichten.

Einleitung

Im Verlauf unserer beider zusammengerechnet 45 Jahre therapeutischer Tätigkeit haben uns immer wieder die vielfältigen Möglichkeiten beeindruckt und fasziniert, mit denen Paare[1] es schaffen, ihre Beziehung erfolgreich zu gestalten (und wir sind auch immer wieder erstaunt über die kreativen Möglichkeiten, die sie finden, um ihre Beziehung alles andere als erfolgreich zu gestalten). Wir stellen den folgenden berühmten ersten Satz aus Tolstois *Anna Karenina* in Frage: „Alle glücklichen Familien ähneln einander; jede unglückliche Familie aber ist auf ihre eigene Art unglücklich." (Tolstoi, *Anna Karenina*, Artemis & Winkler, 1999, S. 7). Wir sind zu einem anderen Schluss gekommen: Wie auch immer die Gemeinsamkeiten beschaffen sein mögen, so haben dennoch alle Paare, ob glücklich oder nicht, eine eigene, einzigartige Weise, ihre Lebensgeschichte zu leben. Es ist sogar viel leichter, Gemeinsamkeiten bei Paaren festzustellen, deren Beziehung auseinandergehen wird, als vorherzusagen, welche Beziehung überleben oder sich erfolgreich entwickeln wird.

Nach unserer Erfahrung ist das Wissen darum, was erfolgreichen bzw. erfolglosen Ehen gemeinsam ist – welche interpersonellen Umgangsweisen schädlich sind und welche für Vertrauen, Intimität und beidseitige Zufriedenheit sorgen – nicht das, was den eigentlichen Unterschied auszumachen scheint. Die meisten Paare haben genügend Selbsthilfebücher gelesen, genügend Workshops besucht und ausführliche Reklametexte gelesen, um zu wissen, auf Grund welcher Arten von Kommunikationspraktiken und zwischenmenschlichen Verhaltensweisen sich eine Beziehung angeblich erfolgreich entwickelt. Es sind dieselben Praktiken und Verhaltensweisen, die Paare in den meisten Paartherapien lernen und üben. Unglücklicherweise entspricht die Methode, Paaren einfach diese allgemeinen Praktiken beizubringen, oft genau jener, nach der man Menschen, die Gewicht verlieren wollen, Kalorienlisten von Nahrungsmitteln gibt und ihnen sagt, sie müssten nur weniger essen und sich mehr bewegen. Auf lange Sicht gesehen funktioniert das nicht sehr gut.

Menschen bitten häufiger um professionelle Hilfe für Ehe- und Paarprobleme als aus irgendwelchen anderen Gründen (Veroff, Kulka &

---

[1] Wenn wir den Ausdruck *Paar* benutzen, meinen wir damit alle intimen Zweierbeziehungen zwischen Erwachsenen, seien diese nun verheiratet oder nicht, heterosexuell oder nicht.

DONOVAN, 1981, zitiert bei GOTTMAN, 1999, S.4). Nach Schätzungen spielen bei 40% der medizinischen Überweisungen aus psychischen Gründen Ehekonflikte eine Rolle (BUDMAN & GURMAN, 1988). Eheberatung und Paartherapie sind große Industrien – und sie wachsen immer noch. Die Zahl der Fachleute – PsychologInnen, SozialarbeiterInnen, Ehe- und FamilientherapeutInnen, PastoralberaterInnen, Suchtberater und andere –, die Paaren in Schwierigkeiten Hilfe anbieten, ist ebenso wie die Zahl der Beratungsstellen seit den frühen sechziger Jahren dramatisch gestiegen (JACOBSON & GURMAN, 1995). Aber hat all diese Paarberatung irgendwelche positiven Ergebnisse gebracht? Hat unser Berufsstand sein Versprechen erfüllt – machen wir im Leben der Paare, die sich an uns um Hilfe wenden, insgesamt einen Unterschied? Die Beweislage ist beunruhigend.

Bei Durchsicht der Forschung über die Effektivität von Paarberatung und Ehetherapie tritt zutage, dass es unserem Berufsstand nichts nützt, sich auf seine angebliche Expertise darüber zu verlassen, wie Menschen sich in intimen Beziehungen verhalten sollten, da sie uns nicht dazu befähigt, den Paaren zum erneuten Aufbau ihres Lebens in einer glücklichen und befriedigenden Beziehung zu verhelfen. James BRAY und Ernest JOURILES (1995), die einen großen Teil der Forschung über die Effektivität verschiedener traditioneller Ansätze in der Ehetherapie untersucht haben, kamen zu dem Schluss, dass nur sehr geringe statistische Beweise für die Behauptung sprechen, Ehetherapie trüge zur Verhinderung von Trennungen und Scheidungen bei. Noch beunruhigender ist folgende Tatsache: wie BRAY und JOURILES nach Durchsicht von Nachfolgeuntersuchungen feststellten, ist die Mehrzahl der Paare, die nach einer Ehetherapie zusammenbleiben, nicht glücklich in ihrer Ehe (1995, S. 465). Ganz gleich welche theoretische Ausrichtung der Kliniker vertrat, welche Technik angewandt wurde und wie lange die Behandlung andauerte – nach ihren Befunden berichtete nicht mehr als die Hälfte der Paare, die eine Ehetherapie machte, von wesentlichem Ansteigen ihres gemeinsamen Glücks. Und wenn später Nachfolgebefragungen durchgeführt wurden, hatten 30% dieser zufriedenen Hälfte nach eigenen Aussagen schon wieder ernsthafte Probleme. Auf lange Sicht gesehen bedeutet dies, dass nur 35% aller Paare, die sich in Therapie begeben hatten, den Eindruck gewannen, ihre Beziehung sei glücklicher und befriedigender als vor Beginn der Therapie.

John GOTTMANN (1999) zieht einen noch entmutigenderen Schluss aus seiner Untersuchung über die Erforschung der Effektivität gegenwärtiger Methoden der Paartherapie. Nach seiner Schätzung „ist etwa 35% der Ehetherapie für Paare effektiv im Sinne von klinisch signifikanten unmittelbaren Veränderungen, aber nach einem Jahr gibt es bei etwa 30-50% der Paare mit anfänglichen Erfolgen Rückschläge. Alles, was wir also behaupten können, ist, dass in den besten Untersuchungen, die an Universitäten mit sorgfältiger Supervision durchgeführt wurden, nur zwischen 11% und 18% der Paare klinisch bedeutungsvolle anfängliche Erfolge aufrecht erhalten konnten, die unsere besten Ehetherapien durchlaufen hatten" (1999, S. 5). Wir finden diese Statistiken alarmierend. Wie aus ihnen deutlich erkennbar wird, hat unser Berufsstand kein Recht darauf, selbstgefällig auf seine Effektivität zu schauen, wenn es um die Aufgabe geht, Paaren zu helfen, ihre Ehe zu retten oder Menschen darin zu unterstützen, die Qualität ihrer Beziehungen zu verbessern. Diese Statistiken stellen einen Aufruf an unseren Berufsstand dar, unsere Annahmen und Methoden neu zu überdenken.[2] Wenn keine einzige Methode sich als effektiver erweist als irgendeine andere und die meisten letztlich relativ ineffektiv sind, müssen wir uns folgende Fragen stellen: Können wir es besser machen? Sollten wir als Berufsgruppe nicht unsere Annahmen über das, was bei der Paartherapie wirkt, neu überdenken? Gibt es klinische Theorien und Praktiken, die unsere Effektivität steigern können? Der Rahmen, den wir in *Recreating Partnership Therapy (RPT)*[3] vorstellen, ist unsere bejahende Antwort auf diese Fragen.

Viele Jahre praktizierten wir eine Paartherapie, die von der Überzeugung geleitet wurde, die meisten Probleme für Paare ließen sich dadurch lösen, dass man die dysfunktionalen Kommunikationsmuster benennt, dem Paar Kommunikationsfähigkeiten vermittelt und ihre Einsicht in individuelle und systemische Dynamik fördert. Wir halfen Paaren, effektiver und intimer über ihre Erfahrungen, Hoffnungen, Bedürfnisse, Gefühle und Wahrnehmungen zu reden, damit jeder für den anderen ein besseres Verständnis und Mitgefühl gewinnen konnte. Wir verwiesen auf interpersonelle Dynamiken, die den Nährboden für feindselige Konflikte, Misstrauen, Verletzungen und negative Erwar-

---

[2] Zum Zweck des Vergleichs verweisen wir den Leser auf Ergebnisforschungen, in denen die Effektivität lösungsorientierter Therapie mit Einzelpatienten, Paaren und Familien aufgezeigt werden, insbesondere auf die Untersuchung von MCKEEL (1996, 1999).

[3] **Anm.d.Hrsg.:** Wir haben den Begriff RPT nicht eingedeutscht, weil uns kein passender Begriff eingefallen ist, der die Doppelsinnigkeit des „recreating" – des „Kreieren", also (Er-) Schaffens *und* des Kreativen beschreibt.

tungen bildeten, und versuchten, diesen Prozessen Einhalt zu gebieten. Wir unterstrichen zwar die Wichtigkeit der systemischen Eigenschaften von Eheproblemen und chronischen Konflikten, vernachlässigten aber keineswegs die Auswirkungen der persönlichen psychologischen Vorgeschichte des betreffenden Menschen. Auch da waren wir jedoch daran interessiert, die besonderen Talente und Ressourcen unserer KlientInnen zu benennen – und daran, wie sie diese in ihrem Miteinander nutzen oder aber es versäumten, sie zu nutzen. Obwohl wir noch keine systemische Methode entwickelt hatten, über diese Fähigkeiten zu sprechen und sie zu hervorzuheben, erkannten wir in ihnen doch einen möglichen Ausgangspunkt für Veränderungen.

In diesen Jahren haben wir vielen Paaren geholfen. Die Verbesserungen stellten sich aber oft sehr langsam ein oder erwiesen sich als vorübergehend, mit anschließender entmutigender Rückkehr zu alten destruktiven Mustern. Wir dachten zwar viel über die verschiedenen Veränderungsrhythmen nach, konzentrierten uns aber immer noch darauf zu versuchen, die Ursache zu verstehen, warum einige Ehen gut gingen, während andere scheiterten oder sehr unbefriedigend blieben. Obwohl wir grundlegende und schlüssige Vorstellungen darüber hatten, was zum Scheitern und was zum Erfolg einer Ehe führte, gingen wir bei dem, was wir von einem Augenblick zum anderen im Beratungszimmer machten, oft nicht besonders systematisch vor. An irgendeinem Punkt beendeten wir unseren Versuch zu bestimmen, was den Erfolg oder das Scheitern einer Beziehung verursacht, und fingen statt dessen an, uns zu fragen, was eine erfolgreiche Paar*therapie* – also die therapeutische Arbeit, die nach Aussage der Paare einen signifikanten positiven Unterschied ausgemacht hatte – von der Therapie unterscheidet, die entweder versagte oder wenig Auswirkung hatte.

Irgendwann begannen sich durch unsere Überlegungen wiederholbare Erfolgsmuster in der Durchführung der Paartherapie zu zeigen. Uns fiel auf, dass Erfolg oder Versagen nicht auf der Basis dessen vorhergesagt werden konnte, was wir anfänglich als Mangel an Fähigkeiten, als individuelle Persönlichkeitsprobleme oder dysfunktionale interpersonelle Muster des Paares wahrgenommen hatten. Vielmehr schien die Voraussage eines Erfolges dann am sichersten zu sein, wenn beide Partner schon sehr früh ihre Stärken als Individuen und als Paar zu identifizieren begannen und stark motiviert waren, gemeinsam hart daran zu arbeiten, die von beiden Seiten gewünschten Veränderungen hervorzubringen. Diese Veränderungen fanden statt, wenn wir in der Lage waren, dem Paar dabei zu helfen, ihre Fähigkeiten so einzusetzen, dass Hoffnung auf baldige Verbesserung geweckt wurde. Erneuerung der Partnerschaft und wachsende Hoffnung schienen sich gegenseitig positiv zu beeinflussen. Wir bemerkten, dass Hoffnung, Motivation und Effektivität hinsichtlich einer Veränderung[4] größer wurden, wenn die Partner den Eindruck hatten, wie ein lösungsorientiertes Team auf ein gemeinsames Ziel hinzuarbeiten. Und in dem Maße, in dem sie immer hoffnungsvoller in die Zukunft blickten, gelang es ihnen auch immer besser, sowohl in der Therapie als auch in ihrer alltäglichen Welt zusammenzuarbeiten.

Da wir wiederholt dieses Muster bei unserer erfolgreichen Arbeit mit Paaren beobachteten, gelangten wir zu der Schlussfolgerung, dass Partnerschaft, Kreativität und Hoffnung aus Gesprächen erwuchsen, die diese Bedingungen schufen. Wie uns deutlich wurde, kamen Paare mit einer Vorgeschichte destruktiver, schmerzlicher Interaktionen in die Therapie und hatten sich selbst als unfähig erlebt, zusammenzuarbeiten und gewisse Probleme zu lösen; daher hatten sie wenig Grund zu hoffen, die Zukunft würde rosiger aussehen als die Vergangenheit. Uns wurde klar, wie wichtig es war, dieses Gefühl des Versagens, der Unzulänglichkeit, Scham und Hoffnungslosigkeit nicht zu verewigen, indem wir uns auf das konzentrierten, was die Personen falsch machten. Statt weiter die destruktiven Interaktionen des Paares in Vergangenheit und Gegenwart zu untersuchen, fingen wir an, den Kernpunkt unserer Befragungen, Beobachtungen und Kommentare von dem fortzubewegen, was die kontroverse, schuldzuweisende Position der Partner unterstützte. Vielmehr erkundeten wir zukünftige Möglichkeiten, vergangene Erfolge, Stärken und Ressourcen. Wir fingen an, die Dinge einem positiven oder negativen narrativen Rahmen zuzuordnen. Wenn unsere Gespräche mit diesen Menschen sie und uns auf positive, bevorzugte narrative Rahmen ausrichtete, befähigte sie das zur Zusammenarbeit, und damit wuchs die Hoffnung. In solch einer Atmosphäre hatte das therapeutische Unterfangen eine größere Erfolgschance. Und wenn die Paare in den folgenden Sitzungen mehr darüber redeten, was funktioniert hatte, was besser war und welche angenehmen und hoffnungsvollen Veränderungen es gegeben hatte, dann

---

[4] **Anm.d.Hrsg.:** HUBBLE et al. (2001) benennen als gemeinsame Wirkfaktoren der Psychotherapie die „großen Vier": KlientInnen-/extratherapeutische Faktoren; Beziehungsfaktoren; Placebo, Hoffnung und Erwartung; Modell- oder Technikfaktoren.

berichteten sie bald auch darüber, dass ihre Beziehung sich gut entwickelte.

Während wir diese klinischen Beobachtungen machten und diese Ideen entwickelten, begannen wir, von anderen praktisch arbeitenden KollegInnen zu hören und zu lesen, die in ähnlichen Bahnen dachten und arbeiteten.[5] Besonderes Interesse erweckten bei uns die lösungsorientierte Kurztherapie (BERG, 1994; DE JONG & BERG, 1998; DE SHAZER, 1985, 1988, 1991, 1994), die narrative Therapie (EPSTON, 1993b; WHITE & EPSTON, 1990) und die kollaborative Sprachtherapie (ANDERSON, 1997). Das vorliegende Buch spiegelt die Kombination unserer klinischen Erfahrungen, unserer Begegnungen mit diesen innovativen Ansätzen und unseren eigenen Überlegungen über den Verlauf einer effektiven Paartherapie wider. Es ist theoretisch wie praktisch orientiert. Wir hoffen, dass die LeserInnen, wenn sie dieses Buch studieren und sich darauf einlassen, mit den darin beschriebenen Ideen und Techniken zu experimentieren, bemerken, wie sie allmählich immer besser darin werden, Paaren bei einer Veränderung zu helfen.

Das Schreiben eines Buches ist für sich selbst genommen ein transformatives Erlebnis. Wie unsere Leser erkennen werden, sehen wir den therapeutischen Dialog im Wesentlichen als einen transformativen Kontext, in dem gewünschte Veränderungen ausgesprochen und in Gang gesetzt werden. Was Therapie konstituiert, ist die immer vorhandene Interaktion zwischen der konkreten Praxis und der Veränderungsschilderung. Das Schreiben dieses Buches ist ebenfalls ein Prozess gewesen, in dem bereits der Versuch selber, das Was und Wie genau zu formulieren, uns ein neues Verständnis dafür vermittelt hat, wie wir mit KlientInnen umgehen; und schon dieser Beschreibungsversuch hat uns neue Möglichkeiten eröffnet. Das Buch, das wir angefangen haben, ist nicht das Buch, das wir abschließen, und selbst das Buch, das wir abschließen, ist in gewisser Weise nicht das Buch, das wir jetzt beginnen würden. Wir haben versucht, die Wichtigkeit von Offenheit und Neugier zu vermitteln wie das Interesse daran, wie sich die allgegenwärtigen Veränderungen nutzen lassen. Wir hoffen, dass auch für Sie als Leser/in das Eintauchen in die Ideen und Praktiken dieses Buches Teil eines Evolutionsprozesses und einer ständigen Weiterentwicklung sein wird.

---

[5] LeserInnen, die sich einen allgemeinen Überblick über den konstruktionistischen therapeutischen Ansatz verschaffen möchten, verweisen wir auf die folgenden Werke: GILLIGAN & PRICE, 1993; HOYT, 1994, 1996; NEIMEYER & MAHONEY, 1995.

Noch ein paar Worte zu den Transkripten in diesem Buch: Aus Gründen der Vertraulichkeit haben wir bei allen Fallbeispielen Namen und einige Hintergründe geändert. In den meisten Fällen haben wir die Transkripte bearbeitet, um sie knapper und somit nützlicher für die Demonstration bestimmter Punkte zu machen. Dies könnte den Eindruck hinterlassen, unsere Sitzungen nähmen in ökonomischer, sauberer Weise einen vorhersagbaren Verlauf. Das ist jedoch nicht der Fall. Obwohl wir regelmäßig bei unserer Arbeit an die meisten Paare bestimmte spezifische Fragen richten, ist jedes therapeutische Unterfangen, jede Sitzung, jede Stunde und jede Konversation einzigartig. Auch vermitteln unsere Beschreibungen der Techniken vielleicht nicht die emotionale Kraft und Tiefe, die eine scheinbar so einfache Arbeit oft besitzt. Eine Transkription, wie vollständig sie auch sein mag, fängt weder die subtilen Verschiebungen ein noch die nicht verbalen Geschehnisse bzw. Ebbe und Flut in den Emotionen und Dialogen, die sich in einer klinischen Sitzung ereignen. Verspieltheit, Humor und die bewegenden menschlichen Begegnungen, zu denen es häufig in unseren Sitzungen mit Paaren kommt, können in dieser Form nicht angemessen vermittelt werden. Viele Dinge, die wir im Laufe der Therapie tun und sagen, ergeben sich aus dem Kontext des Augenblicks und sind zwar wichtig, aber zu vergänglich, um als Teil unserer Methode betrachtet zu werden. Auch Sie werden natürlich Ihr eigenes reiches Spektrum an kreativen und persönlichen Begabungen in die therapeutische Praxis einbringen.

Kapitel 1

Geschichten, die Paare leben: Geschichten, Wahrnehmung und Bedeutungsgebung im Beziehungsleben

In allen engen Bindungen scheinen die Menschen über die eigene Beziehung mehrere Versionen oder „Geschichten" zu haben. In diesen voneinander abweichenden Geschichten wird das alltägliche Beziehungsleben erfahren. Die Wahrnehmungen, Erinnerungen und Annahmen der Menschen hinsichtlich ihrer Beziehung in diesen unterschiedlichen Versionen können sich deutlich voneinander unterscheiden und folglich auch ein sehr unterschiedliches dyadisches Klima unterstützen oder bekräftigen. Diese Schilderungen sind jedoch nicht statisch, sondern fließend und veränderlich, stets im Aufbau begriffen, während das Paar sich durch sein gemeinsames Leben bewegt und dabei die Bedeutung seiner individuellen und gemeinsamen Erfahrung immer wieder neu erschafft. Aber im Laufe der Zeit haben einige Versionen die Neigung, an Gewicht hinzu zu gewinnen, da das Paar sich immer häufiger innerhalb der Bedingungen dieser Geschichten bewegt; wenn dies geschieht, fangen diese Geschichten an, einen größeren Einfluss auszuüben als andere.

Gute Geschichten, schlechte Geschichten und das narrative Kontinuum

Sowohl in der beruflichen Praxis wie auch in der Fachliteratur werden die Begriffe „Erzählung" (*narrative*) und „Geschichte" (*story*) austauschbar verwendet. Im Allgemeinen bezieht *Narrative* sich jedoch auf das größere, umfassendere Konstrukt, zu dem verschiedene Geschichten, Berichte und Untererzählungen ihren Teil beisteuern. Die Geschichten (*stories*) tragen zum größeren Mosaik bei. Wenngleich es auch möglich sein mag, für jedes beliebige Paar eine ganze Reihe von „Geschichten der Beziehung" in den verschiedenen „Editionen" auf einem Spektrum von angenehm bis unangenehm anzusiedeln, fallen doch diejenigen mit der scheinbar größten Wirkung an die beiden Pole des narrativen Kontinuums der Beziehungsgeschichte. Diese Versionen der Beziehung sind das, was wir die Erzählung mit der *guten Geschichte* und die Erzählung mit der *schlechten Geschichte* nennen. Wir benutzen die Ausdrücke *Erzählungen mit guter* und *schlechter Geschichte* und *narratives Kontinuum* als Kurzform, wenn wir darüber reden, wie unterschiedlich (und häufig gegensätzlich) die Partner oft ihr gemeinsames Leben wahrnehmen, interpretieren und leben. Wie wir natürlich wissen, ist das Konzept der *guten Geschichte/schlechten Geschichte* selbst auch ein Konstrukt, eine Geschichte. Ebenso wie einige Geschichten dazu beitragen, gute Beziehungen aufzubauen und zu erhalten, sind auch einige Geschichten besser als richtungsweisend in einem Rahmen für den Therapeuten geeignet als andere.[6] Sowohl in der klinischen Praxis wie auch im Unterricht haben wir festgestellt, dass die Dichotomie von der *guten Geschichte/schlechten Geschichte* dazu beitragen kann, PaartherapeutInnen bei der Ko-Konstruktion von Kontexten zu leiten, die hilfreich sind, um die einzigartigen Ressourcen eines Paares für Veränderungen zu nutzen.

Wie können diese unterschiedlichen Erzählungen erkannt werden? Die Erzählung mit der *guten Geschichte* bezieht sich auf einen Satz von Geschichten und Erfahrungen, die von einem Paar, wenn man es bäte, darüber nachzudenken, als Geschichten des Erfolgs und der Zufriedenheit gesehen würden. In diesen Geschichten werden das Ich, der Andere und die Beziehung in einem vornehmlich positiven Licht gesehen und erlebt. Das Merkmal dieser Erzählungen ist ihre Eigenschaft, im Paar ein Gefühl der Partnerschaft ausdrücken und herstellen zu können (Zusammenarbeit und Gegenseitigkeit), und damit einhergehend ein Gefühl der Freude oder Zufriedenheit, wenn erwünschte Fähigkeiten beider Partner und besondere Stärken der Beziehung selbst erkannt werden. Obwohl Erzählungen mit einer *guten Geschichte* oft romantische Elemente enthalten, sind sie doch zu unterscheiden von unrealistischen Phantasien darüber, wie die Beziehung sein könnte oder sollte; sie zeigen Seiten der Beziehung, die beide Partner zum einen oder anderen Zeitpunkt in der Beziehung tatsächlich empfunden haben und sind daher eher als realistisch für die Zukunft zu betrachten. Wenn die Partner sich innerhalb des erzählerischen Rahmens einer *guten Geschichte* erleben, sehen sie die Beziehung als eine liebevolle, einzigartig erstrebenswerte Partnerschaft an und als Kontext für ein erfolgreiches Umgehen mit den Problemen des Lebens (unabhängig davon, ob sie diese Meinung aus denselben Gründen oder vom selben Standpunkt aus vertreten).

---

[6] Michael HOYT beschreibt dieses Phänomen bereits in dem Titel seines Buches (2000): „Einige Geschichten sind besser als andere".

Die Erzählung mit der *schlechten Geschichte* besteht aus einem Satz von Geschichten und Erfahrungen, die am anderen Ende des Kontinuums angesiedelt sind. Diese Geschichten, die individuell oder gemeinschaftlich zusammengefügt werden, spiegeln und schaffen Gefühle der Entfremdung, Enttäuschung, Frustration, des Unglücks und des Versagens im persönlichen und zwischenmenschlichen Bereich. Die Paare, die chronisch unter dem so wahrgenommenen und interpretierten Druck der Erzählung mit einer *schlechten Geschichte* leben, fühlen sich oft wie in einer Falle, hereingelegt, geschlagen und inkompetent. Die Erzählung mit einer *schlechten Geschichte* ist natürlich nicht auf erfolglose oder auseinander brechende Beziehungen beschränkt. Auch Paare, deren Erzählung mit *guter Geschichte* stark und vorrangig ist, haben *schlechte Geschichten*. Die Erzählung mit der *schlechten Geschichte* (oder zumindest Elemente hiervon, die zu ihrer Entwicklung und ihrem Fortbestand beitragen) beginnt, sobald Enttäuschungen, Uneinigkeit und/oder Konflikte in einer Beziehung entstehen – und dies geschieht in einem gewissen Ausmaß in jeder Beziehung. Wenn diese Erzählungen jedoch vorherrschend sind, sehen die Menschen sich selbst, ihren Partner und/oder die Beziehung misstrauisch und in einem negativen, unbefriedigenden Licht; verloren gegangen ist das Gefühl der Zusammenarbeit, sowohl bei der Lösung von Problemen als auch beim Genießen schöner Zeiten.

Wir möchten klarstellen, dass unser Konzept von den Erzählungen mit *guten Geschichten/schlechten Geschichten* und dem Kontinuum, auf dem sie sich befinden, eine verallgemeinernde Aussage sein soll, unter der sich eine ganze Reihe von möglichen Erfahrungen, Haltungen, Eigenschaften und Formulierungen zusammenfassen lassen. Wie wir außerdem betonen möchten, sind es die beiden Partner, nicht der Therapeut, die beurteilen, wo sich ein bestimmtes Erlebnis, eine Begegnung oder Geschichte auf diesem narrativen Kontinuum befinden – an dem einen Ende oder an dem anderen oder irgendwo dazwischen. Obwohl es Aufgabe des Therapeuten ist, sich den fließenden Charakter sowohl der Erzählung wie auch der Beurteilung zunutze zu machen, sind Gewichtung und Zuordnung auf dem narrativen Kontinuum, die von den einzelnen Personen und den Paaren den verschiedenen Ereignissen in ihrem Leben zugeteilt werden, sehr spezifisch und persönlich. Ein Paar zum Beispiel, das einen Teil der Zeit getrennt an zwei verschiedenen Küsten lebt, könnte berichten, dass sie in Zeiten des Zusammenseins oft leidenschaftliche Auseinandersetzungen haben und sich dennoch selbst als erfolgreich und glücklich schildern und die Partnerschaft als befriedigend ansehen. Ein anderes Paar berichtet vielleicht, dass sie sich kaum streiten und die meiste Freizeit zusammen verbringen, und doch sagt einer von ihnen oder beide, sie seien sehr unglücklich über ihre Beziehung und beschreiben sie als langweilig, einsam und leidenschaftslos. Rezepte für eine befriedigende Beziehung sind auf den jeweiligen Kunden zugeschnitten; Zutaten, die ein Paar möglicherweise für wesentlich hält, werden von einem anderen einfach weggelassen. Wie Forschung bestätigt, machen es die unterschiedlichen Stile bei erfolgreichen Paaren schwierig, eine einzige Blaupause für alle glücklichen engen Beziehungen zu erstellen (GOTTMAN, 1994, 1999). Daher haben die Ausdrücke *gute Geschichte* und *schlechte Geschichte* keinen diagnostischen oder moralischen Charakter: was unter bestimmten Umständen „gut" oder „schlecht" ist, hängt von den Berichten des Paares selbst ab. Auch bestehen die Erzählungen mit *guten Geschichten* nicht ausschließlich aus sorgenfreien Geschichten oder berichten nur von leichten und bequemen Zeiten im Leben des Paares. Die Erzählung mit einer *guten Geschichte* kann auch auf ein Paar zutreffen, wenn es Zeiten großer Schwierigkeiten und Trauer durchlebt: was „gut" ist, ist die positive Fähigkeit des Paares, sich auf seine Partnerschaft als Quelle der Stärke und des Trostes verlassen zu können, auch in schwierigen Zeiten und gerade in solchen, die eine Herausforderung für die Beziehung selbst darstellen. In schweren Zeiten entstehen sogar besonders oft die eindrucksvollsten *guten Geschichten*.

Wir legen auf eine Feststellung besonderen Wert: Dieses Konzept von der Erzählung mit *guten Geschichten/schlechten Geschichten* ist weder eine ursächliche Theorie darüber, warum sich Probleme in einer Beziehung entwickeln oder was sie am Leben erhält, noch ist es ein Lehrmittel, mit dessen Hilfe man Paare lehren kann, wie sie ihre Beziehung zu sehen haben. (Wir werden später erläutern, ob, wann und wie wir mit Paaren über die Dichotomie *gute Geschichte/schlechte Geschichte* sprechen.) Es ist keine „Technik", sondern eine rahmenbildende Annahme, wie Paare funktionieren. Wir haben kein Interesse daran, einige Geschichten „loszuwerden" oder den Ursprung einer *schlechten Geschichte* zu entdecken. Unserer Meinung nach verschwinden *schlechte Geschichten* in erfolgreichen Beziehungen nicht, aber diese Paare lernen, wie sie Erzählungen mit *schlechten Geschichten* schneller und häufiger hinaus befördern, als dies unzufriedene Paare können, wodurch die *schlechten Geschichten* nicht zur dominanten Erzählung in der Beziehung werden. Wir streben nicht danach, dem Paar neue und „bessere" Geschichten über seine Beziehung aufzuerlegen. Wir benutzen das Konzept der *guten Geschichte/ schlechten Geschichte* als Hilfe, um im therapeutischen Dialog die sich entwickelnden Erzählungen und Ideen, die schon bei jedem Paar vorhanden sind und die Verhalten und Wahrnehmung in der Beziehung beeinflussen, besser zu verstehen und zu nutzen. Das Konzept hilft uns zu wissen, wann und wie bestimmte Befragungsstränge verfolgt werden sollen, es hilft uns, Paare zu ermuntern, miteinander in der Sitzung zu reden, und es hilft dabei, einige der üblichen Schwierigkeiten, denen man bei der Beziehungsberatung begegnet, zu umgehen.

Auf die Frage, welche Funktion bestimmte Erzählungen – ganz gleich wie sie vielleicht von außen beurteilt werden – im Leben der Menschen haben, sagt Michael WHITE, der Entwickler der narrativen Therapie, folgendes (zitiert nach FREEDMAN und COMBS, 1996):

> Nicht nur bestimmen diese Geschichten die Bedeutung, die die Menschen einem Erlebnis geben, sie bestimmen auch weitgehend, wie die Menschen entscheiden, welche Aspekte eines Erlebnisses sie zum Ausdruck bringen. Und ebenso bestimmen diese Geschichten, soweit sich Handlungen bei der Sinngebung im voraus ankündigen, reale Auswirkungen hinsichtlich der Lebensgestaltung der Menschen (S. 21).

Obwohl WHITE sich selbst zwar nicht für einen Konstruktionisten oder Konstruktivisten hält, ist diese Aussage ein guter Ausgangspunkt, um über einige der philosophischen und epistemologischen Ideen zu sprechen, die wir in unserem Konzept der Erzählung mit *guter Geschichte/schlechter Geschichte* zusammengeführt haben. Konstruktivismus und Konstruktionismus sind verwandte philosophische Paradigmen. Unterschiede zwischen diesen beiden brauchen uns zwar nicht lange zu beschäftigen, aber wir möchten deutlich machen, dass es nach der Vorstellung radikaler Konstruktivisten wie Paul WATZLAWICK (1984) keine objektive Realität gibt; kritische Konstruktivisten wie Michael MAHONEY (NEIMEYER & MAHONEY, 1995) behaupten, es gäbe zwar eine objektive Realität, wir könnten aber ihre Existenz nicht verifizieren; und soziale Konstruktionisten wie Kenneth GERGEN (1991, 1994; GERGEN & KAYE, 1992) unterstreichen, dass zumindest soziale Realität immer durch sozialen Diskurs und Sprache geformt sei. Für unsere Zwecke ist es wichtig zu verstehen, dass Realität immer bis zu einem bestimmten Grad erfunden ist – konstruiert im Menschen selber und im zwischenmenschlichen Kontext der sozialen Gemeinschaft aus einer

Mischung von Wahrnehmung, Gedächtnis, Vermutung, Interpretation und Verhalten – und nicht als etwas objektiv Vorhandenes mit Hilfe der Sinne entdeckt wird. Michael Hoyt (1996) sagt:

> Die Türen der therapeutischen Wahrnehmungen und Möglichkeiten sind durch die Erkenntnis weit geöffnet worden, dass wir unsere geistig-psychischen Realitäten aktiv konstruieren, statt nur eine objektive „Wahrheit" aufzudecken und mit ihr fertig zu werden. Was uns menschlich macht, ist nicht unser gegenüberstehender Daumen oder der Gebrauch von Werkzeugen, sondern unsere Fähigkeit, uns eine Zukunft vorzustellen, die Vergangenheit ins Gedächtnis zu rufen, Bedeutung zu konstruieren und Entscheidungen zu treffen. Die Entscheidung, wie wir Gegenwart, Vergangenheit und Zukunft wahrnehmen und strukturieren, hat einen wesentlichen Einfluss auf unseren Lebensweg (S. 1).

Der soziale Konstruktionismus, also der Bereich der konstruktionistischen Ideen, der den größten Einfluss auf unser Denken hatte, geht mit den Ansichten konform, nach denen das Leben durch Geschichten erlebt wird, aber er verschiebt den Ort der Entstehung der Geschichten und sieht ihn nicht innerhalb der Menschen, sondern in dem interpersonellen Raum zwischen ihnen. So wird die Betonung speziell auf die Rolle der Sprache und des Gesprächs für die Gestaltung der sozialen Realität der Menschen gelenkt. Kenneth Gergen (Gergen & Gergen, 1991), ein bedeutender Wegbereiter des sozialen Konstruktionismus, erklärt, dass diese Epistemologie

> die Aufmerksamkeit auf die Art und Weise lenkt, wie Konventionen der Sprache und anderer sozialer Prozesse (Verhandlung, Überredung, Macht und so weiter) die Berichte über die „objektive" Welt beeinflussen. Die Betonung liegt daher nicht auf dem individuellen Geist, sondern auf den Bedeutungen, die von den Menschen vorgegeben werden, indem sie gemeinsam sprachliche Beschreibungen und Erklärungen hervorbringen (S.81).

Wenn Steve de Shazer über die philosophischen Hintergründe seines lösungsorientierten Ansatzes schreibt, weist er manchmal auf den sozialen Konstruktionismus hin, zieht es aber vor, seine Ideen auf eine andere philosophische Grundlage zu stellen. Statt sich mit den möglichen theoretischen Unterschieden zwischen Konstruktivismus und Konstruktionismus zu beschäftigen, ist er mehr an der Unterscheidung zwischen zwei großen Einflüssen auf die Sprachphilosophie des zwanzigsten Jahrhunderts interessiert: Strukturalismus und Post-Strukturalismus. In *Das Spiel mit Unterschieden* (1991) erklärt DE SHAZER, dass „für den Strukturalisten die Bedeutungen auch im Wandel stabil und erkennbar [bleiben], für den Poststrukturalisten werden Bedeutungen durch soziale Interaktion und Verhandlung erkennbar. Die Bedeutung liegt hier offen zutage, da sie zwischen den Menschen liegt und nicht im Individuum versteckt ist" (S. 45).

Obwohl die Unterschiede zwischen diesen verschiedenen epistemologischen Positionen für uns intellektuell durchaus interessant sind, finden wir das, was ihnen gemeinsam ist, für uns nützlicher, denn es kann uns als Richtlinie in der täglichen Durchführung der Paartherapie dienen: Es verdeutlicht uns, dass dieses „Haus" der Beziehungen, das Paare bauen, erhalten und bewohnen, in ganz wesentlichem Ausmaß durch Sprache und Gespräch konstruiert ist. Anders ausgedrückt, die „Paar"-Realität wird ständig gestaltet und verändert – zum Guten oder zum Schlechten – durch die Interaktionen und Gespräche des Paares, besonders diejenigen, die sie miteinander oder mit wichtigen anderen Personen (Familienmitgliedern, guten Freunden und selbst den „Stimmen" der Medien) führen. Im Lauf der Zeit verdichten sich verschiedene Versionen der Beziehungsgeschichten, werden mit Details und Resonanz angereichert, während andere dünner werden oder ihren Charakter verändern.

Natürlich ist dieser ko-konstruktive Einfluss von Dialog und Interaktion auch auf das anwendbar, was sich im therapeutischen Beratungszimmer abspielt. Bei der Durchführung einer Paartherapie leitet die sozial-konstruktionistische Sichtweise den Therapeuten auf die Verwendung solcher spezifischer Gesprächsprozesse, die sowohl die gegenseitige Wahrnehmung der Menschen voneinander positiv verändern können als auch die Handlungsweise, Qualität, Stimmung und Lebensweise ihrer Beziehung. Harlene ANDERSON (1997) beschreibt es so: „Manche Gespräche verbessern unsere Möglichkeiten, andere mindern sie. Wenn sich die Möglichkeiten ausweiten, bekommen wir ein Gefühl für das eigene Wirkungsvermögen, das Gefühl, die notwendigen Schritte unternehmen zu können, um das, was uns beschäftigt oder beunruhigt – unsere Konflikte, Probleme, Schmerzen und Enttäuschungen – zu bewältigen, und das zuwege zu bringen, was wir uns wünschen – unsere Ziele, Hoffnungen, Absichten und Handlungen" (S. XVII). Unser Konzept der Dichotomie von *guter Geschichte/ schlechter Geschichte* stellt uns einen Rahmen zur Verfügung, in dem wir konstruktionistische Ideen effektiv einsetzen können, da es uns beständig ein Gefühl dafür gibt, was wir in unseren Treffen mit Paaren fragen oder sagen können, um Gespräche zu fördern, die unsere Möglichkeiten erweitern.

Die Rolle des Beziehung-Klimas

Die Entstehung der Erzählungen (egal, ob diese zufrieden stellen oder nicht, verbinden oder verfremden, Gemeinsamkeit fördern oder Zwietracht stiften oder irgend etwas dazwischen), in denen ein Paar sein Leben lebt, ist ein komplexer, aber auch sehr natürlicher sozialer Prozess, für den keine besondere bewusste Mühe erforderlich ist. In diesem Prozess konstruieren zwei Menschen gemeinschaftlich ihre Erfahrungen, Erinnerungen und Erwartungen in gemeinsamer Sprache und Erzählung bzw. gemeinsamen Erzählungen[7], die kodifiziert und auf vielseitige idiosynkratische und intime Art und Weise ausgestaltet sind. Die meisten Ereignisse und Erfahrungen sowie die Geschichten, die die Menschen daraus machen, fallen irgendwo in die Mitte des narrativen Spektrums. Sie unterstützen weder ein Umfeld, das die Beziehung erhält, noch eine entfremdende Atmosphäre, noch spielen sie eine wichtige Rolle, wenn es darum geht, Erzählungen mit *guter* oder *schlechter Geschichte* zu erhalten oder zu bestärken. Aber wenn die Erzählungen mit *guter* oder *schlechter Geschichte* anfangen, Einfluss auf einen oder beide Partner zu erlangen und ihre Sichtweise und Interpretation zu beeinflussen, dann werden mehr und mehr Erfahrungen allmählich die dominante Erzählung verstärken.

Die Ursache, warum Beziehungen sich verschlechtern, liegt nach der Sicht des Konstruktionisten in der Tatsache, dass die Erzählung mit der *schlechten Geschichte* wesentlichen Einfluss auf die Partner gewonnen hat. Unabhängig davon, wie ihr Inhalt im Einzelnen aussieht oder wie lange sie schon die Wahrnehmungen und Interaktionen der Partner beeinflussen, haben bestimmte Geschichten sich zu einem für die Beziehung zerstörerischen Konstrukt verwoben: nämlich zu den Erzählungen mit den *schlechten Geschichten*. Diese *schlechten Geschichten* führen zu einer Häufung von sich stets erneuernden Wahrnehmungen und Erfahrungen, deren Ergebnis ein immer größer wer-

---

[7] Diese gemeinsam konstruierten Erzählungen können im Detail gleich oder unterschiedlich sein. Ko-Konstruieren ist ein Prozess, bei dem Menschen die eigenen Wahrnehmungen und die des anderen gegenseitig unterstützen oder abändern. Selbst Erzählungen, die zu Uneinigkeit führen, sind bis zu einem gewissen Grad gemeinschaftlich geschaffen, da beide Partner mit Handlung, Bedeutung und Reaktion zu dem interaktiven Prozess beigetragen haben.

dender Verlust des Gefühls der Partnerschaft ist. Unter diesen Bedingungen empfindet das Paar es als immer schwieriger, sich in guten wie auch in schlechten Zeiten als Team zu sehen und als eine Einheit, die für ein einvernehmlich definiertes gemeinsames Wohl zusammenarbeitet. Und in dem Ausmaß, in dem die Erzählung mit *schlechter Geschichte* sich verdichtet und eine wahrnehmbare „Masse" wird, gelingt es den Menschen immer weniger, auf ihre gemeinsame *gute Geschichte* zurückzugreifen, also auf die Erzählung, die selbst in Zeiten der Herausforderung den guten Willen und die Gefühle der Liebe am Leben erhält.

Umgekehrt sind Paare, die das Gefühl haben, im Reich ihrer die Beziehung unterstützenden Erzählung mit *guter Geschichte* zu leben, in der Lage, auf ein gewisses Maß an Partnerschaft und Zusammenarbeit zurückzugreifen. Der Blick zurück in die Vergangenheit und nach vorn in die Zukunft kann ihnen ein ausreichendes Gefühl von Zuversicht, Wohlbefinden und Freude an ihrer Zweisamkeit geben und sie mit Hoffnung für die Zukunft erfüllen. Es ist wichtig, in RPT darauf zu achten, welche Wirkung die Unterscheidung von *guter Geschichte/schlechter Geschichte* auf das „Wetter" in den Beziehungsinteraktionen hat, da es dem Therapeuten hilft, besser zu verstehen, wie er ein Paar darin unterstützen kann, die Ressourcen anzuzapfen, die es beiden ermöglichen, die Partnerschaft neu entstehen zu lassen.

Zu dem Zeitpunkt, wo ein Paar in der Praxis des Therapeuten erscheint, bringen die meisten gut durchdachte *schlechte Geschichten* über ihre Beziehung mit. Normalerweise haben beide Partner Vorstellungen über die Ursache der Probleme entwickelt, Beweise für den Einfluss auf ihr Leben gesammelt und Problemlösungs- oder Veränderungstaktiken ausprobiert, die sich auf ihre Theorie darüber gründen, was verändert werden muss und wie man das macht. Die Menschen haben sich eine Sammlung von Vorfällen und Erfahrungen definiert (die Erzählung mit der *schlechten Geschichte*), um zum Ausdruck zu bringen, was falsch gelaufen ist, und um zu erklären, warum ihre Bemühungen, die Lage zu verbessern, nicht funktioniert haben. Zu diesem Zeitpunkt sehen sie Beweise für die negative Geschichte in der Vergangenheit und Gegenwart und erwarten gleiches für die Zukunft – die Hoffnung ist also auf einem Tiefpunkt. Dieser erzählerische Rahmen schränkt die Möglichkeiten und Gelegenheiten für eine positive Bewegung in der Beziehung und, was noch wichtiger ist, für die Partnerschaft ein.

Dennoch sind für fast alle Paare alternative Versionen mit einer *guten Geschichte* verfügbar. Wenn sie gefragt werden (auf die richtige Weise und zur richtigen Zeit), fällt den meisten Paaren in der Therapie eine positivere Erzählung für ihre Beziehung ein – das Entstehen von gemeinsamen und individuellen Ereignissen und Erfahrungen, die sie zusammengeführt haben und in denen sie sich gemeinsam wahrnehmen mit ihrer Geschichte und ihrer Intimität zu dem Zeitpunkt, als die Beziehung noch mehr so zu sein schien, wie sie es sich wünschten. Man sagt oft umgangssprachlich, dass ein neues Paar „sein Leben gemeinsam aufbaut.". Dieser Satz drückt sehr angemessen aus, was Paare machen, um eine Beziehung zu bilden – sie konstruieren auf der Basis einer sich entwickelnden Erzählung ihr gemeinsames Leben, angefangen mit dem ersten Treffen (oder noch davor) und weiter durch die Gegenwart bis in eine Zukunft, die sie vor Augen haben und gemeinsam gestalten. Selbst wenn sich ihre individuellen Deutungen für diese Visionen und Vorgeschichten unterscheiden, ist diese Erzählung doch gemeinsam aufgebaut und wird als verbindend und angenehm erlebt. Im Allgemeinen heiraten Paare oder bekennen sich zu einem irgendwie gemeinsamen Leben auf der Basis gemeinsamer Gefühle des guten Willens, der Aufregung und des Vertrauens – Vertrauen nicht nur ineinander, sondern auch in diese sich entwickelnde Geschichte des Zusammenseins.[8]

Eine Spielart der Erzählung mit *guter Geschichte* – die implizit etwas über die Zukunft enthält ebenso wie Vorstellungen darüber, was der eine dem anderen bedeutet und welche Stellung er in der Welt hat, wie auch Interaktionsmerkmale, die beide Partner erkennen und schätzen – ist also das grundlegende Territorium, auf dem die meisten Paare anfangen, ihr emotionales Leben zusammen zu führen. Wenn sie ihre Gültigkeit behält, dient diese Erzählung mit *guter Geschichte* dazu, Uneinigkeit und Enttäuschungen in einem Ausmaß zu halten, das handhabbar oder akzeptabel ist. Sie ist zudem die Basis, auf der die Menschen konkrete Lebensentscheidungen mit kurzfristigen wie auch langfristigen Konsequenzen treffen – Entscheidungen darüber, wo man lebt, welche Arbeit man annimmt, ob man Kinder hat oder nicht und viele andere kleinere und alltägliche Dinge. Selbst bei Paaren, die im Netz mächtiger Erzählungen mit *schlechter Geschichte*

---

[8] Natürlich ist die Diskussion über die Art von Geschichten, die von den Paaren gemeinsam geschaffen werden, kulturspezifisch. Ausdrücke und Elemente der Ehegeschichten sind von Kultur zu Kultur, Gruppe zu Gruppe, Generation zu Generation und Land zu Land sehr unterschiedlich.

gefangen sind, ist diese Erzählung mit *guter Geschichte* normalerweise potentiell gegenwärtig und dient als Quelle für Energie, Zuneigung, Entstehung von Beziehungskompetenz und Gemeinschaftlichkeit, und Therapeuten, die wissen, wann und wie man diese Elemente hervorlockt, können Paaren helfen, diese wieder zum Leben zu erwecken. Es sind die spezifischen Einzelheiten und der Fluss dieser miteinander wetteifernden Erzählungen, die sowohl die Probleme wie auch die einzigartigen Lösungen fördern.

Obwohl die meisten Beziehungen tatsächlich mit der gemeinsamen Konstruktion einer die Partner aneinander bindenden positiven Erzählung beginnen, steht am Anfang einer Beziehung nicht immer eine dauerhafte *gute Geschichte*. Einige Paare beginnen recht früh mit der Konstruktion einer negativen Beziehungslandschaft; manchmal ist schon der Beginn der Beziehung selbst für einen oder beide Partner ein Element der *schlechten Geschichte* in der Erzählung. Dies kann zum Beispiel geschehen, wenn einer der Partner aus seiner Sicht die Beziehung mit Schuldgefühl oder als Ausweg aus einer schmerzlichen, einsamen oder schwierigen Lebenssituation heraus beginnt, oder wenn ein Mensch sich in der Beziehung gefangen fühlt, sie widerstrebend oder mit Zweifeln führt. In solchen Situationen, wenn die Erzählung mit *guter Geschichte* für einen oder beide Partner nie sehr überzeugend gewesen ist, oder wenn die Erzählung mit *schlechter Geschichte* Teil der Formulierung des intimen Verhältnisses ist, kann es schwierig oder unmöglich sein, eine zufriedenstellende Beziehung zu erreichen. Selbst hier jedoch kann ein Paar, wenn nur einige Elemente einer zufriedenstellenden Partnerschaft vorhanden sind, gemeinschaftlich etwas konstruieren (durch Erinnerungen, durch Aufbau von etwas Neuem oder durch Vorstellungen für die Zukunft); einige Menschen finden vielleicht Wege, sich auf eine ausreichend angenehme Zukunft zuzubewegen (eine größtenteils *gute Geschichte* in der Erzählung).

Wie dem auch sein, wenn Paare eine Therapie beginnen, hat die Erzählung mit *guter Geschichte* ihren Einfluss auf das Leben der Beziehung verloren. Sie hat nicht mehr genug Kraft, um dem Paar ein Gefühl der Partnerschaft und unerschütterliches Vertrauen in eine erstrebenswerte und sichere Zukunft zu vermitteln. Welche Beweise sich auch immer für die *gute Geschichte* finden mögen, sie werden regelmäßig übersehen und haben nicht genügend Gewicht, um die eindrückliche Gegenwart der *schlechten Geschichte* zu überlagern. Eine Untersuchung von ROBINSON und PRICE (1980) unterstreicht die Macht dieser Art der Wahrnehmungsstruktur: Unglücklich verheiratete Paare entdecken 50% weniger positive Interaktionen mit ihren Partnern. In dieser Situation haben Handlungen, die Missstimmungen klären oder Probleme lösen sollen, und versöhnliche oder freundliche Gesten keine positive Auswirkung auf das emotionale Klima der Ehe. Dies ist unserer Meinung nach ein deutlicher Hinweis auf die Macht, mit der die *schlechte Geschichte* die Bemühungen blockieren kann, die das Paar unternimmt, um eine Wendung in der Beziehung herbeizuführen.

In zwischenmenschlichen Beziehungen werden Verhaltensänderungen durch Verschiebungen von Bedeutung und Wahrnehmung ermöglicht. Umfangreichere und andauernde Verhaltensänderungen werden verhindert, wenn es nicht zu solchen Verschiebungen von Wahrnehmung und Bedeutung kommt. Da die Vorherrschaft einer dieser Beziehungserzählungen sich auf die Wahrnehmung der Menschen von sich selbst und anderen auswirkt, wird das Gespräch über Elemente dieser Erzählungen im Verlauf der Therapie die Möglichkeit der Veränderung stark beeinflussen. Die Erzählung verdichtet sich und wird verstärkt, wenn die Menschen im Verlauf der Therapiesitzung Details und Vorgeschichte hinzufügen und der Erzählung eine Struktur verleihen. Die Verwendung des Konzepts der *guten Geschichte/schlechten Geschichte* geht mit unserer Überzeugung einher, dass die Arbeit im Bereich von Wahrnehmung und Bedeutungsfindung der Schlüssel ist, mit dem Beziehungsveränderungen ermöglicht werden. Je reicher, vielgestaltiger und dichter die *guten Geschichten* durch das therapeutische Gespräch werden, desto einflussreicher werden sie außerhalb des Beratungszimmers sein. Da die Erzählung mit *guter Geschichte* die Funktion hat, Uneinigkeiten und Enttäuschungen in einem handhabbaren und erträglichen Rahmen zu halten, ermöglicht sie den Partnern eine größere Offenheit für die Bemühungen des anderen, Probleme zu lösen, versöhnlich gestimmt zu sein oder sich in eine warmherzige Beziehung zurück zu begeben. Wenn also Stückchen und Teile der Erzählung mit *schlechter Geschichte* in den Kontext der *guten Geschichte* aufgenommen und umgewandelt werden können, so bedeutet dies, dass sie Beweis werden für gelöste Probleme oder Möglichkeiten, wie das Paar als Einheit Unterschiede akzeptieren kann. Versäumt man es, die Erzählung mit *guter Geschichte* neu zu beleben, so werden sich die Bemühungen des Therapeuten und des Paares, Probleme zu lösen und die erwünschte Veränderung zu erreichen, als sinnlos erweisen, und letztlich nur kurzfristigen Fortschritt oder, schlimmer noch, Gegenteiliges bewirken.

Selbstbild und Gegenseitigkeit

Eine mögliche Erklärung für die Macht des narrativen Prozesses mit *guter Geschichte/schlechter Geschichte* liegt in der Art, wie wir auf die sozialen Indikatoren für unser Selbst reagieren, die wir von anderen aufgreifen.[9] Einer der eindrucksvollsten Aspekte des sich Verliebens ist das Erlebnis zu fühlen, dass eine andere Person uns genau in der Weise sieht oder versteht, die in uns ein Empfinden von Freude und Aufregung darüber neu aufleben lässt, dass wir sind, wer wir sind. Der Prozess des sich Verliebens kann neben anderem als gemeinsame Erfahrung gesehen werden, bei der man eine sehr positive Reflexion des Selbst gibt bzw. gewinnt. Im Gegensatz zu anderen Theoretikern betrachten wir das „sich Verlieben" nicht als Traum oder Illusion oder, wie psychoanalytische Paartherapeuten argumentieren, als unbewusste Partnerwahl, bei der frühe Kindheitserlebnisse und Entwicklungsdefizite kopiert werden (BADER & PEARSON, 1988; HENDRIX, 1988; SOLOMON, 1989). Wie alle Beziehungselemente ist das Erlebnis des sich Verliebens in unterschiedlichem Ausmaß konstruiert, unserer Meinung nach ist aber äußerst wichtig, dass dieses Erlebnis den eindrucksvollen Beginn einer Erzählung mit *guter Geschichte* darstellen kann, die von dem Paar hervorgebracht und in die Zukunft getragen wird.

Der Prozess, bei dem ein positives Gefühl für das Selbst gegeben und gewonnen wird, vergrößert die Wahrscheinlichkeit, dass die Menschen zumindest zeitweise die positiven Aspekte des Selbst, die von anderen auf sie zurückstrahlen, auch darstellen. Wird man als ein bevorzugtes Selbst gesehen (so wie man gern gesehen wird), werden dadurch meist Handlungen und Verhaltensweisen unterstützt, die diese Version bestätigen (ERON & LUND, 1996). Durch das sich Verlieben werden daher Seiten des Selbst hervorgehoben, die Intimität und seelisches Wachstum fördern und Stärke verleihen. Die Reaktionen anderer Menschen auf uns und ihre Meinungen über uns wie auch die Überzeugungen, die wir durch unsere Kultur, Familie und Vorgeschichte über uns hegen, beeinflussen das Gefühl für unser Selbst sehr stark; sich selbst während der Zeit der Bindung mit den Augen des geliebten Partners zu sehen, übt einen tiefgehenden positiven Einfluss auf die Entstehung von Vertrautheit aus und liefert ein wichti-

---

[9]   Sowohl Kenneth GERGEN wie auch Karl TOMM haben über die soziale Konstruktion des Selbst und verwandte Themen in Sprache und Erzählung geschrieben (GERGEN, 1991, 1994; GERGEN & MCNAMEE, 1992). TOMMs Begriff vom „verteilten Selbst" (*„distributed self"*), den er auf einem Workshop 1997 benutzte, ist hier von Bedeutung (TOMM, 1987, 1988).

ges Element für die Erzählung mit *guter Geschichte*, die Paare auch in Zeiten der Enttäuschung in sich tragen.

Menschen empfinden ihr Selbst unterschiedlich (und manchmal gegensätzlich) in den verschiedenen *guten* und *schlechten Geschichten*. Wenn Erzählungen mit *schlechten Geschichten* Einfluss im Leben eines Paares gewinnen, erleidet das Selbst der Partner einen Verlust an positiver Reflektion und der Einzelne ist oft nicht nur unglücklich mit seinem Partner, sondern erlebt sich selbst auch als erfolglos, uneffektiv oder nicht liebenswert. Das negative Gefühl des Selbst, das unter dem Einfluss der Erzählung mit *schlechter Geschichte* entsteht, erschwert es den Menschen, ihre eigenen Talente, Fähigkeiten und Ressourcen zu erkennen, an sie zu glauben und sie sich zunutze zu machen. Wenn Menschen in lebendigen, vielgestaltigen Erzählungen mit *guter Geschichte* leben, in denen sich ihre Erfahrungen hauptsächlich um positive Erwartungen und Wahrnehmungen ihrer Intimität bewegen, sind sie besser befähigt, sich und andere als liebenswert, interessant, kompetent, kreativ und effektiv zu erleben. Dies trifft auch dann zu, wenn gesellschaftliche, wirtschaftliche und andere Lebensumstände schwierig sind und eine Herausforderung darstellen. Diese positive Erfahrung des Selbst fördert Verhaltensweisen, die dieses Gefühl des Selbst und der Beziehung unterstützen, wodurch Willenskraft, Energie, Kreativität und Optimismus gesteigert werden. So kommt es also zu einem generativen, sich weiter entwickelnden Prozess, in dem das Gefühl des Selbst und die rahmengebende Erzählung der Beziehung sich gegenseitig Form, Substanz und Kraft geben.

Es ist natürlich möglich, dass nur eine Person in einer Beziehung ein positives Bild seines Selbst besitzt. Dies kann zum Beispiel geschehen, wenn ein Partner ein Ereignis als Beweis für Gemeinsamkeit und ein positives Gefühl für das Selbst sieht, während der andere das Ereignis insgeheim als entfremdend empfindet (ein Beispiel hierfür könnte eine Beziehung sein, in der ein Partner gern draußen ist und mit sich selbst und der Beziehung zufrieden ist, wenn er und die Partnerin im Wildwasser Kajak fahren, während die andere Person, die weniger enthusiastisch hierüber denkt, den Eindruck hat, sie müsse sich der Vorstellung des Partners von Spaß beugen, diese Wildwasserfahrten jedoch als Stress und unheimlich erlebt). Aber in Beziehungen, in denen die Partnerschaft in verschiedenen unterschiedlichen Interaktionen stark ist, empfinden beide Menschen ein Gefühl der Erweiterung und Stabilität ihres kompetenten und begehrenswerten Selbst. Paare, die in der Lage sind, in einer gemeinsamen, langfristigen und dauerhaften *guten Geschichte* zu leben, haben immer wieder Zugang zu inneren Reserven und Fähigkeiten, die stets aufs neue eine zufriedenstellende Intimität schaffen; diese Fähigkeiten unterstützen ein Gefühl des Selbst, das eine persönliche Spielart der Freude und Kompetenz reflektiert, indem es eine liebevolle Beziehung hegt und pflegt. Zusätzlich gibt das erfolgreiche Verhandeln über das unvermeidliche Territorium der *schlechten Geschichte*, wenn sie auftaucht, den beiden Partnern bei erfolgreichen Paaren ein gesteigertes Gefühl des Vertrauens, sowohl hinsichtlich ihrer gemeinsamen Fähigkeiten, Konflikte auszuhandeln, wie auch hinsichtlich der Aufdeckung von bedeutsamen Gefühlen, Gedanken und Aspekten ihres Selbst, die sie ansonsten als außerhalb des erwünschten Bildes ihres Selbst stehend empfinden würden. Auf diese Weise kann eine kraftvolle Erzählung mit *guter Geschichte* die Entwicklung von Selbsterkenntnis und Selbstakzeptierung unterstützen.

Die gute Geschichte verdichten, die schlechte Geschichte auflösen

Bevor wir im Einzelnen untersuchen, wie das Konzept von der *guten Geschichte/schlechten Geschichte* bei der Durchführung der Paartherapie hilft, möchten wir auf einen wichtigen strukturellen Unterschied zwischen den Rollen hinweisen, die die Erzählungen mit *guter Geschichte* und *schlechter Geschichte* im engen Zusammenleben spielen. Wie bereits erwähnt, ist die *gute Geschichte* im Allgemeinen eine im Wesentlichen gemeinsame Erzählung, in der Ereignisse und Erfahrungen übereinstimmend gesehen oder beschrieben werden und beide Seiten die positiven Auswirkungen anerkennen. Die Partner scheinen im Großen und Ganzen dieselbe Geschichte mit individuellen Schnörkeln zu erzählen. Diese Ausschmückungen oder unterschiedlichen Perspektiven werden vom anderen Partner als willkommene weitere Details der Geschichte betrachtet und nicht als Diskussionspunkt über die beschriebene Realität. Natürlich haben die Partner auch ganz bestimmte eigene *gute Geschichten* über die Beziehung, und ein wesentlicher Teil der Paararbeit besteht darin, diese Geschichten auszuschmücken und so dem einen Partner die Einzelheiten und die Bedeutung der positiven Geschichte des anderen näher zu bringen. Zu erfahren, was jeder an der Beziehung und am anderen schätzt, das anders oder sehr persönlich ist, hilft, die Bindung zwischen den Partnern zu stärken, indem neue Verbindungen zwischen den individuellen Bedeutungen bzw. Geschichten und der gemeinsamen Erzählung aufgebaut werden. Die Erzählung mit *guter Geschichte* ist während des Erzählens sowohl *Erfahrung* als auch *Ausdruck* von Partnerschaft. Das Erzählen ist in gewissem Sinne Partnerschaft in Aktion (und Partnerschaft im Bewusstsein), bei der das Paar Schulter an Schulter seine Realität in einen Bedeutungsrahmen stellt und artikuliert, wobei einiges individuell verschönert wird, was aber eher als aufregend, denn als entfremdend empfunden wird.

Erzählungen mit *schlechter Geschichte* dagegen sind individuell und oft voneinander abweichend oder widersprüchlich. Das Paar trägt zwei unterschiedliche Sichtweisen davon vor, wie etwas geschah, welche Bedeutung Erlebnisse hatten und wer was sagte oder tat. Da es oft viel Streit darüber gegeben hat, wessen Darstellung richtig ist, sind einige Teile der Geschichten beiden Partnern gewöhnlich sehr gut bekannt, aber viele Aspekte sind strittig und häufig haben Offenheit und Ehrlichkeit gelitten. Verschiedene Elemente der Erzählungen mit *schlechten Geschichten* werden oft von beiden Partnern für sich behalten – entweder nicht mitgeteilt oder in einer Sprache verschlüsselt, die nicht länger für beide transparent ist. Ein Paar, das in einer Erzählung mit *schlechter Geschichte* gefangen ist, erzählt häufig Freunden oder Familienmitgliedern Dinge, die einer dem anderen nicht mitteilen würde. Sie haben insgeheim Gedanken wie: „Wenn er das noch einmal macht, ist es ein Beweis, dass er mich nicht liebt" oder „Ich bleibe nur wegen der Kinder" oder „Sobald ich einen besseren Job bekommen kann, bin ich weg hier". Die Partnerschaft ist zerbrochen. Die Ansichten gehen weit auseinander. Wenn zwei *schlechte Geschichten* (die sich oft gegenseitig ausschließen) an Macht gewonnen haben und Wahrnehmung, Bedeutungsgebung und Verhalten in einer Beziehung beeinflussen, verschlechtert sich die Fähigkeit des Paares, zusammen an Problemen zu arbeiten und gemeinsame Pläne zu entwickeln.

Der Unterschied zwischen den beiden Arten von Erzählungen ist also recht wichtig hinsichtlich der Fähigkeit des Paares, gemeinsam in der Therapie daran zu arbeiten, bestimmte Probleme zu lösen. Paare, die sich auf dem Territorium der *schlechten Geschichte* befinden, erleben immer wieder Uneinigkeit und Trennung. Sobald sie, wenn auch nur kurz, das Territorium der *guten Geschichte* betreten, erleben sie eine Art von Gemeinschaftlichkeit, ein Gefühl von Zusammengehörigkeit. Sobald die Partner anfangen, Erfolge in der Zusammenarbeit zur Lösung der dargestellten Probleme in der Therapie zu erleben, begeben sie sich in den Bereich der gemeinsamen *guten Geschichte*, beleben sie aufs Neue, und der Prozess, der so in Gang kommt, ist im positiven Sinn zirkulär und sich selbst bestärkend. Die Vorstellung von einer Allianz in Wahrnehmung und Zielsetzung rückt in den Bereich des Möglichen. Das bedeutet, dass Therapeut und Paar mit jeder Entdeckung, Erkundung und Nutzung einer Erzählung mit *guter Geschichte* anfangen, das Potential für die Neuerschaffung der Partnerschaft wieder herzustellen bzw. zu stärken. Selbst wenn die Beziehung nicht von Dauer sein wird, ist es einleuchtender, ein freundschaftliches Team zu bilden, um mit den Erfahrungen umgehen zu können, die bei einer Trennung auf einen zukommen.

Auf der anderen Seite kann die therapeutische Erkundung des Territoriums der *schlechten Geschichte* einen regressiven Einfluss haben und die Dominanz dieser Geschichte in den Wahrnehmungen des Paares noch fördern. Dies soll nicht bedeuten, dass in der Paartherapie vermieden werden soll, Sorgen und Unzufriedenheit zu äußern und im Dialog der Beziehung nach Offenheit und Ehrlichkeit zu streben. Es lässt jedoch vermuten, dass die Entscheidung des Therapeuten, an Gesprächen teilzunehmen, in denen die Erzählungen mit *schlechten Geschichten* in den Vordergrund treten, sehr zielgerichtet sein muss.

Wie bereits erwähnt, ist das Konzept der *guten Geschichte/schlechten Geschichte* weder einfach nur Handwerkszeug oder ein Satz von Techniken, noch ist es ein Versuch, gewisse objektive Wahrheiten über die Beziehung zu finden oder zu definieren. Es ist auch keine Erzählung, der wir unsere Klienten zu unterwerfen versuchen. Die Dichotomie *gute Geschichte/schlechte Geschichte* ist ein nützlicher Rahmen und eine Möglichkeit, dyadische Beziehungen zu betrachten und über sie zu reden, denn das hilft uns, dem therapeutischen Dialog Richtung und Fokus zu geben. Es folgt eine Zusammenfassung von fünf Möglichkeiten, wie das Konzept von *guter Geschichte/schlechter Geschichte* als wichtige strukturelle Untermauerung (und als Wahrnehmungsrahmen) für effektive Paartherapie dienen kann.

1. Unterschiede, Konflikte und Enttäuschungen normalisieren

Vermittelt man den Menschen, dass Elemente der *schlechten Geschichte* – also solche, die Erlebnisströme von Konflikten, Enttäuschungen und unvermeidbaren Unterschieden enthalten – in allen Beziehungen üblich sind, kann es ihnen helfen, sich weniger zornig und einsam in einer Kultur zu fühlen, in der die idealisierten Bilder über Beziehungen oft jeder Echtheit entbehren. Die Enttäuschung, die Menschen empfinden, wenn sie aus einer *guten Geschichte* „herausfallen" in Konflikte und Sorgen, vermittelt ihnen oft den Eindruck, sie seien weit vom ausgetretenen Pfad des Normalen und Akzeptablen entfernt. Dies kann ihr Gefühl von Zorn und Enttäuschung, ja sogar von Scham noch verstärken, das mit der Erfahrung einhergeht, in solch einer schmerzlichen Situation gefangen zu sein. Während es nicht notwendig ist, explizit über das Konzept der *guten Geschichte/schlechten Geschichte* mit den Menschen zu reden, finden viele Paare es hilfreich zu hören, wie in den meisten engen Beziehungen die Menschen irgendeine alternative Version ihres gemeinsamen Lebens mit sich herumtragen. Schon darüber zu reden, wie schwer es für die meisten Menschen sein kann, sich in schwierigen Zeiten an positive Seiten ihrer Beziehung zu erinnern, kann für ein Paar in Nöten tröstlich sein.

2. Die *gute Geschichte* als Ausgangspunkt für die Entdeckung von Ressourcen.

Sobald Paare anfangen, sich daran zu erinnern oder zu beschreiben, was sie dazu bewegt, ihre Beziehung verbessern zu wollen, wodurch sie überhaupt anfangs zusammengekommen waren oder wie sie das schlimmste Szenario in ihrer letzten Auseinandersetzung umschifft haben, beginnen sie damit, Teile ihrer Erzählung mit *guter Geschichte* wieder zu sammeln. Bei einem solchen Prozess fangen sie auf ganz natürliche Art und Weise an, ihre Stärken, Fähigkeiten und Talente in sehr persönlicher Weise zu erkunden und zu beschreiben. An diesem Punkt sind die neugierigen Fragen des Therapeuten von entscheidender Bedeutung, um in die Richtung dessen zu weisen, was funktioniert und was sich hilfreich anfühlt. Für den Therapeuten ist es dabei wichtig, von der Voraussetzung auszugehen, dass die Erforschung dessen, was in der Beziehung stark ist, was funktioniert und was bindet, einen anderen Verlauf nimmt, als wenn untersucht wird, was aus welchem Grund falsch gelaufen ist. Während der Therapeut das Gespräch in Richtung Ursprung der *guten Geschichte* lenkt, können beide Partner besondere Möglichkeiten des Seins, Tuns und Sehens für sich entdecken (und für den zukünftigen Gebrauch verfügbar machen), die etwas zum Wohlbefinden und zur Zufriedenheit in der Beziehung beitragen.

3. Die Entwicklung wohl formulierter Ziele für die Therapie unterstützen.

Nur wenn wir das Territorium der *guten Geschichte* betreten, wird ein produktives Stecken von Zielen möglich. Um wohl formulierte und klinisch nützliche Ziele für die Therapie zu entwickeln (therapeutisch wohl formulierte Ziele), müssen die Paare ein gemeinsames Territorium finden und betreten, auf dem sie die Dinge in ähnlicher Weise sehen und in der Lage sind, die gleichen bevorzugten Bilder von der Zukunft zu haben. Andernfalls wird die Diskussion über das Ziel selbst zu einem Teil der *schlechten Geschichte*, wobei beide Partner auf die Veränderungen verweisen, die der andere machen muss, oder sich völlig uneinig darüber sind, was wichtig ist oder wie man es erreicht. Dieses Szenario, wo die Partner sich nicht einmal darüber einigen können, welches das Problem ist, ist allen Paartherapeuten vertraut. Durch das Aufstöbern und Hervorheben von Aspekten der *guten Geschichte* wird Partnerschaft neu entwickelt und ein Klima für gemeinschaftliche Zielsetzung geschaffen.

Studierende fragen uns oft, ob wir mit den Paaren explizit über die Dichotomie *gute Geschichte/schlechte Geschichte* sprechen. Wir sehen im klinischen Teil unseres Berufs, der naturgemäß auf Zusammenarbeit beruht, die Aufgabe darin, in den Menschen neue Vorstellungen und Ideen wachzurufen, aber wir wollen sie nicht belehren. Daher sind wir nicht besonders daran interessiert, Paaren darin „Unterricht" zu erteilen, die Art der Narrative, in der sie zu einem bestimmten Zeitpunkt zusammenleben, zu erkennen und/oder zu interpretieren; wir sind vielmehr daran interessiert, Menschen dazu aufzufordern, die Aspekte von Verhalten, Wahrnehmung und Bedeutung zu finden und zu verdichten, die sie ihrer eigenen Aussage nach der von ihnen bevorzugten Zukunft näher bringt. In RPT nutzen wir das Konzept der Erzählung mit *guter Geschichte/schlechter Geschichte* für uns Praktiker als Hilfsmittel, um besser zu erkennen, wann und wie Elemente, Einzelheiten und Haltungen hervorgerufen werden können, die in einer die Beziehung des Paares fördernden Narrative vorhanden sind. Gelegentlich teilen wir einem Paar dennoch unsere Gedanken über die Macht der Versionen von *guten Geschichten* und *schlechten Geschichten* hinsichtlich ihrer Beziehung mit. Einige Paare bevorzugen strukturelle Erklärungen oder fordern zu Gesprächen über die Art und Weise auf, wie ihre unterschiedlichen Wahrnehmungen das Leben in der Beziehung beeinflussen können. Im Allgemeinen stellen wir aber fest, dass die meisten Paare davon profitieren, Erzählungen mit *guten Geschichten* zu konstruieren, statt etwas über das Konzept zu erfahren. Vorträge über Narrative oder Konstruktionismus oder die Rolle der Wahrnehmung für die Deutung der Realität sind für die Durchführung der Therapie nicht notwendig; wenn wir jedoch gefragt werden oder wenn es sinnvoll erscheint, erklären wir alles, was wir in der Therapie machen: jegliches Werkzeug, jede Technik oder Idee, die wir haben. Wir vergessen aber nie, dass es Gelegenheiten gibt, wo zu viel Erklären den natürlichen Fluss eines kreativen Dialogs behindert oder Aufregung und Bewegtheit von Veränderung dämpft.

Äußerst wichtig und unbedingt notwendig ist es für ein Paar, das seine Partnerschaft erneuern will, sich weit genug auf das Territorium der *guten Geschichte* zu begeben, damit die gemeinsamen und in gegenseitigem Einverständnis geschaffenen Ziele in der Vorstellung wachsen und ausgestaltet werden können, selbst wenn das Paar weiterhin hinsichtlich mancher Ereignisse an gegensätzlichen Versionen festhält. Während wir zum Beispiel Zeiten erkunden, die ein Paar als angenehmer und zufriedenstellender erlebt hat, erzählt es uns vielleicht von einer entspannenden lustigen Zeit zusammen mit den Kindern im Zoo. Sie erzählen uns, wie es ihnen gefallen hat, als Familie zusammen zu sein und zu sehen, wieviel Spaß die Kinder hatten. Sie fühlten sich einander nahe. Indem wir auf dieses Ereignis einer *guten Geschichte* aufbauen, können wir klären, aus welcher Art von zukünftigen Erlebnissen die Ziele dieses Paares bestehen werden. Allein die Tatsache, diese Art von Dialog vor einem aufnahmebereiten Zeugen zu führen, hilft ihnen, die Erzählung mit *guter Geschichte* zu festigen und innerhalb der Therapiestunde wird Partnerschaft möglich.

4. Auf Mittel der interpersonellen Reparatur hinweisen

Das Konzept der *guten Geschichte/schlechten Geschichte* versorgt den Therapeuten mit einer wichtigen Orientierung, wenn es darum geht, Paaren zu helfen, das einzigartige und konkrete „Wie" der interpersonellen Reparatur und der lindernden Verhaltensweisen zu entdecken und einzusetzen. Untersuchungen, die erfolgreiche und erfolglose Ehen vergleichen, zeigen deutlich, dass Paare, die sich effektiv auf solche Verhaltensweisen einlassen, mit viel größerer Wahrscheinlichkeit ihre Ehe als zufriedenstellend bezeichnen – selbst wenn sie Probleme und Konflikte zugeben. John GOTTMAN (1999) spricht über die Wichtigkeit von effektiver „Reparatur" oder das Bemühen um Linderung während und nach Konflikten:

> In allen Ehen zeigen Menschen Verhaltensweisen, die auf Auflösung der Ehe hinweisen. Sie treten signifikant weniger häufig in stabilen, glücklichen Ehen auf als in Ehen, die sich in Richtung Scheidung bewegen. Der Grund jedoch für diese geringere Häu-

figkeit lag in den Reparaturversuchen, die unternommen wurden und die wirkungsvoll waren ... Familien, denen es schlecht geht, zeigen nicht ausschließlich dysfunktionale Muster, sondern lassen auch Heilungsmechanismen erkennen, und der Therapeut kann sich bei der Behandlung mit diesen Mechanismen verbünden (S. 36).

Er schlägt vor, die Rolle des Therapeuten darin zu sehen, die Paare dazu zu erziehen – besonders während der Auseinandersetzungen, wenn sie sich in einem Zustand der Erregung befinden –, bei der Linderung und Reparatur bessere Arbeit zu leisten. Während wir die *gute Geschichte* mit einem Paar untersuchen und ausschmücken, werden wir unserer Meinung nach gemeinsam mit ihnen die einzigartigen und für sie funktionierenden Methoden entdecken, wie die *gute Geschichte* ihre Beziehung repariert und Linderung und Erfrischung schafft. Da es ein auf Kunden zugeschnittenes Rezept ist, wird es mit größerer Wahrscheinlichkeit verwendet werden und funktionieren. Es sind diese für das Paar spezifischen Verhaltensweisen, Gedanken und Wahrnehmungen, die jedem Paar helfen, seine *schlechten Geschichten* zu verlassen und sich in die Erzählung mit *guter Geschichte* zu begeben. Hilft man dem Paar, Zugang zu diesen besonderen Kräften zu bekommen und sie zu pflegen, gewinnen sie ein Gefühl der Stärke hinsichtlich ihrer Fähigkeit, die eigene Zufriedenheit und die des anderen vergrößern, Schwierigkeiten auflösen und zu einer befriedigenden Beziehung zurückzukehren zu können.

Während in RPT Therapeut und Paar gemeinsam daran arbeiten, Wege zu finden, die Erzählung mit *guter Geschichte* zu beleben und auszuweiten, markieren sie auch – so etwa wie man lesbare Straßenschilder aufstellt – die Schleichwege im Verhalten und in der Wahrnehmung, die das Paar einschlagen kann, um zu der *guten Geschichte* zurückzukehren, wenn die *schlechte Geschichte* auftaucht.

Eine Möglichkeit, solche Markierungen zu erreichen, ergibt sich aus kompetenzorientierten Gesprächen über vergangene Erfolge – Begegnungen und Erfahrungen, die sich von den gegenwärtigen Frustrationen, Sackgassen und Kämpfen deutlich abheben. Diese Art von Gesprächen[10], – in denen das Paar und der Therapeut über Zeiten re-

---

[10] Diese vergangenen Erfolge werden in der lösungsorientierten Kurztherapie auch Ausnahmen genannt (DE SHAZER, 1991, 1994; DE JONG & BERG, 1998) und in der narrativen Therapie einzigartige Ergebnisse oder „zündende Momente" (WHITE & EPSTON, 1990; FREEDMAN & COMBS, 1996). Erfolge, Ausnahmen und einzigartige Ergebnisse werden in Kapitel 6 ausführlicher behandelt.

den, als es nicht die Erfahrung mit der *schlechten Geschichte* gab oder diese weniger problematisch war – führen direkt zu dem einen oder anderen Teil einer Erzählung mit *guter Geschichte*, die dann durch weitere Fragen darüber ausgefüllt werden kann, was die beiden Partner zu jenem Zeitpunkt anders gemacht haben. Diese Erzählungen über Ausnahmen oder Erfolge enthalten häufig Wortwechsel zwischen den Partnern, durch die Feindseligkeit und Spannung deeskalieren. Sie bieten Beispiele für besänftigende und heilende Gesten, die funktioniert haben, aber unbemerkt blieben. Diese Beispiele können im therapeutischen Gespräch aufgezeigt und unterstrichen und für den zukünftigen Gebrauch bereitgestellt werden.

Es ist wichtig, an dieser Stelle hervorzuheben, dass Paartherapie selbst als ein Prozess der interpersonellen Reparatur betrachtet werden kann, in der das genaue Herausarbeiten von Brücken zwischen *guter Geschichte* und *schlechter Geschichte* eine wichtige Rolle spielt. Die Erfahrung der Therapie selbst braucht nicht schmerzlich, emotional intensiv und/oder erschreckend zu sein, um zu wirken. Emotionalität mag in der Paarberatung auftreten oder auch nicht; wichtig ist, einen Kontext herzustellen, in dem Emotionen, neu entdeckte Ressourcen und Geschichtenerzählen zu der positiven Einstellung beitragen, die eine erwünschte Veränderung außerhalb der Sitzung wahrscheinlicher werden lässt. Der Einsatz von positiver Einstellung während der Therapiestunde zur Unterstützung von Veränderung ist nicht dasselbe wie der Einsatz von „Pep-Talk", nachlässiges Übergehen von Problemen und von Schwierigkeiten oder Belehrungen über eine positive Einstellung. Sie ist ein Prozess, bei dem Reserven, das Empfinden für Kraft und die Sichtweisen des Kontextes der *guten Geschichte* gesucht und gefunden werden. GOTTMANN (1999) schreibt:

> In allen Forschungen ... hat sich ein Konstrukt als das beste und zuverlässigste Korrelat zwischen ehelicher Zufriedenheit und Unzufriedenheit erwiesen, nämlich jenes, das die Forscher „negative affektive Reziprozität" nennen. Dieser Ausdruck bezieht sich auf die wachsende Wahrscheinlichkeit, dass die Emotionen eines Menschen negativ sein werden (Zorn, Streitsucht, Traurigkeit, Verachtung und so weiter), unmittelbar nachdem sein Partner Negativität zum Ausdruck gebracht hat ... Negative affektive Reziprozität ist der zuverlässigste Unterscheidungsfaktor zwischen glücklich und unglücklich verheirateten Paaren. Sie ist sogar ein noch weit besserer Maßstab als die Anzahl der negativen Affekte (S. 37).

Hieraus ergibt sich, dass man es vermeiden sollte, die Therapiestunde selbst zu einem Workshop in negativer affektiver Reziprozität zu machen. Wenn ein Therapeut Ursachen, Gegebenheiten und Beweisen von Dysfunktion und Pathologie nachgeht, wird es vermutlich zu einem Prozess der Verdichtung der *schlechten Geschichte* kommen. Wenn die Klienten demgegenüber ermutigt werden, über Erfolge und Kompetenzen zu sprechen, gewinnt die *gute Geschichte* an Boden und es kommt zu einer Verstärkung dessen, was man positive affektive Reziprozität nennen könnte. Werden die Ausnahmen der Probleme (zum Beispiel anhaltende Auseinandersetzungen oder Mangel an Kameradschaftlichkeit) hervorgehoben, kann das Paar anfangen, das zu identifizieren und zu entwerfen, was sie beide jeweils gemacht haben (und häufiger tun könnten), um die abwärts in das Territorium der *schlechten Geschichte* führende Spirale zu stoppen. Normalerweise können die Menschen etwas identifizieren, was sie anders gesehen oder gemacht haben und was dem Zyklus der negativen affektiven Reziprozität, wie GOTTMAN es nennt, Einhalt gebietet.

Interessanterweise gibt es laut GOTTMAN in gestörten Ehen mehr Reparaturversuche als in glücklichen, aber diesen Versuchen ist kein Erfolg beschieden. Unserer Meinung nach ist dies so, wenn der Einfluss der Erzählung mit *schlechter Geschichte* groß ist und die Menschen dazu bringt, die Beziehung als unsicher, unbefriedigend und bedrohlich zu empfinden, wodurch die Bedeutung der Reparaturversuche dann entweder nicht als positiv gesehen oder nicht bemerkt wird. Nehmen wir zum Beispiel an, eine *schlechte Geschichte* eines Ehemannes, in der die Frau als „ständige Nörglerin" wahrgenommen wird, hat einen sehr starken Einfluss. Die Frau schlägt ganz im Geist der Versöhnung vor, gemeinsam für ein Wochenende fortzufahren. Da er sie aber als ständige Nörglerin sieht, versteht er dies als Anspielung auf ihre Klagen in der Vergangenheit, er bemühe sich nicht genügend, um sie glücklich zu machen oder sich um die Beziehung zu kümmern, und zieht sich zurück. Dies ist sofort für die Frau der Beweis für ihre *schlechte Geschichte*, die besagt, ihr Mann reagiere nicht auf Intimität und habe kein Interesse daran. Was vielleicht ein erfolgreicher Reparaturversuch hätte sein können, wird unter dem Einfluss der *schlechten Geschichte* zu einem Schuss nach hinten.

Die meisten Paartherapeuten sind mit der frustrierenden Erfahrung vertraut, Zeuge zu sein, wie ein Partner den wohlgemeinten Versuch des anderen zurückweist, Vertrautheit oder Intimität wieder herzustellen, indem er vielleicht ein Zugeständnis anbietet, ein Verhalten auf nicht bedrohliche Weise erklärt oder seine persönliche Verantwortung für ein gegenwärtiges Problem oder eine Schwierigkeit zum Ausdruck bringt. Der Reparaturversuch wird als weiterer Überfall im Kampf behandelt. Wenn ein Partner auf die fürsorgliche oder versöhnliche Geste des anderen negativ oder feindselig reagiert, geschieht dies unserer Meinung nach, weil der Kontext der *schlechten Geschichte* jedes positive Verhalten als verdächtig oder nicht vertrauenswürdig umdeutet. Nach unserer Erfahrung kommt es höchstwahrscheinlich nicht zu einer Neuinterpretation dieses Verhaltens als etwas Beruhigendes und Heilendes, solange dies nicht durch die Brille der *guten Geschichte* betrachtet wird. Daher muss vor den Reparaturversuchen und begleitend dazu der Kontext der *guten Geschichte* wieder gestärkt, in Erinnerung gerufen und aufgefrischt werden, sollen sie Erfolg haben. Das ist auch der Grund, warum in RPT der Therapeut mit den Klienten zusammen daran arbeitet, sie mit Elementen ihrer eigenen *guten Geschichte* wieder vertraut zu machen, und besonderen Wert darauf legt, ihre gelegentlich wirkungsvollen Reparaturtechniken zu unterstreichen.

5. Unterschiede kreativ und realistisch betrachten

Wir hoffen, Neugier und Interesse der Paare hinsichtlich dessen zu wecken, wie ihre unterschiedlichen Einstellungen und Wahrnehmungen ihre Beziehung beeinflussen. Können die Partner Vielfältigkeit tolerieren und anfangen, über unterschiedliche Wahrnehmungen, Annahmen und Standpunkte zu reden statt über zweifelhafte Tatsachen oder über „richtig" und „falsch", dann haben sie normalerweise den Anfang gemacht, ihre Differenzen zu überbrücken und einen Weg zu finden, ihr Ziel zu erreichen. Das Konzept der *guten Geschichte/schlechten Geschichte* schafft einen Kontext, in dem Unterschiedlichkeit (sowohl vom Therapeuten wie auch vom Paar) als eine unvermeidbare und potentiell nützliche, bereichernde und/oder erträgliche Erfahrung gesehen und gehandhabt werden kann und nicht als irritierend, trennend und zerstörerisch. Jeder erfolgreiche Schritt von einer *schlechten Geschichte* zu einer *guten Geschichte* erlaubt es den Menschen, größere Toleranz gegenüber Unterschieden zu empfinden und sich vor Uneinigkeit weniger zu fürchten.

Wenn Ziele ausgehandelt werden, verwandeln Unterschiede sich oft in vielgestaltige oder ineinander greifende Vorzüge/Stärken. Die Menschen können anfangen, Streitpunkte oder voneinander abweichende Perspektiven als einen Kontext zu sehen, in dem sie ihre Kreativität, Flexibilität und Empathie üben. Wird Paaren erst einmal klar, dass einige Erfahrungen mit *schlechten Geschichten* einfach Teil des Lebens in einer Beziehung sind und wenn ihr Zutrauen in ihre Fähigkeit wächst, wieder den Weg zurück zur Harmonie zu finden, dann neigen sie unserer Erfahrung nach dazu, ihre Sichtweise der eigenen Konflikte und Uneinigkeiten zu ändern, und manchmal gefallen ihnen sogar gewisse Aspekte der Unterschiedlichkeit, die sie vorher äußerst störend fanden. Im Laufe der Zeit, in der die Reparatur- und Heilungsversuche Wirkung zeigen und die *gute Geschichte* die Oberhand gewinnt, verlieren Uneinigkeiten die Fähigkeit zu destabilisieren und scheinen nicht mehr der unvermeidbare Vorläufer von Disharmonie zu sein.

Glaubt man der Forschung, so bleiben viele der Differenzen, die Paare zu Beginn ihrer Beziehung erleben, für lange Zeit oder für immer bestehen (GOTTMAN, 1999). Wenn viele dieser Differenzen der Paare niemals aufgelöst werden, ist es in der Therapie wichtig, dem Paar zu helfen, bis zu einem gewissen Grad Uneinigkeit zu akzeptieren und Wege zu finden, die schädlichen Auswirkungen von Konflikten zu verringern. Es ist für Paare problematisch, wenn sie glauben, sie könnten alle ihre Differenzen beseitigen; es ist für die Dauerhaftigkeit und Befriedigung in einer Beziehung äußerst wichtig, Differenzen zu akzeptieren (JACOBSON & CHRISTENSEN, 1996). Auch für Therapeuten ist es problematisch anzunehmen, es sei ihre Aufgabe, Menschen bei der Beseitigung von Differenzen zu helfen oder wenn sie annehmen, Therapie könne irgendeine idealisierte Form angemessener intimer Beziehung schaffen. Hier hilft das Konzept der *guten Geschichte/ schlechten Geschichte*. Es unterstützt eine realistische Sichtweise vom Leben in einer Beziehung und fördert das Akzeptieren von Unterschieden und Enttäuschungen, die diesem eigen sind.

Unsere Aufgabe als Therapeuten ist es also, Menschen zu helfen, Dinge zu sehen, zu tun und zu sagen, die ihre gemeinsame *gute Geschichte* stärkt. Wir versuchen nicht, Paaren beizubringen, sich so zu verhalten wie andere Paare, die erfolgreich sind, noch benutzen wir unser Modell dazu zu entscheiden, wann das Paar sich einem bevorzugten Interaktionsstil entsprechend verhält. In RPT führt der Therapeut Gespräche, die es den Paaren erlauben, gemeinsam einzigartige Werkzeuge zu entwerfen, und er bietet ihnen dann einen Kontext an, in dem sie Gespräche führen können, die die Erzählung mit *guter Geschichte* stärken, sowohl in konfliktträchtigen wie in konfliktfreien Bereichen. Diese individuell angepassten Werkzeuge geben den Menschen ein erweitertes Gefühl für ihre eigene Kompetenz und ihre Widerstandskraft in der Beziehung. Das wiederum führt zu Wachstum sowohl hinsichtlich der Kraft der *guten Geschichte* wie auch hinsichtlich der Zeit, die tatsächlich als befriedigende Partnerschaft erlebt wird.

Was in Ehen funktioniert, funktioniert auch in der Therapie. Die meisten Paare, die in einer Erzählung mit *schlechter Geschichte* gefangen sind, arbeiten nach einer Theorie, die den traditionellen Therapieformen ähnelt – dass es nämlich zu einer positiven Veränderung kommen wird, wenn man herausfindet und anspricht, was falsch ist. Beide Partner in dieser unglücklichen Beziehung weisen den anderen ständig darauf hin, was er oder sie verkehrt macht, in der Hoffnung, der andere würde den Fehler in seinem Verhalten einsehen und es ändern. Das scheint in unglücklichen Beziehungen nicht sehr gut zu funktionieren. Und auch in der Therapie funktioniert es nicht sehr gut. Während es sehr wichtig ist, die Schmerzen und Probleme zur Kenntnis zu nehmen, über die in der Paartherapie von den Menschen berichtet wird, führt unserer Überzeugung nach der richtige Weg, Menschen dabei zu helfen, schwierige Beziehungen zu verändern (oder auch zu einem abgeschlossenen und friedlichen Ende zu bringen), über die Befähigung, ihre Kompetenzen zu finden und zu nutzen. Konzentriert man sich auf Dysfunktion, Schwächen und problematische Verhaltensmuster ist das genauso, als ob man der Erzählung mit *schlechter Geschichte* Gewicht und Substanz verleiht.[11]

Was unserer Meinung nach hilfreich ist – sowohl in der Therapie wie auch in einer intimen Beziehung –, ist das Auffinden und Beleben eines nützlichen *und effektiven* positiven Rahmens für die gemeinsam mit den Klienten angestrebte Entwicklung einer zufriedenstellenden Zukunft. Und hier spielt das Konzept der *guten Geschichte* eine entscheidende Rolle, denn in jeder Beziehung wird die positive Einstellung, die in dieser Erzählung zur Verfügung steht, ganz speziell und daher effektiv auf dieses Paar und seine Situation zugeschnitten sein. Die Dichotomie der Erzählung mit *guter Geschichte/schlechter Geschichte* bietet dem Therapeuten einen festen Boden, von dem aus er mit dem Paar zusammen einen einzigartig nützlichen Rahmen für den reparativen und kreativen Prozess konstruiert, den eine Therapie darstellen kann; hierbei greift er auf die besonderen Eigenheiten und Fähigkeiten zurück, die jedes Paar besitzt, um etwas zu bemerken, zu lernen, zu verändern, um zu wachsen und sich all die reichen und verschiedenartigen Ressourcen auszumalen, die der Mensch dazu verwenden kann, sein Leben zum Guten zu wenden.

---

[11] **Anm.d.Hrsg.:** Dies verweist auf den in der Hypnotherapie bekannten Begriff der „*Problemtrance*".

Kapitel 2
Grundlegende Arbeitsvoraussetzungen

*Lerne etwas über die Kiefer von der Kiefer,
lerne etwas über den Bambus vom Bambus*
– Matsuo BASHŌ

Nehmen wir einmal an, ein Paar kommt zur Therapie, weil die Frau in der letzten Zeit angefangen hat, unter Angstattacken zu leiden, wenn ihr Mann abends mit seinen Freunden ausgeht. Sie schläft nicht mehr, weil sie schreckliche Alpträume hat, in denen er Sex mit anderen Frauen hat. Während des Tages grübelt sie darüber nach, ob er sie verlassen wird. Der Mann sagt, er liebt seine Frau sehr und hat kein Interesse an anderen Frauen. Aber nichts, was er sagt oder tut, scheint sie zu beruhigen, und er macht sich immer mehr Sorgen. Seine Frau sagt, „vom Kopf her" weiß sie, dass ihr Mann sie liebt und nicht daran denkt, sie wegen einer anderen Frau zu verlassen. Trotzdem wird sie von, wie sie weiß: irrationalen Ängsten getrieben und gerät in Panik, wenn er sich daran macht, das Haus zu verlassen, um sich mit Freunden zu einem gemeinsamen Abend mit Racquetball und ein paar Bieren zu treffen.

Was fangen wir mit dieser Situation an? Wie müssen wir das Wesen der „wirklichen" Probleme dieses Paares verstehen? Wer „hat" das Problem – die Frau, der Mann oder das Paar? Wer sollte in Therapie gehen? Die Frau allein? Das Paar in gemeinsamen Sitzungen? Sollte jeder von ihnen einzeln zu einer anderen Therapeutin gehen und eine dritte trifft sie gemeinsam? Sollten sie zu einem männlich-weiblichen Ko-Therapie-Team gehen? Zu einer Therapeutin mit einem beobachtenden und reflektierenden Team hinter einem Einwegspiegel? Wenn erst einmal entschieden wurde, wie und von wem dieses Paar betreut werden soll, sind weitere Fragen zu beantworten. Die Therapeutin muss entscheiden, welche Information sie über das Paar braucht und wieviel sie über dessen individuelle und gemeinsame Vorgeschichte und die Vorgeschichte der dargestellten Symptome erfahren muss. Sollte sie die Behandlung darauf konzentrieren, über die Gefühle, Erkenntnisse oder Verhaltensweisen des Paares zu reden und sie zu verändern? Wie aktiv sollte sie sich daran beteiligen, die Therapie zu dirigieren, sowohl in Hinblick darauf, worüber in den Therapiestunden gesprochen wird, wie auch darauf, was für Verhaltensweisen von den beteiligten Menschen zwischen den Sitzungen erwartet werden? Sollte sie Hausaufgaben aufgeben und wenn ja, welcher Art?

Wie Therapeutinnen diese Fragen beantworten, hängt in hohem Maße von ihrer theoretischen Ausrichtung und ihren klinischen Annahmen darüber ab, was die Personen antreibt, was die Beziehungsschwierigkeiten verursacht, wie eine Veränderung vonstatten geht, wie Menschen im Allgemeinen Probleme lösen und wie Therapie funktioniert. Unabhängig davon, wie eklektisch eine Therapeutin sein mag, werden ihre theoretische Orientierung, ihre Vermutungen und ihre vorausgesetzte Fachkompetenz den Ablauf und einen großen Teil des Inhalts der Therapie bestimmen. Ob sie sich nun streng an eine Methode hält oder mehrere miteinander verbindet – ein Paar wird in gewisser Weise für die Therapie in der Art erzogen, die von der Therapeutin bevorzugt wird.

In unserem Fallbeispiel würde eine psychodynamische Paartherapeutin annehmen, diese Frau habe ungelöste Probleme mit dem Verlassenwerden – sie leide unter Trennungsangst, die mit Versagen in der Entwicklung während der Trennungs-Individuationsphase der Kindheit zusammenhängt. Sie empfiehlt der Frau vielleicht, eine individuelle Behandlung anzufangen, in der die Übertragungsbeziehung zur Therapeutin dazu dienen könnte, diese unbewussten Themen und zugrunde liegende psychologische Probleme hervorzuheben und zu lösen. Wenn sie hingegen analytisches und systemisches Denken verbindet, zieht sie es möglicherweise vor, das Paar in gemeinsamen Sitzungen zu sehen, in denen sie das anspricht, was sie als die regulierende Funktion der Symptome der Frau in Bezug auf Fragen der Autonomie und Unabhängigkeit für beide Partner ansieht.

Eine emotional orientierte Paartherapeutin, die sich auf die Bindungstheorie stützt, beginnt, indem sie den affektiven Zustand der Partner und seinen Einfluss auf die Fähigkeit des Paares, sich zufrieden stellend zu binden, beurteilt. Bei diesem Paar konzentriert sie die Behandlung vielleicht darauf, den Interaktionsstil von Ehemann und Ehefrau bezüglich der emotionalen Verunsicherung der Frau zu identifizieren, zu erkunden und abzuwandeln. Sie könnte zum Beispiel damit anfangen, dass sie sich die Ängste und Unsicherheiten der Frau anhört und diese anerkennt und dann des weiteren dem Mann hilft, seine eigenen Bedürfnisse nach Bindung und Zuneigung zu erkennen. Dann würde sie als nächstes den Partnern helfen, ihre Fähigkeit zu emotionalem Engagement als Grundlage für eine sicherere und dauerhaftere Bindung zu entwickeln.

Beträte dasselbe Paar die Türschwelle einer Verhaltenstherapeutin, sähe die Behandlung ganz anders aus. Die Therapeutin würde vielleicht die Frau alleine sehen, aber statt die Kindheitserlebnisse der Frau auf der Suche nach den zugrunde liegenden Ursachen für ihre gegenwärtigen Ängste zu erforschen, würde sie sich unter Umständen auf Verhaltens-Techniken verlassen wie zum Beispiel systematische Desensibilisierung, um Veränderungen hinsichtlich dessen zu initiieren, wie die Frau auf Ereignisse und Ängste in ihrem gegenwärtigen Leben reagiert. Oder sie trifft sich vielleicht mit dem Paar in gemeinsamen Sitzungen und gibt sowohl dem Mann wie der Frau Verhaltensaufgaben, die darauf abzielen, Entspannung und Vertrauen in die Fähigkeiten der Frau zu stärken. Um die eheliche Bindung zu stärken und die Fähigkeit des Paares zu Intimität zu vergrößern, bringt sie den Partnern möglicherweise auch Kommunikationstechniken bei, wobei sie sich darauf konzentriert, wie man über Gefühle spricht und mit Konflikten umgeht.

Eine kognitive Therapeutin, die dieses Paar behandelt, würde annehmen, die Angst der Frau leite sich aus fehlerhaftem Denken ab – vermutlich einer Reihe von unvernünftigen Annahmen über Menschen, Beziehungen und Leben im Allgemeinen. Diese problematischen Vorstellungen wären das Ziel ihrer Interventionen. Im Verlauf der Identifizierung dieser spezifischen kognitiven Irrtümer, die einen Einfluss auf die Ängste der Frau ausüben, würde sie sich daran machen, diese Irrtümer in Frage zu stellen und der Frau helfen, sie durch vernünftigere, funktionalere Ideen zu ersetzen.

Eine Therapeutin, die in der Methode der Kurztherapie des *Mental Research Institute* (MRI) in Palo Alto ausgebildet ist, würde davon ausgehen, dass die Partner ihr Problem durch genau das, was sie zu seiner Bewältigung tun, im Grunde aufrechterhalten. Ihr Ziel bestünde darin, den Partnern Wege aufzuzeigen, was sie in ihrem Bemühen, das Problem mit den Ängsten der Frau zu bewältigen, anders machen können. Und hätte diese Vertreterin der strategischen Kurztherapie des MRI erst einmal die spezifischen problemerhaltenden Handlungen identifiziert, die das Paar zur Lösung seiner Probleme einsetzt, würde sie ihnen Hausaufgaben geben, die darauf angelegt wären, diese erfolglosen Problemlösungsversuche zu unterbrechen.

Es ist der Forschung über die Effektivität von Therapie nicht gelungen, festzustellen, dass irgendeine bestimmte Theorie, Technik oder Schule wirkungsvoller ist als irgendeine andere (MILLER, DUNCAN & HUBBLE, 1997) und dies bezieht auch Paartherapie mit ein (BRAY, JOURILES, 1995; GOTTMAN, 1999). Nach diesen Ergebnissen scheint es für Paartherapeuten ratsam zu sein, sich eklektisch zu verhalten und Ideen und Praktiken verschiedener Schulen zu vermischen, statt innerhalb der Grenzen eines bestimmten theoretischen Modells zu arbeiten. Allzu häufig jedoch erweist sich ein eklektischer Ansatz als Stückwerk, als grober Versuch-und-Irrtum-Prozess, ohne konsistente, übergreifende Ausrichtung. Zum Beispiel sehen viele Therapeuten und Therapeutinnen nicht die theoretische Unvereinbarkeit von Systemtheorie und psychodynamischer Theorie und beurteilen Paare, ohne sich darüber im Klaren zu sein, ob sie ein dyadisches System vor sich haben, das von kybernetischen Kräften getrieben wird, oder zwei Individuen, die von unbewussten psychischen Kräften getrieben werden, oder eine Kombination von beidem. Unserer Ansicht nach ist ein eklektischer Ansatz, der eine Reihe von attraktiven Theorien und Techniken verbindet, die willkürlich bei allen Paaren angewendet werden, nicht so effektiv wie ein Ansatz, der die Therapeutin dabei anleitet, die Therapie individuell auf jedes Paar zuzuschneiden. Ein eklektischer Ansatz ist effektiver, wenn er auf gewissen konsistenten Leitvorstellungen darüber aufbaut, wie Therapie am besten funktioniert und wie Menschen sich natürlicherweise verändern und ihre Probleme im Leben lösen.

Die meisten traditionellen therapeutischen Ansätze, seien sie nun puristisch oder eklektisch, haben gewisse gemeinsame Elemente. Erstens werden sie von der Therapeut-Theorie geleitet, die besagt, eine Therapeutin bringe in das therapeutische Unterfangen eine Theorie darüber mit ein, was die Beziehungsprobleme verursache, und diese Theorie diktiere dann, was zur Lösung dieser Probleme getan werden müsse. Zweitens sind diese Elemente hierarchischer Natur und weisen der Therapeutin die Rolle der Expertin zu, die den Therapieplan entwirft, wobei das Paar Empfänger dieser Anwendung ist. Das therapeutische Milieu ist eines, in dem das Paar wie in einem medizinischen Modell auf Dysfunktion, Mängel oder Entwicklungsprobleme untersucht wird und dann mit Hilfe professioneller Intervention und konsequenter Weiterentwicklung/Veränderung der beiden Partner auf den Weg zur Gesundung gebracht wird. Drittens werden die Behandlungsziele von der Therapeutin festgelegt und spiegeln das wider, was ihrer Meinung nach an der Art und Weise, wie die Partner denken, fühlen und handeln, nicht richtig ist und wie sie sich verändern sollten. Die einzigartigen Leistungsmöglichkeiten, Ressourcen und Fähigkeiten, die der Einzelne und das Paar als Team besitzen, werden bei diesem Vorgang nicht besonders ins Auge gefasst. Und schließlich bilden bei allen diesen traditionellen Modellen der Ehe- oder Paartherapie entweder die Vergangenheit, in der die Probleme des Paares angeblich ihren Ursprung haben, oder die Gegenwart, in der die Therapeutin hofft, die Kräfte entdecken zu können, durch die das Problem aufrecht erhalten wird, den zeitlichen Fokus.

Nach unserer Feststellung muss effektive Paartherapie sich auf einem anderen Satz von Annahmen hinsichtlich des Wesens des therapeutischen Prozesses und der Beziehung zwischen Paaren und ihren Therapeutinnen begründen. Unsere Ansichten basieren auf unseren praktischen Erfahrungen, unserer Vertrautheit mit der Forschung im Bereich der Paartherapie und unseren Begegnungen mit anderen Theoretikern und Praktikern, die sich außerhalb der Grenzen des traditionellen therapeutischen Paradigmas bewegen.

In seinem Überblick über 40 Jahre Literatur zur Ergebnisforschung hält Michael LAMBERT (1992) vier Hauptfaktoren fest, die nach den Berichten der Klienten und Klientinnen eine wesentliche Rolle für den Erfolg ihrer Therapie spielen (siehe auch MILLER et al., 1997). Die bedeutendsten Faktoren sind laut LAMBERT diejenigen, die er die extra-therapeutischen Variablen nennt. Er stellte fest, dass ungefähr 40% von dem, was den Berichten der Klienten zufolge zum therapeutischen Erfolg beiträgt, sich auf Faktoren bezieht, die nichts mit dem therapeutischen Prozess oder der Therapeutin zu tun haben. Mit einbezogen in diese Kategorie sind die persönlichen und sozialen Ressourcen des Klienten oder der Klientin, wie auch die zufälligen Ereignisse und Erfahrungen, die nicht in Beziehung zur Therapie stehen und die im Leben der KlientInnen auftreten, während sie sich in Therapie befinden.

Der zweite äußerst signifikante Faktor (30%) ist die Wahrnehmung und Erfahrung der therapeutischen Beziehung durch den Klienten/die Klientin[12]. Seit der Zeit von Carl ROGERS geht unser Berufsstand zu Recht davon aus, dass der therapeutische Erfolg von einer starken therapeutischen Allianz abhängt – einem Rapport oder Zusammen-

---

[12] **Anm.d.Hrsg.:** Um es noch einmal zu betonen: *nicht* die Einschätzung der therapeutischen Beziehung durch die TherapeutIn oder externe BeobachterInnen oder Messinstrumente ist bedeutsam, sondern die *Einschätzung durch die KlientIn selber.*

passen, die ROGERS (1951) die „Kernbedingungen" für effektive Therapie nennt. Wie die meisten Therapeutinnen wissen, hängt die therapeutische Allianz davon ab, ob Klient oder Klientin die Therapeutin als wirklich anteilnehmend, empathisch verständnisvoll und respektvoll ihnen selbst gegenüber empfindet. Therapeutinnen beherrschen im Allgemeinen aktive Techniken des Zuhörens, um empathisches Verständnis zu vermitteln und Rapport aufzubauen und aufrecht zu erhalten. Unglücklicherweise verlassen sich viele Paartherapeutinnen fast ausschließlich auf die Techniken des aktiven Zuhörens, wobei sie die meiste Zeit damit verbringen, ihren Partnern ihr Verständnis für die emotionalen Aspekte des gerade zur Diskussion stehenden Erlebnisses zu vermitteln. Die Technik des aktiven Zuhörens ist nur allzu häufig der Ausweg, auf den eine Therapeutin zurückgreift, wenn sie nicht weiß, was sie sonst machen soll.

LAMBERTS dritter Faktor, der, wie er sagt, 15% zum therapeutischen Erfolg beiträgt, ist der Placebo-Effekt – die Hoffnung und Überzeugung des Klienten, dass eine geübte Fachperson helfen kann und die Therapie funktionieren wird [Erwartung]. In gewisser Weise steht dieser Faktor in Beziehung zur Qualität und Stärke der therapeutischen Allianz. Während Klienten mit einem unterschiedlichen Maß an Zutrauen zum therapeutischen Prozess in die Therapie kommen, wächst oder verringert sich ihre Zuversicht hinsichtlich der Therapeutin und dessen, was sie zu bieten hat, sehr schnell. Zum Teil besteht das Herstellen einer starken Arbeitsallianz darin, realistische Hoffnungen zu fördern, dass die Lage verbessert werden kann und dass die Therapie einen Unterschied machen wird. Eine der bedeutsamsten Entdeckungen der Forschung ist die aktive Teilnahme des Klienten in der Therapie als Indikator für ein erfolgreiches therapeutisches Ergebnis (MILLER et al., 1997). Wenn Menschen glauben, das, was sie tun, kann einen Unterschied machen (persönliche Wirksamkeit), wenn sie hoffnungsvoll in die Zukunft blicken (Optimismus) und glauben, die Therapeutin könne helfen (Zutrauen), dann werden sie natürlich viel aktiver am therapeutischen Prozess teilhaben.

Der vierte Faktor ist die besondere Technik oder der Satz von Techniken, der von der Therapeutin benutzt wird. Klienten geben diesem Faktor etwa 15% Anteil am Erfolg – ähnlich wie dem Placebo-Effekt. Unserer Meinung nach bedeutet dies nicht, dass Techniken weniger Wirkungskraft besitzen oder dass man nicht zu einer effektiveren Therapeutin wird, wenn man den Einsatz einer großen Spielbreite von therapeutischen Werkzeugen geschickt beherrscht. Dieses Ergebnis sagt uns nur, wieviel wichtiger Techniken für die Therapeutin als für die Klientin sind, weshalb Klienten, die über ihre Erfahrungen in der Therapie nachdenken, sehr selten spezielle Techniken als zentral hervorheben. Tatsächlich bemerken viele Klienten sie möglicherweise nicht einmal. Wir haben diese Ergebnisse in folgender Weise interpretiert: Spezielle Techniken fördern und nutzen in unterschiedlichem Maß die drei anderen Faktoren – die extratherapeutischen Variablen (besonders die Stärken und Ressourcen, die die Klienten bereits besitzen), eine starke therapeutische Allianz und die Gefühle von Hoffnung und Zutrauen des Klienten/der Klientin. Darüber hinaus meinen wir, je durchschaubarer die Verwendung spezieller Techniken und Hilfsmittel durch die Therapeutin ist, desto besser.

Eine Reihe von innovativen Ansätzen zur Therapie, deren Initiatoren sich auf ihre Arbeit unterschiedlich mit Begriffen wie *konstruktionistisch, postobjektiv, poststruktural* und manchmal *postmodern*[13] beziehen, haben sich an verschiedenen Orten in der ganzen Welt entwickelt. PraktikerInnen und TheoretikerInnen in Nord- und Südeuropa, Kanada, dem südlichen Pazifik und in verschiedenen Teilen der USA haben eine Reihe von Vorstellungen über die Rolle von Therapeutin und Klient/Klientin, über das Wesen des therapeutischen Unterfangens und die Elemente entwickelt, die wichtig sind für eine hilfreiche Umgebung und die sich von denen der traditionellen Therapien unterscheiden. Sie sind unserer Meinung nach besser mit den Faktoren in Übereinklang zu bringen, die nach neuester Forschung eine Veränderung in der Therapie hervorbringen können.

Verglichen mit traditionelleren Ansätzen, die wir in unserem Beispiel zu Beginn des Kapitels vorstellten, haben diese konstruktionistischen Therapien die Tendenz, kollaborativ zu sein; sie beruhen auf einer narrativen Sichtweise der menschlichen Erfahrung, vermeiden Theori-

---

[13] Während eine Reihe von Entwicklern der konstruktionistischen Therapie (HOYT, 1994, 1996, 1998) ihre Ideen als „postmodernistisch" betrachten, möchten wir nicht gern diesen Ausdruck auf unsere Ideen und Praktiken anwenden. Dies ist nicht der richtige Ort (und wir sind dafür auch nicht kompetent), um eine ausführliche Kritik der Gesamtheit der postmodernen Ideen und ihrer Auswirkungen auf verschiedene Bereiche des kulturellen Milieus zu entwickeln (HELD, 1995; SOKAL & BRICMONT, 1998). Es soll genügen zu sagen, dass der konstruktivistische und konstruktionistische Gedanke in Bezug auf menschliches Sozialverhalten eine durchdringende und oft kreative Wirkung gehabt und einen bedeutenden Beitrag zur Praxis der Psychotherapie geleistet hat. Wir meinen, langfristig gesehen ist es nicht nur unnötig, psychologische Theorien und klinische Modelle auf der Ideologie der „Postmoderne" zu begründen, sondern es könnte in einigen Fällen sogar der Sache der konstruktionistischen Therapie schaden.

en von Ursache und Wirkung, konzentrieren sich auf die Zukunft als den Ort der therapeutischen Arbeit und betonen im therapeutischen Unterfangen die positiven Fähigkeiten und Ressourcen des Klienten/der Klientin beim Konstruieren von Lösungen. Sie ermutigen zu einer Neuüberprüfung der therapeutischen Praxis hinsichtlich der Rolle, die das Fachwissen spielt und was es seinem Wesen nach ist, der Begriffsbestimmung von z.b. dem ‚Normalen', der Auswirkungen von Hierarchie in der Praxis im Gegensatz zu einer eher gleichen Beziehung zwischen Therapeutin und Klientin, und der Rolle von Wahrnehmung und Bedeutung für die Konstruktion von Beziehungswirklichkeit (GERGEN & MCNAMEE, 1992).

Wir siedeln die Praxis der RPT innerhalb des Bereichs dieser Denkweisen an. Um es genauer auszudrücken: während wir im Laufe der Zeit unsere Arbeitsweise entwickelten, haben wir hauptsächlich auf drei Ansätze zurückgegriffen: die lösungsorientierte Kurztherapie (BERG, 1994; DEJONG & BERG, 1998; DE SHAZER, 1985, 1988, 1991, 1994), die narrative Therapie (EPSTON, 1993; WHITE & EPSTON, 1990) und die kollaborative Sprachtherapie (ANDERSON, 1997)[14]. Die Annahmen, auf denen wir RPT begründen, ergeben sich aus den Formulierungen über menschliches Sozialverhalten und Therapie, die diesen Ansätzen gemeinsam sind. Wir werden uns während unserer gesamten Diskussion über diese Annahmen und die verschiedenen RPT-Techniken, die wir in unserer Arbeit mit Paaren verwenden, auf diese drei Modelle beziehen.

Indem wir den konstruktionistischen Rahmen mit der *guten Geschichte/schlechten Geschichte* als ein umfassendes Leitbild zur Durchführung der Paartherapie benutzen, bemühen wir uns, drei miteinander verbundene Ergebnisse zu erzielen: (1) Fördern kollaborativer Lösungsfindung, (2) Identifizieren und Betonen der Ressourcen und Reserven der Partner und (3) Bekräftigen der Erzählungen mit *guter Geschichte*, die den Partnern gemeinsam sind. Wir werden in diesem Buch immer wieder im einzelnen erörtern, wie man diese Ergebnisse errei-

---

[14] Auch innerhalb dieser Ansätze gibt es ein Spektrum hinsichtlich der Theorie der Veränderung. Narrative Therapeuten (FREEDMAN & COMBS, 1996; WHITE & EPSTON, 1990) zum Beispiel beginnen mit sehr spezifischen politischen Ideen über das Wesen der Schwierigkeiten, mit denen Individuen sich auseinandersetzen müssen, und diese Ideen leiten ihre therapeutische Aufmerksamkeit. Im Gegensatz dazu fangen die kollaborativen Sprach-Systemtherapeuten (ANDERSON, 1997) nicht mit irgendeiner besonderen Erwartung über die Eigenart der Probleme an, sondern verlassen sich auf den freien Fluss im offenen Dialog, der Lösungen, Veränderung oder positive Entwicklungen für das Paar hervorbringen soll.

chen kann, aber bevor irgendwelche technischen Fragen angesprochen werden können, ist es unserem Empfinden nach von wesentlicher Bedeutung, die Grundlagen darzulegen, auf denen wir unsere Praxis aufbauen. Diese Arbeitshypothesen strukturieren unser Denken und geben unseren Gesprächen mit Klienten eine bestimmte Richtung[15]. Ohne ein Verständnis für diese Voraussetzungen wird jede Anwendung bestimmter Techniken unklar, verworren und/oder uneffektiv. Es ist schwer zu helfen, Leistungen zu erbringen oder Entscheidungen darüber zu treffen, wie ein Gespräch geführt wird, wenn man sich nicht klar darüber ist, was man macht (wie auch darüber, was man *nicht* macht), warum man meint, man müsse es tun und wie man es tun muss.

1. Paartherapie sollte zukunfts-, nicht vergangenheitsorientiert sein.

In RPT fordern wir Menschen zu Gesprächen über zukünftige Möglichkeiten hinsichtlich dessen auf, was anders sein wird, wenn sie sagen können, die Therapie sei erfolgreich gewesen (BERG & MILLER, 1992; DEJONG & BERG, 1998; DE SHAZER, 1985,1988, 1991, 1994; FRIEDMAN & LIPCHICK, 1999; FURMAN & AHOLA, 1992; HOYT, i.Dr.). Es kommt zu einer gewissen Hinwendung auf die Vergangenheit, weil die Menschen ihre Geschichten erzählen wollen und ihre Sorgen einer interessierten, hilfreichen Fachperson mitteilen möchten, aber wir erkunden nicht aktiv die Vergangenheit auf der Suche nach möglichen Ursachen für die Sorgen des Paares. Wir ziehen es vor, im Einzelnen das zu erforschen und zu entwickeln, was anders sein wird, wenn beide Partner sagen können, „die Dinge sind besser", wenn beide fühlen, sie arbeiten erfolgreich zusammen daran, ihre gegenwärtigen Probleme zu lösen, und wenn es für uns den Anschein hat, als sei ihre Erzählung mit *guter Geschichte* in Kraft getreten.

Daher laden wir Paare zu Gesprächen ein, die auf die Zukunft ausgerichtet sind – darauf, was anders sein wird, wenn die Dinge mehr so sind, wie sie es sich wünschen. Paartherapie wird effektiver und effizienter sein, wenn Gesprächszeit damit verbracht wird zu klären, in welche Richtung die Menschen gehen möchten und woran alle mer-

---

[15] Diese Arbeitshypothesen sind das, was sie sind: Arbeitshypothesen. Da über jeder RPT das übergeordnete Prinzip steht, dass Therapie kollaborativ ist, greifen wir ständig Hinweise und Vorgaben unserer Klienten auf. Demzufolge könnten wir in jedem beliebigen Fall eine bestimmte Annahme wieder verlassen, weil wir vor allem anderen davon ausgehen, das, was nach Aussage der Klienten hilfreich oder nicht hilfreich ist, als ultimative Richtlinie zu betrachten.

ken werden, wann sie sich in die gewünschte Richtung bewegen, als wenn sie damit verbracht wird, Wesen, Ausmaß und Wirkung der gegenwärtigen und vergangenen Klagen und Unzufriedenheiten (ihre Erzählungen mit *schlechter Geschichte*) zu erkunden. Wenn ein Paar in der Lage ist, sich realistische, gemeinsame und zufrieden stellende Zukunftserlebnisse vorzustellen (und mit einigen Details auszuschmükken), dann unternehmen sie schon wichtige Schritte, die sie über die Einengung durch ihre gegenwärtigen Probleme hinausführen. Hoffnung und Möglichkeiten wachsen, während die Menschen sich eine Zukunft vorstellen, die ihre Erzählungen mit *guter Geschichte* reflektieren, und diese Zukunftsbilder beinhalten die Lösungen – sie weisen Pfade auf, die zu ihrer Realisierung führen.

Die Zukunftsorientierung von RPT steht im Gegensatz zu der traditionellen Betonung in der Psychologie, dass die Macht der Vergangenheit eine unwiderrufliche Gestalterin der Gegenwart ist. Unserer Ansicht nach ist die Zukunft eine ebenso mächtige Kraft bei der Gestaltung der Gegenwart wie die Vergangenheit, manchmal sogar noch mächtiger[16]. Selbstverständlich beeinflusst das, was Menschen sich wünschen, erhoffen und erwarten, stark ihre gegenwärtigen Handlungen. Denken Sie an die Studentin, die in der Gegenwart Medizin studiert, weil sie eine Zukunft erwartet, in der sie Ärztin sein wird. Oder denken sie an die Ehefrau, deren Erwartung, der Mann würde ihr Bedürfnis nach vertraulichen Gesprächen nicht erfüllen, sie dazu bringt, wenig oder nichts zu ihm zu sagen, wenn er am Abend nach Hause kommt. Die vorgestellte Zukunft stellt einen ebenso mächtigen prägenden Einfluss auf die Gegenwart dar wie die Vergangenheit, an die man sich erinnert; daher kann die Entwicklung und Ausschmückung befriedigender Zukunftsbilder dazu beitragen, ein unglückliches Paar auf den Weg zu der gewünschten Veränderung zu bringen[17].

---

[16] Das Psychodrama, Tobey HILLERS frühestes Forschungsfeld, bevorzugt stark die Idee von einer vorgestellten Zukunft, die für das Erleben der Gegenwart von herausragender Bedeutung ist. Die Technik der so genannten „Zukunftsprojektion" wird häufig verwendet, um einem Darsteller (Patienten) bei der Entwicklung von Methoden zu helfen, mit denen er seine gegenwärtigen Schwierigkeiten bewältigen kann. Bei dieser Methode stellt die Hauptperson ein Ich dar, wie sie es bevorzugt, und einen Daseinszustand nach der Lösung der Probleme, indem sie ein eingebildetes erfolgreiches „Zukunftsbild" erforscht und ausschmückt. Dieses Technik erfüllt eine ähnliche Funktion wie DE SHAZERS „Wunderfrage", auf die wir später eingehen werden.

[17] **Anm.d.Hrsg.:** Hier ist auch auf das Phänomen der selbsterfüllenden Prophezeiung hinzuweisen: was erwartet wird, geschieht (z.B. WATZLAWICK, 1976).

Und schließlich kann die Zukunft oder die Vorstellung der Menschen von der Zukunft – ihre Hoffnungen, Absichten und ihre Vorstellung von den einzuschlagenden Wegen – ihre Sichtweise der Vergangenheit ebenfalls beeinflussen[18]. Da die Menschen vielfältige Versionen ihrer Vergangenheit haben, kann ein Paar, das in der Lage ist, eine Zukunft mit *guter Geschichte* zu entdecken, auch anfangen, Merkmale dieser Erzählung in der gegenwärtigen Beziehung zu entdecken und sich an diese erinnern (sie wieder in den Vordergrund bringen), wenn es auf die Vergangenheit zurückblickt. Die Konzentration auf die Zukunft kann den Menschen daher helfen, in der Vergangenheit wie in der Gegenwart nach dem zu suchen, was zum Aufbauen einer zufriedenstellenderen Beziehung beiträgt.

2. Paartherapie sollte auf Stärken, nicht auf Schwächen begründet sein.

Wir gehen davon aus, dass Menschen, die zu uns kommen, weil sie Hilfe suchen, über die notwendigen Ressourcen verfügen, um Veränderungen vorzunehmen, die einen Unterschied in ihrem Leben machen werden, ganz gleich welcher Art und Dauer oder welchen Ausmaßes ihre Probleme sind. Anders ausgedrückt, wir halten eine kompetenzorientierte Haltung aufrecht (THOMAS & COCKBURN, 1998). Wir sehen unsere Klienten nicht nur als Menschen mit Problemen, sondern als Menschen, die vorübergehend nicht in der Lage sind, Kompetenzen zu nutzen, die sie bereits besitzen (oder die sie rasch entwickeln können), um ihre gegenwärtigen Schwierigkeiten zu lösen. Diese Annahme ist, wie alle unsere Annahmen, eine Arbeitshypothese – dort beginnen wir. Wenn es sich erweist, dass einem bestimmten Paar die Ressourcen oder Möglichkeiten zur Durchführung der erwünschten Veränderungen fehlen, kann die Therapie ein Gemeinschaftsprojekt werden, in dem ihnen geholfen wird, Fähigkeiten zu entwickeln und die notwendigen Ressourcen zu finden. Unsere Rolle besteht darin zu fördern. Sie ist darauf angelegt, Paaren zu helfen, ihre eigenen speziellen Ressourcen zu identifizieren, zu klären, anzuzapfen oder zu entwickeln, damit sie als Team zusammen arbeiten und sich in einer individuell auf sie zugeschnittenen Form mit dem auseinander-

---

[18] **Anm.d.Hrsg.:** Dazu hat Ben FURMAN interessantes Material zusammengetragen, indem er der Frage nachging, wie Menschen mit „traumatisierenden" Kindheiten es geschafft haben, für sich später ein glücklicheres Leben zu führen und dies im Titel deutlich zum Ausdruck gebracht: *Es ist nie zu spät, eine glückliche Kindheit zu haben.*

setzen können, was ihnen Probleme bereitet. Von der ersten Begegnung bis zum letzten „Auf Wiedersehen", vom Erstgespräch darüber, was das Paar in die Therapie führte, bis zum abschließenden Gespräch darüber, wie das Paar auch weiterhin die Dinge in die erwünschte Richtung bewegen kann, hören wir daher auf Anzeichen von Stärke, Fähigkeiten, Kapazitäten, Begabungen und Wissen (DE-JONG & MILLER, 1995).

Dies bedeutet nicht, dass wir die Auswirkungen der Probleme der Menschen auf ihr Leben außer Acht lassen und verharmlosen oder die Belastung stressiger oder traumatischer Lebensereignisse oder -bedingungen wie Armut, chronische Krankheit und Verlust abtun. Wenn wir Stärken betonen, wollen wir damit nicht die therapeutischen Gespräche auf das Positive beschränken oder die Auswirkung von schädigenden oder problematischen Verhaltensweisen auf das Leben der Menschen ignorieren. Es ist sogar so, dass uns unsere Kompetenzorientierung hilft, effektiver zu sein, wenn es darum geht, mitfühlend und wirksam mit Situationen umzugehen, die eine Herausforderung darstellen oder schwer zu handhaben sind, wie zum Beispiel häusliche Gewalt, Drogenmissbrauch, Untreue und destruktive elterliche Erziehungsmethoden. In all unseren Fällen nähern wir uns den Themen und Problemen mit der Annahme, die Leute wollen einen Ausweg aus schmerzlichen und zerstörerischen Mustern finden, sie haben Fähigkeiten und Ressourcen, dieses Ziel zu erreichen, und wenn sie die Mittel finden, die zu ihrer Situation passen, werden sie sich auf die erwünschte Weise ändern.

Von der Sichtweise der Stärke her zu arbeiten, bedeutet, mehr als einfach einen gewissen Satz an Strategien zu benutzen oder eine positive Haltung zu vertreten. Es erfordert eine Neuorientierung der Perspektive vom Menschen, vom therapeutischen Prozess und davon, wie Veränderung vor sich geht. David SALEEBY (1997), der für die Praxis der Sozialarbeit eine Perspektive der Stärke vorschlägt, sagt folgendes:

> Statt sich auf Probleme zu konzentrieren, wendet sich dein Auge den Möglichkeiten zu. In dem Dickicht von Trauma, Schmerz und Sorgen kann man die Blüten von Hoffnung und Umwandlung entdecken. Die Formel ist einfach: Mobilisiere die Stärken der Klienten (Begabungen, Wissen, Kapazitäten, Ressourcen) und stelle sie in den Dienst der Ziele und Visionen, die erreicht werden sollen, und die Klienten werden auch nach ihren eigenen Vorstellungen eine bessere Lebensqualität haben (S. 3-4).

Der Schlüssel zur Veränderung liegt im Erfolg; wir versuchen, *Leute dabei zu erwischen, wie sie erfolgreich sind.* Werden die Menschen als kompetent betrachtet, sind sie eher in der Lage, Energie, Wille, Wunsch und Kreativität zu mobilisieren, um die gewünschten Veränderungen durchzuführen. Die Fokussierung der klinischen Optik auf Dysfunktion und Mangel kann für die KlientIn erniedrigend sein, ein Gefühl der Entmachtung fördern und bei diesem Wahrnehmungsgefüge die Therapeutin daran hindern, empfänglich für die kreativen Fähigkeiten der KlientIn zu sein – die große Spielbreite der zweckmäßigen Eigenschaften und Fähigkeiten, die jeder Mensch in die herausfordernden Situationen und Zeiten seines Lebens mit einbringt. Es kommt dann am schnellsten zur Veränderung, wenn Menschen sich kompetent und hoffnungsvoll fühlen – wenn sie die Kontrolle über die Mittel zu haben meinen, die einen Unterschied bewirken können. Nach unseren langfristigen Ergebnissen ist es viel hilfreicher, sich auf die einzigartige Art und Weise zu konzentrieren, wie Paare, die zu uns kommen, sich als erfindungsreiche, fähige Menschen erweisen, die Hilfe dabei benötigen, ihre Begabungen und ihr Können einzusetzen, wenn es darum geht, ihr Beziehungsproblem in Angriff zu nehmen.

3. Die Paartherapeutin sollte davon ausgehen, dass Paare vorübergehend feststecken, und nicht, dass sie dysfunktional sind.

In Verbindung mit unserer Überzeugung, dass die Macht, etwas zu verändern, Probleme zu lösen und Partnerschaft neu aufzubauen, innerhalb der Ressourcen der jeweiligen Partnerschaft liegt, ist auch unsere Annahme zu sehen, dass Paare, die zur Therapie kommen, einfach gegenwärtig[19] feststecken, ohne aber dysfunktional oder pathologisch zu sein (DURRANT, 1993; FRIEDMAN, 1996; SHOHAM, ROHRBAUGH & PATTERSON, 1995). Gewisse Probleme und Konflikte haben im Leben des Paares eine zentrale Rolle eingenommen, und als ein Ergebnis sind die Partner in einem komplexen Gewebe von Verhalten, Wahrnehmung und Sinngebung (den *schlechten Geschichten*) verfangen, das ihre Fähigkeit, effektiv zusammenzuarbeiten und ihre Probleme und Konflikte in Angriff zu nehmen, behindert. Der Sinn der Therapie liegt nicht darin, alle Probleme des Paares zu lösen, und ganz bestimmt nicht darin, Probleme zu finden und zu benennen, die das Paar nicht dargelegt hat. Unsere Rolle besteht darin, ihnen bei der Befreiung aus diesem Feststecken zu helfen, indem wir sie dabei unterstützen, gemeinsam daran zu arbeiten, gemeinsame Ziele zu fin-

---

[19] **Anm.d.Hrsg.:** im Sinne von „vorübergehend".

den. Wenn die Menschen uns erst einmal erzählen, sie sähen sich auf dem Weg in Richtung dieser Ziele, dann sind sie bereit, sich an die Erforschung von Möglichkeiten zu machen, wie sie die Dinge weiterhin ohne unsere Hilfe auf diesem Kurs halten können. Wenn sie in der Zukunft merken, wie sie sich wieder in Probleme verrennen, dann haben sie natürlich die Freiheit, für so viele oder so wenige Stunden wieder zu uns zurückzukommen, wie sie brauchen, um sich wieder zu befreien. Anders ausgedrückt: wir gehen davon aus, dass Therapie kurz sein und/oder in Abschnitten durchgeführt werden kann (JOHNSON, 1995).

Paare, die ihre Partnerschaft erneuert und ihre Erzählungen mit *guter Geschichte* verstärkt haben, werden vielleicht nicht mehr unsere Hilfe benötigen, wenn sie sich zukünftigen Herausforderungen stellen müssen. Unserer Ansicht nach muss bedeutungsvolle und dauerhafte Veränderung (was immer das für das jeweilige Paar in unserer Therapiepraxis heißt) nicht einen bestimmten Verlauf nehmen, sie benötigt keine bestimmte Zeitdauer oder macht die Beachtung einer bestimmten Liste von Themen erforderlich. Noch muss unserer Meinung nach der Prozess der Veränderung schmerzlich sein, ein Kampf oder die Erfahrung von „drei Schritte vor, zwei zurück". Einfach ausgedrückt: Menschen stecken fest; wir helfen ihnen, sich auf die eine oder andere Weise zu lösen, und sie bewegen sich weiter.

Betrachten Sie zum Vergleich den folgenden Rat, den der Autor und Paartherapeut Phil DELUCA (1996) Menschen gibt, die versuchen, eine Beziehung zu verändern:

– Dies ist die Herausforderung, der Sie sich stellen müssen, wenn Sie beschließen, ihre Beziehungsprobleme zu lösen: Es gibt keine schmerzlose Lösung.

– Veränderung verursacht von Natur aus bei allen Betroffenen Schmerz und Zorn. Diejenigen, die sich eine Verbesserung ihrer gestörten Beziehung wünschen, aber gleichzeitig weitere Verletzungen vermeiden wollen, können bis ans Ende ihrer Tage auf etwas warten, was nie geschehen wird.

– Wegen ihrer besonderen Natur und des Aufruhrs, den sie für alle beteiligten Parteien mit sich bringt, ist Verhaltensänderung ein individuelles, schmerzliches und daher einsames Unterfangen. Man wird immer daran denken müssen, dass der Partner anfänglich eher versuchen wird, unsere Bemühungen zunichte zu machen, statt sich daran zu beteiligen (S. 6-7).

Dies sind starke, keinen Widerspruch duldende Meinungen über das Wesen der Veränderung – und sie werden üblicherweise von helfenden Fachleuten vertreten. Aber auf welcher Basis beruhen diese Meinungen? Wir alle können von Erfahrungen mit Veränderung in unserem persönlichen oder beruflichen Leben berichten, die diese sogenannten Wahrheiten in Frage stellen. Veränderung kann zwar schmerzlich und/oder mühselig sein (in der Therapie oder auch sonst), muss es aber nicht. Betrachtet man Veränderung als unausweichlich schmerzlich, dann wird sie es mit größerer Wahrscheinlichkeit auch sein. Nach unserer Erfahrung scheinen die betroffenen Menschen, die sich verändern und die sich für diese Veränderung verantwortlich fühlen, oft selbst genauso wie andere erfreut und empfänglich dafür zu sein. Wir erhalten häufig aufgeregte und enthusiastische Berichte von Paaren über ihre Freude und Befriedigung, die sie bei selbst vorgenommenen positiven Veränderungen in ihrer Beziehung erleben.

Die Vorstellung, die Menschen steckten fest und seien eben nicht dysfunktional, ist einer der zentralen Lehrsätze der Kurztherapie und hat mit der Idee zu tun, die Menschen könnten die Therapie beenden und selbstständig erfolgreich sein, wenn sie anfangen, sich auf eine Lösung zuzubewegen (CADE & O'HANLON, 1993; DURRANT, 1993). Wir selbst definieren uns weder als Kurz- *noch* als Langzeittherapeuten (ZIEGLER, 1998). Da wir kollaborativ arbeiten, sind es unsere Klienten (nicht unser Modell, unsere Theorien oder Bevorzugungen), von denen die Dauer und das Ausmaß der Zusammenarbeit bestimmt wird. Wir sind uns sehr wohl über Zeitaufwand und Kosten einer Therapie im Klaren, und daher sollte unserer Meinung nach Therapie so effizient wie möglich durchgeführt werden. Gleichzeitig achten wir darauf, Klienten nicht aus der Therapie herauszudrängen, bevor sie nicht den Eindruck haben, dafür bereit zu sein; demnach wird also die Dauer mit unseren Klienten gemeinsam bestimmt und unterscheidet sich von Fall zu Fall.

Da wir davon ausgehen, dass es in der Therapie ausreicht, Paaren zu helfen, nicht mehr festzustecken, statt zugrunde liegende oder langjährige Beziehungsdysfunktionen, Charakterfehler oder Pathologien zu heilen bzw. aufzuheben, arbeiten wir auf einen Trend zu (eine Bewegung in Richtung positiverer und zufriedenstellenderer Erlebnisse), nicht auf ein Resultat. Daher endet Therapie also auch, ungeachtet ihrer Dauer (kurz, mittel, lang), wenn die Menschen das Gefühl haben, sie bewegten sich vorwärts und seien bereit, allein weiter zu gehen.

4. Das Sprechen über Lösungen führt zu ihrer Entdeckung; das Sprechen über Probleme verewigt diese nur.

Problemlösungsgespräche machen Sinn, wenn man über die physikalische Welt spricht. Was mit der Toilette nicht stimmt, wirkt sich darauf aus, was man macht, um sie zu reparieren. Im Bereich der menschlichen Beziehungen jedoch, wo die Probleme subjektiv definiert und sozial bzw. zwischenmenschlich in Sprache konstruiert werden, kann das Sprechen über Probleme in gewisser Weise die Wirkung haben, den Einfluss von Problemen als Vorgaben der Parameter für Handlung und Denken zu verstärken. Traditionelle Therapiemodelle basieren auf einem problemlösenden Paradigma (DeJong & Berg, 1998). Dieses Paradigma, das im Grunde ein medizinisches Modell für eine sich ankündigende Krankheit ist, erfordert von der Therapeutin, die Art des Problems zu klären (Beurteilung), seine Ursachen festzulegen (Diagnose) und Schritte zu entwerfen (Interventionen), die diese Ursachen mildern oder entfernen (Heilung). Es wird angenommen, dass die dargestellten Symptome Zeichen einer darunterliegenden Pathologie oder tiefer liegender Probleme sind, die das Ziel der Intervention bilden.

Lösungen (er-)finden (DeJong & Berg, 1998; de Shazer, 1985, 1988, 1991, 1994) hingegen ist ein völlig anderes Paradigma. Bei dieser Denkweise wird es für wichtiger gehalten, sich auf die Stärken des Paares zu konzentrieren und in Ko-AutorInnenschaft die zukünftigen Ziele der Partner zu formulieren, statt zu versuchen, Gründe für Probleme zu finden und die mögliche Vorgeschichte der Dysfunktion zu diskutieren. Um Lösungen zu konstruieren, sprechen wir mit Klienten über befriedigende Beziehungsbilder und über die Ausnahmen in ihrer Problemgeschichte statt über die Beispiele der Probleme. Wir möchten ihre Erzählungen mit *guter Geschichte* verdichten und in den Vordergrund stellen. Zur Konstruktion lebensfähiger Lösungen gehört nicht unbedingt das Diskutieren und Verstehen der Probleme und Schwierigkeiten des Klienten (de Shazer, 1988, 1991, 1994).

Wie wir jedoch bereits angemerkt haben, bedeutet dies nicht, dass wir in RPT nie mit den Menschen über ihre Probleme reden. Selbst wenn wir nicht ein auf das Problem fokussiertes Gespräch beginnen, kann es unserer Überzeugung nach hilfreich sein, mit unseren Klienten über deren Erfahrung mit ihren Problemen zu sprechen, sich ihre Sorgen mit Respekt und Sensibilität anzuhören und uns auf ihre Erzählungen mit *schlechter Geschichte* einzulassen. Wir machen dies aber nicht, um eine tiefer liegende Ursache oder Quelle festzuhalten und dann auf dieser Basis klinische Maßnahmen zu ergreifen. Wir nehmen aus drei Gründen an dieser Art Gespräche teil: (1) um Rapport aufzubauen und zu erhalten, (2) um die Veränderungstheorien unserer Klienten zu erforschen[20] und (3) um mögliche Auswege aus der Erzählung mit *schlechter Geschichte* zu einer Erzählung mit *guter Geschichte* zu entdecken.

Menschen haben ein starkes und anhaltendes Bedürfnis danach, über das, was ihnen Sorgen macht, und über den Schmerz und Kampf in ihrem Leben zu reden und sich hinsichtlich ihrer Theorie darüber, wie es zu ihren gegenwärtigen Schwierigkeiten gekommen ist, bestätigt zu fühlen. In der Paartherapie gibt es eine „Aufwärmphase", in der jeder der Partner sich vergewissern will, dass seine schwierigen, oft seit langer Zeit bestehenden Umstände für die Therapeutin wichtig sind und genau verstanden werden. Daher kann und sollte den Sorgen der Menschen ein gewisser Raum zugestanden werden. Es ist jedoch besonders in der Paartherapie wichtig, wo die Partner oft Dinge sagen, die beim anderen eine feindselige und kämpferische Reaktion auslösen, Möglichkeiten zu finden, sich auf solche Gespräche einzulassen, die keinen Rückschritt bedeuten. Das wichtigste ist, Gespräche zu moderieren, die den Menschen helfen, sich auf das Sprechen über Lösungen zuzubewegen. Ein Prozess, der sich darauf konzentriert, Lösungen zu (er-)finden, fordert die Partner dazu auf, so früh wie möglich mit der gemeinsamen Arbeit daran zu beginnen, eine für beide bedeutsame Zukunft zu entwerfen, gemeinsame Ziele zu finden und ihre Erzählung mit *guter Geschichte* neu zu entdecken und zu festigen.

5. Der wirksamste Eingang in die phänomenologische Welt des Paares ist durch die Türen der Perzeption.

Es kann nützlich sein, sich Erfahrung als ein Rad aus mehreren miteinander verbundenen Elementen zu denken: (1) Kognitionen (Erinnerungen, Bedeutungskonstruktionen, Erwartungen, Haltungen, Überzeugungen, Werte, Annahmen, und so weiter); (2) Perzeptionen (was wird bemerkt und als signifikant betrachtet und was wird übersehen); (3) Emotionen (subjektive Befindlichkeitszustände); und (4) Verhalten (Handlungen – freiwillige, unfreiwillige und gewohnheitsmäßige). Dies sind keine voneinander unabhängigen Elemente; sie beeinflussen ein-

---

[20] **Anm.d.Hrsg.:** „Gegen" die subjektiven Theorien der KlientInnen zu arbeiten, erweist sich meist nicht nur als mühselig, sondern auch als unmöglich.

ander beständig und sind stets miteinander verwoben. Mit welchem Verhalten wir auf jemanden reagieren, der uns anlächelt, hängt von unseren Perzeptionen, Kognitionen und Emotionen ab – ob wir den Gesichtsausdruck wahrnehmen und welche Bedeutung wir ihm zuschreiben (eine Konstruktion, die durch unsere Erinnerungen, Erwartungen und Annahmen hinsichtlich lächelnder Menschen im Allgemeinen und dieser Person im Besonderen beeinflusst wird) und von den emotionalen Reaktionen, die diese Wahrnehmung in uns auslöst. Ein Kuss ist niemals nur ein Kuss, und ein Lächeln ist nicht einfach nur ein Lächeln.

In unserer Arbeit ist Perzeption, d.h. wie Menschen Dinge sehen, der wichtigste Zugang zur phänomenologischen Welt unserer Klienten. Unserer Meinung nach sind wir am besten in der Lage, Rapport aufzubauen und Möglichkeiten für eine positive Veränderung zu schaffen, wenn wir unsere Klienten in Konversationen darüber einbeziehen, was ihnen an Ereignissen, Menschen, sich selbst und ihren Beziehungen zu anderen und der Welt um sie herum auffiel oder was sie übersahen. Wenn Menschen ihre Perzeptionen mit uns gemeinsam erkunden, erhalten wir direkten Zugang zur Welt ihrer subjektiven Erfahrung. Diese Welt umfasst Gedanken, Werte, Gefühle, Bedeutungskonstruktionen, Haltungen und Wahrnehmungen vergangener Verhaltensweisen sowohl des Klienten selber wie auch anderer Menschen im Leben des Klienten. Wenn wir daher einen Kontext für Veränderung entwickeln, fragen wir die Menschen nach ihren besonderen Perzeptionen in Bezug auf ihre Probleme und danach, was sie beobachteten, wenn sie diese Probleme zu lösen versuchten, und was für sie anders aussehen wird, wenn die Probleme gelöst sind, und schließlich was ihnen an ihren Partnern als anders auffallen wird, wenn die Dinge in der Beziehung besser zu sein scheinen.

In RPT konzentrieren wir unsere Fragen von Anfang an weniger auf das, was die Partner tun, als darauf, wie jeder von ihnen die Handlungen des anderen wahrnimmt und interpretiert. Wir sind besonders daran interessiert, welche Macht diese Interpretationen haben, Aktion und Reaktion hervorzurufen und zu beeinflussen. Während wir in diesen sondierenden Dialogen etwas über das Bezugssystem, die Veränderungstheorien[21] und leitenden Geschichten erfahren, die die Er-

---

[21] Scott MILLER war es, der unsere Aufmerksamkeit darauf lenkte, wie wichtig es ist, sich die Veränderungstheorie des Klienten bewusst zu machen und so viel wie möglich innerhalb dieses Rahmens zu arbeiten, um den Klienten zu helfen, Wege zur Lösung ihrer Probleme zu finden (DUNCAN et al., 1997; DUNCAN & MILLER, 2000)

fahrungen der Menschen beeinflussen, können wir potentielle Auswege aus der Erzählung mit *schlechter Geschichte* entdecken. Indem wir Menschen fragen, was ihnen an ihrem Leben als verändert auffallen wird, wenn ihre Probleme gelöst sind, haben wir einen Ausgangspunkt für lösungsorientiertes Verhalten. Diese Art von Befragung, die sich auf Perzeption und Bedeutungskonstruktion konzentriert, ermutigt sowohl die Therapeutin wie das Paar, auf Perspektiven und Haltungen zu achten, die in Zusammenhang mit positiven Aspekten der Beziehungserfahrung stehen, und hierdurch haben sie einen Einfluss darauf, in welche Richtung die Aufmerksamkeit unserer Klienten in Zukunft gelenkt wird. Das hilft uns daran teilzuhaben, wie ein Paar die vergangene wie die zukünftige Erzählung mit *guter Geschichte* wieder aufbaut, verbessert und auffrischt.

6. Paartherapie sollte ein kooperativer, konsultativer Prozess sein.

Genau so wichtig wie unsere Lösungsorientierung (die durch unsere ersten fünf Grundvoraussetzungen charakterisiert wird) ist die kooperative, konsultative Haltung, die wir unseren Klienten gegenüber einnehmen. Die meisten Paare kommen, um Hilfe bei der Lösung von Problemen zu erhalten und um Fragen anzusprechen, die nur ungenau definiert sind. Ein Teil unserer Arbeit besteht darin, ihnen zu helfen, ihre Sorgen und Wünsche auf therapeutisch sinnvolle Weise in einem bestimmten Rahmen zu definieren, indem man mit ihnen zusammen klärt, welche speziellen Veränderungen einen Unterschied ausmachen werden. Wir gehen davon aus, dass die Partner wissen, welche Veränderungen einen Unterschied bewirken (obwohl sie vielleicht nicht wissen, dass sie es wissen), und es ist unsere Aufgabe, ihnen zu helfen, dieses Wissen anzuzapfen. Klienten haben ein wichtiges und einzigartiges Expertenwissen über ihr Leben und darüber, wie sie es verändern möchten. In dieser Hinsicht teilen wir die Haltung des Nicht-Experten, die auch andere konstruktionistische Therapien einnehmen, und gehen von der Annahme aus, die Klienten seien in Hinblick auf Ergebnisse und Ziele die besten Beurteiler.

In RPT sind wir nicht nur der Überzeugung, die Klienten seien die Experten für ihr eigenes Leben, ihre Hoffnungen und Wünsche, sondern meinen auch, dass sie wichtige Vorstellungen davon haben, wie Therapie ihnen am meisten nützen kann (DUNCAN et al., 1997; DUNCAN, SOLOVEY & RUSK, 1992; JOHNSON, 1995; O'HANLON, 1998). Solange wir nicht die Gedanken darüber erkundet haben, was in der Therapie geschehen muss und wodurch wir dazu beitragen können, erkennen die Klienten sie vielleicht nur sehr undeutlich. Wir machen von diesem

Wissen Gebrauch. Von der ersten Begegnung bis zum letzten „Auf Wiedersehen" fordern wir das Paar ständig auf, als unser Konsultationsteam zu fungieren. Wir bitten sie um ihre Meinung darüber, was wir gemeinsam tun können, um das Ziel der Therapie zu fördern, und wir überprüfen regelmäßig, ob die Richtung, die wir verfolgen, hilfreich ist, und ob das, was wir gemeinsam machen, ihren Bedürfnissen dient. Wir stellen den Klienten zum Beispiel oft Fragen wie: „Hat dieses Gespräch geholfen?" oder „Was sollte ich Ihrer Meinung nach noch über Ihre Situation wissen?" oder „Sind wir hier an der richtigen Stelle?" Es erfordert äußerst wichtige Fähigkeiten zu wissen, wann und wie man solche Befragungen durchführt und wie man die Information nutzt, die man im Verlauf des therapeutischen Unterfangens aus ihnen herausgeholt hat. DUNCAN, HUBBLE und MILLER (1997) sagen über die Bedeutung der kooperativen Arbeitsweise in der Therapie:

> [dass] die Psychotherapieforschung belegen [kann], dass Behandlungserfolge dort eintreten, wo den eigenen Kräften und Fertigkeiten der Klienten Raum gegeben wird, wo der positive Eindruck des Klienten vom therapeutischen Bündnis gewährleistet ist und wo die Therapie sich an den Ansichten des Klienten über das, was ihm wichtig ist, ausrichtet. *Jeder Klient stellt daher den Therapeuten vor die Aufgabe, eine neue Theorie zu erlernen und einen neuen therapeutischen Kurs einzuschlagen* (S. 34, Hervorhebung durch die Autoren).

Wir tragen diese Forschungsergebnisse in die Praxis, indem wir unsere Klienten als unser Konsultationsteam benutzen. Zu diesem Zweck müssen wir die Erfahrungswelt der beiden Partner betreten, um die Dinge aus ihrer Perspektive zu sehen, und das bedeutet, wir müssen zumindest zeitweise unsere eigene außer Acht lassen. Dies erfordert von uns jedoch nicht, unser Wissen, unsere Erfahrung und unseren gesunden Menschenverstand beiseite zu lassen – oder uns so zu verhalten, als hätten wir keine eigenen Ideen, Erfahrungen und Meinungen. Schließlich kommen viele Klienten zur Therapie, weil sie sich Input und Vorschläge von jemandem wünschen, der sein berufliches Leben damit verbracht hat, Menschen bei der Lösung ihrer Probleme zu helfen. Während wir also davon ausgehen, dass jeder – wir und unsere Klienten – etwas Wichtiges zum therapeutischen Unterfangen beitragen kann, treffen wir in Übereinstimmung mit den Klienten von Fall zu Fall die Entscheidung darüber, wieviel wir von unseren persönlichen Erfahrungen, unseren Werten und Ideen mitteilen und ob wir Vorschläge machen bzw. Ratschläge unterbreiten oder nicht.

Es ist nicht leicht, die Rolle der Expertin aufzugeben – sie klebt ziemlich fest an uns. Es kann recht schwierig sein, unsere diversen eleganten und komplizierten Modelle von normal/anormal außer Acht zu lassen. Es ist schwer, nach all den Jahren an Praxis und Erfahrung nicht zu meinen, man wisse zumindest in Hinblick auf den Verlauf der Therapie am besten Bescheid. Wenn man dem Paar nicht ständig ins Steuer greifen will, ist es am besten – wie wir in RPT immer wieder festgestellt haben –, so gut es einem gelingt, eine Einstellung und Haltung der Neugier und des Nichtwissens einzunehmen. ANDERSON und GOOLISHIAN (1992), denen zugeschrieben wird, den Begriff des *Nichtwissens* geprägt zu haben, beschreiben dies als eine Haltung, die folgendes erforderlich macht:

> eine allgemeine Haltung oder einen Standpunkt ..., in welchen die Handlungen des Therapeuten eine reichhaltige, aufrichtige Neugier vermitteln. Das heißt, die Handlungen und die Haltungen des Therapeuten drücken eher das Bedürfnis aus, mehr über das zu erfahren, was gesagt wurde, als vorgefasste Meinungen und Erwartungen über den Klienten, das Problem oder das, was geändert werden sollte, zu übermitteln. Der Therapeut oder die Therapeutin positioniert sich selbst also in einer Weise, die es ihm erlaubt, durch den Klienten oder die Klientin „informiert" zu werden" ... Eine solche Position erlaubt es dem Therapeuten, sich ständig an der Position des Klienten zu halten und der Weltsicht, den Bedeutungen und dem Verstehen des Klienten Vorrang zu geben (S. 29).

Bei der Zusammenarbeit mit dem Klienten, in der der Verlauf der Therapie bestimmt wird, folgt die Therapeutin neugierig, interessiert und offen für Entdeckungen ihren Klienten auf deren Territorium. Die Landkarte dieses einzigartigen Territoriums wird gemeinsam gezeichnet. Neben anderen Dingen trägt diese kooperative Haltung seitens der Therapeutin meist dazu bei, einen herzlicheren, anregenderen, unterstützenderen und tatkräftigeren Ton in die Paarsitzung hineinzutragen. Nach der ersten Sitzung sind die Beteiligten oft sehr begierig wiederzukommen, verlassen die Sitzung schwungvoll durch ein positives Erlebnis und fühlen sich in Bezug auf sich selbst und den anderen besser. Lachen, enthusiastisches Akzeptieren der Ideen und Geschichten dieser Menschen und ein Gefühl der Hoffnung, energiegeladener Entdeckung und Aufregung über die gemeinsamen Fähigkeiten des Paares sind charakteristischer für diese Art kooperativer Arbeit als das Gefühl von Krise, Schwierigkeiten und Plage.

Zusammengenommen bilden diese sechs Annahmen den Rahmen unserer Praxis und schaffen die Matrix, aus der unsere Techniken (organisch, wie wir hoffen) erwachsen. Sie reflektieren gewisse fundamentale Ansichten über menschliche Erfahrung, darüber, wie Menschen den Ereignissen Bedeutung geben und sie in subjektive Erfahrungen verwandeln und darüber, wie wir alle einer Veränderung begegnen. Sie beinhalten eine Möglichkeit, Beziehungen zu betrachten, die sowohl für die intime Dyade eines Paares gilt wie auch für die Beziehung zwischen Therapeutin und Paar. Diese ineinandergreifenden Annahmen bilden einen Satz richtungsweisender Ideen, die uns von Augenblick zu Augenblick und im gesamten Verlauf der Therapie bei der Entscheidung helfen, was zu tun, zu sagen und zu fragen ist, um eine Stärkung der Erzählung des Paares mit *guter Geschichte* zu fördern und ihnen zu helfen, ein Gefühl für Partnerschaft, gemeinsame Zielgebung und persönliche Befähigung neu zu beleben. Wenn diese Arbeitsannahmen uns in den täglichen Begegnungen mit den Klienten leiten, steht uns eine große Bandbreite von Techniken zur Verfügung und wir können erfolgreich helfen. Wir können dann auch besser verstehen, warum in einem bestimmten Augenblick eine bestimmte Technik oder Gesprächsweise hilfreich gewesen ist. Es wird dadurch leichter, den komplexen und subtilen Fluss des therapeutischen Unterfangens tatsächlich zu „sehen". Auf diese Weise klären unsere Arbeitsannahmen, was die manchmal recht amorph scheinende therapeutische Praxis in Bezug auf Hilfe leisten kann und was nicht.

Um zu illustrieren, wie die vorgestellten Annahmen in der Praxis funktionieren und zu dieser Art von aufregenden therapeutischen Begegnungen führen, möchten wir dieses Kapitel mit einem Auszug aus dem Transkript des Erstgesprächs mit einem Paar, das wir Judy und Jerry nennen, abschließen.

Therapeutin: Herzlich willkommen! Wie kann ich helfen? (*Die KlientInnen sind die Wissenden; Kooperation im therapeutischen Prozess.*)

Jerry: Es ist ziemlich schlimm geworden. Wir möchten unsere Ehe retten, wenn es geht, aber es scheint in letzter Zeit immer schlimmer geworden zu sein. Judy hat gedroht, dass sie geht. Und manchmal habe ich das Gefühl, gut, lass sie gehen. Tatsache ist, ich glaube, wir lieben uns immer noch und wollen nicht auseinander gehen. Aber ich kann dieses ständige Streiten nicht aushalten. Und sie auch nicht, das weiß ich. Aber wir können anscheinend nicht über Sachen reden, ohne in heftige Auseinandersetzungen zu geraten. Viel zu heftige.

Therapeutin: Judy, sehen Sie die Lage auch so?

Judy: Recht ähnlich, ja. Ich bin eigentlich ziemlich am Ende mit meinem Latein. Ich möchte Jerry wirklich nicht verlassen, aber er muss lernen, seine Wut zu beherrschen. Ich hoffe, Sie können irgendwie helfen.

Therapeutin: Okay. Das hört sich so an, als hat es viel Streit gegeben, und Sie beide fühlen sich manchmal mit Ihrem Latein am Ende, und Sie, Judy, machen sich Sorgen wegen Jerrys Wutausbrüchen. Aber Sie lieben sich und möchten es möglichst zu einem Erfolg machen. (*Die Erfahrung der Klienten anerkennen und bestätigen, zu der sowohl Teile der* schlechten *wie auch der* guten *Geschichten gehören.*) Ich frage mich also, wie ich es Ihrer Meinung nach schaffen kann, Ihnen zu einer Zusammenarbeit zu verhelfen, damit die Dinge eine andere Wendung nehmen. (*Klient als Wissender; Aufforderung zu Lösungsgespräch; Betonung auf Schaffung eines Team.*)

Judy: Also, na ja, ich weiß nicht. Aber wir müssen irgendetwas gegen dieses Streiten machen, diese ständige schreckliche Stimmung.

Therapeutin: Okay. Vielleicht wäre folgendes ein guter Anfang: Könnten Sie mir beide sagen, in welcher Weise die Dinge anders wären, wenn Sie beide hier hereinkommen könnten und sagen könnten: „Toll, wir haben es geschafft. Wir haben unsere Probleme gelöst und unsere Ehe wird besser. Es gefällt uns so, wie die Dinge jetzt laufen und wir haben irgendwie das Gefühl, wir brauchen nicht mehr herzukommen"? Was wird anders sein, was wird zwischen Ihnen geschehen, wenn Sie mir das sagen können? (*Der Blick wird auf die Zukunft gerichtet, auf Lösungen, auf die Entwicklung einer Veränderungstheorie durch die Klienten und auf die* gute *Geschichte; Haltung der Neugier.*)

Beide Partner sind eine Weile still. Schließlich spricht Judy.

Judy: Also, wie wir gesagt haben, es ist dieser ständige Streit die ganze Zeit. Über das Geld hauptsächlich und Jerrys Trinken. Also zunächst mal, wenn die Dinge besser wären, würde Jerry nicht mehr trinken. Und wenn wir uns über irgend etwas streiten würden, wären wir in der Lage, einfach darüber zu reden wie normale Leute – verstehen Sie, ruhig – ohne all das Geschrei und Türenknallen. (*Klientin fängt an, ihr zukünftiges Zielbild zu entwerfen, zu dem Elemente ihrer Erzählung mit* guter Geschichte *gehören.*)

Jerry: Also, es würde wirklich helfen, wenn sie Judy einfach dazu bringen könnten, damit aufzuhören, die ganze Zeit an mir herumzunörgeln. Dann hätte sich die Aufnahmegebühr schon gelohnt, was mich angeht. Und wenn Sie ihr vielleicht erklären könnten, dass sie vorsichtiger sein muss, wie sie das Geld für Sachen ausgibt, die wir eigentlich nicht brauchen. Das würde helfen. *(Klienten fordern uns oft zu Gesprächen über ihre schlechten Geschichten auf, selbst wenn wir sie zu Konversationen über gute Geschichten einladen. Beide Partner haben Veränderungen erwähnt, die sie gern bei dem anderen sehen würden; wenn die Therapeutin eine Ausrichtung auf Fähigkeiten wählt, bedeutet dies meistens, dass die Aufforderungen zu Lösungen durch den Klienten von diesen abgelehnt werden, und dass sie statt dessen die Ressourcen mit Hilfe der Bilder hervorlocken muss, die in guten Geschichten impliziert sind.)*

Therapeutin: Okay. Ich bekomme allmählich ein Gefühl dafür, was sie in der jeweiligen Situation machen, was der andere nicht so gut findet. Aber können wir noch mal auf das zurückkommen, womit Judy angefangen hat? Ich möchte mehr darüber hören, wie die Dinge sein werden, wenn Ihre Probleme gelöst sind, darüber, was dann anders sein wird, was zwischen Ihnen geschehen wird, woran Sie merken, dass die Dinge besser werden. *(Fokus auf die Zukunft; Ablehnung der Aufforderung durch den Klienten, eine problemorientierte Konversation zu führen.)*

Judy: Also, wie ich sagte, wir würden nicht so viel streiten. Und Jerry würde nicht trinken.

Therapeutin: Gut, ich verstehe. Das würde also passieren, vermute ich. Aber lassen Sie uns mal sehen, wenn ich eine Videokamera hätte und aufnehmen würde, was anders wäre, was würde dann statt dessen passieren, frage ich mich. Anders ausgedrückt, was würde ich auf den Film bekommen? Wenn ich durch das Objektiv der Kamera blicken würde, was würde ich sehen und hören, was tatsächlich *passiert*? *(Blick auf die Zukunft; kooperative gemeinsame Konstruktion von therapeutisch wohl definierten Zielen des Klienten. Dieser zuletzt genannte Prozess wird detailliert in Kapitel 5 besprochen.)*

Judy: Hmm, darüber muss ich nachdenken ... geben Sie mir eine Minute Zeit ... Ach ja, Jerry ist zuhause, und wir machen in Nickis Zimmer was zusammen. *(Sie lächelt, als sie anfängt, sich dieses Zukunftswunschbild mit ihrer Tochter vorzustellen.)* Ich kann es sehen, wir spielen und lachen alle zusammen. Verstehen Sie, wir haben Spaß als Familie zusammen, sind albern, sind uns nahe. *(Denkt ein bisschen länger nach.)* Und wenn es Streit gibt, wird es nicht schlimmer und schlimmer. *(Es kommt zu Kooperation. Die Klientin akzeptiert die Einladung der Therapeutin, ihr gutes Bild zu erkunden und auszuschmücken. Beachten Sie, dass diese Bilder nicht mehr nur aus der Abwesenheit von Problemerlebnissen bestehen. In Teilchen und Stücken kommt die gute Ge-*

schichte *zum Vorschein. Achten Sie darauf, wie die Therapeutin mit den Perzeptionen der Klientin von einer wünschenswerten Zukunft arbeitet.)*

Therapeutin: Okay, ich verstehe. Also wenn die Dinge besser sind, haben Sie alle zusammen Spaß als Familie. Und wenn es Streit gibt, verläuft er anders. Erzählen Sie mir mehr darüber, wie es anders verläuft, wenn es zu Streit kommt. Nicht so sehr darüber, was *nicht* geschieht, sondern darüber, was *geschieht*, woran Sie merken, dass Sie beide wirklich etwas verändert haben. *(Fokus auf die Zukunft. Die Frau hat zwei entstehende Zukunftswunschbilder dargelegt – das gemeinsame Spielen als Familie in Nickis Zimmer und das erfolgreiche Umgehen mit einem Konflikt. Auf beide könnte man sich konzentrieren, aber die Therapeutin wählt das letztere, da sie über Streit als Problem gesprochen haben. Dies ist eine weitere Aufforderung, über Partnerschaft zu sprechen und die Erzählung mit* guter Geschichte *zu entwickeln.)*

Judy: *(Augen blicken in die Ferne, als ob sie eine vorgestellte Szene beobachtet.)* Wir ... verstehen Sie ... äh ... blicken uns irgendwie an. Blicken uns wirklich an. Wir sehen irgendwie aufgebracht aus, aber nicht, als ob wir uns hassen. *(Judy schaut prüfend auf Jerry und sieht, wie er sie aufmerksam beobachtet. Er lächelt sie an. Obwohl er in diesem Teil des Interviews nicht gesprochen hat, hat er genau zugehört. Jetzt lächeln sie sich gegenseitig an. Er bewegt seine Hand dichter an ihre auf dem Sofa heran.)*

Therapeutin: Sondern, als ob ...? Wie sehen Sie statt dessen aus? *(Verstärkt den Fokus. Es wird jetzt über die erwünschten Erfahrungen nach Lösung des Problems gesprochen, und sie werden im Gespräch „real gemacht". Sie begeben sich in eine Erzählung mit* guter Geschichte *und fangen an zu fühlen, wie sich Partnerschaftlichkeit in ihnen regt.)*

Judy: Du meine Güte, ich kann das richtig sehen. *(Lacht, blickt warmherzig auf Jerry.)* So wie das jetzt auch ist, hier. Wir sehen aus, als ob der andere uns immer noch am Herzen liegt, und in dem Punkt sind wir uns sicher, obwohl wir uns gerade streiten. Wir sind wütend, aber wir lieben uns immer noch, und wir möchten uns gegenseitig nicht wehtun. Toll, das ist erstaunlich. *(Sie bekommt Tränen in die Augen, während sie über diese vorgestellte Szene spricht, die ihr offensichtlich viel bedeutet. Jerry ist dichter an sie herangerückt auf dem Sofa und ergreift jetzt vorsichtig ihre Hand.)*

Jerry: Weißt du, das ist jetzt so wie früher, erinnerst du dich? Wie es meistens war. Vielleicht gibt es doch noch Hoffnung für uns. *(Lächelt Judy an. Auch Jerry hat die Welt der* guten Geschichte *betreten, und Mann und Frau teilen gemeinsam eine positive*

	Perzeption ihres Beziehungslebens, das von einer befriedigenden Vergangenheit in eine erwünschte Zukunft reicht.)
Therapeutin:	(*wendet sich an Jerry*) Jerry, ich überlege, ob Sie wohl mal ein bisschen zurückdenken können und mir von einer Zeit erzählen können, wo so etwas wie das, worüber Judy gesprochen hat, in der letzten Zeit passiert ist. Wo Sie beide uneinig waren über irgend etwas, sich aber wie Freunde behandelt haben, mehr so, wie sie es gerade beschrieben hat. (*Suche nach vermutetem Erfolg, nach Kompetenz und Stärken der Klienten; Aufforderung zu einem größeren Gefühl der Partnerschaft: „verdichten" der guten Geschichte.*)
Jerry:	Also, da fällt mir eigentlich nichts ein. (*Therapeutin wartet ohne Kommentar. Da die Therapeutin nicht spricht, nimmt Jerry sich noch mehr Zeit zum Nachdenken.*) Hmm, das ist komisch. Jetzt, wo Sie das sagen, wir haben eigentlich heute morgen angefangen, uns zu streiten. Wissen Sie, gerade bevor wir zu Ihnen kommen wollten. Ich weiß nicht, warum mir das nicht gleich eingefallen ist. (*Dieses Erlebnis, wie Klienten sich plötzlich an Erfolge und Ausnahmen erinnern, zeigt, wie Lösungen in Gesprächen gemeinsam konstruiert werden, dass die Erinnerung fließend und kreativ ist und dass Kompetenzen gefunden werden können, wenn der Kontext der guten Geschichte in gewissem Maße zur Verfügung steht.*) Wir haben angefangen, uns darüber zu streiten, wieviel es uns kosten wird, in die Therapie zu gehen. Ich sagte, wir können uns das nicht leisten, und Judy sagte, wenn wir keine Hilfe bekommen, würde sie mich verlassen. Das tat weh. Und dann hätte es wirklich schlimm werden können ... aber irgendwie kam es dann nicht wie sonst zu einem Schreiwettbewerb. Hmm!
Therapeutin:	Also jetzt, wo Ihnen das wieder eingefallen ist, sagen Sie mir: Können Sie sich daran erinnern, was Sie aus diesem Streit wieder herausbrachte? (*Weitere Aufforderung, eine gute Geschichte des Erfolges zu ko-konstruieren und mögliche Kompetenzen des Klienten zu entdecken.*) Nehmen Sie mal an, ich wäre an diesem Morgen eine Fliege an der Wand gewesen – was hätte ich bei Ihnen beiden beobachtet, was vielleicht dazu beigetragen hat, wie Sie da rausgekommen sind? (*Erkundet die möglichen Ressourcen und Stärken von dem Gesichtspunkt aus, dass dieses Paar einfach feststeckt, aber nicht dysfunktional ist.*)
Jerry:	Also, ich fing an darüber zu reden, wie die Therapie sich in die Länge ziehen könnte. Wie wir uns das nicht leisten könnten, Woche für Woche wieder zu kommen, wie einige Freunde von uns das machen. Die sind seit, ich weiß nicht wie lange, in Paartherapie – zwei oder drei Jahre, und es scheint nicht besser zu

werden. Sie streiten sich immer noch die ganze Zeit und beklagen sich ständig über den anderen. Judy wurde sofort furchtbar aufgebracht und sagte das mit dem Fortgehen. Wir wurden beide ziemlich wütend, und es sah so aus, als ob wir wieder bei demselben alten Streit landen würden ... Und dann beruhigte sich die Lage. Ich weiß eigentlich nicht wie – ich vermute, wir haben beide irgendwie einen Rückzieher gemacht, obwohl wir beide wirklich wütend waren. Vielleicht haben wir uns gut benommen, weil wir wussten, wir würden hierher kommen. Um die Wahrheit zu sagen, ich weiß eigentlich nicht wirklich, wie das passiert ist. (*Beachten Sie, wie der Mann über ein Erlebnis einer* guten Geschichte *spricht, aber noch nicht irgendwelche Elemente eines individuellen oder gemeinsamen Handelns identifiziert hat.*)

Therapeutin: Das ist wirklich erstaunlich. Da waren Sie beide kurz vor der Explosion und nichts ist passiert. Das klingt wichtig. Sie waren auf einen Kampf vorbereitet und statt dessen machen Sie das, was Sie gern können möchten – sich abwenden von den möglichen Explosionen – das fasziniert mich. (*Jerry und Judy nicken enthusiastisch. Indem die Therapeutin dem Paar Komplimente macht, unterstreicht sie seine Kompetenzen, weist auf ein mögliches Potential an Fähigkeiten hin und zeigt ihre Neugier daran.*) Es klingt, als ob es nützlich für uns wäre, uns zu vergewissern, wie Sie das gemacht haben, wie Sie beide es geschafft haben, über ein heißes Eisen zu sprechen, sogar sich auf eine Explosion zuzubewegen, aber irgendwie dann die Richtung zu ändern. Können Sie beide noch ein bisschen mehr über die Szene heute morgen nachdenken, damit Sie mir sagen können, was Sie gemacht haben, was zum Erfolg geführt hat? (*Fordert die Klienten auf, ihre Möglichkeiten und Kompetenzen zu entdecken und zu entwerfen. Diese Konversation lenkt das Paar darauf, sich um Erfahrungen zu kümmern, die in ihre Erzählung mit* guter Geschichte *passen, statt um jene, die ihre* schlechten Geschichten *aufs Neue bestätigen und festigen. Während die Perzeptionen ihrer Erfahrungen sich zu der Erzählung mit* guter Geschichte *verschiebt, wird sich die Bedeutung, die sie künftigen Konfrontationen und Handlungen des Partners geben, verändern, und es entstehen neue Verhaltensreaktionen. Wir haben uns in den Kreislauf von Perzeption, Bedeutungsgebung und Verhalten am Punkt Perzeption eingeklinkt.*)

Jerry: Also, ich habe Judy angesehen und habe bei mir gedacht, ich möchte nicht, kurz bevor wir zu Ihnen kommen, in einen riesigen Streit geraten. Damit würden wir definitiv einen schlechten Anfang haben. Darum schätze ich, habe ich einfach beschlossen, mich durch nichts, was sie machte oder sagte, in Rage bringen zu lassen.

Judy:	Ja, und ich erinnere mich, als Jerry immer weiter darüber redete, wieviel Geld die Therapie kosten würde, habe ich beschlossen, vielleicht sollte ich einfach einen Schritt zurückgehen und zuhören. Ich wollte mich mit ihm auseinandersetzen und ihn daran erinnern, wie wichtig es war, hierher zu kommen. Ich habe sogar angefangen, ihm zu sagen, ich würde gehen, wenn wir nicht hierher kommen würden. Aber dann wurde mir klar, dass es nicht helfen würde, so zu reden – ich sah, wie verletzt er war. Da habe ich also einfach beschlossen, still zu sein und ihm zuzuhören. Ich vermute, ich habe einfach verstanden, dass es sinnlos war, den üblichen Weg zu gehen.
Jerry:	Ja, ich erinnere mich jetzt daran. Das war nach der ersten gemeinen Bemerkung, die du da gemacht hast, und da habe ich dann gesagt: „Na, das war ja sehr hilfreich!" und dann hast du nichts gesagt, da habe ich einfach beschlossen, mich davon nicht beeinflussen zu lassen, und als ich weiter geredet habe, hast du nicht mehr davon angefangen. Ich war überrascht. Du hast angefangen, einfach zuzuhören. Und dann bekam ich das Gefühl, du brachtest deine Zeit nicht nur damit zu, dich auf den Streit mit mir vorzubereiten. Ich erwartete einen Streit, wirklich, aber statt dessen hast du zugehört. Das ist interessant. Ich hätte niemals darüber nachgedacht, wenn wir jetzt nicht darüber reden würden. Als ich gesagt habe, was ich sagen wollte, und du einfach zuhörtest, hatte ich das Gefühl, es blieb nichts mehr zu sagen übrig. Ich war nicht mehr so aufgebracht. Ich habe sogar bei mir gedacht – ich mag das eigentlich gar nicht zugeben –, dass du dir wahrscheinlich auch Sorgen über die Kosten machst. (*Sie sehen einander an und lächeln sich jetzt recht herzlich an. Zu diesem Zeitpunkt hat sich im Rahmen des Materials für eine* gute Geschichte *ganz natürlich ein* Gespräch zwischen einem Paar *entwickelt. Wir werden über die Wichtigkeit dieser Art von Dialogen in Kapitel 9 sprechen.*) Ich fühlte mich sogar irgendwie schlecht, weil ich das Thema aufgebracht hatte, kurz bevor wir hierher kommen wollten, verstehst du, um an unseren Problemen zu arbeiten, weil ich wusste, wie wichtig es für dich ist. Und für mich. (*Judy fängt an diesem Punkt wieder an, den Tränen nahe zu sein. Die Sprache der Teamarbeit wird in den Aussagen von beiden jetzt deutlich – ein Beweis, dass sie anfangen, ihre Partnerschaft zu erneuern.*)
Therapeutin:	Also, das ist wirklich interessant. Es klingt, als ob Sie beide schon eine Vorstellung davon hatten, was Sie machen können, um einen Unterschied zu bewirken. Dinge, die Sie machen und sagen können und Möglichkeiten zu reagieren, wenn Sie zukünftig uneinig sind und Probleme haben, damit diese nicht die Oberhand über Sie gewinnen. Meinen Sie beide, wenn Sie in der

Lage sind, die Dinge häufiger so zu machen, wie Sie es heute morgen geschafft haben, dass das dann einen Unterschied machen wird? Dass das dann ein guter Start sein würde, um Ihrer Beziehung eine andere Richtung zu geben? (*Sie nicken zustimmend. Sie sitzen nahe beieinander und berühren sich, beide lächeln. Die Wiederbelebung der guten Geschichte und die Ausrichtung auf die Zukunft haben eine Basis für Hoffnung und ein beginnendes Gefühl der Partnerschaft geschaffen.*)

Kapitel 3
Aktive Neutralität:
Ein Arbeitsbündnis mit beiden Partnern schaffen

Alle großen Schulen der Psychotherapie erkennen die Wichtigkeit und Macht der therapeutischen Beziehung an, wenn es darum geht, KlientInnen zu helfen. Sie ist der feste Boden, auf dem die Beratungsarbeit stattfindet. Verschiedene Begriffe sind benutzt worden, um ihre aktiven Elemente oder Prozesse zu beschreiben: unter anderem *Rapport, interpersonelles Zusammenpassen, Sicherheitscontainer* und *therapeutische Allianz*. Carl ROGERS (1951) war der erste, der die zum Aufbau einer starken therapeutischen Beziehung wichtigen Einstellungen und Eigenschaften des Therapeuten definierte. Er nannte sie *Kernbedingungen* (*„core conditions"*) und sagte, sie seien sowohl *notwendige wie auch ausreichende* Voraussetzungen für eine erfolgreiche Therapie. Seit ROGERS ist die Wichtigkeit der folgenden drei Bedingungen im Großen und Ganzen allgemein akzeptiert: bedingungslose positive Achtung (durchgängiges Verhalten der Fürsorge, Ehrerbietung und des Respekts dem Klienten gegenüber); genaues empathisches Verständnis (das Verständnis für die subjektiven phänomenologischen Erfahrungen des Klienten mitteilen) und therapeutische Echtheit (Glaubwürdigkeit auf seiten des Therapeuten).

Während die meisten Therapeuten ROGERS durchaus zustimmen würden, dass diese Bedingungen *notwendig* sind, um eine wirkungsvolle therapeutische Allianz aufzubauen und aufrechtzuerhalten, sehen viele diese jedoch noch nicht als *ausreichend* an. Die Geschichte der Psychotherapie bringt eine ständige Suche nach Interventionen mit sich, die Veränderungen bewirken, damit dieses Rahmenwerk ergänzt und die Ziele der Klienten umfassender erreicht werden. Unserer Meinung nach sind die oben aufgeführten Bedingungen notwendig, aber nicht unbedingt ausreichend, um effektiv und effizient eine Veränderung zu bewirken[22]. Dieses und das folgende Kapitel sollen deutlich

---

[22] Nachdem wir Filme von ROGERS angesehen und Transkripte seiner Interviews mit Klienten gelesen haben, fiel uns auf, wie oft er sich außerhalb der Parameter seines Modells begibt, wenn er Dinge sagt und fragt, die in stärkerem Maße Verhaltensweisen bestimmen und lösungsorientiert zu sein scheinen, als sein Modell vorschreibt.

machen, wie wesentlich es unserer Ansicht nach ist, eine starke therapeutische Allianz mit Klienten aufzubauen und aufrechtzuerhalten – dies ist im Grunde die innerste und grundlegendste Voraussetzung für effektive Therapie. Die verschiedenen Techniken und Interviewfragen jedoch, die in RPT verwendet werden, haben eine zweifache Funktion – sie schaffen ein starkes Arbeitsbündnis mit den beiden Partnern eines Paares und dienen gleichzeitig als Interventionen, die Veränderung bewirken.

Wie viele Therapeuten wissen, kann es eine große Herausforderung darstellen, wenn man versucht, mit zwei antagonistischen Partnern in der Paartherapie ein Arbeitsbündnis herzustellen. Menschen bringen normalerweise eine Unmenge an Klagen über ihren Partner zur ersten Sitzung mit. Fest verankert in ihre Theorien über die Quelle und das Wesen ihrer Probleme betreten sie den Raum, und diese Theorien verlangen oft vom Partner, er solle Veränderungen vornehmen und die Sache ins Rollen bringen, indem er sich verändert oder die Verantwortung für den schwierigen Zustand der Beziehung zugibt. Diese anfänglichen Klagen, Wahrnehmungen und Theorien sind Teil der Erzählung mit *schlechter Geschichte* der individuellen Partner. Sie lassen sich nur schwer ablegen oder überarbeiten.

Den Weg zu einer guten Arbeitsbeziehung zu beiden Partnern herzustellen (und das Umfeld für potentielle Zusammenarbeit zu schaffen), führt über die dauerhafte Einnahme einer Haltung der *aktiven Neutralität* (ANDERSON, 1997). Dieses Konzept ist komplex. Es bezieht sich sowohl auf die Fähigkeit des Therapeuten, effektiven Rapport und ein Arbeitsbündnis mit beiden Mitgliedern einer (sich manchmal bekriegenden) Dyade herzustellen, wie auch auf die Gesamteinstellung des Therapeuten, die er während des ganzen Verlaufs der Therapie beibehalten muss. *Aktive Neutralität* wird in allen Praktiken von RPT initiiert und aufrechterhalten; in diesem Kapitel sprechen wir kurz Techniken und Mittel an, die wir in späteren Kapiteln ausführlicher diskutieren. Wir betrachten dieses Konzept nicht als losgelöst von den anderen Praktiken unseres Ansatzes, sondern als mit jeder einzelnen von ihnen verwoben.

Im Verlaufe der gesamten therapeutischen Paarbehandlung versuchen wir, den Einfluss der Erzählungen mit *schlechter Geschichte* der individuellen Partner zu verringern, während wir die individuellen und gemeinsamen *guten Geschichten* des Paares hervorheben und verstärken. Die Einnahme einer aktiven Neutralität ist der erste Schritt, ein Klima zu schaffen, in dem die Partner ihre problematischen Erzählungen umwandeln und verbessern können. Wir betreiben dies jedoch nicht mit Hilfe von Analyse, genauer Untersuchung oder Anweisungen. Vielmehr hoffen wir von Anfang an, die Fähigkeit zu Partnerschaft durch Gespräche zu erneuern, die ihre Erzählungen auflockern und verändern. Dies trägt dazu bei, Partner, die Gegner geworden sind, zu einem kreativen und lösungsorientierten Team werden zu lassen. Diese Umwandlung fordert von uns, sofort eine starke therapeutische Allianz mit beiden Partnern herzustellen und zu erhalten.

Wie kann der Therapeut erfolgreich das Gefühl vermitteln, auf der Seite beider Partner zu sein, wenn sie sich darüber uneins sind, was in ihrer Ehe falsch läuft und wer die Schuld daran hat? Wie können wir das, was die Partner uns jeweils erzählen, in der Gegenwart des anderen anerkennen und ihm Gültigkeit zusprechen, ohne zu riskieren, dass einer oder beide meinen, wir würden Partei ergreifen? Die Literatur zur Familien- und Paartherapie bietet gewöhnlich diesen allgemeinen Ratschlag an: Der Therapeut muss eine neutrale Haltung einnehmen, in der er objektiv und unparteiisch zu sein scheint.

Wir meinen, es sei unrealistisch anzunehmen, der Therapeut könne vollkommen unparteiisch und objektiv bleiben. Und selbst wenn wir es könnten, würde es uns überraschen, wenn die Partner in der Paartherapie uns immer als unparteiisch wahrnehmen könnten, wenn wir Dinge sagen, die Sympathie für ihren Partner auszudrücken scheinen. Und hier tritt die *aktive Neutralität* auf den Plan. Diese Haltung macht zwei Dinge beim Therapeuten erforderlich. Das erste ist die gezeigte und dauerhafte Überzeugung, dass das Erlebnis der Realität eine Frage der Perspektive ist und eine Vielzahl von manchmal widersprüchlichen Perzeptionen, Bedeutungen und Einordnungen von Ereignissen beinhaltet. Das zweite ist eine beständige Festlegung auf die Haltung des neugierigen Nicht-Wissens.

Betrachten wir diese Elemente eines nach dem anderen. Um eine aktive Neutralität zu demonstrieren, vermitteln wir zunächst einmal unseren Klienten durchgehend, dass wir den Wert aller Standpunkte verstehen und anerkennen. Da wir konsequent unsere Absicht kundtun, die Dinge mit den Augen aller anderen zu sehen, und da wir unser Interesse an miteinander rivalisierenden Theorien und Erzählungen bekunden, sie anerkennen und bestätigen, ergreifen wir tatsächlich Partei für jeden. Statt zu versuchen, so zu erscheinen, als seien wir auf niemandes Seite – als nähmen wir eine „unvoreingenommene" oder „objektive" Haltung ein –, sympathisieren wir auf jede erdenkliche Art mit allen Erfahrungen und halten jede Sichtweise für gültig.[23] Wir versuchen nicht, das Richtige oder das Falsche oder irgendeine objektive Wahrheit herauszuhören, noch halten wir Ausschau nach Symptomen, Anzeichen für problematische Weisen des Denkens oder Seins oder interpersonelle Dysfunktion. Wir halten jede Version dessen, was „wirklich" passiert ist, für gültig. Bei dieser Art des Zuhörens erscheinen Argumente darüber, was geschehen ist oder wer Recht hat, nicht mehr so zwingend; niemand muss andere zu einer anderen Meinung bringen oder davon überzeugt werden, nur eine Sichtweise der Dinge zu akzeptieren. Die Theorien der Klienten, wie und warum etwas geschah, werden als Zeugnisse von Experten genommen und so behandelt, als ergäben sie einen Sinn, statt fehlerhaft zu sein. Unsere Absicht liegt nicht darin, einen der Partner ins Unrecht zu setzen, indem Standpunkte und Erfahrungen einer Person infrage gestellt werden. Das bedeutet also, die Richterposition, in die einige Klienten den Therapeuten zu bringen versuchen, wird abgelehnt. Wir versuchen auch nicht, widerstreitende Gesichtspunkte in Übereinklang zu bringen oder die Partner zu überreden, die Konflikte und Probleme vom Standpunkt des anderen zu sehen; statt dessen möchten wir den Klienten helfen, die *gute Geschichte* zu entdecken und zu verdichten, ohne ihnen unsere Ansicht aufzuzwingen.

Harlene ANDERSON (1997) benutzt den Ausdruck *Mehr-Parteilichkeit* für diese therapeutische Haltung:

> Alle am Gespräch Beteiligten sollen das Gefühl haben, dass ihre eigene Version ebenso wichtig ist wie alle anderen. Es handelt sich um eine Position der *Mehr-Parteilichkeit*, eine Position, in der der Therapeut für alle gleichzeitig Partei ergreift. Das ist etwas völlig anderes als Neutralität, bei der ein Therapeut bestrebt ist, niemandes Partei zu ergreifen. Meiner Ansicht nach führt eine solche Neutralität dazu, dass die Menschen, mit denen wir arbeiten, nicht recht wissen, einen Verdacht haben oder es sogar als bewiesen ansehen, auf wessen Seite wir stehen und welche Version wir glauben. In solchen Fällen überbieten sich dann die Leute leicht gegenseitig darin, den Therapeuten auf ihre Seite zu ziehen (S. 95-96, Hervorhebung der Autorin).

---

[23] **Anm.d.Hrsg.:** Auch wenn jede Version als gleich gültig (zwei Worte!) angesehen wird, so betrifft die Frage, inwieweit eine solche Version „wünschenswert" ist, einen anderen, zusätzlichen Aspekt.

Ein zweiter und damit verwandter Aspekt der aktiven Neutralität ist die Verpflichtung des Therapeuten, eine Haltung des neugierigen Nicht-Wissens aufrecht zu erhalten. Wir versuchen, unsere eigenen persönlichen und professionellen Vermutungen und Werte zurückzustellen (die wir, wie wir den Lesern und Leserinnen versichern können, im Überfluss haben), um dem Gedankengang und den Erfahrungen jedes Menschen folgen zu können. Wir möchten die Modelle, Theorien und Perspektiven beider Partner mit Details versehen. Hierfür müssen wir als erstes und zuvörderst neugierig sein und lernen wollen. Das bedeutet, wir müssen der Versuchung widerstehen, die Klienten als Gegenstand einer Beurteilung zu sehen oder als Objekt einer Analyse, und statt dessen stets davon ausgehen, dass sie ausgezeichnete Zeugen ihres eigenen Lebens sind, die uns wertvolles Wissen mitteilen können, wenn wir es nur schaffen, die richtigen Fragen zu stellen.

Wie wir bereits angemerkt haben, bedeutet die Arbeit aus der Haltung des neugierigen Nicht-Wissens heraus nicht, sich selbst für jemanden zu halten, der nichts weiß oder der seinen gesunden Menschenverstand und seine persönlichen Überzeugungen in Hinblick darauf aufgibt, welche Verhaltensweisen Erfolg oder Versagen in engen Beziehungen fördern. Es geht vielmehr darum, das eigene Bezugssystem an zweite Stelle zu setzen (es einzuklammern), so gut man kann, damit wir mit enthusiastischem Lerneifer und dem Willen, alles zu verstehen, in die Erfahrungswelt jedes einzelnen Partners eintreten können. Dies macht es möglich, Bedeutungen, Assoziationen und Bezugsrahmen zu entdecken, die uns andernfalls vielleicht entgehen. Diese beiden Elemente – das Akzeptieren vielfältiger Perspektiven und die Haltung des neugierigen Nicht-Wissens – umgehen das „Problem" des Klientenwiderstandes, da beide ein Klima schaffen, in dem Akzeptanz, Vertrauen und Respekt hinsichtlich der Gefühle und dargelegten Erfahrungen herrschen. Wenn einer oder beide Partner dem Therapeuten oder dem therapeutischen Prozess Widerstand zu leisten scheinen, nehmen wir das in der Tat als Zeichen dafür, dass wir gerade etwas sagen oder tun, was einen dieser beiden Grundsätze verletzt.

Von der Praxis her gesehen, wird aktive Neutralität besonders im Erstinterview am besten durch Dialoge zwischen Partner und Therapeut erreicht und nicht, indem man den Dialog zwischen den Partnern fördert. Hierdurch erleben beide Personen die volle Aufmerksamkeit des Therapeuten und die Gelegenheit zu regressiven Auseinandersetzungen zwischen den Partnern über das, was „wirklich" passierte, wird reduziert. Es wird für den Therapeuten dabei oft notwendig, den anderen Partner taktvoll[24] unter Kontrolle zu halten und seine Bemühungen abzublocken, den anderen zu unterbrechen oder mit ihm zu streiten. Nehmen wir zum Beispiel an, ein Ehemann beschreibt das, was er als herrschsüchtiges Verhalten seiner Frau empfindet. Während er dem Therapeuten seine Wahrnehmungen schildert, springt seine Frau auf und sagt: „Aber meine Güte, George, ich würde mich ja nicht so verhalten, wenn du 'mal den Hintern hoch bekämst – aber du schiebst ja alles auf die lange Bank." An dieser Stelle könnte der Therapeut einfach sagen: „Einen Augenblick, Alice, Sie kommen gleich dran. Ich möchte mich nur erst vergewissern, ob ich George richtig verstehe. Und dann kommen wir wieder zu Ihnen." Es ist natürlich wichtig, sich dann auch wirklich wieder an Alice zu wenden, damit sie die Gelegenheit erhält, ihre Wahrnehmungen und Theorien einem interessierten und respektvollen Zuhörer mitzuteilen.

Da wir die jeweilige Version der Erfahrung der beiden Partner akzeptieren und achten, den Deutungen glauben und die Wahrnehmungen detailliert betrachten und ihre Entstehung erörtern, wird es allein schon durch die Tatsache, dass wir offen und neugierig den Geschichten begegnen und vielfältige Perspektiven akzeptieren können, den Klienten möglich anzufangen, dasselbe zu tun. Auf diese Weise kann aktive Neutralität dazu beitragen, einen Kontext herzustellen, der das Paar zu der Sichtweise einlädt, dass ihre Probleme zumindest teilweise deswegen entstehen, weil sie in zwei unterschiedlichen Wahrnehmungswelten leben. Diese Erkenntnis bereitet den Weg für spätere Gespräche, in denen das Paar seine Schwierigkeiten als einen Komplex von schädlichen externen Kräften oder Erfahrungen neu definiert, die sie beide peinigen und ihre Bemühungen behindern, sich eine zufriedenstellende Zukunft zu schaffen[25]. Sie eröffnet auch die Möglichkeit, allererste Anzeichen einer gemeinsamen Perspektive zu erkennen, wodurch der Prozess der Erneuerung der Partnerschaft beginnt. Indem der Therapeut eine aktive Neutralität bewahrt, fordert er das Paar auf, seine Sichtweise zu verschieben – er ist nicht mehr der Außenseiter

---

[24] **Anm.d.Hrsg.:** „taktvoll" ist weniger strategisch zu verstehen als vielmehr im Sinne von „respektvoll".

[25] Die Externalisierung des Problems wird ausführlicher im nächsten Kapitel erörtert.

und/oder Richter, sondern der aktive Mitarbeiter, der als Ressource, Konsultant, Förderer und Trainer dient, um ihnen zu helfen, ein Team zu bilden, das Lösungen erstellt.

Wie wir betonen müssen, ist die Arbeit aus der Haltung der aktiven Neutralität heraus nicht einfach eine Frage der Entwicklung kluger Interviewtechniken zur Schaffung von Bündnissen. Sie erfordert eine stete und aufrichtige Hingabe an die Idee, dass es nicht die eine einzige Wahrheit auf dem Gebiet der menschlichen Beziehungen gibt, sondern dass Erfahrung sehr stark durch unsere Subjektivität (unsere Vorgeschichte, Wahrnehmungen, Deutungen, Meinungen, Wünsche für die Zukunft und so weiter) beeinflusst wird. Aktive Neutralität bedeutet als erstes und wichtigstes, sich mit dauerhaftem Interesse für die Vorstellungen unserer Klienten von Wachstum, Beziehung und Veränderung an die Arbeit zu machen. Während wir jedoch unsere Klienten nicht herausfordern oder ihnen entgegentreten mit einer Ansammlung von Wissen darüber, was in einer Beziehung normal, angemessen oder funktional ist, so stellen wir ihnen in gewissen Situationen doch Fragen, die zu Zweifeln anregen oder die Möglichkeit zu neuen Denkweisen über gewisse Dinge bieten, besonders wenn es vielleicht für uns schwer ist zu verstehen, wie bestimmte Verhaltensweisen und Sichtweisen sich bei einem Menschen gegenseitig beeinflussen, oder wenn wir das Gefühl haben, eine erweiterte Perspektive könnte helfen, das Klima für eine *gute Geschichte* zu stärken. Bei Gesprächen, in denen die Perspektiven der Menschen über ihre Sorgen und Probleme sich „lockern" oder erweitern, fallen den Menschen am ehesten kreative und innovative Wege des Seins und Handelns ein.

Es ist deutlich einfacher, das Konzept der aktiven Neutralität zu verstehen, als sich im Therapieraum auch daran zu halten. Es ist zum Beispiel äußerst schwierig, offen und neugierig zu bleiben und auf vielfältige Gesichtspunkte zu achten, wenn ein Partner ein Verhalten an den Tag legt oder Meinungen äußert, die dem Therapeuten zuwider sind. Wie bleibt man angesichts beleidigender, gewalttätiger oder abstoßender Verhaltensweisen aktiv neutral? Wir verschließen weder die Augen vor Dingen, die Menschen sagen und die grausam oder schädlich zu sein scheinen, noch ignorieren wir unsere eigenen Gefühle und Vorstellungen darüber, was außerhalb der Grenzen ethischen Verhaltens und menschlichen Anstandes liegt. Wir sprechen jedoch solche Fragen über die Einstiegspunkte an, die das jeweilige Paar anbietet (Theorie der Veränderung, Dichotomie *gute Geschichte/ schlechte Geschichte*, Angelpunkte in der Wahrnehmung). Diskussionen um diese Probleme beginnen mit der aufmerksamen Wahrnehmung dessen, was die Partner nach eigener Aussage von der Therapie erwarten. Diese Themen entwickeln sich, anders ausgedrückt, im Laufe des Gesprächs aus den Zielen, die das Paar selbst vorgibt.

Statt das Paar mit dem zu konfrontieren, was wir als unerwünschtes Verhalten ansehen, oder zu versuchen, die Menschen zu einer Veränderung ihrer Sprech- oder Handlungsweise zu überreden, beginnen wir mit der Annahme, irgendwo in den Erfahrungen, Theorien und Deutungen der betreffenden Person zielt diese Form des Verhaltens (das Mittel) darauf ab, irgendein vernünftiges, erwünschtes Ergebnis (Ziel) hervorzubringen, und wir wollen diese Absicht im Gespräch offen legen. Wir heißen körperliche oder emotionale Misshandlungen nicht gut, aber wir vermeiden solche Themen auch nicht. Wir möchten vielmehr das tun, was am ehesten wirkliche Sicherheit für beide Partner schafft[26]. Nach unserer Erfahrung entstehen eine Atmosphäre und ein Umfeld von Sicherheit am ehesten dann, wenn das Problem *mit* beiden Partnern angegangen und *für* beide gestaltet wird. Wir versuchen einen Dialog zu entwickeln, in dem die Partner ein gemeinschaftliches Gefühl dafür kennenlernen können, wodurch Sicherheit gewonnen werden könnte; in solch einem Kontext werden Menschen eher in der Lage sein, Ziele zu benennen, die darauf beruhen, dass Verantwortung dafür übernommen wird, verletzende und die Beziehung zerstörende Verhaltensweisen und Einstellungen zu verändern. Ein Weg, den wir in Richtung auf Entwicklung der Übernahme einer Funktion (z.B. der Übernahme von Verantwortung für Veränderung) einschlagen können, besteht in solchen Fällen darin, die Theorien der Klienten über Veränderung zu untersuchen. Auch dies hat wieder eine aufrichtige Neugier unsererseits über die Bedeutungen, die sogar widerwärtiges Verhalten hervor bringen, zur Voraussetzung.

Nehmen wir zum Beispiel an, eine Klientin erzählt uns, ihr Mann beschimpfe sie oft mit Obszönitäten und mache Drohgebärden, wenn sie sich streiten. An diesem Punkt könnten wir ihn fragen, ob das sein Ziel sei, wenn er so mit ihr spricht. Er antwortet, dies sei die einzige Möglichkeit, die er kenne, um seine Frau dazu zu bringen, „zur Abwechslung 'mal den Mund zu halten und zuzuhören". Diese Aussage veranlasst uns zu weiteren Fragen. Wir wissen immer noch nicht, nach

---

[26] In Kapitel 7 werden wir über Möglichkeiten diskutieren, wie Sicherheit in Beziehungen geschaffen werden kann, in denen häusliche Gewalt ein tatsächliches oder mögliches Thema ist.

welcher subjektiven Erfahrung (welchem Ziel) er strebt, und wir lassen uns weiterhin von unserer Annahme leiten, früher oder später werde er uns etwas über menschliche Beziehungsbedürfnisse erzählen. Seine Frau dazu zu bringen, „den Mund zu halten und zuzuhören", ist, nehmen wir an, ein Mittel, um ein noch nicht formuliertes Ziel zu erreichen. Ziele oder *Metalösungen* (WALTER & PELLER, 1988) treten selten beim ersten Austausch zutage. Daher fahren wir mit dieser Art Befragung fort, bis er und wir ein besseres Gefühl dafür haben, was auf dem Spiel steht. (Derselbe Erkundungsprozess hinsichtlich der Ziele und Mittel wird bei der Ehefrau unternommen werden, wenn wir sie nach ihrem Ziel befragen.) Wir könnten ihn zum Beispiel fragen, welchen Unterschied es für ihn machen würde, wenn sie sich wie gewünscht verhielte, d.h. still wäre und zuhörte. Nehmen wir an, nach mehrerem Hin und Her sagt er: „Wenn sie nur manchmal zuhören würde und sagen würde, 'Joe, das ist eine tolle Idee', dann hätte ich den Eindruck, dass sie mich respektiert." Jetzt kommen wir zu seinem wirklichen Ziel – seine Frau soll ihn „respektieren" – eine Erfahrung, die für ihn einen positiven Unterschied machen würde. Wir haben einen ersten Schritt auf das Territorium der erwünschten *guten Geschichte* dieses Mannes gemacht. Bis dahin hat seine Theorie über Veränderung, dass nämlich schreien und drohen der beste Weg ist, seine Frau dazu zu bringen, Respekt für ihn zu zeigen, ihn (und sie) daran gehindert, die bevorzugte Erzählung zu erleben. Sein Verhalten bewegt sie vielleicht tatsächlich dazu, still zu sein, aber es ruft keinen Respekt hervor, was er sich eigentlich von ihr wünscht. An diesem Punkt ist es für einen Therapeuten nicht schwer, einen gewissen Zweifel an seinen Mitteln anzumelden und mit ihm gemeinsam nach anderen Möglichkeiten Ausschau zu halten, das gewünschte Ziel zu erreichen. Natürlich gehört das Gespräch mit seiner Frau dazu und das wiederum ermöglicht die Koordinierung von Zielen, wodurch eine gemeinsame Erzählung mit *guter Geschichte* entsteht.

Sowohl in dieser Art Fälle wie auch in weniger schwierigen bleibt der Ablauf der gleiche. Wir suchen nach einem Zugang zu einer Erzählung mit *guter Geschichte*, die für beide Partner befriedigend ist, wie auch nach anderen Verhaltensmöglichkeiten der Partner, die für diese Erzählung eine Unterstützung wären. Auf diese Weise fokussiert die aktive Neutralität ganz natürlich die Aufmerksamkeit der beiden Partner auf ihre eigenen Verhaltensweisen. Wir helfen den Menschen, gute Gründe zu finden – Gründe, die für die jeweiligen Partner eines bestimmten Paares eine Bedeutung besitzen, die sie selbst erstellt haben –, um sich von Ideen und Verhaltensweisen abzuwenden, die

Ärger bereitet haben, zugunsten solcher, die das Paar seiner erwünschte Zukunft näher bringt. Diese erwünschte Zukunft enthält das bevorzugte Bild des Selbst, des Anderen und der Beziehung. Daher arbeiten wir daran, diejenigen Vorstellungen vom Selbst und vom Anderen zu unterstreichen, die es wahrscheinlich machen, dass die Menschen einige ihrer Verhaltensweisen und Einstellungen verändern, wodurch ihnen geholfen wird, Zugang zur *guten Geschichte* (und einen Ausgang aus den *schlechten Geschichten*) zu finden. Wir erreichen dies aus der ehrlichen Haltung der Neugier und des Respekts heraus, wenn wir es schaffen, mit unseren Fragen und Antworten innerhalb des Bezugssystems des Klienten zu bleiben. Dies ist natürlich die Quintessenz der aktiven Neutralität.

Wenn man sie erst einmal in Gang gesetzt hat, entwickeln die Prozesse der Anerkennung mehrerer Standpunkte und der Aufrechterhaltung der Position des Nicht-Wissens oft ihre Eigendynamik, da sie eine kreative Matrix für therapeutische Gespräche fördern. Aktive Neutralität macht die Bemühungen des Therapeuten erforderlich – und unterstützt und belohnt diese gleichzeitig –, neugierig und interessiert in Bezug auf die Standpunkte anderer zu bleiben. Die Leichtigkeit, mit der der Therapeut widersprüchliche Erzählungen und Theorien vertritt und akzeptiert, hilft den Partnern dabei, sich aus einer Haltung der Besorgnis und des Konkurrenzdenkens über unterschiedliche Standpunkte zu lösen und in eine kreative Stimmung zu kommen.

Den meisten Therapeuten hat man in ihrer Ausbildung immer wieder beigebracht, eine ihrer Hauptaufgaben sei die Interpretation. Der Akt des Zuhörens und Beobachtens ist äußerst schwer, wenn nicht ein interpretierender Farbton hinzugefügt oder nicht „dahinter", „darunter" oder noch tiefer „hinein" geschaut werden darf. Es braucht sehr viel Übung, um die ständig deutende Stimme von den eigenen Beobachtungen abzuziehen, aber diese Praxis bietet reiche Belohnung: sie macht die wahre Zusammenarbeit mit unseren Klienten möglich. Wenn der Therapeut-als-Experte nach Pathologischem Ausschau hält, wenn er auf Anzeichen für dysfunktionale Interaktionen wartet oder auf Bestätigung seiner Ursachentheorie, dann verliert er seine Position der aktiven Neutralität und wird dazu neigen, Dinge zu tun und zu sagen, die von den Menschen als Suchen nach Fehlern und Parteilichkeit empfunden wird und die es unmöglich machen, das Paar als konsultierendes Team in gemeinschaftlichem Bemühen einzusetzen. Auf dem Gesamtspektrum bildet die Haltung des Nicht-Wissens den Gegenpol zur interpretierenden Haltung.

Nicht-Wissen wird durch Fragen vermittelt wie: „Können Sie mir noch mehr darüber erzählen, wie Sie dies sehen?", „Was ist Ihrer Meinung nach noch wichtig für mich zu wissen und zu verstehen in Bezug auf das, was Sie mir erzählen?", „Können Sie mir mehr darüber sagen?" Diese Fragen müssen natürlich ein aufrichtiges Interesse an den Erfahrungen und Ideen des Klienten ausdrücken und die Neugier und den Respekt des Therapeuten daran deutlich werden lassen. Erweist man dem Expertenwissen der Klienten auf diese Weise Achtung, ist damit ein Anfang gemacht, ihre beträchtlichen Ressourcen zur Durchführung einer Veränderung nutzbar zu machen. Wenn wir gewillt sind, von unseren Klienten zu lernen, und mit aufrichtigem Zutrauen Interesse an ihren potentiellen Fähigkeiten zeigen, ihre Probleme zu lösen, werden wir in der allerbesten Position sein, ihnen zu helfen, ihren einzigartigen Vorrat an Wissen, Fähigkeiten und Ressourcen zu öffnen und einzusetzen und sich gleichzeitig unseren Fundus an Wissen und Ressourcen zielgerichtet in Verbindung mit ihrem eigenen zunutze zu machen.

Zwei übliche Schwierigkeiten tauchen oft zu Beginn der Paartherapie auf. Die erste ergibt sich dann, wenn beide Partner erkennen, dass sie ihren Teil zum Problem beitragen und sich ändern müssen, aber meinen, der andere müsse sich zuerst ändern. Die zweite ergibt sich dann, wenn beide Partner zwar meinen, es gäbe ein Problem, aber das Verhalten, die Persönlichkeit oder die Einstellungen des anderen Partners als Ursache des Ärgers zwischen ihnen betrachten. In diesen beiden Situationen wünschen sich beide Partner natürlich vom Therapeuten, er möge sich auf die „richtige" Seite stellen, die selbstverständlich die jeweils eigene ist. Für Therapeuten, die sich solchen Situationen gegenüber sehen, kann aktive Neutralität hilfreich sein.

In Fällen, wo beide Partner eines Paares zugeben, ihren Teil zum Problem beizutragen, befinden sie sich oft in einem Konflikt hinsichtlich der Frage, wer den ersten Schritt tun soll – das heißt, es besteht Uneinigkeit in Bezug auf den Vorrang. Besteht einer der Partner darauf, der andere müsse sich erst ändern, so könnte dies ein Versuch sein, ihn oder sie dazu zu zwingen, die Verantwortung zu übernehmen – sowohl für den Ärger wie auch für die notwendigen Veränderungen. In solch einem Fall haben beide Personen eine Lösungsgeschichte entwickelt, in der es nur fair, vernünftig, logisch und so weiter ist, wenn der andere den ersten Schritt macht. Zum Beispiel sagt ein Mann, er wäre durchaus bereit, mehr Zeit mit seiner Frau zu verbringen (etwas, was sie sich wünscht), wenn sie nur aufhören würde, ihre gemeinsamen Aktivitäten genau so zu organisieren, wie sie es sich wünscht. Oder eine Frau sagt, sie wäre bereit, ihren Schreibtisch in Ordnung zu bringen und die Rechnungen regelmäßig zu bezahlen (etwas, was er sich wünscht), wenn ihr Mann ihr mehr mit der Arbeit am Wochenende helfen würde. Da beide Partner glauben, der eigenen Veränderung sollte (oder müsste sogar) eine Veränderung vorausgehen, die der andere macht, ist es verständlich, dass beide sich zurückgehalten und versucht haben, den anderen zu überzeugen, sich anders zu verhalten. In dieser Situation fühlen sich letztlich beide frustriert und ohnmächtig. Keiner von ihnen hat es geschafft, beim anderen eine Veränderung zu bewirken oder jenes begehrtere Selbst herauszustellen, das sie ihrer Überzeugung nach ausleben würden, sobald alles gut wäre. In solch einer Situation fühlen die Menschen sich durch den Partner daran gehindert, die Beziehung positiv zu erleben, und sie fühlen sich von sich selbst enttäuscht, da ihr eigenes Gefühl von Kompetenz und Effektivität durch diese Pattsituation in Frage gestellt ist. Auch für ihren Therapeuten kann diese Situation eine Herausforderung sein.

Das folgende ist ein Beispiel für den Einsatz von aktiver Neutralität in den Fällen vom Typ „Fang' du an". Liz und Tamara kamen zu uns und sagten, sie wollten zusammenleben, müssten aber einige ernsthafte Probleme lösen, bevor sie das tun könnten. Das wichtigste war die Frage, was sie unter „Privatsphäre" (Liz' Ausdruck) verstehen wollten. Beide gaben zu, Änderungen im Umgang miteinander vornehmen zu müssen, wenn sie ihre gemeinsame Zeit planten, aber beide meinten, die andere täte und sagte Dinge, die einen negativen Zyklus auslösten; beide glaubten, die andere müsse sich zuerst ändern. Liz sagte, Tamara zöge sich immer zurück und brauchte, in Liz' Augen völlig unvorhersagbar, lange Zeiträume für sich allein; Tamara würde aus bestimmten Gesprächen „aussteigen" oder sich in ihre eigene Wohnung zurückziehen und bei Anrufen nicht zurückrufen. Dadurch fühlte Liz sich verlassen und unsicher, und obwohl sie gewillt war, Änderungen bei ihren eigenen Ideen darüber vorzunehmen, wie man Zeit zusammen verbringen und Platz für „mehr Distanz" zwischen ihnen schaffen könnte, meinte sie, sie würden keinen wirklichen Fortschritt bei diesem Problem machen, solange Tamara nicht ihre Tendenz „sich zu isolieren" hinterfragte. Tamara ihrerseits erklärte die Situation in folgender Weise: „Da sie so besorgt deswegen ist, denke ich, kann Liz die Dinge, in denen wir unterschiedlich sind – und da gibt es vieles –, anscheinend nicht akzeptieren und sie beschuldigt mich ständig wegen irgendwelcher Gefühle und Motive, die ich nicht habe. Es bringt mich durcheinander in Hinblick darauf, was ich mache – und ich fange an zu denken, vielleicht stimmt es, vielleicht bin ich nicht gut darin, Beziehungen zu haben. Wenn sie nicht damit aufhört, mir immer zu sagen, ich mache das verkehrt, werde ich mich nicht sicher genug und nicht verstanden genug fühlen, um mehr Zeit mit ihr zu verbringen." Für die Therapeutin, Tobey HILLER, war es verführerisch, sich gleich mitten in eine Diskussion zu begeben über die unterschiedlichen Bedeutungen, die beide Partner ihren Verhaltensweisen beimaßen, und nach einer gemeinsamen Perspektive zu suchen, was sie unter „Privatsphäre" verstehen könnten. Diese beiden Menschen hatten jedoch schon viel Zeit damit verbracht, über ihre Wahrnehmungen zu reden und den Ablauf zu verarbeiten, so dass Tobey beschloss, als erstes das Thema des „wer macht den ersten Schritt" anzusprechen. Beachten Sie, wie sie aktiv neutral bleibt und während des gesamten Austauschs eine Haltung der Neugier und des Nicht-Wissens aufrechterhält. Indem sie eine Erzählung anbietet, die vielleicht neue Möglichkeiten eröffnet, untersucht sie nicht irgendwelche ursächlichen Theorien über Veränderung oder schlägt welche vor, sondern fordert das Paar nur auf – wenn sie dazu Lust hätten – sich eine Sichtweise zu überlegen, die ihnen bei der Entwicklung möglicher Lösungen für ihre gegenwärtigen Streitpunkte helfen könnte.

Tobey: Okay, das klingt, als ob Sie beide bereit wären, einige Veränderungen vorzunehmen, aber beide das Gefühl haben, die andere sollte den ersten Schritt machen. Und obwohl Sie beide gute Argumente dafür haben, warum die andere vorgehen soll, und Sie beide sehr gut verstehen, warum dieses Thema Ihnen beiden Schwierigkeiten bereitet, scheint es doch so zu sein, dass diese Methode mit dem Abwarten nicht funktioniert hat, zumindest bis jetzt nicht. Lassen Sie mich Ihnen darum ein paar Fragen stellen, die uns vielleicht helfen, einen Weg für Sie beide zu finden, einige der Veränderungen zu erreichen, von denen Sie hier sprechen – also eine bessere, entspanntere Art und Weise des Zusammenseins, bei dem Sie sich beide besser fühlen, jede mit ihrem eigenen Stil und ihren eigenen Bedürfnissen, mit Ihrem Kommen und Gehen und Ihrem Zusammensein. Ich frage mich, können Sie beide vernünftigerweise davon ausgehen, dass Sie sich anschließen würden, sobald die andere anfängt, einige Änderungen vorzunehmen?

Beide:	Ja. Hmm.
Tobey:	Gut, also (*spricht beide an*) ... nehmen wir an, eine von Ihnen macht den ersten Schritt, nimmt diese Veränderungen vor, über die Sie nachgedacht haben. Und die andere nimmt daraufhin ihrerseits einige Veränderungen in ihrem Umgang mit den Dingen vor. Glauben Sie, diejenige, die den ersten Schritt machte, würde eher weiter machen mit der Veränderung oder wieder zum alten Verhalten zurückkehren?
Liz:	Natürlich sich weiter verändern. Das ist eine leichte Frage.
Tamara:	Nein, ich denke, Liz würde wieder zu ihren alten Gewohnheiten zurückkehren, nur um Probleme zu machen. (*Tamara lacht und lächelt Liz an, die nicht sehr amüsiert aussieht.*) Ich mache nur Spaß. Ich bin sicher, sie würde sich weiterhin verändern.
Tobey:	Und wenn Sie es wären, Tamara, die den ersten Schritt macht, würden Sie sich aller Voraussicht nach weiter verändern, wenn Liz mit einigen Veränderungen reagieren würde?
Tamara:	Ja, ich denke schon, wenn ich ... also, ja, natürlich würde ich das.
Tobey:	Das ist interessant. Denn wenn Sie beide Recht damit haben, bedeutet das, ganz gleich wer von Ihnen den ersten Schritt macht, wer von Ihnen anfängt, sich zu verändern, die andere würde mitmachen, und das würde die erste ermuntern, sich weiter auf andere Weise zu verhalten. Wenn erst einmal die positiven Dinge anfangen zu geschehen, ganz gleich wer damit angefangen hat, dann werden Sie beide sehen, wie die andere Veränderungen vornimmt, die für Sie angenehm sind, und dann werden Sie auf dem richtigen Weg sein und anders damit umgehen, wie Sie Ihr Zusammensein gestalten – denn Sie haben beide gute Ideen, welche Veränderungen man durchführen könnte, so scheint es jedenfalls, wenn erst einmal ein Anfang gemacht ist. Würden Sie also vermuten, wenn eine von Ihnen anfängt, Sie verstehen, nur so als Experiment, als Geste des guten Willens, meinen Sie, die andere würde auch anfangen etwas zu verändern, weil sie weiß, das hält die Sache in Gang? (*Indem sie diesen Gedanken anbietet, fügt Tobey dem Ganzen ein neues Element hinzu: die Vorstellung, „die Sache in Gang halten", ein Zukunftsbild von einer weiterführenden guten Geschichte, in der man aus der gegenwärtigen Sackgasse herausgekommen ist. Beachten Sie, wie sie die Vorstellung in Form einer Frage anbietet, aus der Haltung der Neugier heraus, und wie sie die Tatsache betont, dass sowohl Tamara wie auch Liz andeuten, eine Vorstellung davon zu haben, was helfen würde.*)
Tamara:	Naja, vielleicht. Das ist wohl anzunehmen.
Liz:	Ich glaube ja.

Tobey:	Also, ich nehme an, das ist nicht gerade ein neuer Gedanke (*überlässt ihnen beiden den Verdienst*), aber aus irgendeinem Grund konnten Sie sich bisher noch nicht so verhalten. (*Während das bevorzugte Zukunftsbild weiter ausgestaltet wird, behält Tobey eine aktive neutrale Position darüber bei, wer den Anfang machen sollte. Das Aufstellen eines Zukunftsbildes, in dem die Sache bereits in Gang gekommen ist, gibt den nächsten Blick frei unter Umgehung des Arguments „fang' du an". Beachten Sie, dass Tobey diese Stockung des „fang' du an" weder angesprochen noch einen Rat dazu gegeben hat, sondern ihnen vielmehr implizit Anerkennung ausgesprochen hat für die Partnerschaft, die sie schaffen wollen.*) Ich frage mich also, jetzt, wo wir darüber sprechen, wie Sie beide das machen könnten, vielleicht in kleinen Schritten. Wie würde so ein erster kleiner Schritt aussehen, den Sie beide auf ihrem eigenen Gebiet machen könnten, selbst wenn Sie noch keine Veränderungen auf der anderen Seite gesehen haben? (*Die neugierige Haltung setzt voraus, dass die Partner eine Antwort haben und diese Antwort nützlich sein wird.*) Und, was vielleicht genauso wichtig sein wird, wie werden Sie es die andere wissen lassen, wenn Ihnen auffällt, welche Dinge sie macht, die Sie sich erhoffen?
Liz:	Also ich denke, ich würde sehr herzlich sein – warmherzig, verstehen Sie –, wenn Tamara von einem dieser Zeiträume zurückkommt, wo sie sich entfernt. Statt ihr gegenüber kalt zu sein oder darüber zu reden, wie verletzt ich bin. Ich denke, ich könnte sie fragen, was bei ihr geschehen ist, während sie fort war, was es für sie bedeutete, und nicht, warum sie das Gefühl gehabt hatte, sie müsse von mir fortgehen. Interesse haben. Sie hat mir früher schon gesagt, dass ihr das gefällt.
Tamara:	(*fällt ein*) Okay, Hmm, ja. Und was ich machen würde, ich würde nicht ins Haus schleichen und schon das Vorgefühl haben, gleich springt mir jemand ins Gesicht. Ich würde sie umarmen. Ich würde ihr sagen, wie froh ich bin, sie zu sehen.
Tobey:	(*zu Tamara gewendet*) Wenn Sie also zurückkommen, wären Sie warmherzig und offen, würden ihr zeigen, wie froh Sie sind, sie zu sehen, und ihr würde der Unterschied auffallen. Und wie ist es zu anderen Zeiten, wenn Liz zum Beispiel mehr Zeit zusammen verbringen möchte und Sie beide angefangen haben, in dieser Hinsicht einige gute Veränderungen vorzunehmen, was würde sie bei Ihnen bemerken, was Sie anders machen? (*Diese Fragen zielen darauf ab, sich die positiven Zeichen auszumalen, die Liz bemerken wird, ungeachtet dessen, wer den ersten Schritt gemacht hat.*)
Tamara:	Hmm. (*Denkt eine Weile nach.*) Also ich würde zu ihr kommen und sie die bestimmten Dinge wissen lassen, die ich mit ihr zu-

sammen machen möchte, denke ich. Wie zum Beispiel vorschlagen, mit Pooch spazieren zu gehen. Oder ihr erzählen, ich würde gern den Tag planen, damit wir ganz bestimmt Zeit miteinander verbringen. Es geht ihr gut, wenn ich diejenige bin, die uns dazu bringt, so zu planen. (*Die Klientinnen haben den Streitpunkt, wer den ersten Schritt tun soll, umgangen und den Schauplatz einer möglicherweise gemeinsamen guten Geschichte betreten. Indem Tobey das Bedürfnis der beiden Partnerinnen, eine Veränderung nur in Reaktion auf eine Veränderung bei der anderen Person vorzunehmen, akzeptiert und sich dem nicht entgegenstellt, hilft sie ihnen, sich allmählich befriedigendere Weisen der Interaktion vor dem Hintergrund des Themas Trennung/Zusammensein vorzustellen.*)

Tobey: (*sich an Liz wendend*) Und wenn Tamara das machte, würde Ihnen das zeigen, sie macht jetzt einige der Veränderungen, die Sie sich wünschen, Schritte, die Sie dazu anhalten würden, die Veränderungen durchzuführen, die sie sich wünscht?

Liz: Ganz bestimmt. So ist es, wenn wir wirklich eins sind, wenn alles gut ist zwischen uns. Wir sind froh, zusammen zu sein, und die Spannung verschwindet.

Tobey: Und woher würde sie wissen, woran würde sie bei dem, was Sie machen, wissen, ob Sie ihre Veränderung bemerkt haben?

Liz: Also, ich denke, ich würde ruhiger sein, wenn sie kommt und wenn sie geht. Ich wüsste, wir würden unsere gemeinsame Zeit haben, und ich brauchte sie nicht wieder und wieder zu fragen, wann wir uns sehen würden.

Statt darüber nachzugrübeln, wer den ersten Schritt tun sollte, oder vorzuschlagen, beide Partnerinnen sollten sich auf ihre eigene Verantwortung konzentrieren, oder die unterschiedlichen Bedürfnisse der beiden Partnerinnen zu untersuchen, behält Tobey eine Haltung der Neugier darüber bei, was ihnen auffallen würde, wenn der Veränderungszyklus einmal begonnen hat. Hierdurch werden die beiden Positionen der Partnerinnen, die sich gegenseitig ausschließen, akzeptiert, es wird aber kein Urteil darüber gefällt, wer Recht hat, und gleichzeitig hilft es dem Paar, sich von der Frage zu befreien, wer dafür verantwortlich ist, die Veränderung zu beginnen. Tobey weist auch nicht darauf hin, wie sie in diese Sackgasse geraten sind, und drängt keine von ihnen, als erste zu handeln. Sie arbeitet innerhalb des Rahmens der beiden, der sagt: „Fang' du an", und lockert ihn ein bisschen, bis das Paar die zentrale Frage, wer anfangen soll, überwindet und sich statt dessen auf kleine Schritte konzentriert, die sie als für beide Seiten bedeutungsvoll ansehen können. Die fehlende Intensität und der fehlende Druck bei Tobey (die durch eine entspannte Neugier ersetzt werden) schaffen eine Atmosphäre der Entspannung und machen es dem Paar eher möglich anzufangen, erreichbare und für beide zufriedenstellende Lösungen zu entwickeln. Will man aus einer Sackgasse herauskommen, ist nach unserer Erfahrung dieser Ansatz viel effektiver, als wenn man den Partnern erzählt, sie müssten damit aufhören zu versuchen, sich gegenseitig zu ändern, oder wenn man die Vergangenheit danach durchforscht, wie oder warum es zu dieser ausweglosen Situation gekommen ist, oder wenn man das Verhalten der Menschen mit Fachausdrücken wie ko-abhängig, passiv-aggressiv oder in irgendeiner anderen Weise als dysfunktional bezeichnet. Statt dessen führen wir Gespräche wie das obige, in der Paare dazu aufgefordert werden, ihre Ideen neu zu überdenken und etwas anderes auszuprobieren (oder auch etwas, an das sie vielleicht früher schon gedacht haben, aber nicht bereit oder zuversichtlich genug waren, es tatsächlich zu versuchen).

Wenn einer oder beide Partner unsere Hypothese, jeder könne einen Veränderungszyklus in Gang setzen, zurückweist, dann verfolgen wir das Thema nicht weiter. Wir wenden uns vielleicht wieder dem Arbeiten im Rahmen ihrer Theorien zu, stellen zum Beispiel eine Reihe von Fragen, die in Zweifel ziehen, ob der Versuch nützlich ist, den anderen Partner dazu zu bringen, den ersten Schritt zu machen. Oder wir greifen irgendwelche Hinweise auf, die wir gefunden haben, die zu dem einen oder anderen Bestandteil der *guten Geschichte* führen, wenn wir zum Beispiel Tamara oder Liz bitten, das Szenario der *guten Geschichte* auszuschmücken, indem sie beide planen, wann oder wie sie Zeit verbringen wollen (oder wir bitten sie, das Bild auszuschmücken, wie sie sich beide herzlich begrüßen, wenn Tamara von ihrer Abwesenheit nach Hause kehrt), damit das Gefühl des Bündnisses, das ja durchaus vorhanden ist, uns in ein Gespräch über bevorzugte Zukunftsbilder führt, die an dem Problem der Frage, wer den ersten Schritt machen soll, vorbei lenken. Da beide Parteien an Veränderung interessiert und bereit sind, einige eigene Veränderungen vorzunehmen (wenn bis jetzt auch nur dann, wenn die andere vorangeht), könnten wir auch fragen: „Woran würden Sie beide merken, ob Sie partnerschaftlich daran arbeiten, dieses Problem zu lösen?" Wenn wir auf dem einen oder anderen Weg dorthin gelangt sind, mit jeder der beiden PartnerInnen zu erkunden, welche kleinen Veränderungen er/sie vornehmen könnte, konzentriert das Gespräch sich darauf, welche Veränderung einen Unterschied ausmachen kann, nicht darauf, wer die Schuld hat oder wer den ersten Schritt tun sollte.

Eine weitere häufige Situation, die für die PaartherapeutIn, die hofft, aktive Neutralität zu bewahren, eine Herausforderung darstellt, ergibt sich dann, wenn das Paar Theorien über Ursachen und Veränderungen vertritt, die miteinander konkurrieren oder nicht vereinbar sind. Im folgenden schildern wir einen Fall aus Phils Praxis, der zeigt, welche Macht der Erhalt der aktiven Neutralität und des Nicht-Wissens bei einem Paar ausüben kann, das Probleme präsentiert, die von manchem vielleicht als sehr schwer, tief und schon langdauernd angesehen werden. Das Paar passt zu der Beschreibung der „Therapieveteranen", wie sie von DUNCAN und Kollegen (1997) bezeichnet werden – das sind KlientInnen, die eine Reihe von TherapeutInnen gesehen und sich viele psychologische Vorstellungen darüber zu eigen gemacht haben, was mit ihnen nicht stimmt, denen aber nicht dazu verholfen wurde, entscheidende Verbesserungen in ihrem Leben vorzunehmen. Wie während der Sitzung deutlich wird, sind die psychologischen Ideen, die sie in früheren Therapien gelernt haben, zur Grundlage ihrer konkurrierenden Theorien geworden, und beide Partner stellen die Probleme und die Verantwortung für ihre Lösung dem jeweils anderen vor die Haustür. Das Paar wurde vom Therapeuten des siebenjährigen Sohnes, bei dem dieser wegen ADHD in Behandlung war, an Phil überwiesen. Der Therapeut hatte den Eindruck, dem Jungen könnte zusätzlich zur Einzeltherapie und den Medikamenten geholfen werden, wenn die Ehe der Eltern besser würde. Die Eltern kamen zur ersten Sitzung und sagten, sie wüssten, dass ihr Sohn unter weniger Stress stehen und das Familienleben im Allgemeinen befriedigender und glücklicher sein würde, wenn sie beide besser miteinander auskämen. Beide hatten sie jedoch eine gut durchdachte, ausgeklügelte Theorie, die erklärte, in welcher Weise der andere Elternteil sich in Bezug auf seine Erziehungsmethoden ändern müsste.

Phil fing an, indem er die Erfahrungen der beiden Partner würdigte und ihre jeweiligen Theorien zur Veränderung bestätigte. Die Theorie des Vaters lautete, die Mutter beschäftige sich zu sehr mit ihrem Sohn und versuche dadurch unbewusst, den Vater an einer engen Beziehung zu seinem Sohn zu hindern; dadurch fühle er, der Vater, sich sehr häufig ausgeschlossen. Er erklärte, sein Leben lang habe er unter Gefühlen der Scham und Angst vor Verlassenwerden gelitten. Und obwohl er sich mehrere Male in Therapie begeben habe, um an diesem Problem zu arbeiten, glaube er, es würde sich nichts verbessern, wenn seine Frau sich nicht dem Problem ihrer „Angstneurose und ihrer Haltung als überängstliche Mutter" stellen würde. Er erklärte, wenn er sich durch seine Frau und den Sohn ausgeschlossen fühlte, würde er sich zornig und beschämt zurückziehen und Dinge tun, von denen er wusste, dass sie alles schlimmer machten – Dinge, die seine Frau aufregten und seinen Sohn unglücklich machten. Er hatte jedoch das Gefühl, ihm bliebe, da er diese Bindung zwischen Mutter und Kind als unzugänglich und abweisend wahrnahm, nichts anderes übrig, als sich seinen Gefühlen von Scham und seiner Angst vor dem Verlassenwerden hinzugeben. Er wünschte sich von Phil Hilfe dabei, seine Frau dazu zu bringen zu erkennen, wie beherrschend sie war und wie ihre Ängste und ihre übermäßige Besorgtheit in Bezug auf ihren Sohn Probleme in der Familie verursachten. Er erwartete von Phil auch, seiner Frau zu erklären, wie wichtig es sei, den Sohn ohne ihre Einmischung mit seinen Problemen umgehen zu lassen, besonders wenn es Probleme waren, von denen er dem Vater erzählt hatte.

Die Mutter sah ihre eigene Seite der Geschichte und hatte ganz bestimmte Vorstellungen über das Wesen und die Ursachen der Probleme. Ihrer Meinung nach verhielt der Vater sich aus den psychologischen Gründen, die er genannt hatte – das Problem der Scham und der Angst, verlassen zu werden – in einer Art und Weise, die sie dazu zwangen, den Sohn zu beschützen. Wie sie berichtete, war ihr Mann häufig gereizt und wies den Jungen zurück, und sie hatte das Gefühl, der Sohn brauche in solchen Situationen ihren Schutz. Sie hatte auch das Gefühl, die Stimmungen des Vaters würden den Sohn besorgt und depressiv machen, wenn er zu viel Zeit mit seinem Vater verbrachte. Daher hatte sie den Vater überredet, sich damit einverstanden zu erklären, wenn sie und der Junge die meisten Abende allein miteinander verbrachten, während er sich entweder in einem anderen Teil des Hauses aufhielt oder ausging. Unglücklicherweise entwickelten sich die Dinge nach Aussage der Frau an solchen Abenden unausweichlich zum Schlimmen, an denen sie alle drei zusammen oder aber Vater und Sohn allein waren. Der Sohn sagte oder tat zum Beispiel etwas, was der übersensible Vater als emotional verletzend empfand, woraufhin dieser dann bösartig wurde, sich in zorniges Schweigen zurückzog oder etwas tat bzw. sagte, was den Sohn ängstigte; dies machte es für die Mutter erforderlich, sich einzumischen und ihn zu schützen. Sie wollte, dass der Vater sich einverstanden erklärte, an dem „Problem der Scham" und seiner „Angst, verlassen zu werden" zu arbeiten, damit er ein besserer Vater sein könnte.

Nachdem Phil mit beiden Ehepartnern ihre Standpunkte und Theorien untersucht hatte, stellte er Fragen, die das Paar dazu aufforderten, ihre Schwierigkeiten nicht als Problem jedes einzelnen von ihnen zu sehen, sondern als Problem für sie gemeinsam – als Paar und als Erzieherteam. Sie stimmten zu, dass es ein gemeinsames Ziel war, trotz ihrer unterschiedlichen Auffassungen in Bezug auf das Ziel, bessere Partner zu werden, sowohl als Ehepaar wie auch als Eltern. Dies gab Phil die Gelegenheit, mit dem Prozess zu beginnen, ein Team zur Lösungsfindung zu bilden, indem das Problem gemeinsam in einer Weise definiert wurde, die sowohl Theorien wie auch Erfahrungen beider Partner umfasste, ohne eine Seite für ungültig zu erklären. Um einige andere spezielle gemeinsame Ziele zu formulieren, lockte er die Aussage aus ihnen heraus, sie würden gern ihren Sohn emotional gesund und stark aufwachsen lassen. Beide wünschten sich vom Familienleben, dass es das Wohlergehen und die Selbstachtung aller Familienmitglieder unterstützen würde. Als Phil sie nach ihren Hoffnungen hinsichtlich ihrer eigenen ehelichen Beziehung fragte, sprachen beide vom Wunsch, sie könne vertrauter und zufriedenstellender sein. Während des Interviews bewahrte Phil eine Haltung der Multi-Parteilichkeit und schloss die Standpunkte und Theorien beider Partner über Ursachen und Veränderungen mit ein.

An diesem Punkt machte die Frau eine Bemerkung darüber, wie ihrer Meinung nach eine Verbindung zu sehen sei zwischen der Scham und dem Thema des Verlassenwerdens auf seiten ihres Mannes und der Frage des übermäßigen Beschützens auf ihrer Seite. Da Phil hier einen möglichen Anknüpfungspunkt für ein gemeinschaftliches Schaffen einer Erzählung mit *guter Geschichte* und einem Team sah – einer Erzählung, die auch Theorien und Problemdefinitionen von allen beinhalten könnte –, fragte er die Frau wie den Mann, ob sie meinten, es wäre ein guter Ausgangspunkt für positive Veränderungen im Familienleben, wenn sie herausfänden, worin diese Verbindung bestand. Beide sagten ja. Die Idee dieser angenommenen Verbindung erwuchs nicht aus irgendwelchen allgemeinen Theorien Phils hinsichtlich ineinander greifender Pathologien oder unbewusster Mächte, die bei der Partnerwahl eine Rolle spielen. Sie erwuchs aus etwas, was von einem der beiden Partner angeboten wurde, einem Kommentar, bei dem Phil spürte, er könne in eine nützliche und gemeinsame Erzählung mit *guter Geschichte* entwickelt werden, in der es um Vertrautheit und Erfolg geht, was für das Selbstgefühl des Paares wichtig wäre. Wenn einer der Partner seine Aufforderung zurückgewiesen hätte, an der Erzählung mit *guter Geschichte* und gemeinschaftlichem Finden von Lösungen beteiligt zu sein, hätte er sie fallengelassen und auf eine andere Gelegenheit gewartet, auf andere mögliche Einladungen, neue Erzählungen zu finden oder andere neu zu überdenken, die vielleicht nützlich sein würden.

Dann begann der Mann darüber zu sprechen, er hätte das Gefühl, dass er machtlos sein würde, irgend etwas zu verbessern, solange er das Problem unter dem Gesichtspunkt der übermäßig beschützenden Haltung seiner Frau sah (auf die er keinen Einfluss hatte) oder unter dem Gesichtspunkt seiner eigenen tief liegenden Probleme mit unbewusster Scham und Angst, verlassen zu werden (auf die er seiner Empfindung nach ebenfalls keinen Einfluss hatte). Wie ihm deutlich wurde, war es schwer für ihn, wenn er das Problem auf diese Weise betrachtete, Handlungen zu erwägen, die die emotionalen, perzeptuellen und verhaltensbezogenen Konsequenzen seiner Gefühle der Verletzbarkeit verringern könnten[27].

Die Mutter begann dann über die Tatsache zu reden, es sei für sie einfacher gewesen, sich auf das problematische Verhalten ihres Mannes zu konzentrieren, als an dem zu arbeiten, was – wie sie wohl wusste – eine übertriebene Beschützerhaltung ihrem Sohn gegenüber war. Als Phil fragte, was ihrer beider Meinung nach zu diesem Zeitpunkt ein hilfreicher Weg wäre, waren sich beide einig, es würde schwierig für sie sein, die Arten von Veränderungen bei sich selbst vorzunehmen, die eventuell einen Unterschied machen würden. Dies gab Phil die Möglichkeit, eine Problemdefinition anzubieten, die das Paar auf dieselbe Seite stellte – gegen das gemeinsame Problem auf der anderen Seite. Er deutete an, beide Partner würden gern gewisse Veränderungen vornehmen, hätten aber nicht die Zuversicht, sie auch durchführen zu können. Die neue Definition, bei der sich beide Partner einig waren, dass sie auf sie zutreffe, stellte sie nicht mehr auf entgegengesetzte Seiten. Niemand brauchte sich zu verteidigen oder

---

[27] Es sollte beachtet werden, dass am erfolgreichen Ende der Therapie mit Phil der Vater sagte, die Therapeuten, zu denen er vorher gegangen war, hätten ihm die Schuld für die Probleme der Familie gegeben und ihm geraten, er solle wieder in Einzeltherapie gehen, um sich mit seinen Themen auseinanderzusetzen. Er erzählte Phil, er habe zwar immer gewusst, dass er sich mit seiner Verletzbarkeit beschäftigen müsse, aber die Kommentare und Vorschläge der anderen Therapeuten hätten sich wie Angriffe angefühlt und ihm ein noch größeres Gefühl der Isolierung und Scham vermittelt. Infolgedessen habe er mit den Therapien aufgehört, ohne dass sie eine Veränderung bewirkt hätten.

jemanden anzuschuldigen. Sie konnten beide anfangen, darüber zu sprechen, wie schwer es sein würde, solche Veränderungen zu vorzunehmen – zumindest allein. Im weiteren Verlauf des Gesprächs mit Phil fingen sie an, sich bewusst zu machen, wieviel weniger beschwerlich die Aufgabe sein würde, wenn sie beide irgendwie eine kleine, aber bedeutsame Veränderung durchführen könnten, die dem anderen helfen und ihn dabei unterstützen würde, ebenfalls etwas zu verändern. Am Ende der ersten Sitzung hatten Mutter und Vater eine Anzahl kleiner Schritte benannt, zu denen sie bereit waren und die sie auch für durchführbar hielten. Beide waren sich einig, dass diese Schritte sie in die richtige Richtung lenken würden, um ihre Beziehung in eine partnerschaftliche Ehe und ein Erzieherteam umzuwandeln.

Phil sah dieses Paar etwa sechs Monate lang in insgesamt sechs Sitzungen. Als die Therapie endete, unternahm der Vater Dinge mit seinem Sohn sowohl am Abend wie an den Wochenenden. Die Mutter hatte sich in einem Buchclub und einem Kirchenchor engagiert und ging abends zu Veranstaltungen dorthin und zu anderen Unternehmungen. Der Sohn nahm keine Medikamente mehr und schien, nach dem was Lehrer und Eltern sagten, weniger verängstigt zu sein, unternehmungslustiger und ganz allgemein glücklicher.

Kapitel 4

Den Griff lockern, in dem uns die Erzählung mit *schlechter Geschichte* hält: Problemsprache, die einen Unterschied macht

Gespräche sind das Feld, auf dem Therapie stattfindet. Wir möchten dieses Kapitel, in dem es darum geht, die festen Strukturen der Erzählungen mit *schlechter Geschichte*, die Menschen zur Paartherapie mitbringen, mit einem Blick auf dieses Medium, in dem sie Geschichten erzählen und Dialoge stattfinden, beginnen.

Wir verstehen therapeutische Dialoge als eine Einladung und als kokonstruktiv. In RPT wird das, was KlientInnen und TherapeutInnen in jeder Therapiesitzung ansprechen (der Inhalt) und wie sie es ansprechen (der Ablauf) durch eine ständige verbale Interaktion, durch ständiges Anbieten, Ablehnen oder Annehmen der Gesprächsrichtungen und (Spiel-)Züge ausgehandelt. In diesem Prozess legen Therapeutin und KlientInnen gemeinsam fest, was als Gesprächsthema wichtig ist und wie darüber gesprochen wird, da alle Partner im Dialog an einem Gemeinschaftsprojekt teilnehmen, das Richtung, Ton und Inhalt ihrer Interaktion festlegt. Was sie im Grunde dabei tun, ist, sich durch Aufforderungen und Reaktionen gegenseitig beizubringen, unter welchen Bedingungen ein Miteinander möglich ist.

Die Fragen, die eine Therapeutin stellt oder nicht stellt, das, was ihre Kommentare oder Körpersprache andeuten, und wie sie auf die Einladungen der KlientInnen reagiert, über verschiedene Themen zu sprechen, enthüllen, was ihrer Meinung nach wichtig bzw. unwichtig ist. Die Selektion, die einer bestimmten Fragerichtung eigen ist, kann zum Beispiel sehr deutlich die Veränderungstheorie der Therapeutin vermitteln oder ihr Modell des zustimmungswilligen und angepassten Klienten durchscheinen lassen. Wenn eine Therapeutin zum Beispiel viele Fragen darüber stellt, wie ein Problem oder ein Thema angefangen hat, fordert sie damit ein Paar auf, eine kausale Theorie als Grundlage der Therapie zu verfolgen. Wenn sie andererseits die Konversation weglenkt vom Gespräch über das Problem, ohne sich explizit darauf zu beziehen, was wichtig ist und was nicht, lernen KlientInnen, dass nicht zu einem Gespräch über das Problem ermuntert wird. Gesprächsfloskeln geben der Therapeutin auch Hinweise darauf, was nach Meinung des Klienten ein wichtiges Gesprächsthema ist und welche Annäherungsstrategien der Klient beim jeweiligen Problem verfolgt. Bewusste Aufmerksamkeit diesen Merkmalen der Konversation gegenüber helfen der Therapeutin zu verstehen, wie sie mit ihren KlientInnen einen offenen und bereichernden therapeutischen Dialog kokonstruieren kann.

Therapeutische Gespräche unterscheiden: Rollenbeziehungen

Statt unsere KlientInnen als motiviert oder widerspenstig zu betrachten oder die therapeutische Beziehung als etwas Festgelegtes, ziehen wir es vor, in einem Modell zu denken, das Gesprächsrollen beschreibt. Auf der Grundlage der jeweiligen in Wechselwirkung stehenden Rollen, die von Klientin und Therapeutin während einer bestimmten Interaktion übernommen werden, unterscheiden wir drei Arten von therapeutischen Gesprächen. Diese Rollen haben einen direkten Einfluss auf Inhalt und Richtung der Gespräche, und für die Therapeutin, die sich dieser Rollen bewusst ist, wird es dadurch möglich, effektiver an der Konversation teilzunehmen und die Klientin zu einer anderen Art Rolle aufzufordern, die vielleicht produktiver ist. Nicht vergessen werden darf, dass dies eine Klassifikation von Gesprächen und Rollen ist, keinesfalls eine Etikettierung von KlientInnen oder von therapeutischen Beziehungen[28]. Diese Art, den Aufforderungscharakter und das fließende Wesen des Gesprächs zu sehen, hilft uns, zielgerichtete Entscheidungen über unsere Beteiligung zu treffen.

Die drei Typen des therapeutischen Gespräch sind: (1) Besucher/Gastgeber, (2) Klagende/Mitfühlender und (3) Kunde/Konsultant.

---

[28] Das Zentrum für Kurztherapie des *Mental Research Institute* in Palo Alto und das Zentrum für Familien-Kurztherapie in Milwaukee benutzen die Ausdrücke *Besucherin, Klagende* und *Kundin*, wenn sie sich auf Beziehung [Interaktion] zwischen Klientin und Therapeutin beziehen. Wie sie betonen, beziehen sich diese Bezeichnungen auf die therapeutische Beziehung und sollen keinesfalls die Klientin etikettieren. Wir ziehen Namen mit zwei Begriffen vor und benutzen sie, um ein Gespräch zu charakterisieren, da sie die interpersonelle Rollenbeziehung in dem jeweiligen Gespräch betonen und auf das fließende Wesen des Dialogs hinweisen.

Konversationen zwischen Besucher und Gastgeber

Manchmal kommt ein Partner zur Therapie, sei es allein oder mit dem anderen Partner, und drückt seine Überzeugung aus, die Therapie sei unangemessen oder unnötig. Die Person ist meistens gekommen, weil vom anderen Partner Druck oder Drohung ausgingen und nicht weil sie das Bedürfnis hatte, in diesem Kontext am Beziehungsproblem zu arbeiten. Diese Person fängt normalerweise an, indem sie uns erzählt, (1) es gibt kein Problem oder (2) wenn es eins gibt, hat sie keinen Anteil an der Ursache oder der Aufrechterhaltung des Problems und/oder (3) ihrer Meinung nach wird die Therapie kein nützliches Forum sein, um das Problem – welches es auch sei – anzusprechen. Diese Person braucht unsere Hilfe nicht, bittet nicht darum und wünscht sie nicht. Ein Ehemann kommt zum Beispiel allein oder mit seiner Frau zur ersten Sitzung und erklärt, er glaube nicht an Therapie und sei nur gekommen, weil seine Frau droht, ihn zu verlassen, wenn er sich weigert, professionelle Hilfe in Anspruch zu nehmen. Wir betrachten die Bemerkungen des Mannes als ehrliche, von Herzen kommende Aufforderung, mit ihm gemeinsam ein Besucher/Gastgeber-Gespräch zu führen. Es könnte sich herausstellen – und es ist eine der wesentlichen therapeutischen Aufgaben, diese Möglichkeit zu erkunden und zu unterstützen –, dass dieser widerspenstige Besucher dazu kommen wird, Veränderungen, die er gern in seinem Leben vornehmen würde, zu identifizieren. Wenn das geschieht, kommt er vielleicht zu der Ansicht, Therapie könne ihm helfen, und an diesem Punkt wird unsere Konversation die Form Kunde/Konsultant annehmen.

Wenn Partner zusammen zur Therapie kommen, sind sie oft nicht in gleichem Maße motiviert. Der eine Partner ist die treibende Kraft bei der Suche nach Therapie; die andere Person kommt vielleicht bereitwillig, ein wenig motiviert, widerstrebend oder ganz unwillig. Diese Ungleichheit ist, wenn sie denn auftritt, an sich nicht problematisch. Problematisch ist es, wenn die Therapeutin es versäumt, diese Ungleichheit auf therapeutisch nützliche Art und Weise zu erkennen und anzusprechen. Wir sind in solchen Fällen aufgefordert, unterschiedliche Rollen in Hinblick auf die beiden Partner einzunehmen. Wenn wir uns dieser Tatsache nicht klar bewusst sind, könnten wir es schwer finden, eine aktive Neutralität zu begründen und aufrecht zu erhalten, und wir begreifen nicht wirklich, wie wir dazu kommen können, kokonstruktiv zu einer effektiven Partnerschaft zu kommen.

Ob ein widerspenstiger Partner[29] nun allein kommt oder in Begleitung, es ist immer wichtig, die Einladung des Klienten zu einer Besucher/Gastgeber-Konversation zu akzeptieren und hier den Anfang zu machen, statt zu diesem Zeitpunkt davon auszugehen, die Person sei bereit, sich auf eine lösungsorientierte Konversation einzulassen. Natürlich können die Dinge sich verändern und häufig tun sie es auch. Wir tun, was wir können, um ein aktives Teilnehmen an anderen Arten von Konversationen zu fördern. Was zu diesem Zeitpunkt jedoch hilft – was klärend wirkt, Respekt zeigt und dem Verständnis weiterhilft –, ist, einfach nur ein guter Gastgeber zu sein und mitfühlende, respektvolle Aufmerksamkeit zu erweisen. Das bedeutet, den Klienten willkommen zu heißen und seine Erfahrung und Gefühle hinsichtlich seiner Beziehung und seine Gefühle und Einstellung in Bezug auf die Therapie anzuerkennen und ihren Wert zu erkennen. Wenn wir spüren, dass der Klient sich nach seinen eigenen Bedingungen akzeptiert fühlt (d.h., wir haben seine Einladung angenommen und uns auf die Beziehung, zu der er auffordert, eingelassen), werden wir unsererseits einige mögliche Rollenverschiebungen beginnen. Wenn dann (bzw. falls überhaupt) der Klient beginnt, einige wünschenswerte Veränderungen zu benennen, verschiebt sich unser Konversationstyp von Besucher/Gastgeber zu Kunde/Konsultant.

Konversationen zwischen Klagendem und Mitfühlendem

Es geschieht verhältnismäßig häufig, dass beide Partner die Therapie beginnen, indem sie uns zu Gesprächen zwischen Klagendem und Mitfühlendem auffordern. Wenn Menschen zur Therapie gehen, um Hilfe bei der Lösung ihrer Probleme zu bekommen, haben sie oft die Erwartung und das Bedürfnis, einige Zeit darüber sprechen zu können, was ihnen Sorgen bereitet. Wie wir im letzten Kapitel bemerkten, ist es äußerst wichtig, Rapport herzustellen – beide Partner brauchen das Gefühl, gern über ihre Sorgen reden zu dürfen, so wie sie selber sie sehen, und die Therapeutin muss auf eine Weise reagieren, die für die therapeutische Allianz von Nutzen ist. So beginnen wir also, indem wir beide Partner dort treffen, wo sie sich befinden und die von ihnen berichteten Lebensgeschichten mit Respekt und Offenheit aufnehmen. Wenn natürlich einer oder beide Partner niemals aus die-

---

[29] Wir diskutieren die Arbeit mit widerspenstigen einzelnen Partnern im Detail in Kapitel 11.

sem Modus Klagender/Mitfühlender herauskommen, wird es schwer, den Kontext der *schlechten Geschichte* zu verlassen, und die Therapie wird nicht sehr effektiv sein. Dennoch, wenn es antagonistische, feindliche Positionen gibt, ist es kontraproduktiv, sich unmittelbar darum zu bemühen, auf sie hinzuweisen, den Konversationstyp zu verschieben oder die Art von Dialog abzuweisen, die vom Paar angefangen wird. Statt dessen akzeptieren wir zunächst die Einladung der beiden Partner, uns auf Konversationen zwischen Klagender/Mitfühlendem einzulassen. Wir akzeptieren und respektieren das, was sie uns erzählen, ohne uns mit der Suche nach „objektiver" Wahrheit zu beschäftigen oder die Schiedsrichterrolle über richtig und falsch anzunehmen. Das ist die aktive Neutralität, von der wir im letzten Kapitel sprachen. Wir versuchen nicht, eine bestimmte Gesprächsrichtung zu erzwingen, sondern wir nehmen die Hinweise unserer KlientInnen auf. Eine Haltung der Neugier und Wachheit hilft bei dieser dreifachen Aufgabe, aktive Neutralität zu etablieren, sich das Bewusstsein für die Art des Gesprächsflusses, mit dem wir es zu tun haben, zu erhalten und mögliche Hinweise auf Ressourcen aufzugreifen, die in der Erzählung mit *guter Geschichte* zur Verfügung stehen. Während wir uns im Dialog zwischen Klagendem und Mitfühlendem befinden, achten wir weiterhin aufmerksam auf Gelegenheiten, die Erzählungen mit *schlechter Geschichte* zu verlassen und Konversationen zwischen Kunde und Konsultant zu beginnen.

Konversationen zwischen Kunde und Konsultantin

Gespräche zwischen Kunde und Konsultantin ergeben sich, wenn die Paare begonnen haben, die gewünschten Veränderungen zu benennen, und die Therapeutin sich in einer Weise mit ihnen auseinandersetzt, die ihnen hilft, sich in Richtung dieser bevorzugten Zukunft zu bewegen. Im Laufe der Zeit verstärken diese Gespräche im Allgemeinen die Erzählung mit *guter Geschichte*. Beide Partner sehen auf ganz natürliche Weise mit immer mehr Respekt und Anerkennung den individuellen Beitrag des Einzelnen zu den Problemen des Paares und den Lösungen, und jeder wird immer stärker motiviert, gemeinsam mit dem anderen an den Veränderungen und erwünschten Zielen für beide Partner zu arbeiten. Selten kommen die Paare mit der Bereitschaft zu solchen Gesprächen in unsere Therapie. (Anscheinend suchen Paare, die ihre Probleme und Konflikte auf diese Weise in Angriff nehmen, nicht nach Intervention von außen oder nach professioneller Hilfe.) Ungeachtet dessen, welchen Eindruck sie am Anfang machen, haben wir zunächst die Arbeitshypothese, dass jedes Paar und jeder Klient ein potentieller Kunde ist. Wenn erst einmal der Prozess begonnen hat, mit dem der Griff der entfremdenden *schlechten Geschichte* gelockert wird, befinden wir uns auf dem Weg zu Gesprächen zwischen Kunde und Konsultantin. Während Zukunftsbilder entworfen und Ziele konstruiert werden (worauf wir im folgenden Kapitel näher eingehen), übernehmen die Menschen bereitwillig eine verantwortungsvolle Rolle in Hinblick auf Veränderung, und es wird sichergestellt, dass den Kunde/Konsultantin-Gesprächen der Vorrang gegeben wird.

Gesprächsinhalte unterscheiden: Schlechte Geschichte vs. gute Geschichte

Wir haben die therapeutischen Gespräche auf der Basis der unterschiedlichen Rollen, die von Therapeutin und KlientIn gespielt werden, charakterisiert. Eine damit verwandte Art, zwischen den Konversationstypen zu unterscheiden, die wesentlich für den Ansatz der lösungsorientierten Kurztherapie ist, besteht darin, den Gesprächsinhalt in der Therapie entweder als Problemgespräch oder als Lösungsgespräch zu definieren (BERG & MILLER, 1992; DEJONG & BERG, 1998; DE SHAZER, 1985, 1988, 1991, 1994). Das Problemgespräch konzentriert sich, wie der Name schon sagt, auf Ursachen, Sorgen, Schwierigkeiten, Symptome, zugrundeliegende Probleme, wer Schuld hat und andere Einzelheiten der Problemerzählung. Das Lösungsgespräch konzentriert sich demgegenüber auf die bevorzugte Zukunft und auf vergangene Erfolge wie auf Stärken, Ressourcen und Fähigkeiten. Diese Unterscheidung ist von ganz wesentlicher Bedeutung für traditionelle Vertreter der lösungsorientierten Kurztherapie, da ihrer Meinung nach nur das Lösungsgespräch progressiv und daher auch nützlich für das Erreichen von Lösungen ist[30].

Wenn wir mit Menschen in problematischen Situationen sprechen, gehen wir als sozialkonstruktionistische TherapeutInnen davon aus, dass der Inhalt des Gesprächs und auch wie wir darüber sprechen, einen Einfluss darauf haben, wie Paare ihre Probleme sehen und was getan werden muss, sie zu lösen. Wir machen uns weniger Sorgen darum, ob der Inhalt des Gesprächs streng problem- oder lösungsorien-

---

[30] Natürlich erkennen lösungsorientierte TherapeutInnen an, dass ein Problemgespräch notwendig sein mag, um den Rapport zu den KlientInnen herzustellen.

tiert ist, als darum, wie wir miteinander reden und ob wir auf das Ziel hinarbeiten, Wege aus den Erzählungen des Paares mit *schlechter Geschichte* zu finden, die sie einander entfremden, um zu den Erzählungen mit *guter Geschichte* zu kommen, die für die Beziehung förderlich und positiv sind. Wir stimmen Harlene ANDERSON (1997) zu, wenn sie vorschlägt, die Therapeutin solle nicht „eine Kategorie als nützliche und die andere als nicht nützliche Konversation" betrachten. „Entscheidend ist die Art, wie man etwas bespricht, und nicht, ob der Inhalt oder Fokus problem- oder lösungsbezogen ist" (S. 73). Daher ziehen wir es in RPT vor, den Gesprächsinhalt gemäß der Dichotomie *gute Geschichte/schlechte Geschichte* zu unterscheiden. Die therapeutische Konversation wird unserer Meinung nach am ehesten generativ und transformativ sein, wenn das, worüber wir sprechen, dazu dient, die gemeinsame *gute Geschichte* des Paares zu potenzieren, zu klären und zu verstärken. Daher ergreifen wir selten die Initiative, um Menschen zu einer Diskussion über die Einzelheiten ihrer Kämpfe aufzufordern, über die Vorgeschichte ihrer Probleme oder über mögliche Wurzeln und Ursachen ihrer Schwierigkeiten. Gewisse Gesprächsweisen können jedoch, wenn sie sich aus unseren Konversationen mit den Paaren entwickeln, auf das Territorium der *guten Geschichte* führen und helfen, den Riss in der Beziehung des Paares zu kitten. In solchen Fällen kann die Therapeutin Fragen stellen und Kommentare abgeben, die sowohl den Griff der Erzählung mit *schlechter Geschichte* lockern, wie auch dem Paar ermöglichen, einen Eingang in die *gute Geschichte* zu finden. Gespräche darüber, wie Kämpfe zu einem Ende kommen oder was die Partner tun, um einige Kämpfe kürzer (weniger heftig und so weiter) werden zu lassen, sind Beispiele für diese Art produktiven therapeutischen Gesprächs über Probleme.

Problemgespräche, die von KlientInnen begonnen werden, können eine Gelegenheit für folgendes sein: (1) Rapport entwickeln; (2) unser eigenes Verständnis dafür vertiefen, was für die Menschen wichtig ist, und ihre Sorgen, vorrangigen Wünsche und Veränderungstheorien verstehen und (3) den Griff lockern, den die *schlechte Geschichte* in der individuellen Wahrnehmung auf den Kontext hat. Wenn die Therapeutin an einer Konversation über die *schlechte Geschichte* teilnimmt, muss sie ein Interesse an den Fähigkeiten und Ressourcen des bevorzugten Selbst einer jeden Person wahren (wie jeder sich in den Worten und Handlungen des anderen reflektiert sieht), sie muss sich ihre Neugier in Hinblick auf die Hoffnungen und Wünsche bewahren, die sich in den Ereignissen unter der Tünche der *schlechten Geschich-*

ten finden, und auch ihre Wachheit für potentielle Auswege aus der Erzählung mit *schlechter Geschichte*. Diese Art der Teilnahme am Dialog vergrößert die Möglichkeit, dass die Konversation sich verschieben wird: vom problemorientierten Gespräch zwischen Klagendem und Mitfühlendem zum lösungsorientierten zwischen Kunde und Konsultantin.

Techniken, den Griff der schlechten Geschichte zu lockern

Um uns bei der Entscheidung zu helfen, wann, wo und wie die Techniken eingesetzt werden, mit deren Hilfe der Griff der *schlechten Geschichte* während der problemorientierten Konversationen gelockert wird, stellen wir uns die folgenden Fragen: Wo ist der Faden, der zu einem Lockern dieser Geschichte führt? Welche Hinweise auf Kompetenz, Fähigkeiten, Stärken oder Ressourcen sind in dieser problemgesättigten Erzählung versteckt? Wie kann ich eine Äußerung darüber hervorlocken, wie die Dinge anders sein werden, wenn alles besser ist? Wie kann das Problem neu definiert werden, damit es ein kleineres Problem und/oder ein leichter zu lösendes ist? Wie könnte ich den Partnern helfen, einen Weg zu finden, das Problem als etwas Gemeinsames zu sehen? Welche Teile dieser *schlechten Geschichte* weisen auf einen Ausweg hin? Welche Fragen kann ich stellen und welche Kommentare kann ich abgeben, um die *gute Geschichte* des Paares zu beleben und ihr neue Kraft zu verleihen? Wir denken in diesen Gesprächen häufig über das *Wie* nach: Wie wir unseren Teil der Konversation gestalten, um ein erneuertes Gefühl der Partnerschaft und der Möglichkeiten zu fördern; wie wir in dem, was ein Partner sagt, Ressourcen für Partnerschaft finden; wie wir den narrativen Kontext verschieben.

Es gibt eine Reihe von Möglichkeiten, wie wir diese Fragen beantworten. Wenn wir an einer *schlechten Geschichte* oder an problemorientierten Gesprächen teilhaben, die von unseren KlientInnen ausgehen, ist unser Ziel, den Griff der *schlechten Geschichte* zu lockern, und zu diesem Zweck (1) identifizieren wir Auswege aus der *schlechten Geschichte*; (2) setzen wir die Technik des Umdeutens ein, wozu Normalisierungsfragen, Fragen zu Gemeinsamkeiten und Bewältigungsfragen gehören, um alternative Definitionen und Perspektiven der Elemente der *schlechten Geschichte* anzubieten; und (3) laden wir die Paare zu externalisierenden Gesprächen ein und zu Gesprächen über den relativen Einfluss (die wir als Formen des Gesprächs über Gemeinsamkeiten betrachten).

Auswege aus der schlechten Geschichte identifizieren: Über die Partnerschaft nachdenken, das bevorzugte Selbst unterstreichen und größere Ziele erkennen

Wenn eine Therapeutin sich auf ein Gespräch über die Sorgen, Gefühle und Meinungen einlässt, die Teil der Erzählung eines Menschen mit *schlechter Geschichte* sind, ist es wichtig, die mitfühlenden Überlegungen mit einem Hinweis auf *den Wunsch nach Veränderung und die Möglichkeit dazu* miteinander zu verbinden. Dies öffnet mögliche Auswege aus der *schlechten Geschichte* und betont den ersten Hoffnungsschimmer auf eine Partnerschaft. Daher schlagen wir vor, sowohl den problematischen Aspekt wie auch den Wunsch nach Veränderung mit einzubeziehen, wenn über die Sorgen hinsichtlich der *schlechten Geschichte* der betreffenden Person und über die Gefühle über die Situation des Paares nachgedacht wird. Ein Beispiel wäre: „Ich kann verstehen, warum Sie sich recht entmutigt fühlen, Rachel, und warum Sie vorsichtig sind, wenn es darum geht, Toms Aussagen Glauben zu schenken, er wolle aufhören, darüber zu streiten, wie man mit den Kindern umgehen sollte, und er würde sich um Sachen kümmern wie das morgendliche gehetzte Aufbrechen zur Schule. Gleichzeitig kann ich der Tatsache, dass Sie beide hier über dies Problem sprechen und über Ihre unterschiedliche Art, darüber zu denken, entnehmen, dass Sie ein gemeinsames Ziel haben: herauszufinden, was Sie beide gemeinsam dagegen tun können. Bisher haben Sie noch keinen Weg gefunden, das Problem als ein Team in Angriff zu nehmen, aber Sie scheinen beide in die gleiche Richtung zu gehen und den Dingen eine andere Wendung geben zu wollen. Klingt das richtig für Sie?"

Bei dieser Überlegung wird das Problem als solches ebenso anerkannt wie Rachels Entmutigung und ihre Zweifel, aber durch die Deutung ihrer Sorgen wird das gemeinsame Ziel, um dessentwillen das Paar zur Therapie gekommen ist, in den Mittelpunkt gestellt. Bei dieser Art von Überlegung lauscht die Therapeutin wie mit einem dritten Ohr auf Hinweise, die im Material der *schlechten Geschichte* mögliche Partnerschaft signalisieren. Dadurch wird die Kampfstimmung abgemildert und der Boden für Zusammenarbeit vorbereitet. Das Entdecken von Hinweisen in diesen Geschichten auf eine effektive Partnerschaft kann die Menschen von Anschuldigungen und Furcht wegleiten und es jedem von ihnen ermöglichen, die Deutungen des anderen – seine Hoffnungen, Wünsche, Sehnsüchte – positiver und empathischer zu verstehen, wodurch eine neue Basis für Hoffnung auf Veränderung entsteht. In den meisten Erzählungen mit *schlechter Geschichte* versteckt sich, verdeckt durch die Vorgeschichte der Enttäuschungen, Kämpfe und Anschuldigungen, das Element einer potentiellen gemeinsamen *guten Geschichte*: der Wunsch, die Dinge mögen anders und besser sein, damit die Beziehung zufriedenstellender wird (PARRY & DOAN, 1994).

Die Konversation sollte immer zu den Auswegen tendieren, die sich anbieten und die für jedes Individuum und seine Vorstellung vom Selbst und von Veränderung spezifisch sind. Frühe Hinweise auf solche spezifischen Auswege aus der Erzählung mit *schlechter Geschichte* zeichnen sich ab, wenn eine Therapeutin zu einem Dialog einlädt, der das Verständnis der Teilnehmenden für die Vorstellungen vom bevorzugten Selbst (ERON & LUND, 1996, 1999) und von anderen, umfassenderen Zielen erweitert. Es ist wichtig festzuhalten, dass die *schlechte Geschichte* ein frustriertes bevorzugtes Selbst enthält – eine Person, die die Beziehung in Ordnung zu bringen versucht (im Sinne des übergeordneten gemeinsamen Zieles einer besseren Beziehung), und die sich wünscht, vom Partner auf eine bestimmte Weise gesehen zu werden. Eine Therapeutin, die dies untersucht, könnte zum Beispiel fragen: „Wenn wir also davon ausgehen, George, dass Sie sich manchmal in Hinblick auf die Arbeit, die Sie in Haus und Garten am Wochenende leisten, nicht in der Weise anerkannt fühlen, die für Sie einen Unterschied machen würde (die *schlechte Geschichte*, Problemorientierung), dann lassen Sie mich Ihnen eine Frage stellen: Was glauben Sie, zeigen Sie Vivian und Ihrer Meinung über die Beziehung, wenn Sie diese Arbeit im Haus machen, wie Sie das eben erzählten (das bevorzugte Ich, umfassendere Ziele)?" Wenn der Klient sagt: „Ich versuche ihr zu zeigen, dass mir an unserem Haus wirklich gelegen ist, genau so wie ich weiß, dass auch ihr daran gelegen ist, dass es wichtig für uns ist, es schön zu haben, dass ich das Gefühl haben möchte, uns beiden einen Gefallen zu tun, dass ihr gefällt, was ich mache" – wenn also der Klient dies sagt, kann die Therapeutin die Gelegenheit ergreifen, einen Ausweg aus der Erzählung mit *schlechter Geschichte* zu formulieren, indem sie ein umfassenderes Ziel hervorhebt, das dieser Klient hat – nämlich eine schöne Umgebung und insofern auch das Gefühl der Gemeinsamkeit –, das vermutlich ein gemeinsames, von beiden erkennbares potentielles Element der Erzählung mit *guter Geschichte* sein wird. Wenn die Konversation solche Elemente erst einmal unterstreicht, werden in den folgenden Ziel-Gesprächen (siehe das nächste Kapitel) andere Möglichkeiten zur Formulierung eines Zukunftsbildes auftauchen, das solche Teilstückchen und Elemente der Erzählung mit *guter Geschichte* enthält.

Diese Art von Nachfrage über das Selbst, die es möglich macht, potentielle gemeinsame Ziele aus dem Paar herauszulocken, ist ein Ausweg aus der *schlechten Geschichte*. Die Betonung des Gesprächs liegt nicht auf den Ursachen der Sorgen, sie besteht auch nicht in Schuldzuweisung oder verdichtet den Kontext der *schlechten Geschichte*; vielmehr stellt sie eine Bedeutungsgebung auf Seiten des Mannes fest, die zu einer Neubegründung der Partnerschaft beitragen kann. Und diese Art der Nachfrage über das bevorzugte Selbst, das in der Klage versteckt ist, vermittelt der Frau eine Sichtweise der Sorgen ihres Mannes, die eine bessere Basis für Empathie und Gemeinsamkeit ist, als wenn sie sich gegen den Vorwurf verteidigen müsste, unsensibel zu sein, oder gegen die Klagen, sie nähme niemals wahr, was er im Haus macht. Die Entwicklung solcher individuellen Deutungen und die Verbindung zu gemeinsamen Erzählungen mit *guter Geschichte* kann den Menschen helfen, wenn sie neue Möglichkeiten erfahren, die Sorgen und Nöte des anderen zu sehen, „Auswege" auch für die Zukunft zu entdecken, wenn das Material der *schlechten Geschichten* wieder auftaucht – gemeinsame Pfade, die sie aufgrund einer verschobenen Wahrnehmung aus den bekannten Streitereien und Unstimmigkeiten herausführen. Diese Auswege sind wichtig, um Wege und Möglichkeiten für die Reparatur einer Beziehung zu schaffen.

Wenn die Therapeutin in dieser Art von Diskussionen anfängt, (1) potentielle gemeinsame Ziele hervorzuheben, gemeinschaftlich ein partnerschaftliches Szenario zu konstruieren; (2) sich positiv auf individuelle Fähigkeiten zu konzentrieren (bisher schlecht angewandt oder ungenutzt aufgrund des Kontextes der *schlechten Geschichte*), die dazu beitragen könnten, Partnerschaft im Kontext einer *guten Geschichte* zu stärken; und (3) den gemeinsamen Wunsch nach Bewegung in Richtung bevorzugter Zukunft zu betonen, dann wird sich der Einfluss der *schlechten Geschichte* verringern. Konzentriert sich die Konversation darauf, wie die Partner sich ihre Beziehung anders wünschen als jetzt und wie so etwas in der Zukunft aussehen und sich anfühlen wird, oder wie so etwas in der Vergangenheit manchmal hatte kommen können, dann kann die Therapeutin zu einem ersten Schritt in das Territorium der *guten Geschichte* des Paares anregen (Gespräch zwischen Kunde und Konsultantin), und die Arbeit an der Entwicklung eines Zieles kann beginnen. Auf diese Weise kann ein Gespräch, das mit einer Erzählung mit *schlechter Geschichte* anfängt, eine transformative und generative Funktion erhalten. (Der am Ende des letzten Kapitels vorgestellte Fall von dem Paar mit dem siebenjährigen Sohn gibt uns ein klares Beispiel dafür, wie produktiv ein Problemgespräch sein kann, wenn man der Veränderungstheorie des Paares Aufmerksamkeit schenkt. Wenn Phil versucht hätte, das Paar zu früh in Richtung Lösungsgespräch zu bewegen, wäre weder zwischen den Eltern noch zwischen ihnen und dem Therapeuten eine Partnerschaft hergestellt worden, was zu einem vorzeitigen Ende geführt hätte.)

Problemgespräche sind immer eine Übergangsphase. Was uns vor allem interessiert, ist, einen Kontext herzustellen, in dem Partnerschaft neu entstehen kann, und das Potential eines Paares für positive Veränderung zu nutzen. Worum es eigentlich geht, ist, mit einem Paar daran zu arbeiten, einen Kontext zu erstellen, in dem Partnerschaft gedeihen kann. Um das zu erreichen, versuchen wir, Erzählungen der Machtlosigkeit und Niederlage, die den Kontext für die *schlechten Geschichten* bilden, zu lockern und aufzubrechen, begeben uns in einen Dialog, der das Gefühl für gemeinsame Anliegen vertieft, und fangen an, Brücken zu den Kontexten der *guten Geschichte* zu schlagen. Wenn diese Art Kehrtwendung geschieht, können wir beobachten, wie im Sprechzimmer eine Umwandlung beginnt. Während das Paar mit unserer Hilfe Elemente seiner gemeinsamen *guten Geschichte* aus seiner Erinnerung und Vorstellung neu hervorholt und Auswege aus den Erzählungen mit *schlechter Geschichte* in eine alternative Realität findet, werden beide Partner fast unausweichlich deutlich herzlicher, aufmerksamer und respektvoller miteinander umgehen. Das Lockern des Griffs der *schlechten Geschichte* und die Bewegung in Richtung Lösungsgespräch in diesem Kontext führen sowohl zu einem öffentlichen (vor der Therapeutin) wie auch privaten (zwischen den beiden Partnern) Gefühl des partnerschaftlichen Bündnisses und der Kompetenz für Veränderung. Selbst wenn die *schlechte Geschichte* einflussreich bleibt oder die Dauerhaftigkeit der Partnerschaft weiterhin in Frage gestellt ist, lassen Hinweise auf eine potentielle oder in der Erinnerung vorhandene *gute Geschichte* ein Zweckbündnis zur Schaffung eines gemeinsamen Ziel möglich erscheinen. Wenn wir uns also auf ein Problemgespräch einlassen, das die Bedeutung der Sichtweise der *schlechten Geschichte* abschwächt, können wir dazu beitragen, ein Beziehungsteam neu zu begründen.

Umdeuten

Umdeuten bietet KlientInnen eine Neudefinition ihrer Probleme mit dem Ziel an, „das konzeptuelle und/oder emotionale Setting bzw. die Sichtweise, unter deren Einfluss eine Situation erlebt wurde, [zu ändern] und sie dann in einen anderen Rahmen zu stellen, der zu den ‚Fakten' derselben konkreten Situation genauso gut passt oder besser" (WATZLAWICK, WEAKLAND & FISCH, 1974, S. 95). KurztherapeutInnen und strategische TherapeutInnen wie WATZLAWICK, WEAKLAND, HALEY und MADANES nutzen das Umdeuten für sehr spezielle therapeutische Zwecke – um den gegenwärtigen Problemen des Klienten einen gewissen Dreh zu versetzen, damit es vernünftig erscheint, die paradoxen Hausaufgaben durchzuführen, die am Ende der Therapiestunde von der Therapeutin vergeben werden. Die Aufgabe, nicht die Umdeutung des Problems durch die Therapeutin, ist bei diesen Ansätzen die wesentliche Intervention.

Bei unserer Arbeit nutzen wir Umdeuten, um mit einem Paar gemeinsam mehrere Möglichkeiten zur Wahrnehmung und Deutung von Ereignissen zu erarbeiten, wodurch es für das Paar leichter werden kann, die Probleme zu lösen, deretwegen sie zur Therapie kamen. Unserer Vermutung nach ist es für Menschen leichter, auf Fähigkeiten und Ressourcen zurückzugreifen, um ein erwünschtes Ziel zu erreichen, wenn sie in der Lage sind, vielfältige Perspektiven wahrzunehmen. Während des problemorientierten Gesprächs bemühen wir uns um das, was die narrativen Therapeutinnen Jill FREEDMAN und Gene COMBS (1996) als dekonstruktives Zuhören bezeichnen: „eine besondere Art von Zuhören, die notwendig ist, um die Geschichten der Menschen zu akzeptieren und zu verstehen, ohne die ohnmächtigen, schmerzlichen und pathologischen Aspekte dieser Geschichten zu bestätigen oder zu intensivieren" (S. 46). Wenn wir auf diese Weise zuhören, gewisse Fragen stellen und Kommentare anbieten, mit denen wir neue Möglichkeiten zur Schilderung der Erfahrungen von Menschen aufzeigen, werden unsere Gespräche den wahrnehmungs- und deutungsabhängigen Griff der Erzählung mit *schlechter Geschichte* der beiden Partnern lockern und helfen, eine gemeinsame *gute Geschichte* neu zu etablieren.

Es gibt drei Haupttypen der Umdeutungskonversationen und -fragen, die wir in RPT verwenden: solche, die normalisieren; solche, die Gemeinsamkeiten schaffen [mutualizing], und solche, in denen es um Bewältigung geht.

Normalisierende Problemdefinitionen

Viele KlientInnen betrachten die Probleme, die sie zur Therapie bringen, als einzigartig oder als Zeichen von Abnormität. In der normalisierenden Konversation impliziert die Therapeutin durch ihre Fragen oder Vorschläge, dass diese Probleme einfach zu den normalen Schwierigkeiten des Lebens in einer Beziehung gehören. Eine auf diese Weise zum Ausdruck gebrachte Einstellung lässt das Problem, was immer es auch sei, nicht mehr so erscheinen, als stünden das Paar und seine Kompetenz „unter Anklage". Manchmal tragen wir einfach durch unsere Wahl der Sprache zur Normalisierung bei, wenn wir auf die Problemschilderung des Paares reagieren, indem wir deutlich machen, dass wir seine Beschreibungen gar nicht als ungewöhnlich oder überwältigend betrachten[31]. Normalisierende Kommentare sind zum Beispiel: „Natürlich", „Selbstverständlich, es überrascht mich nicht, dass, ...", „Das klingt ziemlich typisch für mich", „Sie wären überrascht, wenn Sie wüssten, wie viele Leute sich damit herumplagen", „Es ist sehr schwer, aber zu lösen". Manchmal normalisieren wir, indem wir Geschichten über uns selbst erzählen, die zeigen, wie wir oder andere Leute sich mit ähnlichen Problemen auseinander setzen mussten. Diese Art von „bei uns zu Hause"-Erklärungen können deutlich machen, wie selbst angebliche Expertentherapeuten sich mit den Schwierigkeiten und Enttäuschungen des Beziehungslebens auseinandersetzen müssen.

Das folgende ist ein Beispiel für eine normalisierende Konversation, die wir benutzt haben, um einem Paar bei der Neudefinierung eines Problems zu helfen. Manch einer würde vielleicht annehmen, wie das Paar es auch tat, für ein Problem wie das ihre würde man eine ausführliche Therapie brauchen; tatsächlich kam das Paar nur dreimal.

Gary und Roberta kamen zu Tobey und erklärten, sie hätten ein ernsthaftes Problem: „Sexuelle Inkompatibilität". Tobey fing an, indem sie sagte: „Nach meiner Erfahrung passiert es Paaren ziemlich häufig, dass sie in Schwierigkeiten kommen, wenn sie versuchen, mit ihren unterschiedlichen sexuellen Bedürfnissen und Stilen fertigzuwerden. Ich überlege, ob das eigentliche Problem hier vielleicht darin liegt, dass Sie beide als Paar noch nicht herausgefunden haben, wie Sie mit der unterschiedlichen Art und Weise, die Dinge in diesem Bereich

---

[31] **Anm.d.Hrsg.:** „normalisieren" sollte keinesfalls mit „bagatellisieren" verwechselt oder damit gleich gesetzt werden.

zu sehen, umgehen sollten." Tobey normalisiert so das Problem der „sexuellen Inkompatibilität", das tatsächlich sehr schwierig und schwer handhabbar klingt, und definiert es neu als ein „Verhandlungsproblem" – das heißt, ein Problem der Zusammenarbeit als Team, um gemeinsam Wege zu finden, mit den unterschiedlichen sexuellen Bedürfnissen umzugehen. Diese normalisierende Umdeutung (bei der die Partnerschaft betont wird), die das Paar bereitwillig akzeptiert, ließ sie beide sich deutlich entspannen und Gary sagte spaßend: „Oh, Sie meinen also, es besteht noch Hoffnung für uns?" „Bestimmt", sagte Tobey. Dann bat sie Gary und Roberta, Beispiele für dieses neu definierte Teamproblem zu geben.

Roberta sprach als erste. Sie erklärte, Gary wollte die ganze Zeit Sex, normalerweise mehr als einmal am Tag. Das war mehr, als sie sich wünschte. Sie fühlte sich durch ihn unter Druck gesetzt, sagte aber auch, sie mache sich Sorgen, ob irgendetwas mit ihr nicht stimme. Sie erklärte, in der Vergangenheit habe sie ihr Sexleben immer genossen, aber nach der Geburt des ersten Kindes stellte sie fest, ihr Interesse daran sei nicht mehr so groß. Da sie sich über ihr Sexleben stritten, seien sie und Gary in der letzten Zeit immer angespannt und besorgt gewesen, wenn sie versuchten miteinander zu schlafen, und sie hatte gar keine Freude daran gehabt.

Als Gary an der Reihe war, erklärte er, einer der Gründe, warum er sich anfangs zu Roberta hingezogen fühlte, sei die „Elektrizität" ihrer sexuellen Verbindung gewesen. In der ersten Zeit ihres Zusammenseins sei ihre körperliche Intimität ein wundervoller Teil ihrer Beziehung gewesen, sagte er, und habe bis weit in die ersten Jahre ihrer Ehe gehalten. Er habe Robertas sexuelle Spontaneität und ihren Enthusiasmus geliebt, ebenso wie ihre Bereitschaft zu experimentieren. Aber jetzt, erklärte er, schien sie selten Interesse zu haben. Sie fing nie von sich aus das Liebesspiel an und wenn er es tat, hatte er das Gefühl, es ihr aufzudrängen. Irgendwann hatte auch er das Interesse daran verloren, das Sexleben zu retten, und ergriff jetzt nur noch sehr selten die Initiative. Sie waren bei ein- oder zweimal im Monat angelangt und es war ziemlich mechanisch und auch für ihn nicht sehr befriedigend.

Tobey fing an Fragen zu stellen, die darauf abzielten, den Griff der Erzählung mit *schlechter Geschichte* der „sexuellen Inkompatibilität" zu lockern. Das Umdeuten des Problems hatte Gary und Roberta bereits geholfen, sich zu entspannen und Platz zu schaffen für neue Sichtweisen dessen, was geschah. Tobey fuhr fort, indem sie Gary und Roberta aufforderte, eine gemeinsame Definition des Problems zu erstellen, die vielleicht helfen würde, die Partnerschaft neu zu erschaffen und das Problem leichter lösbar zu machen. Zuerst fragte sie danach, was die Veränderungen in ihren sexuellen Gefühlen und Interaktionen für sie beide bedeuteten. Diese Konversationen enthüllten, dass Roberta nach der Geburt des ersten Kindes angefangen hatte, sich weniger attraktiv zu fühlen. Während der Schwangerschaft hatte sie etwas zugenommen und war nach der Geburt des Babys nicht in der Lage gewesen, diese Pfunde wieder abzunehmen. Sie fühlte sich befangen, wenn ihr Mann sie betrachtete und ihren, wie sie es nannte „pummeligen Körper" berührte. Da sie bis dahin zu schüchtern gewesen war, offen darüber zu reden, war Gary recht überrascht, als er erfuhr, wie Roberta sich fühlte. Er hatte sie nicht für dick gehalten. Er sagte, er fände sie immer noch sexy und begehrenswert. Roberta stellte dies in Frage. Sie sagte, sie habe angenommen, Gary wolle Sex mit ihr, einfach weil er immer Sex wolle, nicht weil er sie begehrte.

Im Laufe des Gesprächs veränderten sich Garys und Robertas Sichtweisen. Was bis dahin „sexuelle Inkompatibilität" gewesen war, wurde nun zu einem „Kommunikationsproblem". Für Gary und Roberta schien dieses Kommunikationsproblem zumindest teilweise lösbar, wenn Gary neue Wege finden konnte, Roberta wissen zu lassen, dass er sie begehrenswert fand, statt dies nur kundzutun, indem er Sex initiierte. Gary erklärte sich bereit, in den Wochen zwischen den Sitzungen Roberta all die verschiedenen Aspekte mitzuteilen, wo und wie er sie attraktiv und interessant fand. Roberta reagierte recht schnell auf seine Bemerkungen und Komplimente und entdeckte ein neues Interesse an Sex. In der dritten und abschließenden Sitzung (ungefähr sechs Wochen nach ihrem ersten Besuch) berichteten Gary und Roberta, ihr Sexleben habe sich dramatisch verbessert, und sie sagten, sie seien jetzt so weit, die Therapie zu beenden.

Während viele TherapeutInnen vielleicht annehmen, dass normalerweise Kommunikationsprobleme den sexuellen Problemen zugrunde liegen, fing Tobey ihre Arbeit mit diesem Paar nicht mit dieser Annahme an und regte auch keine Bewegung in Richtung dieser Art von Untersuchung an. Als erstes schlug sie eine Neudefinition des Problems vor und stellte es aufgrund der unterschiedlichen Bedürfnisse und Vorstellungen der Partner von Sex als etwas Normales dar. Dies trug dazu bei, den Griff der Erzählung mit *schlechter Geschichte* zu lockern, in der sie beide hinsichtlich dieses Aspekts ihres Lebens gefangen waren. Als sich in der Sitzung die Gelegenheit ergab und das Paar über seine Sorgen, Deutungen und Erfahrungen sprach, entwikkelte sich die Problemdefinition, und mit Hilfe der angebotenen Hinweise unterstützte Tobey Gary und Roberta darin, ihr Problem als ein „Kommunikationsproblem" zu normalisieren und neu zu benennen, und zwar als eines, das sie recht schnell lösen konnten[32]. Da dieses Problem als ein partnerschaftliches betrachtet werden konnte, ließ es sich in eine Erzählung mit *guter Geschichte* absorbieren, die sie miteinander teilten und in der es um die Lösung sexueller Unterschiedlichkeiten ging und um die gemeinsame Arbeit an einem „Kommunikationsproblem".

Problemdefinitionen, die Gemeinsamkeiten schaffen

Gemeinsamkeiten schaffen ist eine andere Art der Umdeutung oder Neudefinition des Problems von Paaren, die besonders nützlich ist, um ihnen bei der Neugestaltung ihrer Partnerschaft zu helfen. Paare kommen normalerweise zur Therapie und stellen widersprüchliche Gesichtspunkte vor. Trotzdem gehen wir davon aus, dass sie übergreifende Meta-Ziele haben, die zu diesem Zeitpunkt durch den Rahmen der *schlechten Geschichte* undeutlich geworden sind. Im Schaffen von Gemeinsamkeiten findet ein Konversationsprozess statt, bei

---

[32] In *Putting Difference to Work* beschreibt DE SHAZER (1991, S. 64) einen spannenden Fall, in dem das Umdeuten eine zentrale Rolle dabei spielte, das Problem eines Paares zu lösen. Das Paar berichtete, die Frau habe sich in eine „Nymphomanin" verwandelt – sie habe in der letzten Zeit angefangen, mindestens einmal am Tag nach Sex zu verlangen, bevor sie schlafen ging. Während die Therapeutin Fragen über dieses „Sexproblem" stellte, machte der Mann die hingeworfene Bemerkung, es sei ein „Schlafproblem". Die Therapeutin griff diese normalisierende Umdeutung schnell auf (es ist leichter, ein „Schlafproblem" zu lösen als „Nymphomanie"). Im weiteren Verlauf der Sitzung konzentrierte sich die Konversation auf Möglichkeiten, dieses „Schlafproblem" zu lösen. Am Ende der Stunde stellte die Therapeutin der Frau mehrere strategische Aufgaben, die sich auf der Neudefinition des Problems begründeten (eine Aufgabe lautete zum Beispiel, sie solle – als ein Experiment – mit dem Fitnesstraining aufhören, eine andere, sie solle, wenn sie nicht schlafen konnte, aufstehen und unangenehme Arbeiten im Haushalt erledigen). Zwei Wochen später schickte die Frau eine Mitteilung, in der sie sagte, das Problem habe sich erledigt, und in der sie der Therapeutin und dem beobachtenden Team dankte, weil sie ihr geholfen hätten, „ihr unstillbares Bedürfnis nach Sex" einfach als ein „Symptom für Schlaflosigkeit zu sehen". Es wurde in der Mitteilung nicht erwähnt, ob sie und ihr Mann irgendeinen der Vorschläge ausprobiert hatten. Zwei Dinge sind in unseren Augen bei dieser Falldiskussion auffällig. Erstens ergab sich die Umdeutung durch etwas, was der Mann gesagt hatte, und nicht ursprünglich durch eine Idee der Therapeutin oder des beobachtenden Teams. Zweitens, wie DE SHAZER selbst bemerkt, „war vielleicht schon der neue Name mit der dazugehörigen Bedeutung ausreichend, um das Problem der Klientin zu lösen, und die Vorschläge waren gar nicht notwendig."

dem eine Erzählung mit gemeinsamen Zielen und gemeinschaftlichen Sorgen innerhalb des Konfliktbereichs der entfremdenden Problemerzählung geschrieben wird.

Wie wir oben angedeutet haben, benutzen wir Fragetechniken, um Menschen zu helfen, Aspekte der Gemeinsamkeit in Hinblick darauf zu entdecken, wie sie ihre Probleme sehen und anpacken können. Wir möchten ihnen helfen, Unterschiede und Aspekte der Erzählung mit *schlechter Geschichte* auf eine Art und Weise zu definieren, die es ihnen möglich macht, trotz ihrer Unterschiede ein Gefühl der Zusammenarbeit zu erleben. Durch unsere Fragen fordern wir die Partner auf, die Situation so umzudeuten, dass sie sich beide demselben Problem gegenüber sehen: Wie können sie zusammen für beide befriedigende Lösungen angesichts ihrer konkurrierenden/unterschiedlichen Bedürfnisse und Perspektiven finden? Nehmen wir zum Beispiel einmal an, ein Paar streitet sich über die Art, wie sie miteinander umgehen, wenn es um den Wunsch des Ehemanns geht, Zeit allein in seinem Arbeitszimmer zu verbringen. Die Frau hat das Gefühl, der Mann verhalte sich, wenn er seine Tür zumacht, lieblos und abschätzig ihr gegenüber, indem er sich vor ihr einschließt. Der Mann sagt, die Unfähigkeit der Frau, unabhängig zu sein und sein Bedürfnis nach Alleinsein zu tolerieren, bedeute, sie sei unsicher und aufdringlich. Die Therapeutin sagt (während sie die ganze Zeit prüft, ob diese Beschreibung auf die beiden passt), anscheinend steckten die beiden fest, weil sie die Gesten des jeweils anderen, die einfach unterschiedliche Stile von „wir" und „ich" repräsentieren, als Dysfunktion und Mangel an Fürsorge interpretieren. Ihrer Meinung nach haben beide Partner versucht, das Problem zu lösen, indem sie sich gegenseitig von der Vernünftigkeit der eigenen Position und der Irrationalität der Position des anderen überzeugen. Dieser Ansatz hat nicht funktioniert, sondern im Grunde ihr Gefühl von Partnerschaft beschädigt. Sie fragt: „Glauben Sie, es hilft Ihnen zu sagen, das eigentliche Problem, das Sie als Paar haben, besteht darin, gegenseitig akzeptable und befriedigende Formen des Zusammenlebens zu finden, Platz zu schaffen für Ihre beiden Lebensstile und Bedürfnisse, und darin, das Gefühl der Partnerschaft zu stärken?" Indem sie das Problem auf diese Weise umdeutet, hat die Therapeutin es dem Paar ermöglicht, eine Lösung zu sehen, bei der die Partnerschaft neu etabliert wird und nicht der andere geändert wird. Dadurch können die Partner den Gesten des anderen eine neue Bedeutung geben (sie als Unterschiede im Stil betrachten und nicht als Beweis für Dysfunktion oder Mangel an Fürsorge) und auf dieser Grundlage eine Reihe von beidseitig zufriedenstellenden Ideen vorschlagen, wie man mit diesen Augenblicken umgehen kann. Wir möchten unseren KlientInnen unterschiedliche Definitionen der Probleme oder „Sorgen" anbieten oder diese mit ihnen gemeinsam entwerfen, weil ihnen das helfen kann, ein stärkeres Gefühl der Zusammenarbeit entwickeln.

Eine besonders effektive Art der Umdeutung eines Problems mit Hilfe von Begriffen der Gemeinsamkeit geschieht durch die externalisierende Konversation, eine Technik, die von Michael WHITE und David EPSTON (1990) entwickelt wurde. Diese beiden narrativen Therapeuten weisen darauf hin, dass häufig diejenigen von uns, die in helfenden Berufen tätig sind, die Menschen, die sich mit ihren Problemen an uns wenden, als in irgend einer Weise defekt oder mangelhaft betrachten und ihre Beziehung als dysfunktional. Mit anderen Worten, der Klient wird als jemand behandelt, der *das Problem ist* und nicht als jemand, der ein Problem *hat*.

Externalisierende Fragen beeinflussen die Paare in der Form, dass durch sie die Menschen anfangen, ihr Problem als eine Kraft oder etwas Gegebenes zu betrachten, die sich außerhalb ihrer selbst befinden. Diese Fragen lösen etwas aus bei Paaren, weil sie eine Verschiebung von antagonistischen, beschuldigenden und Schuldgefühle verursachenden Vorstellungen zu einer gemeinsamen, Schulter-an-Schulter Perspektive bewirken. Mit anderen Worten, externalisierende Konversationen machen Probleme zu etwas Gemeinschaftlichem, sie bringen ein Gefühl von Teamwork bei der Annäherung an Lösungen mit sich und ermöglichen neue Wege des Zusammenseins. WHITE und EPSTON (1990) erklären dies folgendermaßen:

> Wenn Familien oder Paare sich zur Therapie einfinden, besteht zwischen ihnen manchmal eine beträchtliche Uneinigkeit darüber, wie das Problem zu definieren ist. Diese Auseinandersetzungen machen es für sie schwierig, sich bei den Versuchen, die Auswirkungen der Probleme auf ihr Leben und ihre Beziehungen in Frage zu stellen, kooperativ zu verhalten. Unter diesen Umständen kann das Externalisieren zu einer auf beiden Seiten akzeptablen Definition des Problems führen und Bedingungen herstellen, unter denen Menschen effektiv an der Lösung ihres Problems zusammenarbeiten können (S.54).

Wir stimmen WHITE und EPSTON zu, wenn sie sagen, sobald Probleme anfangen, das Leben eines Paares zu beherrschen, werden die Geschichten, die Partner über sich, den anderen und ihre Beziehung erzählen, immer negativer, entfremdender und bedrückender. Diese *schlechten Geschichten* beeinflussen beide Partner, und sie sehen den anderen als die Ursache des Problems oder als das Problem selbst. Anders ausgedrückt, eine starke, chronische und/oder lang andauernde Erzählung mit *schlechter Geschichte* führt häufig zu der Sichtweise, der Partner und das Problem seien synonym. Wir möchten Gastgeber solcher Konversationen sein, in denen die Geschichte *der-Partner-ist-das-Problem* durch eine Geschichte ersetzt wird, in der *die Partner dem Problem gemeinsam begegnen*. In dieser Verschiebung der Perspektive liegt die Funktion der externalisierenden Fragen.

In externalisierenden Konversationen können die Partner aufgefordert werden, darüber nachzudenken, wie das Problem ihr Denken, ihre Wahrnehmungen und ihre Handlungen beeinflusst, und sich zusätzlich zu überlegen, wie sie selber das Problem beeinflussen. WHITE und EPSTON (1990) bezeichnen diesen Gesprächsprozess, in dem danach gefragt wird, wie das Problem die Menschen beeinflusst und wie sie ihrerseits das Problem beeinflussen, als Befragung über den „relativen Einfluss":

> Das Fragen nach dem relativen Einfluss besteht aus zwei Sätzen von Fragen. In dem ersten Satz werden die Personen ermutigt, den Einfluss des Problems auf ihr Leben und ihre Beziehungen aufzuzeichnen. In dem zweiten Satz werden sie ermutigt, ihren eigenen Einfluss auf das „Leben" des Problems aufzuzeichnen (S. 42).

Sind die Partner in der Lage zu beschreiben, in welcher für die Beziehung schädlichen Weise das Problem sie beeinflusst hat, kann die Therapeutin anfangen zu erkunden, wie Denken und Verhalten jedes Partners für das Problem nützlich sein könnten – und so sein Leben und seine Macht über ihr Leben erweitern. Indem die Therapeutin zum Beispiel beide Partner auffordert zu überlegen, wie sie vielleicht unbeabsichtigt „dem Problem helfen, die Dreckarbeit zu machen" (ZIMMERMAN & DICKERSON, 1996) oder sie bittet zu erkunden, wie sie möglicherweise „vom Problem rekrutiert" worden sind (WHITE & EPSTON, 1990), trägt sie dazu bei, ein Klima zu schaffen, in dem die Partner sich freier fühlen, über die Art und Weise nachzudenken und zuzugestehen, wie sie vielleicht zum Problem beitragen, ohne dabei die Schuld auf sich nehmen zu müssen. Niemand wird gezwungen, sich selbst als die destruktive Ursache für die ehelichen Schwierigkeiten zu sehen, was es Menschen erleichtert, allmählich Verantwortung zu übernehmen und gemeinsam daran zu arbeiten, eine Lösung zu schaffen.

Die Vorstellung, die Erzählung mit *schlechter Geschichte* schildere eine unveränderliche Realität, in der das Paar hilflos ist, schwächt sich ab und wird durch ein Gefühl von potentieller persönlicher und gemeinschaftlicher Effektivität bei der Auseinandersetzung mit einer bösartigen oder destruktiven Macht ersetzt.

Wie alle PaartherapeutInnen wissen, kann es sehr schwer sein – manchmal unmöglich –, Paare erfolgreich in lösungsschaffende Konversationen einzubinden, wenn die Partner sich ständig in der Sitzung wieder anstacheln und ihre *schlechten Geschichten* erneuern. Welche Schritte die Therapeutin auch unternimmt, um sich im Gespräch von Schuldzuweisung, Fehlersuche und Rückzug weg zu bewegen, das Paar kehrt immer wieder zu seinem Streit darüber zurück, wer die Schuld an ihrem Ärger hat, wer die letzte Auseinandersetzung verursacht hat, welches die Tatsachen in der ganzen Angelegenheit sind und wer sich ändern muss. Für viele Paare ist die *schlechte Geschichte* so fesselnd, dass ohne eine gewisse Verschiebung des Standpunktes wenig Veränderung möglich ist. Die externalisierende Konversation kann solch ein Paar sanft aus dem Kontext der *schlechten Geschichte* herausführen und es sinnvoll erscheinen lassen, sich Kooperation vorzustellen – und auch beim Handeln zu spüren, hierdurch wird für sie die allgemeine Grundlage gelegt, mit der Entwicklung gemeinsamer Lösungen zu beginnen.

Wir mögen uns vielleicht fragen, wie die gegnerischen Positionen – z.B. die Impulse des „Bedürfnisses, gewinnen zu wollen" – die gegenseitigen Wahrnehmungen der Partner und ihre Beziehung ebenso beeinflussen wie ihre Handlungen und Reaktionen. „Wozu bewegt diese Stimme Sie beide, die sagt, Sie müssen gewinnen, wodurch es wahrscheinlich schwerer für Sie wird, die Probleme zu lösen, die Ihre Beziehung bedrohen?" Wenn die Partner erst einmal darüber sprechen, wie jeder von ihnen dahingehend beeinflusst wird, sich in einer Weise zu verhalten, die für Verständnis und Vertrautheit schädlich oder wenig sinnvoll ist, können sie gefragt werden, ob sie sich wünschen würden, die Dinge anders zu machen, wenn sie es könnten. Das heißt, wenn sie das Gefühl hätten, die Wahl zu haben, würden sie sich wünschen, in einer Weise zu denken und zu handeln, die nicht Gegnerschaft ausdrückt? Diese Art zu fragen, bringt Menschen dazu, sich als fähig zu alternativen und kreativen Handlungen zu sehen, was positive Folgen für ihre Beziehung hat.

Während es manchmal von Wert sein kann, mit Klienten Geschichten über Ursachen zu rekonstruieren, wenn diese immer wieder unsere

Aufforderung zurückweisen, sich auf vorwärts gerichtete, lösungsorientierte Konversationen einzulassen, ziehen wir die Menschen selten in langwierige „Rekrutierungsgespräche" hinein oder fragen sie speziell danach, wie sie „vom Problem dazu ausgenutzt werden, seine drekkige Arbeit zu leisten". Statt solche Befragungen dazu zu nutzen, neue, verbesserte Erzählungen über Ursachen zu kultivieren, um damit die Beschuldigungspraxis der Partner zu ersetzen, ziehen wir es vor, die Motivation beider Partner für die gemeinsame Arbeit an einer Neugestaltung zu bestimmen und zu stärken[33]. Wenn das Paar erst einmal anfängt, über „das Problem" als etwas zu sprechen, was außerhalb ihrer selbst liegt, können wir anfangen zu fragen, wie sie in ihrer Vorstellung anders denken und handeln, wenn sie sich vom Einfluss dieser Praktiken und Muster befreit haben.

Wir möchten eine nützliche Technik erwähnen, die wir zur Externalisierung der Probleme entwickelt haben und die uns gleichzeitig erlaubt, aus den Forschungsergebnissen von John GOTTMAN Information darüber weiterzugeben, welche interpersonellen Prozesse vertraute Beziehungen fördern und welche sie behindern[34]. Wenn ein Paar ei-

---

[33] Außerdem sehen wir uns im Allgemeinen nicht als Experten hinsichtlich der angemessensten oder gesündesten politischen und kulturellen Haltungen. Narrative TherapeutInnen sind daran interessiert, in den therapeutischen Dialog progressive, egalitäre und kulturell unterschiedliche Denkweisen über menschliche Beziehungen einzuführen, um die mehr oder weniger automatisch patriarchalischen oder unterdrückenden Begriffe vieler intimer und familiärer Lebensweisen zu verändern. Während wir ganz allgemein gesehen die progressiven politischen Ansichten der narrativen TherapeutInnen teilen, haben wir in den meisten Fällen nicht das Gefühl, es sei unsere Rolle, diese Ideen ganz selbstverständlich in den therapeutischen Dialog einzubringen. Es kommt in RPT häufig zu einer Veränderung der Einstellung, aber im großen und ganzen geschieht dies auf der Grundlage der Ziele hinsichtlich Intimität und Partnerschaft, die von den Paaren, mit denen wir arbeiten, entwickelt werden.

[34] Wir haben die Zusammenfassung der Ergebnisse und Schlussfolgerungen, welche die Basis für diese Intervention bilden, der Arbeit von GOTTMAN entnommen (1994, 1999). Es ist manchmal schwer, GOTTMANS Arbeit präzise zusammenzufassen, da ein sorgfältiges Lesen seiner Arbeit leicht unterschiedliche Formulierungen seiner Ergebnisse zu unterschiedlichen Zeiten nahelegt; was wir daher in diesen Konversationen mit Paaren sagen, ist eine Darstellung seiner Ergebnisse und Schlussfolgerungen auf diesem bestimmten Gebiet, so wie wir sie verstehen. Beachten Sie, dass wir diese „Experteninformation" kollaborativ darlegen. Wenn das Paar erst einmal zustimmt, diese Information könne für sie nützlich sein, besteht unser nächster Schritt nicht darin, ihnen Fertigkeiten zum Konfliktmanagement beizubringen. Vielmehr setzen wir Konversationen über Zielfestlegung und Ausnahmen ein, um zu klären und zu betonen, was die Partner bereits tun und was hiervon als positiv empfunden wird, damit sie Wege finden können, um diese nützlichen Aktivitäten häufiger einzusetzen.

nem von uns von seinen Problemen und Konflikten erzählt hat und unsere Aufforderung zu Lösungsgesprächen immer wieder ablehnt, bringen wir oft folgende Intervention: „Wissen Sie, während ich mir angehört habe, was Sie beide mir erzählt haben, musste ich immer wieder über etwas nachdenken, was ich kürzlich von John GOTTMAN gelesen habe. Er hat viele Jahre lang Ehepaare untersucht und versucht herauszufinden, ob es irgend etwas gibt, was er an diesen Paaren beobachten kann und was vorhersagt, welche Ehe überlebt und welche in Trennung und Scheidung endet. Er hat einige interessante Entdeckungen gemacht. Und er behauptet, er könne jetzt vorhersagen – mit 94% Sicherheit! –, welche Paare es schaffen und welche nicht. Das Ganze basiert auf nur wenigen beobachtbaren Mustern. Wären Sie daran interessiert zu hören, welches diese Muster sind?" Natürlich antworten Paare nicht mit „Nein" auf diese Frage; zu diesem Zeitpunkt reagieren die Partner meist mit beträchtlichem Interesse. Wir fahren fort: „Also, er fasst es folgendermaßen zusammen. Die meisten Paare streiten sich. Das ist ein natürlicher und gesunder Teil des Ehelebens. Der Hauptfaktor ist also nicht, ob ein Paar sich streitet oder nicht." (Beachten Sie, wie hierdurch die Tatsache, dass dieses Paar sich viel streitet, normalisiert wird, wodurch ihre Sorge verringert wird, ihre Ehe sei ein Fehlschlag, weil es häufig Konflikte gibt.) „Was wichtiger ist – der Schlüssel sozusagen nach GOTTMAN zu dem, was eine Ehe bestehen oder fehlschlagen lässt –, ist die Frage, *wie diese Konflikte gelöst werden, insbesondere ob die Auflösung in den Menschen ein Gefühl von Nähe, Sicherheit und Fürsorglichkeit zurücklässt.* Und ganz gleich, welchen Stil ein Paar für den Umgang mit Konflikten hat, Paare, die zusammenbleiben, haben mindestens fünfmal so viele positive wie negative Augenblicke zusammen. Das bedeutet, für jede schmerzliche Meinung, Haltung und Begegnung müssen Sie jeder fünf positive erleben. Ich frage mich also, ob Sie meinen, diese Ergebnisse und Gedanken könnten für Sie für die Entwicklung von Lösungen nützlich sein? Meinen Sie, es würde helfen, einen Blick auf das gegenwärtige Zahlenverhältnis zu werfen, so wie Sie es sehen, und herauszufinden, wie man es verbessern kann? Und herauszufinden, was Sie beide machen müssen – und was der jeweils andere in Ihren Augen machen muss –, damit dieses Zahlenverhältnis sich in Ihrer Beziehung verbessert?" Auch hier bekommen wir wiederum unausweichlich eine enthusiastische Zustimmung als Antwort, wenn wir den Paaren diese Frage stellen. Wir machen das Zahlenverhältnis zum Problem, nicht die Partner und was sie tun oder nicht tun. Die Aufgabe besteht dann darin, gemeinsam herauszufinden, was das Paar bereits macht, was funktioniert, und worauf sie sich in der Zukunft einigen können, um dieses Zahlenverhältnis positiv zu beeinflussen.

Viele Fragen und Interventionen der Externalisierung und des relativen Einflusses können nützlich sein. Es folgen einige Beispiele anderer Arten von Fragen des relativen Einflusses und der Externalisierung, zum größten Teil aus der narrativen Therapie, die den Paaren helfen können, ihre Probleme während der problemorientierten Konversationen neu zu definieren:

- *In welcher Weise hat dies Problem der unterschiedlichen sexuellen Bedürfnisse Sie davon abgehalten, Dave wissen zu lassen, wann Sie in zärtlicher Stimmung sind?*
- *Wie hat dieses Problem mit den Auseinandersetzungen Ihr Gefühl von sich selbst beeinflusst? Und in welcher Weise machen diese Gefühle es für Sie schwerer, sich aus den Konflikten herauszuhalten?*
- *Als dieses Problem der gespaltenen Loyalität zum ersten Mal in Ihrem Leben auftauchte, wie haben Sie da reagiert? Wie hat Ihrer Erinnerung nach Ihr Partner reagiert? Wenn Sie jetzt zurückschauen, können Sie Wege erkennen, wie Ihre Reaktionen möglicherweise unbeabsichtigt dieser destruktiven Macht zugespielt haben?*
- *Auf welche Weise sind Sie von diesem Problem mit dem finanziellen Chaos beeinflusst worden? Sind Ihre Gedanken (Gefühle, Annahmen, Haltungen, Verhaltensweisen) eine Reaktion auf die Existenz dieses Chaos und seines Einflusses gewesen?*
- *Wie hat dieses Problem, immer recht haben zu müssen, Sie benutzt – Sie beide dazu gebracht, Dinge zu tun, die es für Sie schwerer machen, zusammenzuarbeiten?*
- *Wie bringt das Problem Sie dazu, die Zeiten zu übersehen, wenn Ihr Partner versucht, die Lage zwischen Ihnen zu verbessern, guten Willen und Liebe wieder herzustellen?*
- *In welcher Weise hat das Problem Sie daran gehindert, weiter mit den Dingen in Kontakt zu bleiben, die Sie an Ihrem Partner liebten, als Sie sich zusammentaten (beschlossen zu heiraten)? Welches sind diese Dinge? Glauben Sie, wenn Sie sich an diese Dinge erinnerten, könnte es leichter für Sie sein, an einer Verbesserung der Lage zu arbeiten?*

- *Was hilft Ihnen am meisten dabei, das Problem Ihrer inneren kritischen Stimme unter Kontrolle zu halten, wenn diese Sie dazu bringen will, Dinge zu tun oder zu sagen, die Ihren Partner forttreiben?*
- *Wer wäre am wenigsten überrascht, wenn er feststellte, wie Sie beide den Dingen in Ihrer Beziehung eine Wendung geben? Was wissen diese Menschen über Sie, was sie davon abhielte, überrascht zu sein?*

Der folgende Dialog ist Teil eines Interviews, in dem Phil erfolgreich externalisierende Fragen und Fragen des relativen Einflusses einsetzt. Jim und Linda gerieten oft in hitzige Auseinandersetzungen. Tatsächlich waren sie beide äußerst erfolgreiche Anwälte[35]. In den ersten paar Minuten der ersten Sitzung fingen sie an sich zu streiten. Wenn einer von ihnen eine von Phil gestellte Frage beantwortete, fing der andere ein herausforderndes Kreuzverhör an. Sofort wurde gebrüllt und beschimpft. Wie die Transkripte zeigen, versuchte Phil mehrere Male, seinen Respekt für die Gefühle, Erfahrungen und Sichtweisen der beiden Partner zum Ausdruck zu bringen. Aber er konnte das Paar nicht in lösungsbildende Konversationen einbinden. Geleitet von dem Prinzip, dass man die Dinge nicht erzwingen kann, beschloss er stattdessen, die Dinge etwas komplexer zu sehen und Zweifel an den Erzählungen beider Partner mit *schlechter Geschichte* anzumelden.

Dieser Teil des Transkripts beginnt, nachdem Phil gefragt hat, wie er helfen könnte.

Jim: Wir könnten einfach mit dem Streit anfangen, den wir im Auto hatten auf dem Weg hierher. Der ist so gut wie jeder andere, findest du nicht? Linda? (*Wendet sich an sie.*) Erzähl ihm, was du im Auto gesagt hast ... Mach nur, du weißt doch, darüber wie diese ganze Therapie eine Zeitverschwendung ist. Mach schon. Vielleicht sagst du ihm auch, mit welchen Ausdrücken du mich beschimpft hast. (*Wendet sich zu Phil, macht eine Handbewegung in Lindas Richtung, ohne sie anzusehen.*) Sie wartet, bis wir hierher fahren, um mir zu sagen, dass sie eigentlich nicht wieder eine Therapie versuchen will. Sie denkt, wir sollten uns einfach scheiden lassen. Also ich weiß wirklich nicht, warum wir uns überhaupt die Mühe machen herzukommen.

---

[35] Offenbar ein nicht ganz so unterhaltendes Trainingsteam zu Hause wie das Paar in dem Film *Adam´s Rib* mit Katherine Hepburn und Spencer Tracey.

Linda:	Das habe ich nicht gesagt. Mein Gott, Jim, du verdrehst alles! Ich habe gesagt, ich setze keine große Hoffnung in diese Therapie, und wenn diese nicht hilft, möchte ich nicht weiter an unserer Ehe arbeiten. Und du *weißt*, dass ich das gesagt habe. Warum legst du mir immer Wörter in den Mund?
Phil:	Wissen Sie, die meisten Paare kommen hierher und sind so ziemlich mit ihrem Latein am Ende. (*Normalisiert*.) Ich verstehe, dass Sie beide recht erbost aufeinander sind – nach dem was gerade passiert ist, sieht es so aus, als ob Sie beide in der jetzigen Zeit ziemlich schnell in die Luft gehen. Und ich kann verstehen, dass Sie beide wahrscheinlich Ihre Zweifel haben, ob die Therapie da noch einen Unterschied machen kann. (*Zeigt Respekt und Bestätigung*.) Aber ich frage mich, ob wir einen Augenblick darüber reden könnten, in welcher Weise ich Ihrer Meinung nach von Nutzen für Sie sein kann. Vielleicht könnten Sie damit anfangen, indem Sie mir erzählen, wie dieser Streit anders verlaufen könnte, wenn die Dinge zwischen Ihnen besser stehen. (*Lädt zu einer Konversation über Ziele und die Zukunft ein, statt sie nach ihren Gefühlen über den Streit oder die Themen zu befragen, die zu der Auseinandersetzung geführt haben.*)
Linda:	(*Ignoriert Phils Fragen und starrt wütend auf Jim.*) Ich kann es nicht ertragen, wie du mit mir redest. Weißt du, du bist wirklich ein Scheißkerl. Ein richtiges Schwein. Jetzt sitze ich hier in dem Zimmer eines Therapeuten, wo wir eigentlich versuchen sollten, etwas an den Dingen zu arbeiten, und du fängst gleich damit an, mich wegen Sachen zu beschuldigen, die ich niemals gesagt habe! Darum sehe ich keinen Sinn in all dem. Du willst dich nicht ändern, ich weiß nicht, warum ich überhaupt darauf hoffe. Du wirst dich einfach nur vernünftig und nett vor dem Therapeuten verhalten, so wie du das immer machst, aber zu Hause bist du ein völliger Idiot, du wirst nichts auch nur einen Deut anders machen. Ich kann das einfach nicht mehr aushalten. (*Sie nimmt ihre Handtasche und ihren Pullover, so als ob sie die Sitzung verlassen will, steht aber nicht auf, obwohl sie ganz offensichtlich sehr aufgebracht und kurz davor ist, fortzugehen.*)
Phil:	Donnerwetter! Ich kann sehen, wie aufgebracht Sie beide sind. Linda, mir scheint, Sie sind ziemlich überzeugt, dass sich zu diesem Zeitpunkt nicht allzu viel aus der Therapie entwickeln kann, und vielleicht stellt sich ja heraus, dass Sie Recht haben. Aber warten Sie einen Augenblick. (*Linda sitzt still und wartet, was Phil sagen wird.*) Ich überlege, ob es vielleicht sinnvoll wäre, bevor Sie beschließen, dass alles hoffnungslos ist, diese Stunde zu nutzen, um zu sehen, ob wir einen Anfang damit machen können, den Dingen eine kleine Wendung zu geben. Was haben

Sie zu verlieren? (*Linda und Jim sehen immer noch finster aus, aber Linda legt ihre Tasche zurück auf die Couch.*) Können wir uns ein paar Minuten Zeit nehmen, um herauszufinden, wie diese Kampfmuster, die Sie mitgebracht haben, Sie so fest in ihren Griff bekommen konnten? (*„Kampfmuster" – der Anfang der Externalisierung des Problems. Phil hat sich von dem Bemühen um Kollaboration fortbewegt in Richtung einer Einbeziehung in ein Problemgespräch mit dem Ziel der Externalisierung. Beide Partner zeigen eine gewisse gespannte Erwartung hinsichtlich dessen, was Phil gerade gesagt hat, und nicken zustimmend.*) Okay. Ich möchte Sie beide bitten, darüber nachzudenken, wie es gekommen ist, dass diese Kampfszenen solch eine mächtige Rolle in Ihrer Ehe spielen.

Jim: Das ist schon seit langem so. Viel zu lange, finde ich.

Linda: Geh zum Teufel. Es ist immer meine Schuld, nehme ich an. Niemals deine, nicht?

Jim: Ich habe nicht gesagt, dass es immer deine Schuld ist. (*Zu Phil*) Verstehen Sie, was ich meine? Habe ich gesagt, es ist ihre Schuld?

Phil: Können Sie mir hier mal helfen? Lassen Sie uns das Tempo etwas drosseln, damit wir herausfinden, was wir tun müssen, damit diese Sitzung nützlich für Sie ist. Ich vermute, Sie haben viele solcher Auseinandersetzungen. Ich bekomme einen ziemlich guten Eindruck davon, wie unangenehm das für Sie beide ist. Ich möchte versuchen, hier in eine andere Richtung zu gehen, um zu sehen, ob nicht etwas Besseres für Sie beide geschehen könnte. Also, Linda, ich möchte bei Ihnen anfangen – ich werde Jim gleich dieselben Fragen stellen – erzählen Sie mir, wie dieses Kampfmuster, das Sie beide in den Griff bekommen hat, Sie dazu bringt, Dinge zu tun, die Sie eigentlich vielleicht gar nicht tun möchten. (*Wieder eine Externalisierung des Problems als ein „Kampfmuster", das Menschen beeinflusst. Phil beginnt auch, den relativen Einfluss mit hineinzubringen.*)

Linda: So habe ich das noch nie betrachtet. Ich weiß nicht. (*Phil wartet.*) Also, ich denke, wenn ich höre, wie Jim etwas sagt, was meiner Meinung nach nicht richtig ist, werde ich ziemlich wütend und möchte das Ganze gleich berichtigen. Ich kann den Gedanken nicht aushalten, dass er herumläuft und denkt, etwas ist in bestimmter Art und Weise geschehen, wenn das nicht stimmt. Wenn er sagt, ich habe etwas gemacht oder gesagt, wovon ich weiß, dass ich es nicht gesagt habe, macht mich das einfach verrückt. Es ist so unfair, und es gibt keine Möglichkeit, ihn dazu zu bringen, es in irgendeiner Weise anders zu sehen. (*Achten Sie hier auf die Bedeutung des Materials des bevorzugten*

	Selbst, was Phil zu diesem Zeitpunkt zugunsten der Externalisierung beschließt, nicht aufzugreifen.)
Phil:	Okay. Also wenn ich Sie richtig verstehe, sagen Sie, das übliche Muster kann in Ihnen in Gang kommen, wenn Sie Jim etwas sagen hören, was Ihnen falsch zu sein scheint oder was Sie in ein schlechtes Licht stellt.
Linda:	Ja, genau.
Phil:	Und dann unter dem Einfluss dieser Macht reagieren Sie auf eine Weise, die – wenn Sie einmal einen Schritt aus der Situation heraus machten und die Interaktionen beobachten würden – für Ihre Beziehung schädlich erscheinen könnte.
Linda:	Vielleicht ja. Ich versuche eigentlich wirklich nur, die Tatsachen richtig zu stellen. Das ist es, was ich will.
Jim:	(*Mischt sich ein.*) Ich würde sagen, das Schreien und Zetern, das ist das Problem, und Lindas ständiges Kritisieren an mir.
Phil:	Okay. Sie könnten sich also beide anscheinend darauf einigen, dass es ein Zeichen der Verbesserung wäre, wenn es weniger Auseinandersetzungen gäbe, wenn das feindselige Muster nicht Ihre Ehe beeinträchtigen würde. (*Klärt einen Teil des Bildes eines gemeinsamen Zieles.*) Natürlich hat jeder von Ihnen, wie die meisten Paare, die hierher kommen, eine unterschiedliche Theorie darüber, warum Sie sich streiten. (*Normalisiert.*) Aber ich frage mich immer noch, wie das *Streiten* es geschafft hat, sich seinen Weg in Ihr Leben zu bahnen und wodurch es so erfolgreich einen Keil zwischen Sie getrieben hat. (*Externalisiert.*) Leute zu Feinden gemacht hat, die sich einmal ineinander verliebt hatten und beschlossen hatten, ein gemeinsames Leben aufzubauen und Kinder zu haben. Das klingt so, als ob dieser ganze Kram mit dem Streiten in Ihre Ehe eindringt, Sie beide in die Mangel nimmt und jeden von Ihnen Dinge tun und sagen lässt, die Sie sonst nicht tun oder sagen würden. (*Entwickelt die Sichtweise des relativen Einflusses.*) Wie schafft er es Ihrer Meinung nach, Sie beide dazu zu bringen, sozusagen seine Machenschaften durchzusetzen und Sie zu Feinden zu machen?
Jim:	Also so sehe ich das nicht, aber das ständige Streiten bringt mich dazu, Linda nicht zu mögen. Manchmal bringt es mich sogar so weit, ihr weh tun zu wollen. Ich bin sicher, ich würde einige der Dinge nicht sagen, wenn wir nicht streiten würden.
Phil:	Also „Streit" bringt Sie dazu, Dinge zu sagen und zu tun, die Linda weh tun.
Jim:	Ja, ich muss zugeben, das stimmt.

Phil: Wenn Sie das Gefühl hätten, die Wahl zu haben, würden Sie gern Wege finden, wie das Streiten nicht so viel Macht über Sie hätte? Damit selbst, wenn Linda etwas macht oder sagt, was Ihnen nicht gefällt, Sie nicht Dinge tun, die ihr Schmerz bereiten?

Jim: Ja, sicher. Aber sie muss auch daran arbeiten.

An diesem Punkt bewegt Jim sich auf ein Gespräch zwischen Kunde und Konsultant zu, so wie es auch Linda vorher im Gespräch machte. Obwohl das Paar immer wieder in die *schlechte Geschichte* zurückglitt, bewegte sich der Fokus allmählich im Verlauf der Sitzung in die Richtung, eine Partnerschaft aufzubauen, indem man sich mit dem Problem des Streitens auseinandersetzte, und es wurde leichter, Auswege aus der problematischen Erzählung zu finden. Phil machte weiter, indem er diese Fragerichtung mit ihnen erweiterte und sie fragte, in welcher Weise das Streiten sie veranlasste, Dinge zu tun und zu sagen, die sie sonst nicht tun oder sagen würden. Als erst einmal beide Partner in der Lage waren, darüber zu reden, wie Wut und Streit (jetzt ein externales Problem) sie dazu brachte, Dinge zu tun, die ihre Beziehung verletzten, war eine Grundlage für ein partnerschaftliches Betrachten des Problems und seiner Auswirkungen gelegt. Phil fragte sie als nächstes nach den Malen, wo sie in der Lage gewesen waren, das Problem des Streitens positiv zu beeinflussen und mit welchen Mitteln sie den Streit zu einem frühen Ende bringen oder ihn vermeiden konnten. Diese Art Konversation ist eine reiche Quelle für potentielle Auswege aus der *schlechten Geschichte*. Die weitere Therapie bei diesem Paar, die fast ein Jahr dauerte, war gekennzeichnet durch Auseinandersetzungen und Szenen während und zwischen den Sitzungen, mit Zeiten des Fortschritts und der Rückschläge. An einem gewissen Punkt jedoch fand eine deutliche Verschiebung statt. Obwohl sie sich weiterhin viel stritten, gab es eine deutliche Milderung in der Art, wie sie miteinander umgingen, und ihre Auseinandersetzungen wurden weniger schmerzlich. Sie berichteten, sowohl sie selbst wie auch ihre Freunde bemerkten ein Gefühl der Bindung und Wärme zwischen ihnen als Beweis ihrer Partnerschaft. Als sie die Therapie beendeten, waren sie sich einig, dass ihr beiderseitiges Bedürfnis „Recht zu haben" etwas war, was sie immer gemeinsam im Auge würden behalten müssen. Aber zuversichtlich hatten sie das Gefühl, sie würden das jetzt die meiste Zeit schaffen und seien gemeinsam auf dem richtigen Weg.

Bewältigungsfragen (Coping-Fragen)

Bewältigungsfragen, eine Interviewtechnik, die wir von TherapeutInnen der lösungsorientierten Kurztherapie übernommen haben (BERG, 1994; DE JONG & BERG, 1998), stellen eine andere Art der Umdeutung von Problemsituationen dar. „Bewältigungsfragen sind eine andere Form von lösungsorientierter Sprache, die auf KlientInnen zugeschnitten wurde, die das Gefühl haben, am Boden zerstört zu sein" (DE JONG & BERG, 1998, S. 173). Coping-Fragen respektieren zum einen die Erfahrungen und Wahrnehmungen der PartnerInnen (stellen Rapport her, indem sie Verständnis und Respekt vermitteln) und drücken gleichzeitig aus, dass – da die Situation schlimmer sein könnte – das Paar einige Stärken oder Ressourcen eingesetzt hat, die etwas bewirkt haben (und einen Ausweg aus der *schlechten Geschichte* eröffnen). Wenn eine Therapeutin ein Paar fragt: „Wie schaffen Sie es, diese Situation zu bewältigen bei all den Schwierigkeiten, die Sie vor sich sehen?", lässt sie das Paar nicht nur wissen, dass sie versteht, wie schlimm die Dinge erscheinen, sondern auch, dass sie etwas anderes bemerkt hat – etwas worauf die Partner bisher nicht geachtet haben –, was implizit in ihrer Erzählung mit *schlechter Geschichte* vorhanden ist. Warum, so stellt sie sich laut die Frage, sind die Dinge nicht noch schlimmer? Genauer ausgedrückt, was machen, denken und fühlen die Partner, was ihnen geholfen hat, die Situation zu bewältigen?

Während die PartnerInnen über diese Frage nachdenken, fangen sie an, ihre Situation in einem neuen Licht zu sehen, in einem Licht, das Fähigkeiten und Kompetenzen erhellt und sie zu einer Erzählung mit *guter Geschichte* leiten könnte. Und so funktionieren die Coping-Fragen sehr effektiv als Möglichkeit, einen Ausweg aus der *schlechten Geschichte* zu entwickeln, indem sie ein Bruchstück der *guten Geschichte* aufzeigen (konstruieren). Sie lockern den Griff der Erzählung mit *schlechter Geschichte*, besonders wenn Menschen mit vielfältigen, tief verwurzelten und anscheinend überwältigenden Problemen dastehen, wobei in diesen Fragen doch auch immer noch Respekt und Empathie für das gegenwärtige Gefühl der Sinnlosigkeit der betroffenen Personen vermittelt wird. Die Therapeutin sollte die Coping-Fragen nicht in einer Weise stellen, die den Schmerz des Paares herunterspielt, oder vorschlagen, sie sollten die positiven Seiten sehen. Sie lässt nicht durchblicken: „He, schaut doch mal, es könnte doch viel schlimmer sein." Vielmehr geht es darum, Neugier bei kleinen, aber sehr fruchtbaren Details zum Ausdruck zu bringen, die auf wünschenswerte menschliche Qualitäten hinweisen – meistens Formen von Durchhaltekraft und Mut angesichts aller Widrigkeiten.

Stellen Sie sich folgendes Beispiel vor. Ehemann und Ehefrau haben der Therapeutin eine lange Liste mit Klagen und Beispielen für scheinbar unlösbare und schmerzliche Probleme gegeben. Sie haben ernsthafte finanzielle Schwierigkeiten. Der Sohn des Mannes, ein Teenager (Stiefsohn der Frau), hat Drogen genommen und war kürzlich wegen übler Delikte festgenommen und von der Schule suspendiert worden. Sie haben häufig Auseinandersetzungen darüber, wie sie die Erziehung handhaben sollen. Der Mann beschuldigt die Frau, sie habe ein Problem mit Alkohol, und sie sagen beide, sie fänden es in der letzten Zeit schwierig, sich zu mögen. Einer wirft dem anderen vor, beleidigend zu sein, wann immer sie versuchen, sich mit irgend einem kontroversen Thema auseinanderzusetzen. Als sie von ihrer jeweiligen Vorgeschichte sprechen, sagt der Mann, er sei in einem Haushalt von Alkoholikern aufgewachsen mit einem Vater, der ihn körperlich misshandelte, und dies sei seiner Meinung nach der Grund, warum er bei einer Partnerin gelandet sei, die Alkoholikerin ist und die sich weigert, „mit mir an irgend etwas zu arbeiten". Die Frau berichtet, sie sei bei einer ganz mit anderen Dingen beschäftigten alleinstehenden Mutter aufgewachsen, die sie vernachlässigte hätte, und obwohl sie in Einzeltherapien an verschiedenen Problemen gearbeitet habe, sei sie weiterhin nicht in der Lage, das Gefühl abzuschütteln, das Leben sei gefährlich und Beziehungen unzuverlässig. Das Paar hat sich mehrere Male getrennt, und obwohl sie zusammenbleiben möchten, sind sie immer wieder kurz davor, auseinander zu gehen. Was immer die Therapeutin macht, um sie in einen Dialog zu verwickeln, der ihnen vielleicht Bruchstücke einer gemeinsamen *guten Geschichte* entlockt oder einen Erfolg, eine Ausnahme oder Kompetenz hervorhebt, sie stürzen sich immer wieder in intensive und sich in die Länge ziehende Auseinandersetzungen, und man kann das Gefühl des Schmerzes und der Verzweiflung im Raum mit den Händen greifen.

Eine Therapeutin könnte eine Coping-Frage einführen und folgendes sagen (beachten Sie die zahlreichen offenen und verdeckten Komplimente, die in diese Kommentare eingebettet sind): „Also ich kann schon sagen, nach dem, was Sie beide mir erzählt haben, dass es manchmal wirklich hart und ziemlich überwältigend für Sie gewesen ist. Da geschieht furchtbar viel, was schwierig und schmerzlich genug wäre, um jeden anderen zum Aufgeben zu bringen. Aber als ich Ihnen beiden zugehört habe, ist eine Frage in mir aufgetaucht. So schlimm die Dinge auch sind, Sie versuchen beide immer wieder, sie besser zu machen und suchen nach Möglichkeiten, Ihre Ehe zum Erfolg zu bringen und Ihre Familie zusammenzuhalten. Nach all dem, was Sie mir darüber erzählt haben, wie es in Ihrem Leben gewesen ist, frage ich mich, wie Sie es geschafft haben, damit fertig zu werden und die Existenz Ihrer Familie trotz der ziemlich harten Zeiten weiter zu erhalten."

Die Therapeutin bringt zum Ausdruck, dass sie die Fähigkeit des Paares, die Probleme zu bewältigen und sich weiter zu bemühen, als ein Zeichen von Stärke sieht. Schon das Bewältigen – besonders wenn man bedenkt, wie schwierig ihrer Aussage nach die Lage gewesen ist – wird als bemerkenswert und als Zeichen dafür gedeutet, dass die Partner über gewisse Ressourcen und Stärken verfügen, die ihnen geholfen haben, als Paar zu überleben. Durch weiteres Nachfragen werden jene Details ihrer Coping-Strategien offengelegt (konstruiert), die Auswege aus der *schlechten Geschichte* darstellen. In diesem Fall erklärt der Mann, er bewältige das Problem, indem er sich sagte, er würde – was immer auch geschähe – ein besserer Vater sein als sein eigener; die Frau sprach über ihre Erinnerung, wieviel schlechter die Dinge sich anfühlten, wenn sie getrennt als wenn sie zusammen waren. Die Coping-Fragen der Therapeutin brachten positive Strategien, Fähigkeiten und hilfreiche Perspektiven zutage, die diesem Paar zu eigen waren und die in weiteren Gesprächen immer wieder mit Details aufgefüllt wurden.

Um es zusammen zu fassen: Wie wir einräumen müssen, gibt es oft Zeiten, in denen man bereitwillig die Aufforderungen der KlientInnen zu problemorientierten Gesprächen akzeptieren muss, auch wenn RPT ein lösungsorientierter Ansatz ist. Wir möchten nicht lösungs-gezwungen sein oder den Anschein erwecken, wir würden die Sorgen, Gefühle und Erfahrungen der Menschen abtun (Nyland & Corsiglia, 1994) – Flexibilität und Sensibilität sind wesentliche Eigenschaften effektiver PaartherapeutInnen. Wenn wir uns jedoch in RPT auf Problemgespräche einlassen, möchten wir es in einer Weise tun, die einen Unterschied bewirken kann und einem therapeutischen Ziel dient. Wir arbeiten innerhalb der problemgesättigten Erzählungen und halten dabei Ausschau nach Auswegen in befriedigendere und potentiell nützliche Erzählungen; so sind also problemorientierte Konversationen immer ein Übergang und bilden eine Brücke von den *schlechten Geschichten* des Paares zu seinen gemeinsamen Erzählungen mit *guter Geschichte*.

Kapitel 5

Therapeutisch wohl definierte Ziele ko-konstruieren: Zielvorstellungen und Transformation

Unserer Überzeugung nach wird das therapeutische Projekt effektiver, effizienter und klarer erkennbar, wenn Paar und Therapeut schon sehr früh die Ziele ihrer Arbeit festlegen. Eine frühe Definition des Ergebnisses ist für die therapeutische Arbeit wichtig, weil sie allen am therapeutischen Prozess Teilnehmenden Orientierung gibt, Zweck und Richtung vorgibt und alle wissen lässt, wann und ob die Therapie erfolgreich war. Wird Therapie ohne klar definierte Zielvorstellung durchgeführt, wird sie zu einer Aneinanderreihung von Treffen, in denen Paare Beispiele für ihre Probleme zitieren und/oder ihre jüngsten Auseinandersetzungen ohne Richtung oder Veränderung neu durchspielen, was sowohl das Paar wie auch den Therapeuten entmutigt und frustriert zurücklässt. Wenn auf der anderen Seite ein Paar kommt und über Verbesserungen berichtet, wissen vielleicht weder das Paar noch der Therapeut, was genau sie tun oder worüber sie sprechen sollen. Sowohl das Paar wie auch der Therapeut betrachten die Woche möglicherweise als „ereignislos" in Hinblick auf Therapie, als ob nur die Vorkommnisse Aufmerksamkeit erfordern, die problematisch sind. Das heißt also, die positiven Geschehnisse (wichtige Zeichen für den Einfluss und die Stärke der *guten Geschichte*) werden zwar freundlich aufgenommen, aber nicht weiter untersucht, und irgendwann kommt einer der beiden Partner mit irgend einem „kleinen" Problem, oder der Therapeut stellt ein paar bohrende Fragen, und schon geht es wieder in das Territorium der *schlechten Geschichte* zurück.

Obwohl wir uns selbst nicht als Kurztherapeuten bezeichnen, greifen wir einen Hinweis von ihnen über die Wichtigkeit klarer, wohl definierter Ziele für die Behandlung auf. In fast allen Fällen beteiligen wir in der ersten Sitzung die Partner an einem Prozess der gemeinsamen Zielkonstruktion, in dem festgelegt wird, was anders sein wird und was geschehen muss, damit sie sagen können, sie haben das erhalten, weswegen sie gekommen sind, und sie sind bereit, sich zu verabschieden. Wir nennen diese Funktion der Zielkonstruktion *die Zielbestimmung* [„establishing the target"], eine Funktion, die von Michael Hoyt (2000), einem Vertreter der Kurztherapie, bildlich mit einer Me-

tapher aus dem Golfspiel dargestellt wurde: „Der Tag auf dem Golfplatz wird lang, wenn man nicht weiß, wo das Loch ist" (S. 6).
In RPT ist der Prozess der Zielkonstruktion im Gesprächsverlauf jedoch mehr als einfach nur ein Mittel, um einen Satz von Ergebnissen für die Therapie zu entwickeln. Eine zweite Funktion, die *narrative Funktion*, ist genauso wichtig, um das therapeutische Unterfangen zu fördern. Sich mit den Partnern auf Gespräche über ihre Ziele einzulassen und ihnen Richtlinien an die Hand zu geben, wie sie miteinander darüber reden können, wie sie sich Dinge in der Zukunft anders vorstellen, ist in sich selbst transformativ (Walter & Peller, 2000). Positive Veränderungen geschehen im Laufe der Konversationen, in denen Ziele konstruiert werden und die Menschen anfangen, sich gegenseitig und ihre Probleme in einem anderen Licht zu sehen. Ihnen wird allmählich deutlich, welche Stärken und Ressourcen sie besitzen, die unerkannt und ungenutzt geblieben sind, und diese Erkenntnis schafft neue Möglichkeiten. Kurz gesagt, in ihrer narrativen Funktion wirken zielkonstruierende Konversationen belebend auf die Erzählung des Paares mit *guter Geschichte*. Und so sehen wir in dieser Art Konversation einen doppelten Zweck: zum einen, bestimmte Zielvorstellungen und Ergebnisse für die Therapie zu schaffen und zum anderen, einen Einfluss darauf auszuüben, in welchem Licht die Partner sich gegenseitig, ihre Handlungen und ihr gemeinsames Leben wahrnehmen bzw. interpretieren. Diese beiden Funktionen stehen miteinander in Beziehung. Wenn Therapeuten der RPT zielkonstruierende Konversationen moderieren, um das therapeutische Ergebnis festzulegen (Zielvorstellungsfunktion), nehmen sie auch am Prozess einer narrativen Revision teil. Der Schlüssel zur Erfüllung dieser beiden Funktionen liegt darin, die Kriterien für therapeutisch gut definierte Ziele (Ziele, die im therapeutischen Sinne „wohlformuliert" sind) während dieser Konversationen nicht aus den Augen zu verlieren. All die Kriterien wohlformulierter Ziele dienen dazu, die Konversation in eine Richtung zu bewegen, in der die erwünschten, realistischen und auf die jeweiligen Bedürfnisse zugeschnittenen Ergebnisse und Narrative erörtert werden können, die die Kreativität des Paares für positive Veränderungen und Lösungen frei setzen. Die Konstruktion eines Ziels, vernünftig durchgeführt, hilft KlientInnen und TherapeutInnen, einen konstruktiven Optimismus einzusetzen. Wenn der Therapeut aufmerksam darauf achtet, die spezifischen Kriterien zu erfüllen, wird die Konversation ganz natürlich in die Richtung gehen, Hoffnung und Energie für eine neuerlich vorstellbare und befriedigende Zukunft zu erwekken.

Kriterien für therapeutisch wohlformulierte Ziele

Lassen Sie uns mit DE SHAZERS (1991) Definition wohlformulierter Ziele beginnen:

> eher klein als groß; den Klienten ins Auge fallend; in spezifischen, konkreten Verhaltensweisen beschreibbar; innerhalb des praktischen Kontextes im Leben der Klienten zu erreichen; von den Klienten als mit ‚harter Arbeit' verbunden gesehen; als ‚Beginn von etwas' und nicht als ‚Ende von etwas' beschrieben; mit einem neuen Verhalten assoziiert und nicht mit der Abwesenheit oder dem Ende eines alten Verhaltens (S.112).

In Ausdrücken der RPT liegt der Zweck der Zielkonstruktion darin, eine Klasse von erleb- und erfahrbaren Zeichen zu entwickeln, die das Modell eines jeden Partners von seiner Erzählung mit *guter Geschichte* charakterisieren. Wird die Zusammenstellung einer solchen Kategorie von Zeichen formuliert, definiert die Zielkonstruktion Ergebnisse, die (1) alle beteiligten Parteien als berechtigt und erstrebenswert empfinden und die (2) therapeutisch zweckmäßig sind. So wird der Therapeut wissen, was er in seiner Befragung als nächstes ansprechen muss, wie er hilfreiche Fragen formulieren sollte und wodurch der Dialog in einen bestimmten Kontext gebracht wird, der eine Unterstützung für die Partnerschaft ist. Die folgende Liste benennt Kriterien für die Entwicklung wohlformulierter Therapieziele.

1. Die Ziele müssen für jeden einzelnen Partner wie auch für beide als Paar wichtig sein.

Vielleicht ist das wichtigste Kennzeichen wohl bzw. gut definierter therapeutischer Ziele in der Paartherapie, dass sie von den Wünschen und Sorgen beider Partner hinsichtlich ihrer Beziehung handeln. Die phänomenologischen Anzeichen dafür, ob die Lage besser wird, müssen in einer Erzählung mit *guter Geschichte*, die beide Partner in gewisser Weise als ihre eigene anerkennen können, detailliert erfassbar sein. Die Entwicklung eines Ziels ist ein erster und entscheidender Schritt bei der Neugestaltung der Partnerschaft. Wenn sie ein Zukunftsbild entdecken und beschreiben, das beide sich wünschen, können die Partner dadurch ein Gefühl der Gemeinsamkeit bekommen, das sie vielleicht schon seit langer Zeit nicht mehr empfunden haben. Indem der Therapeut in der Diskussion Raum und Zeit für das zugesteht, was für jeden von ihnen von Bedeutung ist – und dafür, warum und wie gewisse Veränderungen einen Unterschied machen würden –, kann er ihnen helfen, Empathie zu entwickeln, ihre Erzählungen mit *schlechter Geschichte* zu verlassen und, was von grundlegender Bedeutung ist, allmählich zu sehen, wie einige ihrer ganz persönlichen Wünsche oder Bedürfnisse, die vielleicht nicht zu denen des Partners passen, zu einer von ihnen beiden ersehnten Zukunft führen können.

Wichtig ist festzuhalten, dass die Ziele der Partner sich zwar nicht gegenseitig ausschließen dürfen, jeder Einzelne aber doch unterschiedliche Perspektiven haben und unterschiedliche Teile des Endszenarios betonen oder „sehen" kann. Manchmal sind die Versionen der beiden Partner von der *guten Geschichte* deutlich voneinander unterschieden, aber es kann eine Brücke zwischen ihnen geschlagen werden, indem man beidseitig gewünschte Erlebnisse findet (zum Beispiel Zusammenarbeit, wenn es darum geht, den Kindern bei den Hausaufgaben zu helfen, gemeinsame Zeit mit spaßigen Unternehmungen oder gegenseitige Unterstützung, damit jeder seine eigenen Interessen und Hobbys wahrnehmen kann). Häufig können die einzelnen trotz ihrer unterschiedlichen Bilder allmählich die Bedeutung und Wichtigkeit der Bilder ihrer Partner sehen und auch die Beziehung, die zwischen ihren Bildern bestehen könnte. Dieses neue Verständnis hilft, ein gemeinsames Engagement zu schaffen und für die Aspekte der beiden Ziele zu arbeiten, die ihrerseits den gemeinsamen Boden vergrößern.

Ein verlockendes Zukunftsbild vor Augen zu haben, löst eine starke emotionale Resonanz aus. Zielentwicklung ist häufig ein emotional bewegender Prozess, der Gefühle von Nähe, Verletzlichkeit und Zärtlichkeit zwischen beiden Partnern hervorruft, selbst wenn es sehr viele Konflikte oder Lieblosigkeiten gegeben hat. Häufig geschieht es während der Erkundung der Bedeutung dieser Zukunftsbilder, dass die Partner die ersten Regungen von Hoffnung und einem wieder erwachenden Gefühl von Offenheit für einander spüren. Dieses Gefühl, Entdeckungen zu machen, die in ihrem Leben einen bedeutsamen und emotional befriedigenden Unterschied bewirken werden, hilft den Menschen natürlich dabei, sich völlig auf den therapeutischen Prozess einzulassen und erhöht die Wahrscheinlichkeit, dass sie ihre kreativen Ressourcen in vollem Umfang nutzen.

2. Ziele müssen in positiven Begriffen ausgedrückt werden.

Wenn wir anfangs die Paare nach ihren Zielen fragen, beginnen sie oft damit, uns zu erzählen, was mit ihrer Beziehung und/oder ihrem

Partner nicht in Ordnung ist. Sie scheinen vor allem darin Experten zu sein, was sie nicht wollen und was sie nicht mögen. Und wenn wir die einzelnen Partner fragen, an welchen ersten Zeichen sie merken würden, ob die Dinge besser werden, beschreiben sie typischerweise Aktivitäten oder Erlebnisse, die dann hoffentlich aufhören oder weniger häufig geschehen: „Er sieht nicht mehr so viel fern"; „Er unterbricht mich nicht die ganze Zeit"; „Sie schreit die Kinder nicht mehr so häufig an"; „Sie verhält sich nicht mehr so, als ob sie gelangweilt ist, wenn wir Zeit zusammen verbringen". Wir möchten die Menschen auffordern, solche negativen Bilder (Bilder, die „Abwesenheit von" ausdrücken, die noch auf die *schlechte Geschichte* fokussiert sind) in Beschreibungen umzudeuten, was *statt dessen* geschehen, was befriedigender sein und positive Veränderungen anzeigen wird (Bilder, die „Gegenwart von" ausdrücken, Beweise einer *guten Geschichte*). Mit anderen Worten, wovon wollen die Partner *mehr* statt *weniger*? Dies ist eine produktive Deutung von Veränderung, da sie den Boden für eine Veränderung der Perzeption und Auswahl der Beweise bereitet. Da wir von den Menschen möchten, dass sie ihre Aufmerksamkeit neu ausrichten auf Ereignisse, die zu ihren *guten Geschichten* passen, sollen sie Ziele in Begriffen definieren, die sie dazu anregen, nach Teilen und Stücken der Erzählung mit *guter Geschichte* Ausschau zu halten, statt auf die Auslöschung einiger Elemente der *schlechten Geschichte* zu warten.

Wir haben oft KlientInnen eingeladen, Negatives neu zu definieren und es in Anzeichen für eine positive Veränderung zu verwandeln, indem wir einfach eine Frage mit „statt dessen" gestellt haben: „Wenn Ihre Frau sich abends nicht ständig Sorgen um die Arbeit macht, was wird sie dann statt dessen tun?" Wir bewegen uns in Richtung gut definierter Ziele, wenn der Ehemann darauf antwortet: „Oh, dann kommt sie und fragt mich, ob wir an ein paar Abenden in der Woche einen Spaziergang machen wollen." Es wird für diesen Mann leichter sein, die Einladung seiner Frau zu einem Spaziergang zu bemerken und ihr Bedeutung zu verleihen, als zu bemerken, dass sie sich weniger Sorgen über die Arbeit am Abend macht. (Und natürlich könnte sie möglicherweise zu diesem Spaziergang auffordern, und ihrer Arbeit an diesem Abend trotzdem noch einige Aufmerksamkeit schenken.) Indem dieses Ziel eine positive Form erhält, unterstreichen wir Bedeutungen und Wünsche – Bedeutungen besonders für ihn und seine Bedürfnisse und sein tägliches Leben. Wenn wir ihn fragten, in welcher Weise es einen Unterschied machen würde, wenn sie abends weniger an ihre Arbeit denken und häufiger mit ihm spazieren gehen würde, würde er uns vielleicht erzählen, dass dies ein Zeichen für ihr Interesse an ihm wäre, für ihre Freude, Dinge mit ihm zu unternehmen, und für ihren Wunsch nach Nähe, und so weiter. Seine Bedürfnisse sind wahrscheinlich eher zufrieden gestellt, wenn sie ihn bittet, mit ihr spazieren zu gehen, als wenn er überwacht, wie sehr sie am Abend mit ihrer Arbeit beschäftigt ist, um so sehen zu können, ob sie weniger darüber nachdenkt und redet. Zusätzlich wird seine Frau – wenn sie dies tut – erleben, wie sie aktiv Schritte unternimmt, um ihre Erzählung mit *guter Geschichte* neu aufzubauen, so wie er sie angefangen hat zu formulieren, statt Schritte zu unternehmen, um sein Bild von ihr aus der *schlechten Geschichte* auszulöschen (und somit seine schlechte Geschichte bestätigt zu haben). So können beide Partner in dieser Art positivem Szenario das Gefühl des bevorzugten Selbst erleben (er fühlt sich geliebt, und sie sieht sich als ihm zugewandt). Für beide Partner sind diese positiven Zeichen und Signale Bausteine für die potentielle Erzählung mit *guter Geschichte*, so wie sie in die Zielvorstellung des Mannes eingebettet ist.

3. Ziele sollten als konkrete, beobachtbare Verhaltensweisen ausgedrückt werden und nicht als Gefühle, Stimmungen oder Einstellungen.

Ziele sind in diesem Kontext nach außen hin sichtbare Maßnahmen; wenn sie geschehen, werden andere Menschen beobachtbare Zeichen sehen, und diese Zeichen sind das Ziel, *weil sie die erwünschte Bedeutungsverschiebung anzeigen*. Das bedeutet nicht, dass wir Gespräche über Gefühle, Stimmungen und Einstellungen in den Zielkonversationen vermeiden. Viele Ziele werden anfänglich in solchen Begriffen zum Ausdruck gebracht, und was die Menschen über ihre Bedürfnisse, Wünsche und Sehnsüchte zu sagen haben, ist für das Therapieprojekt durchaus wichtig. Wir müssen ihnen jedoch helfen, innere Erfahrungen in Signale, Hinweise und Zeichen umzuwandeln, die beobachtet werden können, damit sowohl der Betroffene wie auch sein Partner etwas Konkretes darüber in der Hand haben, welche Veränderungen es gibt, wie sie zum Ausdruck kommen und wo sie in der Beziehung zu sehen sind. Diese Gespräche, in denen die Menschen die beobachtbaren Anzeichen eines Gefühls, einer Stimmung oder einer Einstellung benennen, unterstreichen oft Bedeutungen im Bereich der einzelnen Person oder der Beziehung, die bis dahin noch nicht entdeckt und formuliert worden sind; solche Entdeckungen schaffen wichtige empathische Beziehungen zwischen Partnern und dienen gleichzeitig dazu, die Erzählung umzuwandeln. Selbst wenn die Personen nicht über Bedeutungen oder ihre Einstellungen und Formulierungen sprechen, werden doch in der Art und Weise, wie diese beobachtbaren Anzeichen im kollaborativen Dialog gemeinsam festgelegt werden, natürlich die Gefühle, Erkenntnisse und Sehnsüchte bedacht, die nicht notwendigerweise explizit gemacht zu werden brauchen.

Unserer Vermutung nach haben Menschen, die zur Therapie gehen, die Macht und die Ressourcen, um zumindest einiges zum Besseren wandeln zu können, aber sie führen sich vielleicht nicht immer klar vor Augen, was sie wünschen. Es ist unsere Aufgabe, die Konversation so zu lenken, dass KlientInnen die gewünschten Veränderungen deutlich machen können und in die Lage versetzt werden, bereits vorhandene Kompetenzen zu erkennen und zu nutzen, damit solche Veränderungen geschehen können. Wir sprechen also über das Definieren von *Geschehnissen*. Diese Geschehnisse können dann auf eine Weise beschrieben werden, die einem therapeutischen Zweck dient. Bill O'HANLON (HUDSON & O'HANLON, 1992; O'HANLON & WEINER-DAVIS, 1989) benutzt den Ausdruck *Video-Gespräch*, um zu vermitteln, dass die Ziele des Klienten als Geschehnisse gedeutet werden sollten, die sowohl der Klient wie auch andere beobachten können: Was werden Menschen, besonders die Klienten, sagen und tun, wenn die Dinge anders und besser sind und sie ihre Ziele erreicht haben (das heißt, wenn sie sich mehr so fühlen, wie sie sich fühlen möchten)? Wenn uns zum Beispiel ein Mann erzählt, er traue seiner Frau nicht mehr wegen ihrer Affäre, und sein Ziel sei es, ihr wieder vertrauen zu können. Die Zielformulierung, die für ihn zwar eine Bedeutung hat, muss dennoch konkretisiert werden, bevor sie therapeutisch nützlich ist. Wir brauchen irgend eine Möglichkeit, um zu bestimmen, welche beobachtbaren Veränderungen in seinem Verhalten ihm, seiner Frau und uns sagen werden, ob er ihr ausreichend vertraut, um zu sagen, dies sei nicht länger ein Problem. Wir stellen ihm zum Beispiel Fragen wie: „Was wird Ihre Frau (werden Ihre Kinder, Freunde, ich) Neues an Ihnen bemerken, das uns zeigt, wieviel vertrauensvoller Ihre Gefühle Ihrer Frau gegenüber sind?" Und während er diese beobachtbaren Zeichen seines sich allmählich einstellenden Vertrauens benennt, eröffnen sie einen Weg zur Veränderung. Da Verhalten, Wahrnehmung und Bedeutungsgebung eine Art Regelkreis bilden, werden die Türen zur Wahrnehmung der Veränderung durch das Definieren dieser Verhaltenssignale geöffnet. Der Ehemann identifiziert vielleicht die folgenden Anzeichen: „Ich werde lauthals über ihre Witze lachen, statt die Stirn zu runzeln und mich zu fragen, ob sie sich über mich lustig macht." „Ich werde losgehen und meine eigenen Unternehmungen machen, wenn sie fortgeht, statt zu Hause auf sie zu warten und mir darüber Sorgen zu machen, wo sie ist und wann sie wiederkommt." „Ich werde ihr ganz spontan mitteilen, gleich wenn ich sie am Abend sehe, wie froh ich bin, sie zu sehen, statt darauf zu warten, dass sie den ersten Schritt macht." Im Laufe der Konversation mit ihnen können wir fragen, was die Frau in diesen Videoszenen machen wird, was mit dieser Erfahrung des erweiterten Vertrauens zusammenspielt und diese verdichtet.

Sich das Resultat in einem Bild vorzustellen, bringt den Hauch des bereits Erreichten mit sich (und damit die narrativ-transformative Funktion ins Spiel). Das Geheimnis des „Wie" ist bereits gelöst, und das Formen der Zukunft gestaltet das gegenwärtige Verhalten neu, um diese Richtung einzuhalten. Die konkrete Beschreibung der Zukunft hilft ihm, seiner Frau und uns, Wege und Mittel zu identifizieren, die zu diesem Zustand führen. Schon sie als Möglichkeit zu sehen, trägt dazu bei, Hoffnungen und neue Verhaltensweisen, Perzeptionen und Einstellungen bei beiden Partnern zu mobilisieren[36].

Ziele müssen konkret sein. Nehmen wir an, eine Frau erzählt uns, ihr Ziel sei „bessere Kommunikation" mit ihrem Mann. Dieses Ziel ist für uns zu vage, um genau zu wissen, was sie meint. „Bessere Kommunikation" ist das, was wir einen „Kofferbegriff" nennen – solange er nicht „ausgepackt" und sein Inhalt ausgebreitet und identifiziert ist, erzählt er uns herzlich wenig therapeutisch Nützliches darüber, was sie wirklich will. Wir können sie bitten, uns genau zu erzählen, was

---

[36] In den siebziger Jahren, als Tobey Psychodrama-Gruppen mit psychiatrischen PatientInnen im Mount-Zion-Krankenhaus in San Francisco leitete, benutzte sie Zukunftsprojektionen (gespielte Zukunftsbilder), um das Gefühl für das Selbst und für Möglichkeiten in den KlientInnen zu verkörpern und zu erkunden. Da die Bilder der PatientInnen von sich selbst und ihrer Zukunft oft negativ und niederdrückend waren, begann sie mit dem Einsatz von alternativen Zukunftsprojektionen zu experimentieren, einer negativen und einer positiven. Auf diese Weise half sie den Menschen, von einer erreichten Zukunft aus zurückzublicken und die einzelnen Schritte, die von der Gegenwart zu dieser Zukunft führten, detailliert aufzuführen. Hierbei entdeckte sie, wie gut und wie häufig die Menschen konkrete Schritte aufzeigen konnten, die sie gemacht hatten, und spezielle Haltungen, die sie in sich genährt hatten, um zu diesen unterschiedlichen Zukunftsbildern zu gelangen. Diese Arbeit ist ein Vorläufer dessen, was wir jetzt machen.

ihr und anderen auffallen und was ihr und allen anderen deutlich machen wird, dass die Bedingungen für bessere Kommunikation sich eingestellt haben. Von diesem Ausgangspunkt aus könnten wir sie fragen, was ihrem Mann und ihren Kindern an ihr als anders auffallen wird, wenn sie und ihr Mann besser kommunizieren. Dies bringt uns zum nächsten Kriterium.

4. Ziele müssen in Begriffen eines interpersonellen Rahmens ausgedrückt werden.

Wenn wir das interpersonelle Rahmenwerk von Zielen erkunden (Hoyt, im Druck; Walter & Peller, 1992), klären und erläutern wir mit jedem Beteiligten, woran die anderen – Ehepartner, Kinder, andere Familienmitglieder, Freunde – bemerken werden, was anders ist, wenn die Ziele erreicht sind. Im oben zitierten Beispiel (über die Frau, die sich bessere Kommunikation wünscht) hilft der Therapeut, die Spielarten und die Reichhaltigkeit der Details ihres Zieles der „besseren Kommunikation" auszufüllen, indem er sie auffordert, sie solle sich selbst in der bevorzugten Situation vorstellen und die Szene mit den Augen anderer sehen[37]. Indem er sie bittet, sich die Auswirkung vorzustellen, die diese Veränderungen auf andere haben werden, fügt er außerdem noch mehr Aspekte zur perspektivischen Komplexität ihrer bevorzugten Erzählung hinzu.

Nehmen wir an, sie erzählt uns, der Mann wird sie als ruhig und gelassen erleben, wenn sie beide über die Schulsituation und die Hausaufgaben der Kinder diskutieren. Wir fragen dann, was genau er sehen, woran er ihre Ruhe erkennen würde. Es sind die Details, an die wir herankommen möchten. Sie antwortet vielleicht, er würde sie lächeln sehen, ihre Stimme wäre warm und entspannt und würde ihre Zuversicht vermitteln, dass sie beide meinten, der Dialog wäre wich-

---

[37] Bei der Entwicklung eines Szenarios der Veränderung ist es oft hilfreich, mit Anzeichen von Veränderung oder Unterschieden im Sprecher zu beginnen, statt mit Anzeichen von Veränderung oder Unterschieden im Partner (wie die unzufriedenen Partner sich die Unterschiede normalerweise bis dahin vorgestellt haben). Wir beginnen oft mit Fragen danach, was an der Person, die sich das bevorzugte Szenario vorstellt, anders sein wird, und nicht danach, was am Partner anders sein wird. Es ist natürlich auch möglich, direkte Fragen danach zu stellen, was ein Partner in solch einem Zukunftsbild anders machen wird, aber im Allgemeinen ist diese Fragerichtung zu einem späteren Zeitpunkt nützlich. Wenn man zu diesem Zeitpunkt die Ehefrau fragt, was ihr Mann anders machen wird, erinnert sie das wahrscheinlich nur an ihre Unzufriedenheit und ermutigt sie, Dinge zu sagen, die ihn in die Verteidigung drängen und die das Gespräch auf das Territorium der *schlechten Geschichte* ausrichten.

tig, und sie würde mit Interesse auf das hören, was er zu sagen hat. Ihren Kindern würde auffallen, sagt sie, wie nett Mutter und Vater zueinander beim Mittagessen sind. „Durch welche Dinge, die anders sind, werden sie dies merken?" können wir dann fragen. Mit diesem sehr konkreten Nachfragen nach den Details der Veränderung und der Aufforderung, sich beobachtbare Gesten und Handlungen vorzustellen, stellen wir diese Einzelheiten in den Zusammenhang der Beziehung. „Sie würden uns lachen sehen. Sie würden sehen, wie Späße hin und her gehen, so wie wir das früher gemacht haben, wie wir einander zuhören, liebevoll miteinander umgehen." Dieses Hervorheben von Verhaltensweisen, die gesehen und bemerkt werden können („Symptome des Glücks" könnte man sie nennen) und die ihr und anderen sagen, dass sie im Zielbild ihrer *guten Geschichte* lebt, rückt die Möglichkeit in den Vordergrund, diese Veränderungen „geschehen" zu lassen. Sie werden in der Konversation selbst real.

5. Ziele sollten in kleine Schritte zerteilt werden: Veränderung als Prozess und nicht als Ereignis.

Ziele, die anfänglich in sehr globalen Begriffen ausgedrückt werden und sehr weitreichende Veränderungen erforderlich machen (auch hier sind es wieder „Kofferwörter" oder „Kofferformulierungen" wie „glücklicher", „enger", „mehr Spaß haben", „kooperativer sein", „rücksichtsvoller sein" und so weiter), schaffen oft Uneinigkeit oder sind schwierig zu erreichen; sie sollten in gemeinsamer Arbeit in kleinere „Schritt-für-Schritt"-Phasen unterteilt werden. Häufig kommen Paare zur Beratung in der Hoffnung, die Therapie würde ihre Probleme auslöschen. Nach einem normalerweise sehr langwierigen Kampf mit dem, was ihnen Schwierigkeiten bereitet hat, sehnen sich die Menschen nach einem Ende ihrer Verzweiflung und Frustration. Folglich bezeichnen sie möglicherweise als ihr Ziel die vollständige Entfernung des schmerzlichen Problems, Zustands oder Konflikts. Diese Art geistiger Haltung des Alles oder Nichts lässt jedoch keinen Raum für langsam wachsende Veränderungen oder das natürliche Auf und Ab, das es geben kann. Globale Erwartungen kann es für die Menschen schwierig machen, die kleinen Anzeichen zu sehen, die einen Eingang in die Erzählung mit *guter Geschichte* oder ihre Verdichtung ankündigen. Eine wichtige Art, den Prozess zu beginnen, mit dem der wahrnehmende und interpretierende Blick der Partner für ihre Begegnungen in ihrer Beziehung beeinflusst wird, besteht darin, ihnen zu helfen, sich vom „entweder/oder" zum „sowohl/als auch" Denken zu bewegen (LIPCHICK & KUBICKI, 1996). Mit anderen Worten, wir möchten die Menschen dazu bringen, bei ihren Zielen nicht mehr in Begriffen von ersehnten Ereignissen oder festgelegten Bedingungen zu denken, sondern sie sich als positiv verlaufende Prozesse vorzustellen (WALTER & PELLER, 1992), damit sie anfangen können, auf Zeichen der Veränderung zu achten. So wird zum Beispiel das Ziel „eine Entscheidung treffen" unterteilt in „erste Schritte für Entscheidungen unternehmen"; und „eine gute Kommunikation haben" wird zu „Kommunikation verbessern".

Um dies zu erreichen, helfen wir den Menschen, Probleme, Lösungen und Ziele neu auf einem Kontinuum anzuordnen. Dazu gehört zu erkennen, welche kleinen Veränderungen eine „Schritt-für-Schritt"-Bewegung auf dem Pfad in Richtung Ziel bedeuten. Wir stellen Fragen, die sie ermutigen, sich kleine konkrete Veränderungen vorzustellen, die als Anzeichen dafür dienen können, dass sie sich von einem Problembild in seinem schlimmsten Zustand zu einem Lösungsbild in seinem besten und realistischsten Zustand bewegen. Um Ziele in Begriffen eines Trends statt eines vollständigen Wechsels von einem Zustand zu einem anderen auszudrücken, fordern wir die Partner oft auf, sich „die ersten kleinen Schritte" vorzustellen und zu beschreiben, die den Beginn eines Fortschritts bedeuten.

6. Die Ziele müssen für die Partner erreichbar sein.

Einige Paare kommen mit Wünschen nach sehr unrealistischen Veränderungen zur Therapie oder meinen, Therapie könne auf magische Weise ein sehr schwer handhabbares Problem lösen. In solchen Fällen sollten wir vielleicht untersuchen, aus welchen Gründen die Menschen meinen, solche Veränderungen könnten – innerhalb oder außerhalb der Therapie – geschehen. Nehmen wir zum Beispiel an, eine Frau möchte gern ein Baby mit ihrem Mann haben, der bereits zwei Kinder aus einer früheren Ehe hat. In seiner vorigen Ehe hatte er sich sterilisieren lassen und möchte dies nicht rückgängig machen. Er sagt, er habe zwei Kinder großgezogen und sei nicht daran interessiert, noch mehr Kinder zu haben. Das Ziel der Frau ist offensichtlich, die Meinung ihres Mannes zu ändern. Wenn er aber nicht gewillt ist, etwas zu ändern, ist es nicht sehr wahrscheinlich, dass die Therapie für die Frau hilfreich ist, es sei denn, man kann ihr helfen, andere Ziele zu entwickeln als die, den Mann davon zu überzeugen, die Vasektomie rückgängig zu machen. Und umgekehrt besteht vielleicht sein Ziel für die Therapie darin, ihre Ansicht zu ändern; aber wenn sie nicht gewillt ist, sich von ihrem Wunsch und ihrer Absicht loszusagen, ein Kind zu haben, bietet möglicherweise auch für ihn die Therapie keinen Weg zur Erreichung seines Ziels. Möglicherweise können die Ziele des Paares in therapeutisch gut formulierte umgewandelt werden, aber bei ihrer gegenwärtigen Form wäre es ein Fehler des Therapeuten, sich bereit zu erklären, dem Paar bei der Durchsetzung seiner Wünsche zu helfen. Wenn beide Partner es schaffen zu erkennen, dass ihre Ziele, so wie sie jetzt nach ihren eigenen Angaben definiert sind, vermutlich nicht erreicht werden, können wir anfangen zu untersuchen, welche verwandten oder übergeordneten Ziele statt dessen erreichbar wären.

Wenn sich Therapeuten mit Zielen der KlientInnen auseinandersetzen müssen, die durch deren Bemühungen und/oder durch Therapie nicht erreichbar zu sein scheinen, ist es vielleicht hilfreich, solche Ziele als gegenwärtiges Mittel der KlientInnen zu betrachten, mit dem sie einen bisher noch nicht definierten Endzweck oder ein Meta-Ziel erreichen wollen, das hinter den anfänglichen Aussagen über Wünsche und Sehnsüchte steht (WALTER & PELLER, 2000). *Meta-Ziel* klingt recht trokken, es weist aber auf einen für die Menschen zutiefst wichtigen Bereich von Bedeutungen und Emotionen hin, in dem starke und lebenslange Sehnsüchte oft unartikuliert unter den gegenwärtig genannten Wünschen oder Zielen treiben. Wenn sie untersucht werden, dekken diese Endzwecke (Meta-Ziele), die in die vom Klienten spezifizierten Ziele eingebettet sind, bedeutsame und emotional mitklingende Wünsche und Bedürfnisse auf, die für diesen Klienten mit dem in seiner Phantasie vorhandenen Ergebnis, das er dargelegt hat, assoziiert sind. Wird der Klient darin unterstützt, sich diese zentralen Wünsche klar zu machen, wird er in die Lage versetzt, sich vielfältige Möglichkeiten zu ihrer Erfüllung vorzustellen. Auf diese Weise sind in gewissem Sinne die Meta-Ziele der Zweck, der die anfänglich genannten Ziele umgibt – Bilder von sich selbst, von anderen und von Beziehungen, die eine zentrale und treibende Bedeutung im Leben der Menschen haben. Wenn der Therapeut dies vor Augen hat, kann er Ziele der KlientInnen, die anfänglich viel zu spezifiziert dargelegt wurden, als Zugang zu „größeren", umfassenderen Zielbildern nutzen, die noch nicht erkundet oder entdeckt sind.

Nehmen wir zum Beispiel an, eine Ehefrau möchte, dass ihr Mann zu den Treffen der Anonymen Alkoholiker geht; er weigert sich vehement. Sie sagt, ihr Mann sei Alkoholiker und wenn er nicht aufhört zu trinken, wird es in ihrer Ehe nicht besser werden. Das Erreichen der Veränderungen, die sie sich wünscht, unterliegt nicht ihrem Einfluss. Unserer Vermutung nach reflektiert dieses spezielle Ziel jedoch andere, nicht formulierte Veränderungen, die für sie wichtig sein könnten.

Während wir mit ihr untersuchen, in welcher Weise die Tatsache, dass ihr Mann zu den Anonymen Alkoholikern geht und trocken und nüchtern wird, einen Unterschied für sie machen wird, erfahren wir (und das drückt sie vielleicht zum ersten Mal aus) etwas über ihre übergeordneten Ziele, die sich abzeichnen, wenn ihr Mann diese Veränderungen vornimmt – nämlich zu fühlen, dass ihrem Mann „die Ehe wirklich am Herzen liegt", dass er es „wirklich ernst damit meint, sein Leben wieder in geordnete Bahnen zu lenken" und sie „in der Zukunft auf ihn zählen kann". Während also ihr Mann möglicherweise nicht gewillt ist (oder zumindest noch nicht gewillt ist), die Dinge zu tun, die sie sich wünscht, ist er möglicherweise damit einverstanden, andere Dinge zu machen, die sie ihm sagt und die ihr zeigen, dass ihm „die Ehe wirklich am Herzen liegt", er es „wirklich ernst damit meint, sein Leben wieder in geordnete Bahnen zu lenken" und sie „in der Zukunft auf ihn zählen kann"[38].

7. Ziele, die zu Beginn der Therapie entwickelt werden, entfalten sich während des ganzen Zeitraumes einer therapeutischen Behandlung.

Veränderung findet stets und überall im menschlichen Leben statt[39]. Menschen erleben täglich einen Wandel von Stimmungen, Umständen, Bedingungen, Haltungen und dergleichen, und wir alle treffen ständig auf Herausforderungen und lösen Probleme. Auch das, was die Menschen wollen und beabsichtigen, ist einer ständigen Neuanpassung und Evolution unterworfen. Zielentwicklung in Form einer Erstellung wünschenswerter Zukunftsbilder nutzt diese universelle Erfahrung von stetigem Wandel und kreativer Anpassung aus. Wenn wir Paare nach Ergebnisbildern fragen (detaillierten Zukunftsszenarios von Lösung und Erfolg), suchen wir nicht nach Beschreibungen von statischen, einzigartigen Zuständen oder Bedingungen; sondern wir nehmen teil an einer Autorenschaft für zahlreiche, ineinander verwobene Szenen von befriedigenden, wünschenswerten zukünftigen Begegnungen, die Teil ihrer gegenwärtigen Narrative werden (WALTER & PELLER, 2000). Während der ganzen Therapie muss der Praktiker diesen sich

---

[38] Eine Warnung: Es ist wichtig, das Kriterium, ein wohl formuliertes Ziel müsse im Einflussbereich des Klienten liegen, nicht mit dem Prozess der Entwicklung von Handlungsfähigkeit zu verwechseln (diskutiert in Kapitel 6).

[39] **Anm.d.Hrsg.:** Hier sei an den Satz erinnert: *„Change is a constant process, stability is an illusion."*

entfaltenden Bildern voraus sein, sich die natürliche Fähigkeit zunutze machen, die den Menschen zu eigen ist, Dinge auf neue Art und Weise zu sehen und ständig ihr gemeinsames Leben neu zu sehen und zu gestalten. Zieldefinition beginnt früh in der Therapie und läuft ständig während der gesamten therapeutischen Behandlung in der einen oder anderen Form weiter.

Der Prozess der Zielklärung an sich schafft ein Fließen von Phantasie und Kreativität, das einen Einfluss auf die Art hat, wie die Menschen über das, was sie wollen, denken. Neue Wahrnehmungen und Verhaltensweisen sowie ein wachsendes Gefühl der Partnerschaft, während die Menschen zusammen am Zukunftsbild ihres Erfolges arbeiten, bringen neue Erfahrungen, Absichten und neues Vertrauen mit sich – und diese produzieren ihrerseits eine neue Vorstellung davon, wie die Dinge sind und sein könnten. Zieldefinitionen werden Stück für Stück gebaut, mit dem Fluss des Dialogs. Von einer Woche zur anderen – manchmal auch innerhalb derselben Stunde – können die Menschen ihre Vorstellungen darüber ändern, welche Ziele sie verfolgen. DE SHAZER (1994) drückt es folgendermaßen aus: „… dass wir eigentlich nicht wissen können, ob die Klienten wissen können, was sie sich wünschen, bevor ihr Wunsch erfüllt ist … Es ist unrealistisch, wenn Therapeuten erwarten, dass ihre Klienten zu Beginn der Therapie wissen sollen, wo genau sie hinwollen. Wenn sie das wüssten, bräuchten sie wahrscheinlich keine Therapie " (S. 273).

Gastgeber[40] zielgestaltender Konversationen

Das Gestalten und Erarbeiten von Zielen ist ein klientenzentriertes Gemeinschaftswerk. In unseren Interviews zur Klärung von Zielen laden unsere Fragen die Partner ein, sich in den Bezugsrahmen der *guten Geschichte* zu begeben. Dann fangen wir gemeinschaftlich an, die Details zu ergänzen. Gemeinsam erkunden, testen, revidieren und erweitern wir das Zukunftsbild jedes Partners, bis es Form und Glaubwürdigkeit annimmt und den Test besteht, therapeutisch gut formuliert zu sein. Diese Bilder davon, wie die Dinge sein werden, wenn das Paar in zufriedenstellenderer Weise zusammenlebt – wenn andere Erfahrungen als die mit dem Problem behafteten in ihrem Leben eine

---

[40] **Anm.d.Hrsg.:** Der Begriff *host* lässt sich passend mit *Gastgeber* übersetzen, die Tätigkeit *hosting* findet dagegen im deutschen kein Pendant. Im Text wird dafür gelegentlich der Begriff *moderieren* verwendet.

herausragende Rolle spielen – genau diese Bilder sind das Bezugssystem, in das wir die verschiedenen spezifischen Mosaikteilchen der Erfahrung einpassen. Während die Menschen sich die Details ihrer Erzählung mit *guter Geschichte* vorstellen und ausmalen, beginnen sie bereits, mit den Bedeutungen und Verhaltensweisen zu leben, die zu ihrer Belebung beitragen (die Funktion der Transformation der Erzählung während der Erarbeitung der Ziele). Bei diesem Gesprächsprozess besteht die Rolle des Therapeuten darin, hilfreich zu fragen und nützliches Feedback im Rahmen der Sorgen, Ideen, Theorien, Absichten und Wünsche der KlientInnen zu geben. DUNCAN und MILLER (2000) erklären unseres Erachtens sehr schön in Bezug auf diese Art Prozess in *The Heroic Client* [Der heroische Klient], dass die Fragen, die sie stellen, dem Klienten,

> minimalen therapeutischen Inhalt auferlegen und ihm maximalen Raum zugestehen, um neue Verbindungen, Unterscheidungen und Bedeutungen zu finden. Fragen zielen nicht darauf ab, bestimmte Bedeutungen oder andere auf Theorien basierende Realitäten zu beeinflussen, sondern vielmehr darauf, die Reaktionen des Klienten auf die Sorgen, die ihn zur Therapie führten, und seine Beschreibung hiervon herauszufordern. Daraus entwickelt sich ein aufrichtiger Austausch, der in einer gemeinsamen Formulierung dessen resultiert, was in Angriff genommen werden soll und der Kriterien für eine erfolgreiche Auflösung nennt und wie die Therapie weitergehen wird (S. 150-151).

Es kann allzu leicht passieren, dass einige Aspekte der Zusammenarbeit übersehen werden. Im folgenden Beispiel vergaß Phil unter dem Einfluss seines anfänglichen Enthusiasmus für lösungsorientierte Arbeit, sich mit der Veränderungstheorie der Klienten zu beschäftigen. Dieses Paar, Helen und Louis, hatte fünfzehn Jahre zusammengelebt. Helen machte den Anfang, indem sie sagte, Louis sei ein „Wutalkoholiker", und sie wüsste nicht, ob sie weiter mit ihm zusammenleben könnte. Louis gab zu, ein Mensch zu sein, der unter Stimmungen leide, sagte aber, ihre Probleme seien eine Kombination seiner eigenen „biochemischen Unausgeglichenheit" und Helens ständigem Klagen und Kritisieren. Sie beschrieben beide einhellig ihre Auseinandersetzungen als recht ausfallend und gewalttätig, sagten aber, sie wüssten nicht, wie sie sie beenden könnten und seien mit ihrem Latein am Ende. Sie waren in der Vergangenheit bei mehreren Paartherapeuten gewesen, aber völlig ohne Erfolg. Sie seien überzeugt, für jede Lösung müssten sie hart arbeiten und kämpfen.

Phil, noch aufgeregt von seinen letzten (und schnellen) Erfolgen, versäumte es, die Wichtigkeit dessen, was dieses Paar sagte, wahrzunehmen – dass nämlich ihr Problem schwierig, langwierig und komplex war und es für sie und für jeden Therapeuten, der mit ihnen arbeitete, eine riesige Herausforderung sein würde, es zu lösen. Statt das, was sie sagten, anzuerkennen und zu respektieren und als Ausgangspunkt für ein gemeinsames Gespräch darüber zu benutzen, wieviel harte Arbeit erforderlich sein würde, um Veränderungen zu bewirken, und auf diese Weise sich ihrer Theorie der Veränderung anzuschließen, sagte er: „Na ja, wissen Sie, es ist vielleicht leichter als Sie denken, die Veränderungen durchzuführen, die Sie sich vorstellen. Schließlich können manchmal im richtigen Augenblick Paare im Bruchteil einer Sekunde den Dingen eine Wendung geben." Diese irregeleitete Bemühung, Hoffnung zu vermitteln, zog den folgenden Dialog nach sich:

Helen:	Sprechen Sie über eine Epiphanie?
Phil:	Ja, ich glaube, das könnte man sagen.
Helen:	Epiphanie gibt es, wenn jemand im Sterben liegt.
Phil:	(*etwas verblüfft*) Also, das wusste ich nicht. Ich dachte, damit ist einfach nur eine Veränderung gemeint, die im Bruchteil einer Sekunde geschieht.
Louis:	Also, Helen hat Recht. Das ursprüngliche griechische Wort bezog sich auf Erkenntnisse, die im Augenblick des Todes kommen. (*Sarkastisch*) Ich bin nicht sicher, ob wir das wollen.
Helen:	(*Zu Phil*) Ich kann nicht fassen, dass Sie so etwas vorschlagen.
Phil:	(*Jetzt völlig ratlos*) Natürlich nicht. Ich habe nur versucht vorzuschlagen, wir könnten vielleicht schneller eine Wendung herbeiführen, als Sie denken, selbst wenn diese Probleme schon so lange existieren und Ihnen beiden so viel Kummer gemacht haben.
Helen:	Ich weiß gar nicht, wie Sie darauf kommen. Wir waren bei vier verschiedenen Therapeuten, und nichts hat geholfen.
Louis:	(*Zumindest sind die beiden in diesem Augenblick auf derselben Seite*) Ich bin völlig Helens Meinung. Anzudeuten, die Dinge könnten sich in unserem Fall schnell ändern, besonders bevor wir die Gelegenheit hatten zu beschreiben, wie schlimm es steht, scheint mir ziemlich unsensibel zu sein.
Phil:	Na ja, da haben Sie recht. Ich muss mich entschuldigen. Ich wollte sagen, dass die Dinge sich in einigen Fällen recht schnell verschieben können, aber in Ihrem Fall klingt es so, als hätten wir es mit einer schwierigen Herausforderung zu tun, an der Sie

schon lange gearbeitet haben, und als würde noch sehr viel harte Arbeit notwendig sein (*versucht, den Fehler wieder wettzumachen*). Aber ich bin bereit, alles zu tun, was in meiner Macht steht, um Ihnen beiden zu helfen, den Dingen eine Wendung zu geben.

Am Ende der Stunde fragte Phil, ob sie einen neuen Termin verabreden wollten, und war ziemlich überrascht, als sie sagten, sie würden wiederkommen. Am folgenden Tag erhielt er jedoch eine Botschaft von dem Mann, der sagte, er und seine Frau wollten noch einige andere Therapeuten ausprobieren, bevor sie eine endgültige Entscheidung träfen. Phil hörte nie wieder etwas von ihnen.

In RPT werden die Ziele durch einen Prozess der Befragung und des Aushandelns hervorgeholt, bei dem Paar und Therapeut gemeinsam eine glaubwürdige Version der vom Paar erwünschten Zukunft erstellen. Aber woher weiß der Praktiker, ob er auf der richtigen Spur ist oder nicht, wenn er diesen Prozess der Zusammenarbeit leitet? Wie kann er sicher sein, ob er effektiv eine Balance zwischen Respekt und Achtung für die Sichtweisen und Theorien der KlientInnen herstellt, während er gleichzeitig den Prozess auf die Entwicklung von Zieldefinitionen ausrichtet, die dem therapeutischen Unterfangen dienen? Es ist seine ständige Aufmerksamkeit dafür, ob die entstehenden Zielvorstellungen den Kriterien genügen und therapeutisch gut formuliert sind, die ihn von Augenblick zu Augenblick dabei leitet zu erkennen, welche Fragen er wie und wann stellen muss, damit die einzigartigen Erfahrungen, Vorgeschichten, Talente, Modelle und Veränderungstheorien jedes einzelnen Paares zum Vorschein kommen (DE JONG & BERG, 1998; DE SHAZER, 1991; WALTER & PELLER, 1992).

Ein wichtiges Hilfsmittel beim Moderieren von Ziele schaffenden Konversationen in RPT sind Fragen nach dem Bild der bevorzugten Zukunft oder nach dem Ergebnis[41]. Diese Fragen verdeutlichen das zukünftige Bild einer *guten Geschichte*, indem sie sich auf das konzentrieren, was anders sein wird, wenn die Probleme, die das Paar in die

---

[41] Während wir normalerweise mit der Zielkonstruktion beginnen, indem wir mit den Menschen darüber sprechen, wie sie sich ihre bevorzugte Zukunft vorstellen, gibt es Zeiten, wo wir den Prozess mit der Frage in Gang setzen, was in der letzten Zeit geschehen ist, was sie sich häufiger wünschen würden. Mit anderen Worten, wir fordern die Menschen auf, in die jüngere Vergangenheit zu blicken und nach Erfolgen und Ausnahmen bei ihren Problemen zu suchen, um sie auf diese Weise in die Entwicklung therapeutisch gut formulierter Ziele mit einzubinden. Wir werden im nächsten Kapitel ausführlicher den Einsatz von Ausnahmen für die Entwicklung von Zielen erkunden.

Therapie bringt, eine Sache der Vergangenheit sein werden, oder das Paar das Gefühl hat, gewisse Fortschritte dabei zu machen, die Probleme hinter sich zu bringen. Um unsere Fragen zu beantworten und sich diese bevorzugten erfahrbaren Szenarios vorzustellen, muss jeder Partner ein geistiges Bild schaffen, das einige Bezüge zu vergangenen wünschenswerten Erfahrungen beinhalten kann oder aber auch nur völlig in der Vorstellung bestehen mag. In beiden Fällen bewegen wir uns in das Territorium der Erzählung mit *guter Geschichte* hinein, während die Partner diese Szenarien entwickeln und mit uns in Gegenwart des anderen darüber sprechen.

Während die Partner die Fragen zur Zielkonstruktion beantworten, stellt der Therapeut sich weiterhin die Frage, welche Elemente und Aspekte, die zu einer guten Formulierung gehören, noch eingefügt oder in die Zieldefinition eingebaut werden müssen. Wenn das gegenwärtige Ziel allgemein ist, werden Fragen gestellt, um es spezifischer zu machen. Wenn das Ziel in der Art zum Ausdruck gebracht wird, was nicht mehr geschehen wird, fragt der Therapeut, was statt dessen geschehen wird. Wenn es als eine unveränderliche Bedingung oder ein Endzustand beschrieben wird, fragt er, welches der erste Schritt oder ein erstes Anzeichen sein könnte. Auf diese Weise fordert jede Antwort des Klienten eine weitere spezifische Frage heraus, wodurch sich die Zieldefinition allmählich in eine Richtung bewegt, wo alle Kriterien erfüllt sind, und – während die Ziele gut formuliert und zu ergebnisorientierten Zielen der Therapie werden – dient die Konversation als Mittel zur Transformation der vorherrschenden Erzählung, die die Wahrnehmungen und Interpretationen der Menschen formt.

Es folgen einige allgemeine Beispiele für Fragen, die wir typischerweise stellen, wenn wir den Prozess der Ko-Konstruktion der Ergebnisbilder beginnen:

– *Welches werden die ersten Dinge sein, die Ihnen beiden auffallen und die Ihnen sagen, dass Sie sich auf dem Weg zur Lösung dieses Problems befinden?*

– *Nachdem wir uns eine Weile getroffen und dieses Problem gelöst haben und Sie bereit sind, die Therapie zu beenden, was wird dann anders sein?*

– *Wenn ich eine Videokamera hätte und Ihnen beiden folgen würde, wenn die Dinge mehr so laufen, wie Sie es sich wünschen, was würde ich sehen und hören, das mir sagt, Sie haben dieses Problem gelöst?*

Wenn die Partner erst einmal unsere Anfangsfragen beantworten, stellen wir erweiternde Fragen (DE Jong & BERG, 1998). Erweiternde Fragen versehen die in den Zielen inhärenten Bedeutungen mit Einzelheiten und Leben. Sie machen aus Zusammenfassungen Szenarien. Die einfachste und häufig effektivste erweiternde Frage lautet: *"Was noch?"*; *"Was wird Ihnen noch auffallen?"*; *"Was wird sonst noch anders sein?"*; *"Was wird Ihren Kindern noch auffallen?"*; *"Was wird Ihnen noch sagen, dass ...?"*

Alle diese Fragen und Konversationen zur Zielkonstruktion basieren auf der Arbeitshypothese, dass jeder Partner noch ungeformte, aber potentiell bedeutungsvolle Vorstellungen davon hat, wie er sein Leben in der Beziehung gern anders hätte. Der Prozess der Ausstattung dieser Bilder beeinflusst das Denken und die Wahrnehmungen der Partner, gibt Mut zu Hoffnung, Aktivität und Gemeinsamkeit. Im ständigen Geben und Nehmen zwischen Therapeut und jedem der Partner wird das Paar weniger gebunden durch seine antagonistischen Sichtweisen, Theorien und Formulierungen und beginnt sich mit Bildern vom Ich, dem anderen und der Beziehung anzufreunden, die einen neu erwachenden Sinn für die Arbeit Schulter an Schulter an einer gemeinsamen Vision fördern.

In Dialogen, in denen es um die Zielkonstruktion geht, hören die Menschen oft sich selbst oder ihre Partner Dinge sagen, die sie bisher noch nie gesagt, gedacht oder gehört haben. Dies geschieht, weil sie zur Beantwortung der Fragen, die wir ihnen stellen, in unvertrauten Bahnen denken und sich Möglichkeiten vorstellen müssen, die sie noch nie in Betracht gezogen haben. Dies ist ein wichtiger Grund, die Menschen zu drängen, sich an die Kriterien für wohl formulierte Ziele zu halten. Zum Beispiel hat oft schon die einfache Aufforderung an jemanden, den Wunsch nach „Abwesenheit von" umzuwandeln in „Anwesenheit von", eine neue Perspektive für beide Partner zur Folge, den Sprecher und den Zuhörer. Zu fragen, was ein Partner „statt dessen tun wird", verändert bei beiden Partnern die Wahrnehmung der Möglichkeiten. Der Beweis dafür, dass dies ein eindrucksvolles Mittel zur Veränderung von Wahrnehmungen sein kann, ist die Tatsache, dass viele Menschen auf solche Fragen mit Antworten reagieren wie: „Ich weiß nicht; ich muss darüber nachdenken" oder „Das ist eine gute Frage".

Gut geleitete Konversationen zur Zielkonstruktion geben dem Therapeuten ein deutliches Gefühl für seine Rolle in der Therapiestunde. Wenn man sich auf die Kriterien für wohl formulierte Ziele konzentriert und die Ergebnisbilder in einer Weise ergänzt, die diese Kriterien erfüllt, hilft man Klienten, sich sofort weiter in Richtung Lösung, Klarheit und Partnerschaft zu bewegen, wenn immer und sobald dies möglich ist. Statt improvisationsartig zwischen den verschiedenen hilfreichen Möglichkeiten, eine Sitzung durchzuführen – nach der Theorie „alle Wege führen nach Rom" –, hin und her zu springen, kann der Therapeut diese Form der Befragung und solche Art Fragen als Richtlinie benutzen, um sich und das Paar zu einem erfolgreichen Abschluss des therapeutischen Unterfangens zu führen und dabei die positive Erzählung wieder aufzufrischen.

Die Wunderfrage

Die Wunderfrage, die von Insoo Kim BERG und Steve DE SHAZER entwickelt wurde, ist die grundlegende Interviewtechnik, die in der lösungsorientierten Kurztherapie benutzt wird, um Konversationen über die Konstruktion von Zielen zu beginnen. Hier ist eine Formulierung:

> Jetzt möchte ich Ihnen eine merkwürdige Frage stellen. Nehmen wir an, heute Abend, nachdem Sie beide nach Hause gegangen, zu Abend gegessen und schlafen gegangen sind, geschieht ein Wunder. Das Wunder sieht so aus: die Probleme, die Sie heute hierher geführt haben, sind gelöst. Da Sie jedoch schlafen, wissen Sie nicht, dass ein Wunder geschehen ist. Wenn Sie morgen früh, einen Tag nach dem Wunder, aufwachen, was wird das erste sein, was Ihnen auffällt und das Ihnen sagt, ein Wunder ist geschehen und die Probleme, die Sie hierher brachten, sind gelöst? (DE SHAZER, 1988, S. 5)

Die Wunderfrage ist eine sehr effektive Intervention, da sie eine ganze Reihe von wichtigen Dingen auf einmal erreicht. Die Frage löst die Menschen aus ihrer Konzentration auf das Problem und lenkt ihre Aufmerksamkeit stärker auf ihre Lösungen – also weg von dem, was verkehrt ist, hin zu dem, wie sie die Dinge in der Zukunft lieber hätten. Indem die Menschen aufgefordert werden, sich vorzustellen, wie die Dinge sich nach Lösung des Problems geändert haben werden, und zwar ohne Rücksicht darauf, *wie* es gelöst wurde, stellt die Wunderfrage die Aufgabe an sie, für eine gewisse Zeit ihre Theorien darüber außer Acht zu lassen, wer oder was sich ändern muss. Da es bei der Frage um Wunder oder wilde Möglichkeiten geht, wird den Menschen gestattet, die Einschränkungen, die ihnen ihre üblichen Formulierungen ihrer Erfahrungen auferlegen und die Grenzen der Vernunft beiseite zu schieben, so dass sie ihre kreative Vorstellungskraft anzapfen können. Die Wunderfrage erfüllt die narrative Funktion einer guten Zielkonstruktion, indem der Fokus auf das eine Ende des Geschichtenkontinuums gelegt wird. Und sie vermischt sowohl die Frage nach dem Endpunkt wie auch die Frage nach dem ersten Anzeichen von Veränderung, womit sie einen Ansatzpunkt gibt, die Einzelheiten dieses Wunderbildes mit Hilfe von erweiternden Fragen auszufüllen.

Wenn zum Beispiel die Ehefrau anfängt, ihren Morgen nach dem Eintreten des Wunders zu beschreiben, können wir Fragen zum Ausschmücken und Ausfüllen ihres Zielbildes stellen. Was wird *die erste Sache* sein, die ihr als anders auffällt – an sich, an ihrem Mann? Was ist ihrer Vorstellung nach das erste, was ihm am Morgen nach dem Wunder als anders auffallen wird (an sich, an ihr, an dem, was zwischen ihnen geschieht)? Was wird den Kindern auffallen, was anders ist, wenn sie ihre Eltern sehen? Und welche Anzeichen werden ihr im Verlauf des Tages zeigen, dass die Dinge anders sind, und später, wenn sie und ihr Mann beide von der Arbeit nach Hause gekommen sind, was wird ihnen beiden auffallen, woran sie merken, dass die Dinge anders geworden und ihre Probleme gelöst sind? Je lebendiger dieser Tag nach dem Wunder in ihrer Vorstellung wird, desto eher werden Veränderungen der Wahrnehmung und des Verhaltens bei beiden Partnern möglich. Alle diese Einzelheiten werden zu ausgestalteten Teilen der *guten Geschichte*; und wenn die Menschen dann erleben, wie diese Dinge in ihrem täglichen Leben nach der Sitzung tatsächlich eintreten, erkennen sie darin den Beweis, dass die Dinge besser werden.

Wie wir jedoch deutlich machen wollen, hat diese Frage nichts mit Wundern oder Zauberei zu tun. Die Wunderfrage ist einfach klinisches Mittel, mit dessen Hilfe man sich über das Hindernis des gegenwärtigen Problems hinwegsetzt in eine Zukunft mit Lösungen, indem man ein „Wunder" postuliert, ein nicht erklärtes, transformatives Ereignis, das bereits geschehen ist[42]. Auf diese Weise beginnt ein generativer,

---

[42] **Anm.d.Hrsg.:** Wolfgang LOTH (2000, S. 43) hat auf einen weiteren Aspekt der Wunder-Frage aufmerksam gemacht: „... selbst wenn ich die häufig zitierten Worte benutze, wie die ‚Wunderfrage' zu formulieren ist, stelle ich *nicht* die ‚Wunder'-Frage. Ich beziehe mich auf die KlientInnen und wie sich von dieser und ähnlichen Fragen anregen lassen, ihre Möglichkeiten (vielleicht neu oder einfach: wieder entdeckt) ins Spiel zu bringen. KlientInnen zeigen sich dann oft erstaunt, sie *wundern* sich. Insofern arbeite ich auch *nicht* mit der Wunderfrage (Singular), sondern mit *Verwunder-Fragen (Plural)*."

erfinderischer Prozess zwischen dem Therapeuten und den Partnern, der zur Entwicklung einer Liste von therapeutisch wohl definierten Zielen führt, wobei die ersten Anzeichen des Fortschritts verdeutlicht werden. DE SHAZER (1994) betont dabei folgendes:

> Die Wunderfrage ist nicht dazu entwickelt worden, um Wunder zu erschaffen oder anzuschieben. Die Wunderfrage ist lediglich dazu entwickelt worden, damit die Klienten beschreiben können, was sie von der Therapie wollen, ohne sich dabei um das Problem und um die traditionelle Annahme kümmern zu müssen, dass die Lösung in irgendeiner Weise damit verbunden sein müsste, das Problem zu verstehen oder zu eliminieren (S. 273).

Wir möchten diese Diskussion über die Zielkonstruktion mit dem folgenden Transkript von Ausschnitten aus zwei Anfangssitzungen beenden. Diese Transkripte zeigen die Zielentwicklung und vermitteln ein Gefühl für das Entfalten und Konstruieren in den Konversationen in Hinblick auf die Zukunftsbilder. Mit der Vorstellung dieser beiden Fälle möchten wir betonen, dass der Weg gemäß den individuellen Fällen variieren muss, wenn auch immer die Entwicklung von Zielen und Zukunftsbildern an erster Stelle steht. Zielkonstruktion besteht nicht darin, ein paar einfache Fragen nach Rezeptmanier zu stellen, und Interviews zur Zielkonstruktion können nicht erfolgreich in einer formelhaften Weise durchgeführt werden. Die Art, wie die Partner jede Frage beantworten, bestimmt, welche Frage der Therapeut als nächste stellen wird; der Prozess entwickelt sich von Augenblick zu Augenblick. Die Verwendung dieser Art von Befragung erfordert Übung; ein Interview, das gut laufen soll, ist davon abhängig, dass der Therapeut die hier diskutierten Voraussetzungen und Werkzeuge verstanden hat. Der erste Fall ist ein gutes Beispiel dafür, wie der Therapeut die Konversation ausrichtet, damit sie sowohl dazu dient zu klären, welche spezifischen Verhaltensweisen für beide Betroffenen einen Unterschied machen werden, wie auch als Kontext, in dem das Paar seine Partnerschaft neu gestalten kann. Sowohl June als auch Carl haben Phil erzählt, welche Veränderungen jeder sich beim anderen wünscht. Phil beginnt mit Fragen nach der Zielentwicklung in der Hoffnung, die Partner in eine *Kunde/Konsultant*-Konversation hineinziehen zu können.

Phil: Also, June, können Sie mir sagen, was Ihnen bei Carl als anders auffallen wird, wenn Sie beide der Beziehung eine Wendung gegeben haben werden? (*„Was Ihnen ... auffallen wird" impliziert, wie wichtig es ist, dass sie etwas bemerkt und nicht nur ihr Part-*

ner sich verändert; hierdurch wird in dem Kreis Wahrnehmung-Verhalten-Bedeutung die Betonung auf die Wahrnehmung gelegt. Der Gebrauch von „wenn" statt „falls" beinhaltet die Voraussetzung, dass es diesem Paar gelingen wird, seiner Beziehung eine Wendung zu geben. Der Blick ist auf kleine, beobachtbare Verhaltensweisen gerichtet.)

June: Als erstes würde er nicht immer nach Möglichkeiten suchen, um zu vermeiden, Sachen mit mir zu machen. (*An diesem Punkt fehlt ihrer Antwort die Genauigkeit, sie bezieht sich auf ein Handeln außerhalb ihres Einflusses und es ist negativ formuliert. Die Aufgabe des Therapeuten besteht darin, ihr zu helfen, diesem ersten Lösungsbild eine Form zu geben, die therapeutisch wohl konstruiert ist.*)

Phil: Was wird er statt dessen machen, wenn er Sie wissen lässt, dass er Dinge mit Ihnen zusammen machen möchte? (*Eine „statt dessen"-Frage deutet das Ziel mit positiven Begriffen um.*)

June: Also zum einen würde Carl vielleicht, wenn er von der Arbeit nach Hause kommt und ich bin in der Küche und mache das Essen – ich komme nämlich früh nach Hause und daher bin normalerweise diejenige, die das Essen kocht und aufräumt –, er würde hereinkommen und mir einen kleinen Kuss geben. „Hallo" zu mir sagen mit warmer Stimme. Verstehen Sie, mich wissen lassen, dass er froh ist, mich zu sehen, und zu schätzen weiß, was ich tue. (*Hier gibt es Bewegung in Richtung eines erlebbaren Zielbildes, das die Kriterien für beobachtbare Veränderungen erfüllt, die für sie hervorstechend sind. Obwohl June immer noch Veränderungen beschreibt, die außerhalb ihres Einflusses liegen, fängt sie an, Einzelheiten ihres bevorzugten Zukunftsbildes zu entwerfen – Veränderungen, die für sie einen Unterschied machen werden. An diesem Punkt fragt Phil sich, (1) wie diese Veränderungen für sie einen Unterschied machen werden, (2) welche anderen Erlebnisse (Dinge, die sie am Verhalten ihres Mannes bemerken würde) eine ähnliche Bedeutung für sie hätten wie die Tatsache, dass ihr Mann ihr mehr Aufmerksamkeit schenkt, und (3) woran ihr Mann merken wird, ob seine Handlungen einen Unterschied machen. Dies ist der interpersonelle Kontext, von dem aus wir anfangen können, mögliche Verbindungen zwischen den gewünschten Veränderungen auf seiten des einen Partners und gewünschten Veränderungen auf seiten des anderen zu konstruieren.*)

June: (*fügt spontan hinzu*) Oder er würde sich nach dem Essen neben mich auf das Sofa setzen, sich an mich ankuscheln, mich fragen, woran ich denke, oder ein Gespräch darüber anfangen, wie unser Tag gewesen ist.

Phil:	Hmm. Also wenn er nach Hause kommt und in die Küche geht und Ihnen einen Kuss gibt und Ihnen sagt, wie froh er ist, Sie zu sehen, oder sich auf dem Sofa an Sie ankuschelt und mit Ihnen darüber redet, wie wird das einen Unterschied für Sie machen? (*Phil beschließt, die persönliche Bedeutung dieser Erfahrungen zu erkunden, um das Meta-Ziel festzulegen. Dies liefert die Grundlage, von der aus andere Dinge erkundet werden können, die June vielleicht bei Carl sieht und die die gleiche Bedeutung für sie haben; und es hilft ihr, Dinge zu identifizieren, die sie vielleicht anders machen könnte, wodurch möglicherweise solche Veränderungen in ihm beeinflusst werden könnten.*)
June:	(*denkt eine Weile still nach.*) Ich würde das Gefühl haben, als wäre ich wichtig für ihn. Dass er immer noch froh ist, mit mir verheiratet zu sein. Vielleicht würde er sogar von Zeit zu Zeit mal merken, wieviel ich tue, um ihn glücklich zu machen. Die meiste Zeit bekomme ich die Botschaft, dass ich ihn irgendwie nerve, irgendwie mich in sein Leben einmische, und er viel lieber einfach allein wäre. Oder vielleicht mit jemand anderem zusammen. (*Sie sieht aus, als sei sie fast den Tränen nahe. Beachten Sie, wie sie sowohl ihre gute Geschichte* wie auch ihre *schlechte Geschichte darstellt. Phil möchte ihre Sorgen würdigen, ist aber daran interessiert, Ausgänge aus der schlechten Geschichte zu finden.*)
Phil:	Das muss ziemlich hart für Sie sein. Es klingt, als sei es ziemlich schmerzlich für Sie, von Carl nicht die Botschaft zu bekommen, dass er schätzt, was Sie alles tun, um ihm zu gefallen, und das Gefühl zu haben, er sei nicht glücklich, wenn er bei Ihnen ist. Wenn er das tut, was Sie gerade beschrieben haben, und Sie seine Aufmerksamkeit spüren, so würde Ihnen das – wenn ich Sie richtig verstanden habe – helfen, sich anerkannt, begehrt und geliebt zu fühlen. Verstehe ich das so richtig? (*Er fasst zusammen, erkennt ihre Sorgen an und respektiert sie. Außerdem baut er eine Brücke zwischen dem, was June sich von ihrem Partner wünscht und der unmittelbaren und umfassenderen Bedeutung, die seine Handlungsweise für sie haben wird.*)
June:	Ja, genau.
Phil:	Jetzt, wo ich das recht klar vor Augen habe, lassen Sie mich folgende Frage stellen: Was werden Sie anders machen, wenn Carl aufmerksamer ist, wodurch er dann seinerseits merkt, dass Ihnen seine Veränderung aufgefallen ist? (*Spricht die Frau darauf an, wie sie anfangen kann, darüber nachzudenken, welche Veränderungen sie als Teil eines bevorzugten Zukunftsbildes und als Teil eines zirkulären interpersonellen Veränderungsprozesses beisteuern will. Dies ist ein Beispiel für eine die Perspektive ver-*

June:	*schiebende Frage. Wir diskutieren diese Art von Befragung ausführlich in Kapitel 8.)*
June:	(*Sagt mehrere Male, dass sie es nicht weiß. Phil reagiert jedes Mal entweder mit Schweigen oder indem er sie auffordert, noch ein bisschen mehr darüber nachzudenken.*) Ich glaube, ihm würde auffallen, wenn ich mich netter verhalte. Nicht so mürrisch bin. Freundlicher bin. Ach so, und ganz bestimmt, wenn ich ihm körperlich näher sein möchte – das auch. (*Sie lächelt voller Schalk, und Carl lächelt sie an.*)
Phil:	Was noch? (*Phil sucht nach mehr Einzelheiten des Bildes ihrer bevorzugen Zukunft, indem er eine erweiternde Frage stellt, um mehr Details zu sammeln.*)
June:	Also, er wird sehen, dass ich netter bin, wenn es darum geht, seinen Bruder Joe und seine Familie zu besuchen. Ich mag die eigentlich nicht so sehr. Sie trinken viel, und ihr Leben ist, na ja, ein Durcheinander. Aber wenn die Dinge zwischen mir und Carl besser wären, würde ich ein freundliches Gesicht aufsetzen und mitgehen, seinetwegen. Das würde er merken.
Phil:	Okay, June. Ich möchte Ihnen noch eine Frage stellen, bevor ich Carl einiges frage. Sie haben mir von einigen Veränderungen erzählt, die Sie beide, Carl und Sie, vornehmen werden, wenn die Dinge zwischen ihnen besser stehen. Aber überlegen Sie doch mal, ob Sie mir sagen können, welches die ersten Zeichen sein werden, dass Sie beide den Dingen eine Wendung geben. Verstehen Sie, was Ihnen sofort auffallen wird, also etwas, was Sie bemerken werden und was Ihnen zeigt, dass es besser geworden ist. (*Phil fügt jetzt in das Zielbild eine Beschreibung der ersten kleinen Schritte ein. Diese deuten eine allmähliche Veränderung an und machen die Partner darauf aufmerksam, auf die kleinen Veränderungen zu achten.*)
June:	Also so wie jetzt. Mir fällt genau jetzt tatsächlich etwas auf. Carl betrachtet mich mit seinen sanften braunen Augen. Er hat so eine Art ... (*Zu Carl*) Ich habe diesen Blick eine ganze Weile nicht bei dir gesehen. (*Zu Phil*) Er sieht irgendwie gut aus, nicht? (*June und Carl lächeln sich beide zärtlich und flirtend an.*)
Phil:	Ja, er sieht mit Sicherheit besser aus als vorhin, als er hereinkam! (*Alle lachen.*) So, jetzt möchte ich Carl einige Fragen stellen – ist das okay für Sie beide? (*Vergewissert sich beim Paar ob das, was Phil jetzt tun möchte, ihnen passt und hilfreich erscheint.*)
Beide:	Hmm.
Phil:	(*Zu Carl*) Also, Carl, Sie haben zugehört, wie June meine Fragen beantwortet hat. Hat sie Recht? Würde es für Sie einen Unter-

	schied machen, so wie sie es ausdrückte, wenn sie Ihnen diese Zeichen gäbe, dass die Veränderungen bei Ihnen wichtig für sie sind?
Carl:	Also ehrlich gesagt, sie hat den Nagel auf den Kopf getroffen. Wenn sie einige von diesen Sachen machte, würde es schnell viel besser zwischen uns stehen. Alles, was ich jemals von ihr höre, ist, was für ein Fehler es von ihr war, mich zu heiraten. Immer heißt es, ich weiß nicht die einfachsten Dinge darüber, was es bedeutet verheiratet zu sein, oder über die Liebe. Wenn sie mehr sehen würde, wie ich mich wirklich fühle, wenn sie wieder liebe Dinge sagen würde – denn das hat sie früher gemacht, müssen Sie wissen – wenn das passieren würde, würde es einen großen Unterschied machen. Ich liebe sie wirklich. Und ich möchte, dass unsere Ehe funktioniert. Für uns und für die Kinder.
Phil:	Ergibt es denn Sinn für Sie, nach dem was sie sagt, dass Sie beide den Dingen eine Wendung hier geben könnten, wenn Sie einige der Dinge machten, die June erwähnt hat, und June einige von den Dingen machte, die Ihnen sagen würden, dass das, was Sie machen, einen Unterschied bewirkt?
Carl:	Das glaube ich wirklich, ja.
Phil:	Schön. Das klingt, als ob Sie beide das Gefühl ersehnen und brauchen, dass der andere Sie liebt und glücklich ist, mit Ihnen verheiratet zu sein. (*Betont das gemeinsame Ziel und das bevorzugte Selbst.*) Und aus unseren Gesprächen hier heute bekommen wir einen recht guten Eindruck davon, was jeder von Ihnen machen kann, um dem anderen zu helfen, die Art von Gefühlen zu haben, die Sie sich beide wünschen. Habe ich das so richtig wiedergegeben? (*Sowohl Carl als auch June nicken zustimmend.*)
Phil:	Halten Sie es beide für nützlich für uns, wenn wir versuchten, bevor wir heute Schluss machen, herauszufinden, was jeder von Ihnen machen könnte, so wie June eben damit angefangen hat, um dem anderen das Gefühl zu geben, geliebt zu werden? (*Bereitet die kollaborative Lösungsfindung vor, unterstreicht die Expertise des Paares, das weiß, was in der Therapie helfen wird.*)

Carl und June stimmen zu.

| Phil: | Okay, dann machen wir das. Carl, ich möchte Sie fragen ... |

Während der restlichen Sitzung arbeitete Phil weiter daran, ihre Ergebnisbilder auszuweiten.

Im zweiten Fall war Tobey die Therapeutin. Ihre Betonung lag auf Metazielen und Metabedeutungen, da die Ziele der einen Frau anfangs allzu spezifisch waren; ihre Anfangsziele reflektierten das Gefühl, nur ganz spezielle Handlungen seitens der Partnerin würden sie zufriedenstellen. Solche Ziele, die nicht das Kriterium erfüllen, im Kontrollbereich der Partnerin zu stehen, werden von dieser oft als Angriff oder Kritik erlebt. Indem Tobey Christas größere Ziele (ihre Metaziele) untersuchte, half sie ihr, neue und vielfältige Mittel für den von ihr ersehnten Zweck zu entwickeln.

Tobey hatte gefragt, was in der Zukunft anders sein wird, wenn die Partnerinnen „rücksichtsvoller" miteinander sind – ein Ziel, das von dem Paar als erstes genannt worden war.

Christa:	Sie wird mich nicht unterbrechen. Sie wird mich ausreden lassen, ohne plötzlich das Thema zu wechseln. (*Negativ ausgedrückt; Ziel außerhalb ihres Kontrollbereichs.*)
Tobey:	Wenn sie Sie nicht unterbricht, was wird sie statt dessen machen? In welcher Weise wird das Gespräch anders verlaufen? (*Eine „statt dessen"-Frage, die darauf abzielt, ein positiv formuliertes Ziel hervorzubringen. Da Tobey es hier mit einem überspezifizierten Ziel zu tun hat, möchte sie mehr über Metaziele und Bedeutungen herausfinden.*)
Christa:	Sie wird still sein, während ich spreche. Sie wird den Anschein erwecken, interessierter an mir zu sein und an dem, was ich zu sagen habe.
Rebecca:	Aber ich *bin* daran interessiert, das ist es ja, was sie nicht versteht. Wir haben einfach unterschiedliche Stile, ein Gespräch zu führen. Das ist schon seit langer Zeit ein Problem.
Christa:	Sehen sie? Da hat sie es gerade wieder gemacht.
Tobey:	Vielleicht sollten wir hier mal einen Schritt zurücktreten. Ich kann sehen, dass Sie beide Dinge sehen, die Sie sich wünschen, und Dinge, die Sie ärgern, und es überrascht mich nicht, wenn sie unterschiedliche Ideen darüber haben, was sich in einem Gespräch gut anfühlt. Das passiert sehr häufig, wie mir aufgefallen ist. (*Respektieren, Normalisieren, aktive neutrale Reflektion der Gefühle der Partner.*) Aber ich bin an etwas interessiert, was für Sie beide drin ist. Lassen Sie mich mit Christa anfangen. Christa, ich bin neugierig in Bezug auf eine Sache, über die wir noch nicht gesprochen haben. Was würde es für Sie bedeuten – das heißt, welchen Unterschied würde es für Sie machen –, wenn Rebecca stiller wäre, während Sie sprechen, wodurch es für Sie den Anschein hätte, sie sei an dem interessiert, was Sie zu sagen haben? (*Tobey ist auf der Suche nach einem Metaziel, damit sie später andere Mittel betrachten können, um ihre Ziele zu erreichen. Außerdem werden dadurch für Rebecca die Möglichkeiten*

erweitert, Christas Ziele anders zu verstehen. Achten Sie darauf, wie sich dieses Ziel „rücksichtsvoller zu sein" aus den Klientinnen heraus entwickelt und nicht durch die Therapeutin aufgezwungen wird.)

Christa: Also, wie ich schon gesagt habe, ich hätte das Gefühl, sie ist wirklich an mir interessiert, und ich wäre nicht immer diejenige, die zuhören muss. Ich bin immer durcheinander und sauer, wenn sie mich unterbricht.

Tobey: Erzählen Sie mir ein bisschen mehr darüber, welchen Unterschied es machen würde, wenn Sie das Gefühl bekämen, sie sei an Ihnen interessiert; wie es wäre, wenn Sie nicht durcheinander und sauer wären. (*Tobey benutzt ein Stück einer* schlechten Geschichte*, um auf ein Szenario ohne Probleme hinzuweisen, und fordert zu einer weiteren Erläuterung des Metaziels auf.)*

Christa: Also, wissen sie, ich glaube, ich würde mich mehr geliebt fühlen, ich würde mich aufgehoben und wichtig fühlen, so als ob ihr sehr daran gelegen wäre, von mir zu hören und von dem, was ich erlebt habe. So als sei es eine gleichwertige Partnerschaft, in der wir beide eine Chance haben, uns alles über unseren Tag und wie er verlief von der Seele zu reden.

Tobey: Gut, okay, Christa, wenn Sie mehr solche Gefühle hätten, sich aufgehoben und geliebt fühlten, was würde dann Rebecca an Ihnen auffallen, woran sie merken würde, dass das, was sie tut, einen Unterschied macht, dass Sie, Christa, sich mehr geliebt und wichtiger fühlen? (*Während sie auf der Suche nach beobachtbaren Einzelheiten ist, beginnt Tobey eine Beziehungsbrücke zu bauen, die das Bild einer gemeinsamen guten Geschichte wieder auferstehen lassen würde.)*

Christa: (*Wirft einen Blick zu Rebecca hinüber, als ob sie Bestätigung sucht.*) Ihr würde auffallen, wieviel netter ich wäre, denke ich, nicht so mürrisch. Ich werde wütend.

Rebecca: (*Nickt*) Ja. Das stimmt. Es hat den Anschein, als sei sie jetzt so ziemlich die ganze Zeit wütend. Ich meine, das ist auch ein Problem.

Christa: (*Sofort gereizt*) Also ich glaube nicht, dass ich hier die einzige bin, die ein Problem damit hat, wütend zu werden. Rebecca ist auch häufig gereizt. Sie hat daran gearbeitet, mehr ihre Gefühle zum Ausdruck zu bringen, und das bedeutet einfach, so weit ich das sagen kann, ich bekomme mehr ab. (*Die Klientinnen sind wieder bei der schlechten Geschichte, und zwar in dem Modus Klagende/Mitfühlende; Tobey reagiert auf ihre Besorgnis hinsichtlich des Ärgers, bevor sie wieder auf den Prozess der Zielkonstruktion zurückkommt.)*

Tobey:	So wie ich es verstehe, ist also der Ärger vermutlich etwas, was Ihnen beiden in Ihrer Beziehung Kummer macht, und vielleicht müssen wir herausfinden, wie die Situation für Sie beide wäre, wenn er nicht in allen Dingen so präsent wäre. (*Respektieren, externalisieren, Bezug nehmen auf ein bevorzugtes Bild einer möglichen Zukunft. Dann kehrt Tobey zu Christas positivem Zukunftsbild zurück.*) Könnten wir also daran ein wenig arbeiten und mit dem beginnen, worüber wir gerade gesprochen haben? (*Beide nicken.*) Also Sie, Christa – und Sie, Rebecca denken vermutlich auch über dieses Bild nach, weil es etwas ist, was für Sie beide einen Unterschied machen würde – Sie sagten vor einer Minute, wenn Sie sich bei Rebecca mehr geliebt und aufgehoben fühlten, würde es Rebecca auffallen, wieviel netter Sie wären. Ich glaube, Sie sagten, „nicht so mürrisch sein". Wie würden Sie dann sein statt mürrisch? Woran würde Rebecca erkennen, dass Sie das Gefühl haben, netter zu sein? (*Weiteres Auffüllen des Zukunftsbildes mit positiven Begriffen. Tobey hat die Einladung in das Territorium der schlechten Geschichte abgelehnt, notiert sich aber seine Wichtigkeit, da es später notwendig sein könnte, dieses „Problemgespräch" wieder aufzugreifen und da es ein problemfreies, noch auszugestaltendes Zukunftsbild suggeriert.*)
Christa:	(*Denkt eine Weile nach, während es still ist.*) Also ich würde mehr solche Sachen tun wie morgens ihren Tee machen. Rücksichtsvoller sein, so wie ich uns beide gern hätte. Ich würde mit dem, was ich gerade mache, aufhören, wenn sie hereinkommt und mir Zeit nehmen, um mit ihr zu reden. Ich wäre ruhiger, würde vermutlich mehr Späße machen, mehr lachen. Ich würde mit ihr über ihren Garten sprechen – sie ist begeisterte Gärtnerin – wenn sie's nicht wäre, also ich von mir aus würde vermutlich nicht so viel drauf geben, aber wenn alles okay ist, rede ich gern über Tomaten und so etwas. (*Rebecca lächelt.*)
Tobey:	Und wenn diese Art Dinge geschehen würden, wenn Sie ihr Tee machten, mit ihr über den Garten redeten – all die Dinge, die zeigen, wieviel mehr Sie sich geliebt und aufgehoben fühlen –, was würde Ihnen an Rebecca auffallen, woran Sie merken, ihr ist der Unterschied aufgefallen, und es macht für sie einen Unterschied?
Christa:	Oh, also sie wäre vermutlich auch entspannter, würde mehr lachen. Sie würde vielleicht alles etwas langsamer angehen, mehr Zeit mit mir verbringen. Sie fängt an herumzurennen, richtig geschäftig zu werden, wenn es nicht so gut steht. Dann habe ich irgendwie das Gefühl, sie ist da, aber nicht wirklich da.
Tobey:	Aber wenn sie da ist? (*Eine weitere „statt dessen"-Frage.*)

Christa:	Also, wir unternehmen mehr. Manchmal kochen wir zusammen, und wir helfen uns viel mit Arbeiten am Haus. (*Indem sie auf Metaziele blicken und dann wieder auf Einzelheiten zurückkommen, haben die Klientinnen angefangen, ein Bild mit einer* guten Geschichte *zu konstruieren, das in diesem Augenblick ohne Bezug zum ursprünglichen Ziel des gemeinsamen Gesprächsstils ist.*)
Tobey:	Okay. Das ist sehr klar. Vielen Dank, Christa. Rebecca, jetzt würde ich Sie gern fragen, ob Christa das so im Großen und Ganzen richtig wiedergegeben hat. Wäre das so die Art und Weise, wie Sie zeigen würden, wie eine Veränderung zwischen Ihnen einen Unterschied macht?
Rebecca:	Ganz genau. Entspannt sein ist eine tolle Sache. Ich glaube tatsächlich, wenn ich entspannter wäre, nicht solche Angst hätte, sie auf dem falschen Fuß zu erwischen, würden unsere Gespräche anders verlaufen – ich würde nicht versuchen, alles so schnell da rein zu quetschen, um ihre Aufmerksamkeit zu bekommen und einen Krach zu vermeiden. Ich würde genießen, was wir beide zu sagen haben.

An diesem Punkt kann man mehrere Richtungen einschlagen, die alle damit zu tun haben, die Erzählung mit *guter Geschichte* zu entwickeln und sicher zu stellen, dass die Ziele zweckmäßig sind. Tobey entschloss sich, nun Rebeccas Metaziele zu untersuchen, indem sie sie fragte, wie eine größere Entspanntheit für ihre Beziehung einen Unterschied machen würde. Wie sich herausstellte, waren Rebeccas Ziele denen von Christa sehr ähnlich und hatten mit beachtet und geliebt werden zu tun. Da sie beide ein gemeinsames Ziel hatten, konnte auf Grundlage eines gemeinsamen und ausgestalteten Bildes der *guten Geschichte*, in der sie sich geliebt und beachtet fühlten, ein neuer Satz ganz spezieller Mittel entwickelt und die früheren Mittel konnten überarbeitet werden. Tobey begann, Ausnahmen des Problems zu untersuchen (vergangene Erfolge), aber Christa sagte, sie habe wirklich das Gefühl, sie müssten noch mehr ihre zornigen Interaktionen untersuchen, und Rebecca stimmte ihr zu. In einigen folgenden Sitzungen folgte Tobey diesem Hinweis und sprach mit ihnen über die Bedeutungen – von denen einige mit ihren Erfahrungen in ihren Ursprungsfamilien zu tun hatten –, die sie beide ihren Interaktionen beimaßen, wenn sie sich uneins waren. Dies brachte Christa und Rebecca dazu, ein Ergebnisbild zu konstruieren und auszuschmücken, das sie das „Harmonie"-Szenario nannten, und einige detaillierte Ideen darüber anzubringen, wie jede von ihnen sie beide aus den zornigen Interaktionen herausführen könnte. Nach etwa zehn Sitzungen berichteten sie, ihr Leben zusammen sei viel ruhiger und sie stritten sich weniger. Obwohl sie immer noch schwierige Momente erlebten, hatten beide mehr Freude an der Beziehung und waren beide zuversichtlicher, geliebt und beachtet zu werden. Zu diesem Zeitpunkt entschieden sie, es gäbe noch andere Themen, an denen sie arbeiten wollten, einschließlich dessen, wie sie „Ja und Nein zueinander sagen" sollten und wie sie wieder engeren körperlichen Kontakt haben könnten. Mit anderen Worten, der Prozess der Zielentwicklung hielt noch weiter an und entwickelte sich während der gesamten Arbeit, die etwa fünf Monate dauerte. Wie man sich vor Augen halten sollte, hatten Christa und Rebecca immer noch recht unterschiedliche Gesprächsstile, als sie die Therapie beendeten, und beide fanden sie den Stil der anderen manchmal ärgerlich, aber sie berichteten, sie seien besser in der Lage, diese Unterschiede zu akzeptieren und sie nach ihren eigenen Bedingungen zu umschiffen, sobald ihre Partnerschaft und die *gute Geschichte* ihrer Beziehung wieder stark und lebendig waren.

Kapitel 6
Die Erzählung mit *guter Geschichte* wieder beleben: Erfolgsgeschichten und Ausnahmen gemeinsam verfassen

Im letzten Kapitel haben wir uns auf die in der Vorstellung existierende, bevorzugte Zukunft konzentriert. In diesem Kapitel verschieben wir den zeitlichen Fokus auf die Gegenwart und die nahe Vergangenheit – von Zukunftsvorstellungen der Menschen mit einem anderen Leben zu bereits zeitweise vorhandenen anderen Verhaltensweisen in der Vergangenheit. Das bedeutet, wir konzentrieren uns auf Erfolge und positive Erlebnisse. Lösungsorientierte TherapeutInnen sprechen von „Ausnahme"-Zeiten, wo das Problem hätte auftreten können, aber nicht auftrat oder kein so großes Problem war (BERG, 1994; BERG & MILLER, 1992; DE SHAZER, 1988, 1985; WALTER & PELLER, 1992); narrative TherapeutInnen bezeichnen sie als „einzigartige Ergebnisse" oder „glanzvolle Augenblicke" (FREEDMAN & COMBS, 1996; WHITE & EPSTON, 1990). Konversationen über Ausnahmen und Erfolge der unmittelbaren Vergangenheit und Gegenwart bieten einen reichen Kontext, wo nach für das jeweilige Paar spezifischen Lösungen gesucht werden kann. In diesen Geschichten über die bevorzugten Erlebnisse, die wir mit dem Paar gemeinsam verfassen, werden ihre einzigartigen Stärken und Ressourcen identifiziert, was es ihnen möglich macht, diese Gaben zielgerichtet einzusetzen, damit solche Erfahrungen häufiger gemacht werden.

Ebenso wie die zukunftsorientierten Gespräche über Zielkonstruktionen erfüllen auch die Gespräche über Erfolge und Ausnahmen mehrere therapeutische Funktionen. Zunächst sagen sie den Partnern und der Therapeutin, welche Art von Erlebnissen anzeigen werden, ob das Paar seine Ziele erreicht hat (Zielfunktion). Zweitens: wenn die Konversation untersucht, was die Menschen taten, dachten, fühlten, sagten und sahen, als die Dinge mehr so waren, wie sie es sich wünschen, klärt und unterstreicht dies die individuellen und beziehungsrelevanten Stärken und Ressourcen des Paares (Wirkungskraft-Funktion). Drittens: Wenn das Paar mit uns und miteinander über diese besseren Zeiten spricht, macht es das von einem Standpunkt innerhalb der narrativen Welt seiner *guten Geschichte*, wobei es sie mit

Leben und Kraft füllt (narrative Funktion). Und schließlich, wenn das Paar über seine jüngsten Ausnahmen und Erfolge spricht, nimmt es wahr, dass sich eine Veränderung bereits vollzieht, und es erlebt sich bereits im Prozess der Lösung seiner Probleme (hoffnungsweckende Funktion).

Wenn wir Konversationen über die Gegenwart und/oder Vergangenheit moderieren, achten wir ständig auf die folgenden Punkte oder stellen erweiternde Fragen dazu: (1) Veränderungen vor der Sitzung, das heißt, positive Veränderungen, die nach dem Anruf zur Verabredung für den ersten Termin auftraten oder seit der letzten Sitzung, (2) Erfolge und (3) Ausnahmen. Bevor wir ansprechen, wie diese Konversationen geleitet werden, möchten wir noch einmal auf unsere Arbeitshypothese hinweisen, dass die sozialen Realitäten der Menschen – ihre subjektiven Erfahrungen in Beziehung zu anderen – sozial konstruiert sind. Macht man sich diese Sichtweise stets bewusst, dann klären sich gewisse technische Fragen hinsichtlich dessen, was man wann und wie fragen soll, von allein.

Wie ziemlich offensichtlich ist, werden die vorgestellten Beziehungsszenarien, die in den zukunftsorientierten Konversationen entwickelt werden, von Klienten und der Therapeutin konstruiert – aufgebaut in einem Prozess der Vorstellung im Dialog – und sie bestehen aus einer Art gemeinsamer Geschichtenproduktion. Es ist aber vielleicht nicht ganz so offensichtlich, dass eine Konversation über die Gegenwart und die jüngere Vergangenheit ebenfalls ein imaginativer und kreativer Vorgang ist, in dem Erfahrungen neu konstruiert werden. Es findet eine Neuausgabe [revidierte und überarbeitete Fassung] statt. Erinnerungen an die Vergangenheit und Wahrnehmungen gegenwärtiger Ereignisse sind fließend und formbar und dem Einfluss von Befragung und Dialog unterworfen. Daher können Konversationen über vergangene und gegenwärtige Erlebnisse etwas daran ändern, wie Menschen sich an Ereignisse erinnern und welche Bedeutung sie der Gestaltung dieser Ereignisse geben. So gesehen sind Ausnahmen und vergangene Erfolge Geschichten, die in der Konversation konstruiert werden, nicht einfach Berichte von objektiv erinnerten Geschehnissen.

In der lösungsorientierten Kurztherapie wird der Begriff *Ausnahme* sowohl dafür benutzt, um sich auf erinnerte Ereignisse zu beziehen, wie auch auf Narrative, die in der therapeutischen Konversation konstruiert werden. Ausnahmen werden häufig als tatsächliche vergangene Geschehnisse definiert. Zum Beispiel scheinen K<small>LAR</small> und B<small>ERG</small> (1999)

davon auszugehen, dass die Therapeutin auf der Suche nach tatsächlich in der Erinnerung vorhandenen außergewöhnlichen Ereignissen ist:

> Wenn Therapeutin und Klient erst einmal ein gemeinsames Verständnis dafür entwickelt haben, was sich der Klient für die Zukunft wünscht, richtet sich ihre Aufmerksamkeit darauf, ein wünschenswertes Ergebnis zu konstruieren, das auf identifizierten Ausnahmen basiert. Lösungsorientierte Kurztherapie definiert diese Ausnahmen als die Zeiten, in denen einige Aspekte des Lebens des Klienten so laufen, wie er es sich wünscht. Sie geht davon aus, dass alle problematischen Situationen, selbst solche chronischen wie schwerer Alkohol- oder Drogenmissbrauch, auch Zeiten mit sich bringen, in denen das Problem hätte auftreten können, dies aber nicht tat. Zu klären, was der Klient zu solchen Zeiten anders macht, und auf diesen Unterschieden aufzubauen, um sich dem Ziel zu nähern, das der Klient sich von der Therapie erhofft, ist der Kern der lösungsorientierten Therapie (S. 233).

Konversationen über Ausnahmen können KlientInnen helfen, sich wieder an Ereignisse zu erinnern, die aus dem einen oder anderen Grund ihrer Aufmerksamkeit entgangen oder ihrem Gedächtnis entglitten sind. Auch unserer Meinung nach sind Konversationen über tatsächliche Ausnahmezeiten äußerst nützlich; die Aufmerksamkeit der Menschen auf diese bevorzugten Erlebnisse zu richten, kann zur Lösungsentwicklung und zur Neubelebung der *guten Geschichte* des Paares beitragen. Es ist aber wichtig, nicht anzunehmen, die Ausnahmen seien ein Satz von in Stein gemeißelten Fakten; diese Definition ist zu einengend, da sie Therapeutin und KlientInnen daran hindert, sich das konstruierte, veränderbare Wesen des Erlebens zunutze zu machen (WALTER & PELLER, 1996).

Was geschieht, wenn das Paar sagt, sie können sich an keine erfolgreichen Erlebnisse hinsichtlich der Probleme erinnern, die es zur Therapie gebracht haben? Wenn die Therapeutin sich Erfolg als etwas denkt, was entweder eingetreten ist oder nicht, dann ist die Befragung hier zu Ende. Die Therapeutin jedoch, die sich Ausnahmen und Erfolge als konstruierte Narrative vorstellt, hat immer noch weitere Gesprächsmöglichkeiten; sie kann gemeinsam verfasste Bruchstücke von Erlebnissen weiter verfolgen, die zu einer positiven Geschichte voller Kompetenzen zusammengebaut werden können, wo nichts dergleichen zu existieren schien, bevor die Konversation begann. Wenn wir uns immer vor Augen halten, dass wir über subjektive Formulierungen sprechen, die aus persönlichen Wahrnehmungen, Haltungen und Bedeutungen konstruiert wurden – komplexen Formen, die durch Dialog und Reflektion neu überdacht und formuliert werden können –, dann werden wir nicht völlig ratlos sein, wenn Menschen es anfangs nicht schaffen, uns irgendeine Erfolgsgeschichte zu berichten. Unerwartete Ausnahmen und in der Folge dann Berichte über Kompetenzen werden mitten aus unseren Konversationen erwachsen – Ressourcen, die sowohl für die KlientInnen wie auch für die Therapeutin vielleicht eine Überraschung sind oder die frisch aus der Presse zu kommen scheinen. Bedenken Sie in Hinblick hierauf einmal den Wert der folgenden Definition von Ausnahmen, die DE SHAZER (1990) anbietet und die eine konstruktionistische Perspektive unterstreicht:

> Es ist wichtig sich zu erinnern, dass Ausnahmen nicht da draußen in der „realen Welt" existieren; sie werden gemeinsam von Therapeutin und Klient im Gespräch erfunden oder konstruiert. Bevor Therapeutin und Klient über Ausnahmen sprechen, werden diese Zeiten einfach als „Glücksfall" oder Unterschiede betrachtet, die keinen Unterschied machen. Es ist Aufgabe der Therapeutin, den KlientInnen zu helfen, Glücksfälle in Unterschiede zu verwandeln, die einen Unterschied machen (S. 96).

Wenn wir Paare nach Ausnahmen fragen, fordern wir sie auf, verschiedene Ereignisse und Interaktionen mit neuen Erfahrungs- und Wahrnehmungsunterscheidungen zu versehen. Wir betrachten diese Dialoge als Mittel zum Abfassen gemeinsamer Erfolgsgeschichten innerhalb des Rahmens der problemfokussierten Erzählung und nicht als Befragung zum Zwecke der Datensammlung über tatsächliche Ereignisse. Wenn uns daher Menschen anfangs erzählen, sie könnten sich an keine Ausnahmen oder Erfolge der jüngsten Vergangenheit erinnern, gehen wir dennoch von der Existenz von Möglichkeiten aus, Ausnahmen bei den Tatsachen zu entdecken und/oder gemeinsam von Ausnahmen in der Geschichte zu berichten.

Da wir nun festgestellt haben, wie Erfolge und Ausnahmen häufig durch Vermischung von Erinnerung und Erfindung entstehen, befinden wir uns in einer besseren Position, um zu verstehen, in welcher Weise das Gespräch über die jüngste Vergangenheit die therapeutischen Funktionen erfüllen kann, die wir zu Beginn dieses Kapitels beschrieben haben, nämlich die Funktion des Ziels und die Konstruktion dieses Ziels; die narrative Funktion, mit deren Hilfe der Griff der *schlechten Geschichte* des Paares gelockert und ihre *gute Geschichte* wieder belebt wird; und die hoffnungsweckende Funktion, durch die das

Paar sieht, dass es sich bereits auf dem Weg befindet, seine Probleme zu lösen.

Zielentwicklung

Wie zukunftsorientierte Konversationen so dienen auch Konversationen über vergangene und gegenwärtige nicht-problematische Erlebnisse dazu, Ergebnisbilder zu konstruieren, Präferenzen zu klären und wohl formulierte therapeutische Ziele zu entwickeln. Fragen nach Veränderungen vor der Sitzung, nach Erfolgen und Ausnahmen bieten einen alternativen Weg zum Kunde/Konsultant-Gespräch. Diese Konversationen erlauben uns, Anzeichen für signifikante Beziehungsveränderungen zu definieren. Wenn KlientInnen, die in problemorientierte Konversationen eingebunden sind, in die Lage versetzt werden zu benennen, wann und wie die Dinge in der Vergangenheit besser gelaufen sind – mehr so, wie sie es sich für die Zukunft wünschen –, dann befinden wir uns auf dem Weg zur Klärung der Zielvorstellungen.

Ob Ziele am besten in zukunftsorientierten oder vergangenheitsorientierten Konversationen entwickelt werden können oder durch ein Vermischen der beiden, hängt vom Kontext eines jeden Falles ab. In RPT beginnen wir normalerweise mit zukunftsorientierten Konversationen. Manchmal kann es allerdings auch zu erschütternd oder scheinbar respektlos und abwertend sein, wenn man Menschen bittet, über Ausnahmen bei ihren Problemen zu sprechen, nachdem sie einem gerade erklärt haben, wie schmerzlich oder frustrierend ihre Situation ist. Fragt man sie hingegen danach, wie sie sich die Dinge in der Zukunft anders wünschen, wählt man einen eleganteren und akzeptableren Weg, um sie aus den Konversationen zwischen Klagendem/ Mitfühlendem heraus zu den Konversationen zwischen Kunde/Konsultant zu leiten. Aber wenn wir uns sensibel und respektvoll verhalten, kann ein vorsichtiges und geduldiges Hervorlocken kleiner Bruchstückchen von Ausnahmen und Erfolgen den Ausgangspunkt für die Entwicklung von Zielen darstellen, selbst wenn die Menschen mit dem überwältigenden Gefühl zu uns kommen, ihr Beziehungsleben sei ganz und gar furchtbar. Als allgemeine Regel jedoch nutzen wir Ausnahmen dann als Ausgangspunkt, wenn die Menschen sich mit Leichtigkeit an unproblematische Erlebnisse erinnern, und wir nutzen diese konkreten Erfahrungen als Grundlage für die Zielkonstruktion. Es ist für viele Paare leichter, auf tatsächlichen Erfolgen der jüngsten Vergangenheit aufzubauen, als Zukunftsbilder aus der Vorstellung zu nutzen. Es gibt hierfür keine Formel, denn jedes Paar, jede Sitzung, jede Konversation und jeder Austausch sind einzigartig.

Narrative Neufassung

Wenn man Menschen auffordert, über jüngst vergangene Erfolge und Ausnahmen zu sprechen und darüber, was besser gelaufen ist, seit sie ihren ersten Termin vereinbart haben oder seit der letzten Sitzung, dann lädt man sie dazu ein, einen Schritt aus ihrer vertrauten problemgesättigten *schlechten Geschichte* zu tun. Werden Paare ermutigt, über Erfolge oder Ausnahmen zu sprechen, fangen sie an, Ausgänge aus ihren sie entfremdenden Erzählungen mit *schlechter Geschichte* zu benennen. Und das Erzählen selbst ist ein Erlebnis einer *guten Geschichte*. Diese narrative Funktion ist ein zentrales Merkmal der narrativen Therapie (FREEDMAN & COMBS, 1996; WHITE & EPSTON, 1990). Narrative TherapeutInnen kultivieren diese alternativen Geschichten in den Konversationen mit ihren KlientInnen, um diesen zu helfen, eingefrorene, problemgesättigte Erzählungen aufzulösen, und sie dabei zu unterstützen, bevorzugte Erzählungen zu verfassen. Sie fragen nach Ausnahmezeiten, um den Menschen zu helfen, Geschichten neu zu schreiben und zu entwickeln, in denen sie Helden werden, nicht Opfer – erfindungsreich und kompetent, statt unzulänglich und mit Mängeln behaftet. Wenn die Menschen in RPT mit uns und miteinander über Ausnahmezeiten, glänzende Augenblicke und ähnliches sprechen, beginnen die Erzählungen mit *schlechter Geschichte*, die ihr gemeinsames Leben im Griff haben, allmählich ihre interpretierende Macht zu verlieren, die ihre Erfahrungen geprägt hat. Auf der anderen Seite der narrativen Medaille nutzen wir diese Konversationen über vergangene Erfolge und Ausnahmen, um der gemeinsamen Erzählung mit *guter Geschichte* des Paares Aufmerksamkeit, Lebendigkeit und Gewicht zu verleihen und ein Gefühl von Zusammenhalt, Verbundenheit und Zusammenarbeit neu erstehen zu lassen. Während die Partner über das sprechen, was wir manchmal die „Perlen auf der Kette" nennen (die wertvollen Momente, die das Paar aneinanderreihen kann), verstärken sie die Gegenwart der *guten Geschichte* in ihrem Beziehungsleben.

Wirkungskraft aufbauen

Sobald die Geschichten über jüngst vergangene Erfolge und Ausnahmen Form annehmen, fordern wir die KlientInnen zum nächsten Schritt auf: die Wirkungskraft aufzubauen. Mit „Wirkungskraft" meinen wir die wichtige Verbindung zwischen den bevorzugten Erlebnissen der Menschen und ihren Handlungen oder Einstellungen, die, wie sie selbst allmählich erfahren, einen bedeutsamen Beitrag zu diesem Erlebnis leisten. Dies könnte man den Ermächtigungsprozess in der Therapie nennen. Wenn Menschen sich in der Lage fühlen, die von ihnen bevorzugten Erlebnisse hervorrufen zu können, steigert sich ihr Gefühl von persönlicher Macht und Verantwortung. Wirkungskraft wird entwickelt, indem Fragen darüber gestellt werden, was jeder der Partner anders dachte und tat und welche Schritte er oder sie in diesen Ausnahmezeiten unternahm (BERG & MILLER, 1992; WALTER & PELLER, 1992). Solche Fragen setzen voraus, dass jeder Partner etwas dazu beigetragen hat, um dieses zufriedenstellende Ereignis eintreten zu lassen, und dass die jeweilige Entscheidung, was wie gemacht wird, aus Kompetenzen (Stärken, Können, Fähigkeiten, Haltungen und Wissen) erwuchs, die sie bereits besaßen. Sind diese erst einmal entdeckt und benannt, lassen sich diese Kompetenzen nutzen, um die Veränderungen zu erreichen, die von den Paaren in der Therapie angestrebt werden; die PartnerInnen können in der Zukunft dann dieselben Dinge absichtlich denken und tun. In den meisten Fällen ist es für Paare leichter, bereits erlebte erfolgreiche Verhaltensmuster zu wiederholen, als zu versuchen, vorhandene problematische aufzugeben oder zu verändern (BERG, 1994). In beiden Partnern erhöht dieser Prozess die Selbstachtung und ein Gefühl von Autorität in Hinblick auf ihre Selbstbestimmung.

Bei der Entwicklung der Wirkungskraft können die individuellen und die kollektiven Kompetenzen des Paares aufgebaut und ausgestaltet werden. Wenn die PartnerInnen unsere Fragen zur Wirkungskraft beantworten – „Wie haben Sie das bewirkt?" „Was haben Sie sich Ihrer Meinung nach selbst gesagt, was Sie dazu gebracht hat, damals in dieser Weise zu reagieren?" „Wie können Sie sich dazu bringen, das in Zukunft noch einmal zu machen?" – dann identifizieren sie Elemente ihres eigenen bevorzugten Selbst und kleine Bruchstücke ihres Gefühls von ihrer Beziehung, das zu der *guten Geschichte* gehört. Denken Sie an Michael LAMBERTS bereits erwähnte Schlussfolgerung, dass 40% dessen, was zum therapeutischen Erfolg beiträgt, extratherapeutischen Variablen zuzuordnen ist – Faktoren wie zum Beispiel der einzigartigen Lebensgeschichte der Menschen mit ihren Fähigkeiten und Ideen (LAMBERT, 1992; MILLER et al., 1997). Beim Aufbau der Wirkungskraft können diese extratherapeutischen Variablen als hilfreiche Ressourcen genutzt werden. Indem wir im Rahmen der Gespräche über Ausnahmen nach solchen Variablen fragen – sie benennen und den Menschen Komplimente dafür machen, dass sie sie besitzen –, helfen wir ihnen dabei, sich selbst, den anderen und ihre Beziehung auf eine andere Art zu sehen.

Ausnahmen und Erfolge als Beispiele für bereits stattfindende Veränderung

Das Gespräch über Ausnahmen und Erfolge führt zu Konversationen darüber, wie Paare bereits dabei sind, sich zu verändern oder auf dem Weg, ihre Ziele zu erreichen (obwohl sie das vielleicht noch nicht in dieser Weise gesehen haben). Eine der bedeutsamsten Entdeckungen, die DE SHAZER, BERG und ihre KollegInnen machten, zeigte, dass sich recht häufig im Zeitraum zwischen dem Anruf für einen Termin und der ersten Sitzung die Dinge bei den KlientInnen bereits zum Besseren entwickelt hatten (WEINER-DAVIS, DE SHAZER & GINGERICH, 1987). Nach ihren Feststellungen berichteten 80% der KlientInnen, wenn sie danach gefragt wurden, von positiven Veränderungen in der Zeit zwischen der Vereinbarung des Termins und der ersten Sitzung. Da es oft leichter ist, Menschen zu helfen, sich weiter in einer Richtung zu bewegen, die sie ihrer eigenen Erkenntnis nach bereits eingeschlagen haben, als sie dazu zu bringen, die Richtung zu wechseln, wird durch das Gespräch über Veränderungen, jüngste Erfolge und Ausnahmen, die vor der Sitzung stattgefunden haben, festgehalten, dass *die Veränderung bereits vonstatten geht*. Es muss dann lediglich noch herausgefunden werden, wie man auf diesem Weg bleiben kann[43].
„Ausnahmen werden von uns als Zeichen und/oder Signale und/oder Hinweise und/oder Verhaltensweisen und/oder Denkweisen und/oder Reden gesehen, dass *eine Lösung schon begonnen* hat" (DE SHAZER, 1993, S.117). Wenn sich Paare so früh in der Therapie (sogar schon in der ersten Sitzung) auf dem Weg zur Lösung ihrer Probleme und dem Erreichen ihrer Ziele sehen, beginnen sie sich effektiv und hoffnungsvoll zu fühlen. Sie sehen sich sofort als fähig, zielstrebig und ideenreich und fühlen sich optimistischer hinsichtlich der Zukunft („psychisch muskelbepackt" könnte man sagen), und dieses positive Selbst-Gefühl trägt dazu bei, die Energie und den Willen zur Veränderung zu stärken.

---

[43] **Anm.d.Hrsg.:** Dies ist ein deutlicher Hinweis auf die sog. *2. Grundregel der lösungsorientierten Therapie*: *Wenn du weißt, was funktioniert – mach' mehr davon!*

Im folgenden Fallbeispiel zeigt Tobey, wie die Konversation über die jüngste Ausnahme die Funktionen erfüllt, die wir oben diskutiert haben. Larry und Karen kamen zur Therapie und sagten, sie seien unglücklich über ihre sexuelle Beziehung und wann immer sie versuchten, über dieses Thema zu sprechen, fühlten sie sich am Ende zornig, verletzt und entfremdet. Der folgende Teil des Transkripts setzt etwa zehn Minuten nach Beginn der Sitzung ein.

Tobey: Larry, können Sie mir von einer Zeit, die noch nicht so lange zurückliegt, berichten, als Sie und Karen über Sex sprechen konnten, ohne sich am Ende verletzt zu fühlen und wütend aufeinander zu sein? (*Statt sich direkt auf das „Problem Sex" zu konzentrieren, rückt Tobey die Schwierigkeiten in den Mittelpunkt, die sie haben, wenn sie das Problem gemeinsam in Angriff nehmen wollen. Um mit dem Aufbau eines bevorzugten Ergebnisbildes zu beginnen, fragt sie nach jüngsten Ausnahmen von dieser Schwierigkeit.*)

Larry: (*Denkt eine Weile nach*) Eigentlich nicht. Wir haben in der letzten Zeit vielleicht zwei–, dreimal versucht, darüber zu reden, und jedes Mal ist es schlecht gelaufen. Wir können das einfach nicht. Darum sind wir gekommen – vielleicht schaffen wir das hier. (*Wie meist üblich, wenn wir Menschen nach Ausnahmen fragen, ist Larrys erste Reaktion, Tobey zu sagen, ihm fiele keine ein. Da Tobey annimmt, ihm fiele noch keine ein, bleibt sie still.*)

Larry: Also, vielleicht während unserer Woche auf Hawaii. Mein Gott, ich hoffe, wir müssen den Rest unseres Lebens nicht hierher kommen oder nach Hawaii fahren, nur damit wir über Sex sprechen können, ohne gemeinsam schließlich ganz und gar in der Klemme zu sitzen. (*Lächelt.*)

Tobey: (*Lacht*) Na ja, vielleicht können wir etwas gegen diese furchtbare Aussicht tun. Aber vielleicht gibt es etwas, was sich aus diesem Erlebnis in Hawaii zu lernen lohnt. Lassen Sie uns ein bisschen über die Gespräche reden, die Sie beide dort hatten. Wenn es so ist, wie Sie mir gesagt haben, dass Sie gute Gespräche über Sex hatten – was war anders an ihnen? (*Tobey fragt nach Einzelheiten der Ausnahme.*)

Larry: (*Lächelt Karen an, die zurücklächelt, dann aber schnell den Kopf senkt.*) Also zum einen, statt am Ende wütend oder verletzt zu sein, hatten wir Sex, und ich glaube, ich darf sagen, es hat uns beiden Spaß gemacht. Das war mit Sicherheit ein großer Unterschied. (*Zu Karen*) Findest du nicht auch, Karen?

Karen: (*Zu Larry*) Ja, das stimmt, aber es gab noch viele andere Dinge an dem Nachmittag, die dazu geführt haben. Zum einen haben wir beide zusammen einen langen Spaziergang gemacht und

	über einige richtig schöne Dinge geredet, darüber wie es war, als wir das erste Mal zusammen waren, eine Art Gespräch, wie wir es lange nicht gehabt hatten. Du hast nicht über die Fälle gesprochen, an denen du gerade arbeitest – du hast dich nur auf uns konzentriert, auf unser Zusammensein. Das hat einen großen Unterschied gemacht.
Tobey:	Aha. Darüber würde ich gern mehr hören, Karen, aber zunächst möchte ich bei Ihnen beiden etwas überprüfen. War es ein schöneres Erlebnis, weil Ihr Gespräch mit Sex endete, oder weil Sie über ein schwieriges Thema sprechen konnten und sich weiter einander nah und verbunden fühlten? Oder beides? (*Tobey versucht herauszufinden, was für dieses Paar an diesem außergewöhnlichen Erlebnis wichtig ist, statt einfach anzunehmen, sie wüsste dies; sie klärt ihr Zielbild.*)
Larry:	Für mich war es beides.
Karen:	Für mich auch beides, aber wir können nicht jede Diskussion über Sex im Bett beenden. Obwohl, so wie ich Larry kenne, fände er das in Ordnung. (*Sie lächelt Larry an und gibt ihm einen spielerischen Stoß.*) Aber nun mal im Ernst, das ist Teil des Problems. Wann immer dieses Thema aufkommt, vermute ich, dass Larry unglücklich über mich ist, wenn wir am Ende nicht miteinander schlafen.
Larry:	(*als Antwort auf Karens Humor*) Ich fände das prima, wir könnten das ganze Gespräch über Sex auslassen und einfach nur miteinander schlafen. Aber ich glaube, was wir wirklich brauchen, ist, in der Lage zu sein, über Sex zu reden und nicht sofort Probleme zu haben. Vielleicht sollten wir nur jedes zweite Mal Sex haben, wenn das Thema aufkommt. (*Alle drei lachen.*)
Karen:	Also eigentlich ist es das Gespräch dabei, sich zusammengehörig fühlen, wenn wir reden, was wirklich wichtig ist.
Tobey:	Okay, kommen wir also noch einmal auf diese Zeit in Hawaii zurück, als Sie über Sex sprechen konnten und Sie beide sagen, es ging besser. Lassen Sie uns sehen, ob wir herausfinden können, wie Sie beide das geschafft haben. (*Tobey lädt zu einer Konversation ein, in der Wirkungskraft identifiziert und Partnerschaft verstärkt wird.*) Karen sagt, es machte einen Unterschied, dass Sie, Larry, mit ihr über Ihre Beziehung gesprochen haben und nicht über Ihre Arbeit, und dass Sie spazierengegangen sind, die Zeit entspannt miteinander verbracht haben. Was fällt Ihnen noch bei diesem Erlebnis ein, was uns etwas darüber verrät, wie Sie das bewerkstelligt haben? (*Tobey spricht weiter über die Wirkungskraft, woran jeder von ihnen sich erinnert, was sie bei diesem außergewöhnlichen Erlebnis anders gemacht haben, eine

	Handlung oder ein Gedanke, die dazu beitragen könnten, solche Erlebnisse in der Zukunft häufiger auftreten zu lassen. Dies hat auch eine narrative Funktion.)
Larry:	Also zum einen, als ich sagte, ist das nicht ein perfekter Tag, um den Nachmittag gemeinsam im Bett zu verbringen, bekam ich von Karen nicht diesen Blick, diesen Blick, als sei ich eine Art von sexbesessenem Ungeheuer.
Tobey:	Was für einen Blick hat sie Ihnen zugeworfen? (*Lockt eine Aussage darüber hervor, was geschah, und nicht darüber, was nicht geschah, womit sie eines der Kriterien für eine Zielkonstruktion erfüllt. Tobey stattet die Ausnahme mit Details aus.*)
Larry:	Also, sie hat so ein wunderbares Lächeln. Nicht wahr? Sehen Sie das Grübchen hier? Sie hat auf diese besondere Weise gelächelt. So empfänglich. Dann haben wir irgendwie angefangen, über unsere Gefühle zu reden, darüber, was in unserer sexuellen Beziehung passierte, oder vielleicht ist es besser zu sagen, was da *nicht* passierte.
Tobey:	Was können Sie mir noch sagen, Sie beide, über dieses Erlebnis und was Sie anders gemacht haben? Wenn Sie jetzt daran denken, Larry, woran erinnern Sie sich, was Sie anders gemacht haben und was vielleicht für Karen einen Unterschied gemacht hat, und Sie, Karen, woran erinnern Sie sich, was Sie anders gemacht haben und was für Larry einen Unterschied gemacht hat? (*Tobey hilft ihnen, ihre Erfahrung zu rekonstruieren (zu einer Geschichte zu machen), damit sie ihnen dabei nützt, Zeichen und Signale für veränderungsproduzierende Verhaltensweisen und Haltungen zu entwickeln.*)

Larry und Karen hatten dann Gelegenheit, eine Reihe von Möglichkeiten zu nennen, wie sie sich jeweils anders verhalten hatten, wenn das Thema Sex auf Hawaii aufkam. Dazu gehörte bei Larry das Zuhören, empfänglich bleiben für die Abschweifungen in den Gesprächen, nicht so ungeduldig auf Sex zu drängen, und bei Karen ihr Lächeln bei Larrys Späßen und das Eingehen auf sein Necken. Beachten Sie, dass die meisten dieser Details keinen direkten Bezug zu ihrer sexuellen Beziehung haben; sie schmücken ein Szenario aus, in dem sie beide auf eine Weise miteinander umgehen, die sie als angenehm betrachten. Während des Gesprächs über eine Ausnahme beginnt das Paar, Möglichkeiten des Zusammenseins auszuschmücken, die nicht nur das Problem hinsichtlich ihrer Unterschiedlichkeit in Bezug auf Sex lösen, sondern auch hinsichtlich ihrer Kommunikation darüber. Am Ende der Sitzung waren Larry und Karen sich einig, dass ein wichtiges Ziel ihrer Therapie die Fähigkeit sein würde, häufiger

Gespräche zu führen wie das eine auf Hawaii. Und außerdem wurde ihnen mit Freude bewusst – möglicherweise weil sie sich an die erfolgreiche Interaktion erinnerten –, dass sie beide optimistisch waren, das Ziel erreichen zu können.

GastgeberIn von Konversationen über Ausnahmen und Erfolge – ganz praktisch

Wenn KlientInnen und Therapeutin Geschichten über Ausnahmen und Erfolge konstruieren, ist es so, als ob sie die Teile eines Puzzles von der *guten Geschichte* zusammenfügen. Jedes Puzzleteil ist ein weiteres Stück Erfahrung, das so lange bedeutungslos oder ohne Wert ist, bis es in ein zusammenhängendes Ganzes eingefügt ist. Bis Therapeutin und Paar diese Puzzleteile zu einer Erzählung mit *guter Geschichte* zusammengesetzt haben, bleiben letztere isolierte Bruchstücke, die leicht vergessen oder übersehen werden. Aber sobald diese Erfahrungsstückchen identifiziert und in ein sinnvolles Ganzes eingepasst worden sind, wird dieses wünschenswerte „Bild" der Dinge zu einem narrativen Rahmen, der als Anleitung dafür genutzt werden kann, in welche Richtung die Menschen gehen wollen (Ergebnisse).

In RTP gehören zu den Konversationen über Ausnahmen und Erfolg normalerweise fünf oder sechs mehr oder weniger vorhersagbare Stadien. Während es zwar wichtig ist, flexibel und aufgeschlossen auf die Anforderungen eines jeden therapeutischen Kontextes einzugehen, findet sich in den meisten Fällen in unseren Konversationen zum Aufbau von Kompetenzen der folgende schrittweise Prozess:

1. Ausnahmen und Erfolge identifizieren

Wir können Konversationen über Ausnahmen und Erfolge passiv oder aktiv beginnen. Während wir zum Beispiel jedem Partner zuhören, wie er uns von seinen Problemen, Konflikten und Sorgen erzählt, können wir die Ohren offen halten und auf jede Erwähnung von angenehmen, erwünschten Erlebnissen achten oder von Zeiten, zu denen die Schwierigkeiten des Paares in irgendeiner Weise nicht so problematisch waren. Wenn ein Partner einen schönen Abend in der vorausgegangenen Woche erwähnt, könnte die Therapeutin nach Einzelheiten bei anderen ähnlichen Gegebenheiten fragen oder danach, wie das Paar zu diesem Erlebnis gekommen ist – was jeder von ihnen dazu beigetragen hat, damit es so geschah. Oder die Therapeutin kann aktiver arbeiten, indem sie die Partner auffordert, eine Ausnahme oder einen Erfolg aus der letzten Zeit zu beschreiben. Wir bitten zum Beispiel (entweder zu Beginn der Sitzung oder kurz danach) beide Partner, deren dargestelltes Problem „chronische Auseinandersetzungen" sind, uns etwas aus der jüngsten Zeit zu erzählen, wo sie sich nicht einig waren und dies zu einem großen Streit hätte führen können, es aber irgendwie nicht zu diesem Streit kam oder nur zu einem nicht sehr ernsthaften. Wir verwenden unter anderem folgende Fragen:

- *Ich frage mich, ob einer von Ihnen mir von Zeiten seit dem Anruf für diesen Termin erzählen kann, wo Dinge zwischen Ihnen beiden geschahen, die Sie beide gern häufiger erleben würden?* (Nutzt erfolgreiche Erlebnisse aus der Zeit vor der Sitzung als einen ersten Schritt zur Zielkonstruktion.)

- *Ich möchte gerne, dass Sie mir von einer Zeit in der jüngsten Vergangenheit erzählen, in der Sie beide in einem gewissen Ausmaß erfolgreich an diesem Problem gearbeitet haben.* (Unterstreicht Erfolg bei der Zusammenarbeit.)

- *Können Sie mir von einer Zeit in der jüngsten Vergangenheit erzählen, wo dieses Problem hätte auftreten können, aber nicht auftrat oder doch irgendwie ein kleineres Problem war?* (Fokussiert die Konversation auf Erzählungen ohne Probleme, das heißt auf Ausnahmen.)

2. Individuelle Bedeutungen klären

Sobald wir gemeinsam Erfolgsgeschichten verfasst haben, fangen wir an, die individuellen Bedeutungselemente dieser bevorzugten Geschichten stärker herauszuarbeiten und zu gestalten. Wir möchten herausfinden, *wie diese Erlebnisse einen Unterschied machen* – welche speziellen Bedeutungen sie für jeden Partner haben und welches Selbst-Gefühl bei diesem Erlebnis eine Rolle spielt. Diese Brücke zwischen Begegnung und Bedeutung schafft einen narrativen Rahmen, in dem jeder Partner die einzigartige, persönliche Bedeutung dieser Geschehnisse entdeckt. Unserer Überzeugung nach sind Paare, die diese persönlichen Bedeutungen für sich selbst und für einander verstehen, erfolgreicher darin, Differenzen aufzulösen und das Konstrukt der *guten Geschichte* ihres Lebens zu erhalten. Hier nun einige Fragen, die wir den Paaren stellen, um die Bedeutungen aus diesen Erzählungen mit *guter Geschichte* hervorzuholen:

- *Wenn Ihr Partner/Ihre Partnerin weniger zornig ist (weniger deprimiert, glücklicher, herzlicher, geduldiger), wie macht dies einen Unterschied für Sie?*
- *Wie behandeln Sie Ihren Partner/Ihre Partnerin anders, wenn Sie sich weniger ängstlich fühlen (besorgt, schuldig, belastet, hoffnungslos)?*
- *Wenn Sie beide solche Erlebnisse haben (wo Ihr Partner/Ihre Partnerin sich mehr so verhält, wie Sie es sich wünschen), was sagt Ihnen das über sich selbst (Ihren Partner/Ihre Partnerin, Ihre Beziehung, die Möglichkeiten für die Zukunft)?*
- *Was ist Ihrer Meinung nach der wichtigste Teil bei diesem Erlebnis? Was macht es so wichtig für Sie?*
- *Was vermuten Sie, was Ihr Partner/Ihre Partnerin sagen würde, was diese Art Erlebnis so wichtig für ihn/sie macht?*
- *Was ist anders an Ihnen, wenn Sie beide diese Art von Erlebnis haben? Was bedeutet dieser Unterschied für Sie?*

3. Wirkungskraft schaffen: Ausnahmen zur Regel machen

Die anfangs von Paaren identifizierten Ausnahmen und Erfolge werden entweder als bewusst und beabsichtigt oder als zufällig und spontan beschrieben (BERG & MILLER, 1992; DE JONG & BERG, 1998). Wird eine Ausnahme oder ein Erfolg als beabsichtigt wahrgenommen, können die Menschen meist Schritt für Schritt beschreiben (mit Hilfe der Therapeutin), wie sie zu dem Geschehen beigetragen haben. Der zweite Typ, zufällige oder spontane Erfolge oder Ausnahmen, umfassen Vorfälle, in denen etwas Positives geschehen ist, die Klienten aber, zumindest anfänglich, nicht die Schritte erklären können, die sie unternommen haben, um dorthin zu gelangen. Häufig schreiben Menschen die erwünschten Veränderungen, Erfolge und Ausnahmen irgendeiner, von der anderen Person vorgenommenen Veränderung zu. In solchen Fällen erleben sie die Erfolge als außerhalb ihres Einflusses liegend. Erfolgsgeschichten, die nicht das Element der Wirkungskraft enthalten, sind noch unvollständig – sie sind Geschichten von Glück, nicht von Erfolg – und es ist die Aufgabe der Therapeutin, den Ball in Richtung der gemeinsamen Verfasserschaft von Wirkungskraft ins Rollen zu bringen, was eine wesentliche Komponente ist, wenn diese Geschichten einen Bereich darstellen sollen, in dem Kompetenz entdeckt und Veränderung in Gang gehalten werden sollen.

Wir stellen Fragen, die den Menschen helfen, kausale Verbindungen zwischen den wünschenswerten Geschehnissen und dem herzustellen, was die jeweilige Person dachte und tat, als sich diese Ausnahmen und Erfolge ereigneten, wobei wir das, was die beiden Partner auf neue oder andere Art und Weise taten, hervorlocken und weiterentwickeln[44]. Etwas, was wie ein zufälliger Erfolg scheint, in ein beabsichtigtes Ereignis zu verwandeln, hat zwei positive Resultate: Erstens erzeugt es Gefühle von persönlicher Effizienz und Kompetenz, und zweitens wird dargelegt, was speziell jeder Partner in der Zukunft als seinen Teil des auf sie zugeschnittenen, kollaborativen Handlungsplanes tun kann, um ihrer Beziehung eine Wendung zu geben. Selbst wenn das, was eine Person in diesen Beispielen anders gemacht hat, als Reaktion auf die vom Partner vorgenommenen und an ihm beobachteten Veränderungen geschehen war, sind dies dennoch Veränderungen, die die Menschen sich zu eigen machen und wiederholen können. Wir möchten beiden Partnern helfen, sich in der Rolle der aktiven Teilnehmer bei diesen Szenarien der zufriedenstellenden *guten Geschichten* zu sehen.

Der leichteste Weg, Wirkungskraft zu etablieren, besteht darin, die Menschen zu fragen, wie sie eine Ausnahme, einen Erfolg oder eine positive Veränderung bewirkt haben. Wenn man darüber nachdenkt, ist dies eine merkwürdige Frage, und sie klingt für die Klienten fast immer merkwürdig, wenn wir sie stellen. Ihre erste Reaktion ist oft: „Ich weiß nicht" oder „Das ist einfach passiert" oder „Mein Partner hat sich aus irgendeinem Grund verändert". Aber die Menschen haben eine sehr starke Fähigkeit zum Geschichtenerzählen und Modulieren von Daten, gepaart mit einem Selbst-Gefühl (wenn sie sich in einem Kontext befinden, in dem sie sich positiv sehen können), das viele Ressourcen enthält, um sich Lösungen vorzustellen, Veränderungen

---

[44] Wir möchten betonen, dass wir unsere Zweifel haben, ob es möglich ist, wenn es um Angelegenheiten von Menschen geht, genau zu benennen, welche Ursachen was bewirken, da immer zahlreiche Faktoren zu bestimmten Konsequenzen beitragen. Das ist ein Grund, weswegen wir es nicht für sinnvoll halten, Zeit damit zu verbringen, nach vergangenen Ursachen für gegenwärtige Probleme zu suchen. Gleichzeitig glauben wir nicht, mit Sicherheit behaupten zu können, Handlungen, die Menschen gleichzeitig mit bevorzugten Erfahrungen vornehmen, verursachten notwendigerweise diese Erfahrungen. Zweifellos jedoch beeinflussen die Partner sich gegenseitig und ihre eigene Wahrnehmung einer Erfahrung, sowohl durch Verhaltensweisen wie auch durch perzeptuelle Verschiebungen, und so führt die Entwicklung ursächlicher Geschichten in Hinblick auf Erfolge und Ausnahmen normalerweise zu den erwünschten therapeutischen Zielen.

vorzunehmen und effektiv zu handeln. Wenn wir KlientInnen ermutigen, sich an Ausnahmen zu erinnern, fällt ihnen nach ein bisschen Grübeln fast immer etwas ein. Ein Ehemann sagt vielleicht in Bezug auf eine Ausnahme zu der Regel, dass er immer mit seiner Frau über seinen Stiefsohn streitet: „Also, als ich gesehen habe, dass wir wieder kurz davor waren, eine weitere unserer alten üblichen Auseinandersetzungen darüber zu haben, wie Nick immer Widerworte gibt, habe ich ihr gesagt, sie solle es ruhig so machen, wie sie es wollte – ich würde mich da jetzt heraushalten. Aber ich wollte mich dann mit ihr zusammensetzen, nachdem er ins Bett gegangen war, und mit ihr darüber reden, vielleicht bei einer Tasse Tee, wenn wir Zeit hätten für ein richtiges Gespräch. Und sie war einverstanden und hat mir sogar für den Vorschlag gedankt. Später hat sie mir erzählt, sie könnte viel mehr Interesse für meinen Standpunkt aufbringen, wenn sie nicht das Gefühl hätte, dass in der Hitze des Gefechts alles auf sie eindrängt. Und die Lage hat sich beruhigt und wir schafften es, ein Gespräch zu führen, das nicht so angespannt war, obwohl wir uns immer noch nicht einig darüber waren, wie wir mit Nicks Gegenreden umgehen sollten."

Es folgen einige Fragen, die wir den Paaren stellen, um ihre Wirkungskraft auszuweiten:

- *Wie haben Sie (Sie beide) es geschafft, das so hinzubekommen?*

- *Woran erinnern Sie sich, was Sie in der Situation anders gemacht haben, was dazu beigetragen hat, die Dinge mehr so laufen zu lassen, wie Sie es sich wünschen?*

- *Wenn Sie über diesen Erfolg nachdenken, woran können Sie sich erinnern, was Sie gemacht oder gesagt haben, das vielleicht einen Unterschied für Ihren Partner/Ihre Partnerin gemacht hat? Wie hat das, was Sie gemacht haben, Ihrer Meinung nach einen Unterschied für ihn/sie bewirkt?* (Der einzelne, der zum einen darüber nachdenken muss, was er gemacht hat, und zum anderen darüber, wie dies die andere Person beeinflusst hat, wird aufgefordert, den Erfolg oder die Ausnahme mit den Augen des Partners zu sehen, um auf diese Weise einen kausalen oder einflussreichen Faktor zu „identifizieren".)

- *Nehmen Sie an, ich hätte zwei Videobänder. Das eine Band zeigt eine Szene, wo Sie beide gut gemeinsam daran arbeiten, mit* dem Problem fertig zu werden, und das andere zeigt eine Zeit, wo das Problem immer noch die Überhand gewinnt. Welchen Unterschied würde ich an den beiden Videos bemerken?

– *Mike, was würde Lynn Ihrer Meinung nach sagen, was Sie zu dem Zeitpunkt anders gemacht haben und wodurch es zu einem positiven Erlebnis wurde?* (Fordert den Antwortenden auf, sich die einflussreichen Faktoren vorzustellen, die der Partner nennen würde.)

– *Janet, was würde Al sagen, was Sie tun können, um ihn dazu zu bringen, mehr Spaß zu machen und zu lachen (zu kommunizieren, beim Abwaschen zu helfen, ruhig zuzuhören), die Dinge, von denen Sie sagen, dass er sie machte, und die dann einen positiven Unterschied für Sie bewirkten?*

4. Nützliche Selbstgespräche deutlich machen

Der nächste (damit verwandte) Schritt besteht darin, Selbstgespräche, die die Wirkungskraft erhöhen, deutlich zu machen. Wir sind daran interessiert, von KlientInnen zu hören, welche Ihrer Gedanken, die sie vielleicht gehabt haben, es ihnen ermöglichten, auf eine Weise zu handeln, die einen Unterschied machte. (Auch hier ist es einerlei, ob die Leute die Antworten auf unsere Fragen nach den Selbstgesprächen aus der Erinnerung schöpfen oder ob sie sie konstruieren.) Hier sind einige der Fragen nach den Selbstgesprächen:

– *Wie haben Sie entschieden, das zu tun?*

– *Was haben Sie gedacht, was Ihnen dabei geholfen hat, diesen Schritt zu unternehmen?*

– *Was haben Sie zu sich selbst gesagt, um das so hinzubekommen?*

– *Was, meinen Sie, können Sie zu sich in solchen Situationen sagen, was Ihnen helfen würde, das noch einmal zu machen?*

Ein weiterer Aspekt bei der Durchsetzung der Wirkungskraft besteht darin, die nützlichen Selbstgespräche deutlich zu machen. Diese Art von Fragen ermutigen die Menschen, sich auf einen inneren Bereich zu konzentrieren, der zu einem kraftvollen Gefühl des Selbst beiträgt und in seiner Erweiterung auch zur Entwicklung einer *guten Geschichte*, was wir als nächstes betrachten werden.

5. Wahrnehmung zugunsten von Erlebnissen mit der *guten Geschichte* beeinflussen

Geschichten von Ausnahmen und Erfolgen sind Teil eines Prozesses der Anpassung der Wahrnehmung. Sobald man diese Art von Erfahrungen „sieht" und ihnen in Erinnerungen, Plänen und Bedeutungen Raum zugesteht, erhalten sie genug Gewicht, um allmählich die Erwartung zu verschieben. Wenn Paare anfangen, das (bereits vorhandene) Potential für zufriedenstellende gemeinsame Erlebnisse zu sehen, eröffnet sich die Möglichkeit zum Verschieben der Perspektive. Während dies geschieht, kann die Therapeutin den Partnern helfen, sich von der Konzentration auf das, was ihre individuellen *schlechten Geschichten* bestätigt, fortzubewegen und aufmerksamer für Beweise zu sein, die die Erzählung mit *guter Geschichte* bestätigen. Wir machen dies auf zwei Arten. Die erste ist ziemlich direkt. Wir fordern die Leute einfach auf, zwischen der gegenwärtigen Sitzung und der nächsten nach Beispielen für Ausnahmen und Erfolge Ausschau zu halten: *Zwischen heute und dem nächsten Mal, wenn wir uns treffen, möchte ich Sie beide bitten, auf die Zeiten zu achten, wo Sie sich in Bezug auf die Art und Weise, wie Sie gemeinsame Entscheidungen treffen, besser fühlen – Zeiten, zu denen der Prozess ein bisschen mehr so war, wie Sie ihn gern hätten*[45]. Zweitens stellen wir Fragen, die beiden Partnern den Wert und die Macht ihrer gemeinsamen Erzählung mit *guter Geschichte* noch deutlicher erkennen lässt, und zwar so, wie diese in der Konversation über Ausnahmen und/oder Erfolge aufgedeckt wird. Wir möchten, dass sich die ersehnte Zukunft und die erinnerte Vergangenheit überlappen. Hier sind einige Fragen, die dorthin führen können:

– *Was sagt Ihre Fähigkeit, Erlebnisse wie diese herbei zu führen, über Sie beide als Paar?*

– *Nehmen wir einmal an, Sie treffen ein Paar, das dieselben Probleme hat. Ausgehend von diesen Erfolgen, die Sie gehabt haben, was würden Sie ihnen raten zu tun? Während Sie sich selbst sehen, wie Sie erfolgreich daran arbeiten, dieses Problem zu bewältigen und zu lösen, was würden Sie über sich selbst sagen (zu einander und anderen gegenüber)?*

---

[45] **Anm.d.Hrsg.:** Dies ähnelt der sog. *Standardintervention Nr. 1* (DE SHAZER & MOLNAR, 1983, S. 3f.)

- Was, glauben Sie, würden Leute, die Sie beide zu Ihren besten Zeiten gekannt haben, über Ihre Fähigkeit sagen, weiter gemeinsam daran zu arbeiten, damit diese Art von Erfolg in der Zukunft häufiger vorkommt?
- Wer von Ihren Freunden wäre am wenigsten überrascht zu hören, wie gut Sie beide mit der Situation fertig geworden sind? Was wissen die von Ihnen, was sie dazu bringt, so zu fühlen?
- Wenn Sie diese Probleme hinter sich gebracht haben, was möchten Sie dann, das Ihr Partner über Sie denken und sagen soll und über Ihre Bemühungen, die Veränderungen herbeizuführen, die den Unterschied bewirkt haben?
- Was wäre nötig, damit Sie in der Lage sind, den Zeiten mehr Aufmerksamkeit zu schenken, wo Ihr Partner/Ihre Partnerin Dinge mehr so erledigt, wie Sie es sich wünschen? Woher würde er/sie wissen, ob es Ihnen aufgefallen ist?
- Wenn Ihre Kinder erwachsen sind und mit ihren Partnern über Sie beide sprechen und wie Sie Ihrer Beziehung eine neue Wende gegeben haben, was sollen sie dann über Sie sagen können? (Dies ist übrigens eine sehr effektive Frage zur Verschiebung der Perspektive bei Paaren mit Kindern.)

In einigen Fällen sind die Menschen nicht in der Lage, sich irgendwelche Ausnahmen oder Erfolgsgeschichten einfallen zu lassen, wodurch es unmöglich zu sein scheint, sich auf das Gebiet einer *guten Geschichte* zu bewegen. Wir haben bereits erwähnt, wie wir in solchen Fällen vorsichtig auf unserer Befragung beharren, auf Gelegenheiten warten und achten, um nach Ausnahmen zu fragen, oder wie wir unseren Standpunkt ändern und zukunftsorientierte Fragen stellen. Aber es gibt eine dritte Möglichkeit. Wir können die Menschen auch bitten, ihre Phantasie einzusetzen, um die Vergangenheit neu zu konstruieren – sich ein Szenario vergangener Erfolge „auszudenken"[46]. Wir können zum Beispiel etwas Ähnliches sagen wie: „Ich sehe, Sie finden es beide sehr schwer, sich an eine Zeit in der nahen Vergangenheit zu erinnern, wo Sie erfolgreich mit diesem Problem umgegangen sind; ich möchte daher etwas ausprobieren. Wären Sie beide bereit, Ihre Phantasie zu nutzen, um einige etwas merkwürdig klin-

---

[46] Dies ist eine Technik, die Tobey in der psychodramatischen Gruppenarbeit verwendet.

gende Fragen zu beantworten? Könnten Sie sich, nur als Experiment, beide eine Zeit in der jüngsten Vergangenheit vorstellen, als dieses Problem auftrat, diese Szene aber mit Vorgängen sehen, die mehr so laufen, wie Sie es wollen? Versuchen Sie, so gut Sie können, sich so zu sehen, als beobachteten Sie ein Videoband, und erzählen Sie mir, was geschieht. Was beobachten Sie, was Sie in diesem Bild machen?"

Nehmen wir zum Beispiel an, ein Paar sucht Hilfe, um Möglichkeiten zu finden, gemeinsam besser daran zu arbeiten, die Tochter dazu zu bringen, ihre Hausaufgaben zu machen. „Also, stellen Sie sich vor, nur mal jetzt so, während der letzten paar Tage hätte Robin Gitarre gespielt und mit ihren Freundinnen telefoniert, statt Hausaufgaben zu machen – Sie wissen schon, die Dinge, von denen Sie mir gesagt haben, dass sie einen Streit zwischen Ihnen auslösen können. Nur diesmal, statt dass alles schlecht läuft und Sie wieder eine Ihrer Auseinandersetzungen über die unterschiedliche Art und Weise haben, wie man damit umgehen sollte, entwickeln die Dinge sich irgendwie anders. Beobachten Sie jetzt die Videoszene, lassen Sie die Dinge mehr so laufen, wie Sie es sich wünschen, und erzählen Sie mir, was Sie sehen und hören und was sich anders entwickelt." Während beide Partner sich diesen „vergangenen Erfolg" vorstellen und wir Fragen stellen, um die Einzelheiten zu erfahren von dem, was jeder von ihnen anders macht, wird die Konversation Lösungen hervorbringen wie Elemente von Wirkungskraft und eine Erzählung mit *guter Geschichte*.

6. Einen Handlungsplan für weitere Veränderungen aufstellen

Das letzte Stadium der Konversationen über Ausnahmen/Erfolge beschäftigt sich damit, was beide Partner tun können, um die Dinge weiter auf diesem Kurs in Richtung *gute Geschichte* zu halten. Zu diesem Schritt gehört es, die angefertigte Mischung aus Bedeutungsgebung, Wahrnehmung, Verhalten und Wirkungskraft so zu verdichten und zu festigen, dass sie über das Ende der Therapie hinaus Bestand haben wird. Jetzt, wo die KlientInnen die spezifischen Handlungen identifiziert haben, die während der außergewöhnlichen und erfolgreichen Zeiten aufgetreten sind, und die einzigartigen persönlichen Bedeutungen der Erfahrungen des Selbst, des anderen und ihrer Beziehung formuliert haben, können wir ihnen helfen, Zukunftspläne für die Veränderung zu entwickeln – Handlungsprogramme, die diese vergangenen und gegenwärtigen Ausnahmen in der Zukunft zur Regel machen werden. Es folgen einige Fragen, die wir stellen können, um den Partnern zu helfen, diese Strategien der Veränderung in der Zukunft zu entwickeln:

- *Was kann Ihr Partner/Ihre Partnerin tun, das es für Sie leichter machen wird, mehr von den Dingen zu tun, von denen er/sie sagt, sie werden für ihn/sie einen Unterschied machen?*

- *Was würde Ihrer Meinung nach Ihr Partner/Ihre Partnerin mir über die Dinge sagen, die Sie anders machen könnten, die den größten Unterschied für ihn/sie machen würden und am meisten dazu beitrügen, Ihre Beziehung zu verbessern?*

- *Wie wird das Wissen, was diese Veränderungen für Ihren Partner/Ihre Partnerin bedeuten – wie Sie ihm/ihr helfen, sich Ihnen näher (besser in der Beziehung, hoffnungsvoller für die Zukunft) zu fühlen – Ihnen helfen, weiterhin diese Dinge zu tun, die wichtig sind?*

- *Was sind Sie einige der Dinge, die Sie sich weiterhin sagen (anders machen, denen Sie Beachtung schenken) könnten, die für Sie einen Unterschied bei der Verbesserung der Beziehung machen.*

- *Was sind Sie einige der Dinge, die Sie machen könnten, um sicher zu gehen, dass Sie in der Zukunft mehr dieses Erlebnis haben, sich in der Beziehung verbunden (ruhig, entspannt, heiter, zärtlich, vertrauensvoll) zu fühlen.*

- *Was meinen Sie, würde Ihr Partner/Ihre Partnerin sagen, was Sie tun könnten, um zu diesem Gefühlserlebnis (dem Gefühl der Verbundenheit, Ruhe, Unabhängigkeit oder Unternehmungslust) in der Zukunft beizutragen?*

Beachten Sie, dass zwar einige unserer Fragen sich darauf richten, was der Antwortende tun kann, wir uns allerdings oft auf Fragen verlassen, die die Perspektive verschieben (und Empathie schaffen), was die Partner auffordert, sich eine Reaktion auf seiten des anderen vorzustellen. Dies machen wir zum Teil deswegen, weil diese Fragen dazu beitragen, Partnerschaft neu zu gestalten, indem man die Menschen bittet, ihre Verbindung zum anderen zu demonstrieren. Wir erörtern diese Art von Fragen im Einzelnen in Kapitel 8.

Wenn ein Paar sich bereit fühlt, die Therapie zu beenden und allein weiterzumachen, sind die folgenden Fragen am Ende nützlich, um den Fluss der positiven Bewegung zu unterstützen.

- Was, meinen Sie, können Sie nach dem Ende der Therapie tun, dass der Ball weiter in die richtige Richtung rollt?
- Wenn Sie beide nicht mehr hierher kommen, was meinen Sie, werden Sie tun, das Ihrem/Ihrer Partner/in (ihren Kindern, ihren Freunden) sagt, dass Sie immer noch versuchen, Ihren Teil zu erfüllen, damit Ihre Beziehung ein Erfolg wird?
- Was ist das Wichtigste für Sie beide, woran Sie sich erinnern müssen, damit diese Dinge die beste Chance haben, in der Zukunft häufiger zu geschehen? Was ist das nächst Wichtigste?
- Woran werden Sie in Zukunft denken müssen, während der unausweichlichen Zeiten der Herausforderung, damit Sie in der Lage sein werden, das zu tun, was nach Ihrer Aussage einen Unterschied macht?

Die Stücke zusammenfügen

Fragen, die sich auf erfolgreiche und Ausnahme-Zeiten konzentrieren, helfen sowohl der Therapeutin wie den KlientInnen, aus den vielfältigen Wahrnehmungen der Realität auszuwählen und damit anzufangen, eine befriedigende Geschichte der Beziehung zusammenzustellen, indem die wünschenswerten Elemente (Handlungen, Gedanken und Erinnerungen) dieser Geschichte definiert werden. Dies festigt die Einzelheiten eines Zielbildes und unterstreicht die Mittel, die von den Menschen benutzt werden können (und schon benutzt worden sind), um sich diesem Bild zu nähern; mit anderen Worten, die Menschen können einen Handlungsplan entwickeln, der sich auf diese erfolgreichen Erlebnisse gründet. Zugleich stellt dieser Prozess die Menschen sofort in einen Rahmen, wo Lösungen bereits vorkommen. Nehmen wir zum Beispiel einmal an, der Therapeut fordert seinen Klienten, Miles, auf, einen Zeitraum in der jüngeren Vergangenheit zu beschreiben, wo er und sein Partner, Justin, Zeit in einer Weise gemeinsam verbrachten, die für ihn einen Unterschied machte – als sie, so lauteten seine eigenen Worte – „einander näher waren, im selben emotionalen Raum lebten". Nachdem er anfangs sagte, ihm fiele nichts ein, zögerte er für einen Augenblick und sagte dann, wobei er seine Überraschung über diese Erkenntnis zum Ausdruck brachte, sie „waren [sich] tatsächlich vor etwa einer Woche ziemlich nahe". Er wendet sich an Justin, lächelt – Justin erwidert sein Lächeln – und bemerkt, es sei merkwürdig, dass er sich nicht sofort daran erinnert habe. Der

Therapeut verfolgt dies weiter, indem er Miles fragt, woran Miles sich erinnert, was er vor diesem ersehnten Erlebnis und währenddessen anders gemacht hat. Miles sagt: „Ich weiß eigentlich nicht; irgendwie ist es einfach passiert." Der Therapeut, der gemeinsam mit ihm die Wirkungskraft ermitteln will, fordert ihn auf, noch mehr über diese Frage nachzudenken, und fügt hinzu, wenn er sich an etwas erinnern kann, was er anders gemacht hat, könnte das dabei helfen herauszufinden, wie sie dieses Erlebnis häufiger haben könnten.

Miles grübelt und sucht vermutlich in seiner Erinnerung nach etwas, was er gemacht oder gedacht hat. Er rekonstruiert Ereignisse, fügt sie zu einer leicht veränderten Erzählung zusammen, erinnert sich, revidiert, definiert von neuem und fügt wieder etwas zu den vielen Stückchen dieses Erlebnisses an dem einen Abend hinzu. Er sieht überrascht und erfreut aus. Er sagt, als Justin gleich nach dem Abendessen ging, um seine Kopfhörer aufzusetzen und Musik zu hören, hat er selbst nicht angefangen, die Küche aufzuräumen oder Justin zu sagen, er habe es satt, dass er immer nach dem Essen gleich fortrennt, sondern ist zu ihm gegangen und hat sich neben ihn aufs Sofa gesetzt. Anfangs sagt er noch, er könne sich nicht genau erinnern, warum er das tat – vielleicht war er einfach zu müde gewesen, um noch am Aufräumen in der Küche interessiert zu sein, und wollte sich vielleicht einfach nur hinsetzen. Dann fügt Miles noch etwas hinzu. Er erinnert sich jetzt, wie er Justin gegenüber während des Abendessens „Beschützergefühle" gehabt habe. Während ihrer Unterhaltung hatte Justin darüber gesprochen, wie er früher, als er noch jünger war, oft Gitarre gespielt hatte und nebenbei erwähnte er den Tod eines guten Freundes, der Musiker gewesen war, und dies brachte Miles auf den Gedanken, dass Justin vermutlich irgendwie traurig war. Wie Miles sich jetzt erinnert, ging er ins Wohnzimmer, um bei Justin zu sein, weil er glaubte, Justin brauche Aufmunterung. Und so ging das Gespräch weiter: „Ach ja, und als ich mich hinsetzte, habe ich mich an ihn angeschmiegt, und er hat die Kopfhörer abgenommen und einen an mein Ohr gehalten, um mir zu zeigen, was er sich anhörte. Und dann habe ich ihm gesagt, dass es mir gefiel, wie wichtig Musik in seinem Leben war. Und er sagte, es sei ein schönes Gefühl für ihn, wenn ich so neben ihm säße. Und auch, dass er sich besser fühlte, nachdem er mit mir in der Küche gesprochen hatte. Das war ein richtig schönes Gefühl. Und nicht lange danach hat er irgendwie das Interesse an den Kopfhörern verloren." Miles, Justin und der Therapeut fangen alle an zu lachen. Miles sagt: „Also, wir machen selbst ziemlich gute Musik." Nach dieser Beschreibung eines Erfolges/einer Ausnahme fuhr der Therapeut fort, mit Miles und Justin zusammen die Teile der Interaktion und Bedeutungsgebung zu erkunden und zu vertiefen, die zu diesem vertrauten und liebevollen Abend geführt hatten – insbesondere was jeder von ihnen gemacht hatte, was ihnen an den Handlungen des anderen aufgefallen war und wie das für beide einen Unterschied gemacht hatte. Das Augenmerk lag darauf, wie sie gemeinsam daran teilgehabt hatten, dieses Ereignis einer *guten Geschichte* geschehen zu lassen, und aus dieser Diskussion heraus entwickelten sie zusammen einen Aktionsplan, um solche Ereignisse in der Zukunft häufiger geschehen zu lassen.

Kapitel 7
Skalierungsfragen: Zahlen können einen Unterschied machen

Die bisher behandelten Typen von Fragen und Gesprächen waren meist durch bestimmte Abläufe oder implizierte Sequenzen charakterisiert. So könnte es den Anschein haben, als führten wir die Therapie in einer Art Kochbuchrezept durch, wobei wir mit der Herstellung des Rapport beginnen, dann mit solchen Konversationen fortfahren, die den Griff der *schlechten Geschichte* lockern, anschließend Fragen über Ziele und bevorzugte Zukunftsbilder stellen, um am Ende nach Erfolgen und Ausnahmen der letzten Zeit zu fragen. Wir haben RPT in einer Schritt-für-Schritt-Version vorgestellt – nicht weil diese Abfolge die „richtige" ist, sondern um es den LeserInnen zu ermöglichen, Stück für Stück unsere verschiedenen Konversationsprozesse und -fragen zu verstehen. Wie wir versucht haben, deutlich zu machen, sind die Aufgaben des Paartherapeuten vielfältig, und das Hin und Her in den Gesprächen, in denen Paar und Therapeut gemeinsam Lösungen und Zukunftsbilder entwerfen, ist nicht Teil einer gradlinigen, linearen Sequenz. Vielmehr ist der therapeutische Prozess komplex und bewegt sich vor und zurück in viele Richtungen; die Richtung wird von Augenblick zu Augenblick festgelegt und lässt Raum für Kreativität, Stile und persönliche Rhythmen von Therapeut wie von KlientInnen.

In RPT beabsichtigen wir, unabhängig vom Verlauf der Konversation, die Menschen auf Anzeichen eines progressiven Unterschiedes auszurichten, der als Beweis für ihre Erzählung mit *guter Geschichte* gesehen wird. Skalierungsfragen, die in der lösungsorientierten Kurztherapie entwickelt wurden, sind gut geeignet, um diesen Zweck zu erfüllen (Berg, 1995; Berg & Miller, 1992; Berg & de Shazer, 1993; De Jong & Berg, 1998; de Shazer, 1994; O'Hanlon & Weiner-Davis, 1989; Walter & Peller, 1992). Berg und de Shazer (1993) erläutern, dass Skalierungsfragen

> sowohl dem Therapeuten wie den KlientInnen erlauben, die Art und Weise, wie Sprache funktioniert, ganz natürlich zu nutzen, indem sie sich auf Werte (das heißt Zahlen) und ein Konzept (eine Skala, bei der 10 für das Ziel steht und Null für die Abwesenheit jeglicher Bewegung in Richtung auf das Ziel) einigen, das offensichtlich vielfältig und flexibel ist. Da weder Therapeut noch Klient

absolut sicher sein können, was andere beim Gebrauch eines bestimmten Wortes oder Konzeptes meinen, erlauben Skalierungsfragen ihnen, gemeinsam einen Weg zu konstruieren, um über schwer beschreibbare Dinge zu reden, Fortschritt in Richtung auf das Ziel eingeschlossen (S. 19).

Bevor wir in eine tiefgehende Diskussion über das Wesen von Skalierungsfragen und ihre Anwendung in RPT einsteigen, wollen wir ein einfaches Beispiel betrachten, um zu sehen, wie sie funktionieren. Eine Skalierungskonversation beginnt, wenn wir einen oder beide Partner eines Paares auffordern, sich in Hinblick auf irgendeinen subjektiven Zustand oder eine subjektive Bedingung auf einem Kontinuum von eins bis zehn[47] zu platzieren, das heißt in Bezug auf den Fortschritt in Richtung Problemlösung oder auf die Motivation, hart an der Problemlösung zu arbeiten und auf die Zuversicht, dass die Probleme gelöst werden können, und so weiter. Sobald diese Platzierung auf der „Grundlinie" vorgenommen worden ist, stellen wir weitere Fragen, die Zeichen von Unterschieden deutlich machen sollen – kleine, konkrete, beobachtbare Geschehnisse, die den Antwortenden sagen, ob es eine Bewegung auf diesem Kontinuum gibt.

Nehmen wir an, ein Paar erzählt uns, sein Ziel sei „bessere Kommunikation". In seiner gegenwärtigen Form ist das Ziel des Paares therapeutisch nicht wohl formuliert, weil ihm Genauigkeit fehlt; es ist nicht in beobachtbaren Begriffen ausgedrückt und suggeriert eher einen festen Zustand oder Endpunkt als Schritte in einem Prozess. Anstatt die Arten von Fragen zur Zielkonstruktion zu stellen, die wir in den vorherigen Kapiteln beschrieben haben, beschließen wir in diesem Fall, Skalierungsfragen zu benutzen, um den Partnern bei der Klärung und Identifizierung zu helfen, welche beobachtbaren Veränderungen ihnen sagen werden, dass sie eine „bessere Kommunikation" haben. Wir fangen an, indem wir dem Paar erklären, dass wir ihnen einige merkwürdige Fragen mit Zahlen stellen werden, und wir möchten wissen, ob sie bereit wären, das auszuprobieren und unsere Fragen zu beantworten. Nachdem das Paar seine Bereitschaft erklärt hat, fragen wir: „Nehmen Sie eine Skala von 1 bis 10, bei der 1 für die Zeiten steht, wo ihre Kommunikation am schlechtesten war, und 10 dafür,

---

[47] Wie Ihnen vielleicht auffällt, benutzen DE SHAZER und BERG eine Skala von 0 bis 10. Obwohl es vielleicht keinen praktischen Unterschied macht, ziehen wir es vor, eine Skala von 1 bis 10 zu benutzen. Alle Beispiele und Transkripte reflektieren diesen Unterschied.

wie Sie kommunizieren werden, wenn Sie bereit sind, die Therapie zu beenden (wenn Sie beide mit Ihrer Kommunikation zufrieden sind, Ihre Kommunikation so gut ist, wie sie realistischerweise werden kann), was würde jede/r von Ihnen sagen, wo Sie sich jetzt zu diesem Zeitpunkt befinden?"

Nehmen wir an, der Mann sagt „4" und die Frau sagt „3,5". Wir haben keine Ahnung, was diese Zahlen für die beiden bedeuten. Es ist auch gar nicht notwendig festzustellen, was sie dazu geführt hat, diese Zahlen zu wählen. Die Zahlen sind *nur deswegen* wichtig, weil sie im Geist beider Partner eine Grundlinie festlegen, von der aus die Wahrnehmung von Unterschieden im weiteren Gesprächsverlauf konstruiert werden wird (DE SHAZER, 1994). Wir haben einen ersten gemeinsamen Schritt getan, um kleinen Unterschieden eine herausragende Bedeutung in Hinblick auf das bevorzugte Zukunftsbild zu geben.

Jetzt sind wir so weit, den nächsten Schritt zu tun, nämlich einen der Partner zu fragen, welche spezifische, beobachtbare Veränderung anzeigen wird, dass er/sie auf dem Kontinuum eine Zahl höher gekommen ist. Wenn die Menschen anfangen, sich vorzustellen und zu beschreiben, was anders sein wird, wenn sie auf der Skala höher gekommen sind, dann haben wir bereits damit begonnen, gemeinsam eine Erzählung mit positivem Unterschied (einem Element der *guten Geschichte* des Partners) zu entwerfen. Danach geht es darum, die Einzelheiten dieser Szenarien von Unterschieden auszugestalten und zu vertiefen. Die Standardfrage lautet hier. „Was wird Ihnen noch sagen, dass Sie sich von einer 3 zu einer 4 fortbewegt haben?" und „Was werden Sie noch bemerken?" Beachten Sie, dass die Menschen nicht gefragt werden, was sie *tun* müssen, um sich zu bewegen, sondern *was Sie bemerken werden*, wenn sie sich bereits weiterbewegt haben; der Fokus liegt auf der Wahrnehmung, nicht auf der Handlung.

Sobald wir die Anzeichen eines Unterschieds hervorgehoben und erläutert haben, sind wir bereit, den letzten Schritt im Skalierungsprozess zu tun – die persönlichen Metaziele und Bedeutungen zu identifizieren, die diese wahrgenommenen Unterschiede für die beiden Partner beinhalten. Wir fordern die Partner auf, über die emotionale und interpersonelle Bedeutung nachzudenken und zu sprechen, die diese vorgestellten Szenarien für sie beide haben. Wir fragen: „Wenn Sie bemerken, dass dies (welches Zeichen auch immer für Veränderung) geschieht, wie wird das einen Unterschied für Sie machen?" Während jeder Partner in Gegenwart des anderen mit uns über die persönliche

Bedeutung dieser Veränderungen spricht, über seine Hoffnungen, Sehnsüchte und emotionalen Bedürfnisse, kommt es oft dazu, dass beide in auffälliger Weise weicher und liebevoller im Umgang miteinander werden. Die Partner fangen vielleicht an, sich spontan anzusehen und zuzulächeln, strecken vielleicht eine Hand aus und berühren sich, und das Gefühl der Verbundenheit ist spürbar. An diesem Punkt fangen wir oft an, uns wie ein fünftes Rad am Wagen zu fühlen. (Ein schönes Gefühl, im Gegensatz zu dem Gefühl, ein Blitzableiter zu sein.) Von unserer Seite ist wenig oder gar keine Ermunterung notwendig, damit die Partner sich auf ein Gespräch einlassen, das die *gute Geschichte* des Paares hervorhebt[48], wenn sie anfangen, ihre Ziele in Form von kleinen, unterscheidbaren Schritten auf einem Kontinuum der Veränderung zu sehen. Während wir im Rahmen der Skalierungsfragen über positive Veränderungen, persönliche Bedeutungen und Metaziele gesprochen haben, sind die Partner hoffnungsvoller, bereitwilliger und zuversichtlicher geworden.

Fortschritt skalieren

Wir können Fortschritt bei einer Reihe von Themen skalieren – wenn es um Problemlösung geht, das Erreichen von Zielen, die Erneuerung des partnerschaftlichen Gefühls, die Steigerung von Hoffnung und der Motivation, für Veränderungen zu arbeiten. Dies trägt dazu bei, die einzelnen Bewegungen zu klären, indem kleine, aber bedeutungsvolle Schritte in eine gewünschte Richtung benannt werden, und der Fortschritt identifiziert die Einzelheiten des Zielbildes. Bei der Skalierung des Fortschritts eines Paares in Richtung seines allgemeinen therapeutischen Zieles würden wir mit einer Frage beginnen, mit der die derzeitige Geschichte auf einem Kontinuum ihren Platz bekommt: „Wenn wir eine Skala von 1 bis 10 haben, wobei 1 die Dinge repräsentiert, wie sie am schlimmsten sind, und 10, wie sie sein werden, wenn ihre Probleme gelöst sind, wo würden Sie beide den Zustand der Probleme heute ansiedeln?" Wenn beide Partner in Antwort auf unsere anfängliche Skalierungsfrage dieselbe Zahl anbieten, können wir eine Bemerkung über ihre Gemeinsamkeit machen und ihnen ein Kompliment dafür machen, dass sie die Einschätzung darüber teilen, wo sie sich gegenwärtig in Hinblick auf das Erreichen ihres Zieles befinden. Wenn sie unterschiedliche Zahlen angeben, können wir die

---

[48] Wir erörtern die Frage, wie man solche Konversationen mit Paaren leitet, ausführlicher in Kapitel 9.

Tatsache respektieren und als normal darstellen, dass sie unterschiedliche Ideen darüber haben, wo sie sich hinsichtlich des Erreichens eines ersehnten zukünftigen Stadiums befinden. Wir können den Partner, der die niedrigere Zahl angibt, bitten, seine Vermutung darüber auszusprechen, was der Partner mit der höheren Zahl weiß, sieht oder glaubt, was ihm/ihr sagt, die Lage sei besser. Dies wird uns helfen, eine Brücke zwischen ihren unterschiedlichen Wahrnehmungen zu schlagen und ein potentielles gemeinsames Gefühl von Optimismus hervorbringen. Wir können dies auch so machen, dass wir den Partner mit der höheren Zahl danach fragen, wo sein größeres Gefühl von Optimismus herrührt. Manchmal fordern wir die Menschen auf zu raten, welche Zahl ihr Partner angeben wird, wobei wir danach dann die verschiedenen Aspekte untersuchen, wie es geschehen ist, dass sie beide dieselbe oder unterschiedliche Zahlen angegeben haben. Solche Untersuchungen fördern Empathie und schaffen Partnerschaftlichkeit.

Sobald die Partner ihre Ausgangszahl festgelegt haben – wie sie die Dinge gegenwärtig sehen – und die Diskussionen über diese Zahlen abgeschlossen sind, fangen wir an danach zu fragen, was den Partnern auffallen wird, wenn sie auf der Fortschrittsskala einen Punkt höher gekommen sind. *Was wird das erste sein, was Ihnen sagt, dass Sie sich zu einer höheren Zahl hinbewegt haben?* oder *Was wird Ihrer Meinung nach Ihrem Partner auffallen, was anders ist, wenn Sie auf der Skala eine Zahl höher gekommen sind?* Es gibt viele kreative Wege, Skalierungsfragen zu nutzen, um Vorstellungen von Fortschritt in den Menschen heraufzubeschwören und zu verstärken. Da sie die Menschen in ihren üblichen Denkmustern über ihrer Probleme aufrütteln, können sie, während sie individuelle und gemeinsame Bedeutungen klären, unmittelbar neue Ideen, neue Energie und Engagement ins Spiel bringen.

Hoffnung und Vertrauen skalieren: Konstruktiven Optimismus aufbauen

In einem früheren Abschnitt bezogen wir uns auf Michael LAMBERTS Schlussfolgerungen hinsichtlich der relativen Wichtigkeit verschiedener Faktoren, die zum Erfolg in der Therapie beitragen (LAMBERT, 1992; LAMBERT & BERGIN, 1994; MILLER et al., 1997). Unter diesen Faktoren machen Hoffnung, Erwartung und Vertrauen in den Therapeuten und den therapeutischen Prozess etwa 15% aus. Auf der Grundlage sowohl unserer Erfolge wie auch unserer Fehlschläge bei der Arbeit mit Paaren sind wir zu dem Schluss gekommen, dass Hoffnung in der Therapie sehr wichtig ist, denn wenn ein Partner die erste Sitzung weniger hoffnungsvoll verlässt als zu dem Zeitpunkt, als er/sie kam, dann wird das Paar mit hoher Wahrscheinlichkeit nicht wiederkommen. Schlägt das Bemühen des Therapeuten fehl, die Hoffnung der beiden Partner während der ersten Sitzung zu steigern, dann ist das vermutlich der Todesstoß für die Paartherapie. Hier ist noch weniger Raum als in der Einzel- oder Familientherapie für Zweifel in Bezug auf die Nützlichkeit der Therapie.

Konversationen zur Skalierung der Hoffnung beginnen damit, dass der Therapeut die Partner auffordert festzustellen, wo sie sich auf einer Skala von 1 bis 10 befinden, wenn 1 überhaupt keine Hoffnung bedeutet (oder der Grad von Hoffnung, als die Lage am schlimmsten war) und 10 für völliges Vertrauen darauf steht (oder das höchste Maß an Vertrauen, das sie sich vorstellen können), mit Hilfe der Therapie ihre Probleme zu lösen. Sobald sie ihr gegenwärtiges Maß an Hoffnung identifiziert haben, stellen wir die Nachfolgefrage in dieser oder ähnlicher Form: „Was wird anders sein, welche Veränderung werden Sie als erstes bemerken, wenn Ihre Hoffnung einen Punkt höher gestiegen ist?" Die Antwort wird einmal dazu dienen, einen möglichen Prozess der Zielkonstruktion in Gang zu setzen und einen konkreten Schritt deutlich zu machen, der Fortschritt bedeutet, und gleichzeitig dazu beitragen, Hoffnung aufzubauen, da sie Zeichen wachsender Hoffnung in dem (in der Vorstellung) beobachteten Verhalten festmacht. Daher können Skalierungsfragen über Hoffnung tatsächlich die Hoffnung eines Paares steigern, wenn sie seine potentiellen Ressourcen für eine tatsächliche Veränderung hervorlocken. Sehr häufig kann die Skalierung der Hoffnung eines Paares zu Beginn und am Ende einer Stunde eine bedeutende Veränderung in den Zahlen aufdecken, was das Erlebnis von schnellem Fortschritt deutlich veranschaulicht.

Es ist zwar wichtig, früh in der Behandlung Hoffnung zu wecken, aber dennoch sind wir uns durchaus der Gefahr bewusst, falschen Optimismus zu fördern. In unseren Konversationen mit Paaren möchten wir das hervorbringen, was wir weiter oben als konstruktiven Optimismus bezeichnet hatten – begründete Hoffnung. In Fällen, wo ein Partner in der Vergangenheit unzählige Versprechen gemacht und Fehlstarts durchgeführt hat, kommt dieser Partner oft zur Therapie und drückt mehr Optimismus aus als der andere, wobei er höhere Zahlen für Hoffnung und Fortschritt angibt. In diesen Fällen ist es nicht weise zu versuchen, den anderen Partner zu beeinflussen, damit dieser den vom ersten Partner zum Ausdruck gebrachten Optimismus teilt. Da er alles schon einmal gehört und zahlreiche Enttäuschungen erlebt hat, bestehen für den zweifelnden Partner gute Gründe, niedrige Zahlen anzugeben. Der skeptische Partner braucht Anerkennung und Respekt für seine/ihre anfängliche Abneigung, sich vom Optimismus des anderen Partners anstecken zu lassen, andernfalls kann die Hoffnung des einzelnen in die Therapie selbst abstürzen oder auf einem Tiefpunkt bleiben. Gleichzeitig vermeiden wir es sorgfältig, den Eindruck zu erwecken, wir persönlich misstrauen der Aufrichtigkeit des Partners hinsichtlich seiner Hoffnung und seines Engagements für eine Veränderung. Der Therapeut könnte sagen: „Gut, Sharon, ich kann verstehen, wie Sie dieser Sache eine 1 geben können – es ergibt viel Sinn, hier eine vorsichtige Haltung einzunehmen, da die Veränderungen, die Sie sich wünschen, viel harte Arbeit und Durchhaltekraft verlangen, und es hat in der Vergangenheit nicht immer funktioniert. Und wenn Stan der Sache eine 5 oder 6 gibt, dann ist das wichtig, denn er fängt mit sehr viel Energie an. Vielleicht sind sowohl Vorsicht wie auch Enthusiasmus gute Bestandteile für den Anfang." Diese Haltung nimmt zur Kenntnis, dass die vergangene Erfahrung Vorsicht vorschreibt, lässt aber auch Raum, um Zeichen zu entwickeln, die mehr Optimismus rechtfertigen. Mit anderen Worten, wir möchten mit dem vorsichtigen Partner erkunden, welche Zeichen für Unterschiede er/sie realistischerweise nutzen kann, um zu entscheiden, ob die Dinge sich einen Punkt höher bewegt haben. Was der vorsichtige Partner uns in dieser Hinsicht erzählt, ist eine wichtige Botschaft an den anderen Partner.

Manchmal verwenden wir Skalierungsfragen zu Vertrauen und Hoffnung in Situationen, in denen Menschen anfangs Ziele beschreiben, die unrealistisch erscheinen oder die außerhalb ihres Kontrollbereichs liegen. Wenn eine Ehefrau uns zum Beispiel sagt, ihr Ziel sei es, ihren Mann zu überreden, mit dem Rauchen aufzuhören und sich mehr um seine körperliche Gesundheit zu kümmern, dann könnten wir sie folgendermaßen auffordern, ihr Vertrauen auf einer Skala anzusiedeln: „Wenn Ihr Mann nicht bereit ist, sich aktiv zu beteiligen, wo würden Sie auf einer Skala von 1 bis 10 Ihr derzeitiges Vertrauen ansetzen, dass Sie Ihren Mann dazu bringen können, diese Veränderungen vorzunehmen?" Dann könnten wir fragen, was eine Erhöhung der Zahl verursachen könnte. An diesem Punkt gibt eine Klientin normalerweise zu, dass es wenig wahrscheinlich ist, dass irgend etwas anderes als die Motivation ihres Mannes (die außerhalb ihres Kontrollbereichs liegt) sie dazu bringen würde, größere Hoffnung zu hegen, dieses Ziel zu erreichen. Jetzt befinden wir uns in einer besseren Lage und können sie auffordern, nun über andere mögliche Ziele nachzudenken, die vielleicht innerhalb ihres Kontrollbereichs liegen – zum Beispiel wie sie besser für sich selbst sorgen könnte oder welche Entscheidungen sie treffen möchte, wenn ihr Mann weiterhin raucht und das Thema seiner Gesundheit außer Acht lässt.

Im Folgenden finden sich Beispiele für Fragen, die Hoffnung erwekken und Realität testen sollen:

- *Was werden Sie beide an dem bemerken, was Sie anders machen oder anderes denken, das Ihnen sagt, Ihre Hoffnung sei eine Zahl höher gestiegen?* (Selbstreflexiv)

- *Wie realistisch würde es nach Meinung Ihres Partner sein (Ihrer Freunde, Familie, anderer), wenn Sie Ihre Hoffnung zu diesem Thema an diesem Punkt ansiedeln? Was weiß er/sie (wissen sie) Ihrer Meinung nach, weswegen er/sie glaubt (glauben), Sie könnten allzu optimistisch sein?* (Realitätsüberprüfung, besonders nützlich, wenn ein Partner optimistisch ist, dass der andere gewisse Veränderungen vornehmen wird, dieser aber unmotiviert erscheint.)

- *Was, meinen Sie, werden die ersten Dinge sein, die Ihnen an Ihrem/r Partner/in auffallen und die Ihnen sagen, er/sie hat sich auf der Skala für Hoffnung eine Zahl höher bewegt?* (Wahrnehmung des Partners/der Partnerin)

- *Glauben Sie, Ihr/e Partner/in weiß, was er/sie anders machen könnte und wodurch Sie auf der Hoffnungsskala eine Zahl höher kämen?* (Aufforderung zum Rollentausch, sich in die Lage des anderen versetzen. Beachten Sie, dass wir nicht fragen, was der andere tun kann, um die Zahl des Antwortenden zu erhöhen. Solch eine Frage verstärkt im Allgemeinen eine Veränderungstheorie, die davon ausgeht, Dinge würden nur dann besser werden, wenn der andere Partner etwas anders macht. Unsere Frage gibt Raum für eine empathische Verbindung hinsichtlich Bedeutungen und Perspektiven. Eine Diskussion dieser Art von Fragen findet sich im nächsten Kapitel.)

- *Wenn ich Ihre/n Partner/in jetzt fragte, was würde er/sie mir Ihrer Meinung nach erzählen, das Sie tun könnten, um ihn/sie dazu zu bringen, hoffnungsvoller zu sein und ihn/sie auf der Hoffnungs-*

skala einen Punkt aufwärts zu bewegen? (Eine weitere Frage zur Verschiebung der Perspektive.)

– *Welches wäre das erste Anzeichen dafür, dass Sie beide hoffnungsvollere Gefühle bezüglich Ihrer Zukunft haben und mehr Zutrauen, dass Sie durch die gemeinsame Arbeit mit mir Ihrer Beziehung eine Wendung geben werden?* (Die gemeinsame *gute Geschichte* wird durch die Entwicklung interpersoneller Zeichen von größerer Hoffnung gestärkt.)

Das Folgende ist ein Transkript einer Konversation aus Tobeys Arbeit mit einem Paar, das ein zunächst unlösbar scheinendes Problem vorstellte, um mit Hilfe der Skala Hoffnung hervorzubringen. Beachten Sie, wie Tobey ihre Fragen in einer Weise formuliert, die kleine aufbauende Veränderungen herbeiführt bzw. hervorhebt. Carlos, der eine Teilzeitbeschäftigung hatte, aber nach Vollzeitbeschäftigung Ausschau hielt, hatte vor kurzem eine gute Stelle als Anwalt in einer Kanzlei angeboten bekommen, die in einem anderen Teil des Bundesstaates lag. Linda wollte nicht umziehen. Sie hatte eine erfolgreiche private therapeutische Praxis, die sie über viele Jahre aufgebaut hatte. Sie wollte in der Nähe ihrer Eltern und ihrer langjährigen Freunde bleiben und ihre siebenjährige Tochter nicht aus der vertrauten Umgebung reißen. Keiner von beiden wollte getrennt leben, aber Carlos wollte die Stelle sehr gern annehmen.

Spannung und Streit wegen dieses Themas waren eskaliert, seit Carlos etwa zwei Wochen vor der Sitzung das Arbeitsangebot erhalten hatte. Infolge ihres Konflikts und ihrer Frustration über das Thema und ihre Unfähigkeit, eine Lösung zu finden, hatten Carlos und Linda angefangen darüber zu sprechen, getrennt zu wohnen. Sie machten sich jedoch beide Sorgen, ob ihre Ehe es überstehen würde, wenn sie sich trennten. Das Transkript beginnt an dem Punkt in der Sitzung, wo Tobey beschließt, die Hoffnung des Paares, dass sie mit ihrer Hilfe gemeinsam dieses Problem lösen und ihre Ehe retten könnten, zu skalieren.

Tobey:	Wenn auf einer Skala von 1 bis 10 die 1 bedeutet, Sie haben keine Hoffnung, dass Sie beide dieses Problem lösen können, und 10 bedeutet, Sie sind ganz und gar überzeugt, dass Sie es schaffen, wo würden Sie beide sich jetzt einordnen?
Linda:	Ich glaube, irgendwo zwischen 2 und 3.
Carlos:	Für mich höchstens bei vielleicht eineinhalb.

Tobey: Linda, was, meinen Sie, weswegen Sie einen größeren Optimismus haben als Carlos? (*Nach einiger Überlegung wäre es vielleicht für Tobey besser gewesen, Carlos zu fragen, was Linda vielleicht weiß, weswegen sie einen größeren Grad an Hoffnung hat. Die Aufforderung an Linda, sie solle erklären, warum sie die betreffende Zahl angegeben hat, bringt sie in die Position, ihren Optimismus rechtfertigen zu müssen, was möglicherweise zu einem Streit darüber führt, wessen Zahl die Realität besser reflektiert. Auf jeden Fall versucht Tobey, Lindas Gründe, weswegen sie eine etwas höhere Zahl angegeben hat, als Ausgangspunkt für eine Konversation zu nehmen, die möglicherweise zu einer größeren Hoffnung bei Carlos führt.*)

Linda: (*Runzelt die Stirn*) Also in Wirklichkeit glaube ich, gehe ich davon aus, dass ich es lösen kann, indem ich nachgebe. Ich möchte das nicht, und wenn ich das mache, dann haben wir später andere Probleme, das weiß ich, und daher wollte ich darüber nicht so viel sprechen. Aber wenn ich zustimmen würde, umzuziehen, wäre zumindest dieses Problem gelöst. (*Wie Linda erkennt, kann das Problem gelöst werden, allerdings auf eine Weise, die ihr nicht gefällt und die vielleicht später andere Probleme verursacht. Aber es bestehen hier Möglichkeiten – wenn dies sich als die Lösung erweisen wird, könnte Tobey Linda und Carlos helfen, Möglichkeiten zu entwickeln, um die Gefahr zukünftiger Probleme gering zu halten.*)

Carlos: (*Sowohl zu Linda wie zu Tobey*) Ich möchte nicht, dass Linda etwas macht, was sie wirklich nicht will. Etwas, was sie mir später übelnehmen wird. Ich stimme völlig mit ihr überein – es ist keine Lösung für sie, einfach nachzugeben. Linda, ich weiß, du willst nicht aus der Bay-Gegend wegziehen, und ich möchte dich nicht zu irgendetwas zwingen. Aber ich möchte wirklich diesen Job annehmen. Und darum, glaube ich, stecken wir in einer Sackgasse.

Tobey: Also dies ist eine Möglichkeit – Linda erklärt sich bereit, mit Ihnen umzuziehen. Aber Sie wollen beide nicht diesen Weg nehmen, weil Sie beide glauben, dass Probleme auf Sie zukommen, wenn Linda das macht. Natürlich können wir noch andere Möglichkeiten erwägen, bevor Sie eine endgültige Entscheidung treffen, aber lassen Sie uns dies noch ein bisschen weiter untersuchen, bevor wir zum nächsten gehen. Nehmen wir an, Linda stimmt zu und die Familie kann zusammenbleiben. Und nehmen wir an, wir könnten einen Plan entwerfen, der Sie beide zuversichtlich macht, dass Ihre Entscheidung Sie später nicht verfolgen wird – wie hoffnungsvoll wären Sie beide, dass dieses Problem gelöst werden kann? Welche Zahlen würden sie ihm dann geben?

Carlos:	Also, wenn ich ziemlich sicher sein könnte, dass Linda glücklich dabei werden könnte, dann würde ich sagen 7 oder 8.
Linda:	Es fällt mir schwer, mir vorzustellen, dass ich glücklich wäre, wenn ich fortzöge, aber wenn wir uns eine Möglichkeit ausdenken könnten, würde ich etwa dasselbe sagen ... 7 oder 8.
Tobey:	Okay, nehmen wir an, wir fangen hier an. Das bedeutet nicht, so werden Sie es machen, aber diese Möglichkeit ganz und gar untersuchen, bevor darüber entschieden wird. Glauben Sie beide, das würde eine produktive Diskussion sein? (*Beachten Sie, wie Tobey sich beim Paar rückversichert; sie geht nicht einfach davon aus, dass diese Art von Vermittlung hinsichtlich dieser speziellen Lösung das ist, was das Paar möchte.*)
Beide:	Hmm. In Ordnung.
Tobey:	Dann lassen Sie mich folgende Frage stellen, Linda. Welche Zahl würden Sie Ihrem gegenwärtigen Grad an Hoffnung geben, dass sich alles gut entwickeln wird, wenn Sie zustimmen, mit Carlos nach San Diego zu ziehen, wobei 1 bedeutet überhaupt keine Hoffnung und 10 voller Vertrauen.
Linda:	Bevor wir hier hereinkamen, hätte ich gesagt 1, aber jetzt ist es vielleicht zweieinhalb.
Tobey:	Gut, denken Sie einmal darüber nach und sagen Sie mir, was Ihnen als anders auffallen wird, wenn Ihr Vertrauen sich bis, sagen wir mal, dreieinhalb bewegt hat?
Linda:	(*Denkt einen Augenblick nach*) Das ist eine gute Frage. Ich vermute, zu irgendeinem Zeitpunkt würden wir umziehen müssen und dann könnte ich sehen, wie es tatsächlich geht. Ich bin nicht sicher, ob ich das im Voraus sagen kann. Aber ich denke, ich wäre bei dreieinhalb, wenn – und falls überhaupt – Carlos und ich uns einigten, dass ich das Bay-Gebiet wieder besuchen kann, mit oder ohne die Kinder, so oft ich es wünsche oder brauche. Und vielleicht müssten wir uns darauf einigen, dass ich immer noch meine Praxis für, also, drei Tage die Woche hier in Oakland behalten kann und sechs Monate oder so hin und her fahre. Ich meine, das wäre hart, es ist nicht die großartigste Aussicht, aber ich würde es irgendwie machen wollen, wenn ich umziehen würde. Und noch eins ist mir wirklich wichtig – wenn ich richtig unglücklich bin, nach vielleicht sechs Monaten oder einem Jahr, dann wäre Carlos einverstanden, wieder in dieser Gegend nach Arbeit zu suchen. (*Jetzt fangen wir an, mit Hilfe von Skalierungsfragen Lösungen zu entwickeln. Im weiteren Verlauf der Sitzung sprachen Carlos und Linda über seine Bereitschaft, ihre Vorstellung davon zu unterstützen, wie die Dinge wären, wenn sie beide umzögen. Linda wiederholte wieder, wie wenig ihr immer noch*

der Gedanke gefiel, aber sie fing an zu sehen, wie es in einer Weise geschehen könnte, die es akzeptabel machte. Obwohl am Ende der Sitzung noch keine Entscheidung gefallen war, sagten sowohl Linda wie auch Carlos, ihre Hoffnung, gemeinsam zu einer Entscheidung zu kommen, sei während der Stunde bis zur 8 gestiegen.)

Ein paar Tage vor dem nächsten Termin rief Linda an und sagte ab. In der Botschaft, die sie auf dem Anrufbeantworter hinterließ, sagte sie mit einiger Aufregung in der Stimme, ein paar Tage nach der letzten Sitzung habe sie zugestimmt, nach San Diego zu ziehen, aber für Carlos hatten sich Möglichkeiten auf einen Job in San Francisco ergeben und sie wollten die nächste Sitzung absagen, bis sie herausgefunden hatten, ob er den Job bekommen würde. Linda rief noch einmal einige Wochen später an und berichtete, Carlos habe die Anstellung in San Francisco bekommen – ein extratherapeutischer Faktor des Zufalls, der ausgeholfen hatte. Sie dankte Tobey, sagte, es ginge ihnen jetzt gut und die Sitzung sei sehr hilfreich gewesen, da sie sowohl ihr wie auch Carlos in Erinnerung gerufen habe, wieviel sie einander bedeuteten und dass sie selbst schwierige Probleme gemeinsam lösen könnten.

Motivation skalieren

1984 schrieb DE SHAZER einen Artikel, der heute als Klassiker bezeichnet wird, mit dem Titel *The Death of Resistance* [Der Tod des Widerstands]. In diesem Artikel argumentierte er, die traditionellen Theorien von Widerstand hetzten Therapeuten und Klienten gegeneinander auf, indem sie davon ausgingen, der Widerstand sei eine Eigenart oder Macht, die dem Klienten innewohnt und die danach strebt, Veränderung zu verhindern. Wenn ein Klient als widerstrebend angesehen wird, wird Therapie bei solch einer Sichtweise zu einem Kampf (gegen diese Macht im Klienten), den der Therapeut gewinnen muss, soll die Therapie Erfolg haben. In psychodynamischen Modellen muss der Therapeut den Widerstand durch Interpretation und die entsprechende Einsicht des Klienten überwältigen oder besiegen. Bei strategischen systemischen Ansätzen müssen Interventionen entworfen werden, die Kräfte des Widerstandes zu umgehen oder sie sich sogar nutzbar zu machen. DE SHAZER bot eine andere Sichtweise des Widerstands an. Er begann, indem er widerspenstiges Verhalten einfach als einen Hinweis dafür umdefinierte, dass zu diesem Zeitpunkt Klient und Therapeut gegeneinander arbeiteten. Diese Zeichen waren einfach die Art des Klienten, dem Therapeuten zu sagen, er solle etwas anders machen[49]. Eine zweite Schlussfolgerung, die DE SHAZER in dem Artikel zog, ist ein konsequenter Glaubensartikel von ihm als Vertreter der Kurztherapie gewesen: Um als Anwalt der Veränderung effektiver wirken zu können, ist es weniger wichtig, Theorien darüber zu entwikkeln, *warum* Menschen sich der Veränderung widersetzen, und viel wichtiger zu verstehen, *wie* Menschen sich dann *doch* verändern.

James PROCHASKA, der vor allem im Bereich der Abhängigkeiten arbeitete, bezweifelte überdies, ob es nützlich sei, von Theorien auszugehen, die zum Gegenstand haben, was die Menschen davon abhält, unerwünschtes Verhalten zu ändern (PROCHASKA, NORCROSS & DICLEMENTE, 1994). Wie DE SHAZER dachten er und seine Mitarbeiter, es wäre fruchtbarer, die gemeinsamen Faktoren in solchen Fällen zu identifizieren, wo jemand erfolgreich ein unerwünschtes Verhalten oder eine problematische Angewohnheit veränderte. Eine der Schlussfolgerungen, die sie aus ihren Untersuchungen von Menschen in Therapie zogen, die erfolgreich solche Veränderungen vornahmen, war folgende: Der zuverlässigste Einzelprädiktor für Erfolg ist, unabhängig von den theoretischen Modellen oder Techniken des Therapeuten, der Grad, in dem die Person bereit ist, sich zu ändern. Damit einhergehend war die Therapie in dem Ausmaß erfolgreicher, wie der Therapeut das, was er tat oder sagte, der Position anpasste, die der Klient gegenwärtig auf dem Kontinuum der Veränderungsbereitschaft erreicht hatte. PROCHASKA entwickelte solch ein Kontinuum der Veränderungsbereitschaft und ein Modell, um die Position des Klienten darauf zu jedem beliebigen Zeitpunkt beurteilen zu können – von Präkontemplation (keine Problembewusstheit) über Kontemplation (Nachdenklichkeit), Entscheidung, Handeln, Aufrechterhalten zu Beendigung und Abschluss[50].

---

[49] **Anm.d.Hrsg.:** An anderer Stelle „übersetzt" DE SHAZER (1996, S. 64) den Begriff Widerstand mit „*Irrtum des Therapeuten*" und fährt fort: „Das würde für mich bedeuten, dass der Therapeut nicht zugehört hat und er dem Klienten deshalb etwas auftrug, was dieser nicht tun wollte." Anders gesagt, Widerstand wäre eine Art „Kunstfehler nicht zu zuhören" [Übers. J.H.]. Etwas später spricht DE SHAZER davon, dass sich solcher Art Antagonismus ergibt, wenn die Ziele (von Klient und Therapeut oder von den anwesenden Klienten) nicht ausreichend miteinander verhandelt worden sind.

[50] **Anm.d.Hrsg.:** Die interessierte LeserIn sei auf den Beitrag von PROCHASKA (2001) *Wie Menschen es schaffen, sich zu ändern, und wie wir noch mehr Menschen dabei unterstützen können* hingewiesen.

Sowohl PROCHASKAS wie auch DE SHAZERS Theorien zur Veränderung verschieben die klinische Praxis: weg von der Betonung der Notwendigkeit, den Widerstand des Klienten zu brechen, hin zur Ermutigung von Aushandeln und Zusammenarbeit in Hinblick auf Ziele und Prozesse, die für den Klienten annehmbar und bedeutungsvoll sind. Diese Sichtweise betont, wie wichtig es ist, gemeinsam mit den KlientInnen Lösungen zu konstruieren und dabei ihre gegenwärtige Bereitschaft und Motivation zu aktiven Veränderungsmaßnahmen in Betracht zu ziehen (HOYT, 2000). Erfolg in der Therapie erfordert nicht die Fähigkeit des Therapeuten, die augenblickliche Widerwilligkeit des Klienten gegen Veränderungen abzubauen, sondern verlangt vielmehr therapeutisches Können, die gegenwärtige Bereitschaft des Klienten zu identifizieren und anzupassen, einige kleine Schritte in Richtung auf ein Ziel zu machen, das für ihn eine Bedeutung hat.

MILLER und ROLLNICK (1991) und DICLEMENTE (1991) haben auf der Grundlage von PROCHASKAS Bereitschaftsstadien einen klinischen Ansatz entwickelt, den sie „Motivationsbefragung" nennen. Sie gehen davon aus, dass Menschen, die über bedeutsame Verhaltensänderungen nachdenken, diesen natürlicherweise ambivalent gegenüber stehen. Da sie jedoch Motivation als etwas in gewissem Grad Interpersonelles betrachten (was in Gesprächen mit anderen beeinflusst werden kann) und nicht als ein nur intrapersonelles Merkmal oder eine nicht bewegbare Geisteshaltung, vermuten Motivationsbefrager, dass die Art, *wie* sie mit KlientInnen über deren Bereitschaft sprechen, aktiv etwas für die Veränderung zu tun, diesen Faktor zum Guten wie zum Schlechten wenden kann. MILLER, ROLLNICK und DICLEMENTE haben PROCHASKAS Veränderungskontinuum mit ihren sozialkonstruktionistischen Ideen und ihren Techniken des Motivationsinterviews verbunden und bieten so Möglichkeiten, therapeutische Konversationen zur Steigerung der Motivation des Klienten zu nutzen.

In RPT erkennen wir an, dass Konversation und Sprache die Wahrnehmungen der Menschen hinsichtlich ihrer gegenwärtigen Motivation beeinflussen können, und dass ihre Motivation sich ändert, sobald ihre Wahrnehmungen sich ändern. Und so benutzen wir Konversationen der Motivationsskalierung dazu, die Bereitschaft der Menschen zu steigern, aktive Schritte zur Verbesserung ihrer Beziehung zu unternehmen. Phil nutzte diesen Ansatz während eines Erstgesprächs mit Gerald und Tim, einem Paar, das sich nicht darüber einig war, ob es Therapie brauchte oder nicht. Gerald hatte sich beklagt, weil Tim emotional nicht mehr erreichbar war, sie sich nur noch zu zanken, ihre Bindung zueinander zu verlieren schienen und er sich sehr ungeliebt fühlte. Als Gerald schließlich damit gedroht hatte, die Beziehung zu beenden, erklärte Tim sich widerstrebend bereit, zu einer Sitzung zu kommen. Als Phil fragte, wie er helfen könnte, antwortete Tim sofort, er glaube nicht an Therapie und sei nicht überzeugt, er und Gerald benötigten irgendeine Hilfe von außen. Er erklärte, er sei nur deswegen da, weil Gerald gedroht hatte, auszuziehen, wenn er sich weigerte mitzukommen. Phil begann, indem er Tims Widerstreben und seine Überzeugung, viele Paare könnten ihre Probleme ohne professionelle Hilfe lösen, würdigte. Er stimmte ihm zu, dass Therapie nicht für jedes Paar das Richtige sei und sagte, bevor sie die Entscheidung träfen, zusammenzuarbeiten, sei es wichtig herauszufinden, ob Therapie möglicherweise tatsächlich hilfreich für sie sein könnte. Tim fing an sich zu entspannen und drückte seine Anerkennung für Phils Verständnis aus.

Bis dahin hatten Phil und Tim sich in einer Besucher/Gastgeber-Konversation befunden. Phil, der Tims Bereitschaft spürte, forderte ihn zu einer Skalierungskonversation zur Förderung der Motivation auf. Diese, so hoffte er, würde im Rahmen einer Kunde/Konsultant-Konversation die Grundlage für eine solide therapeutische Beziehung bilden. Das folgende ist das bearbeitete Transkript eines Teils dieser ersten Sitzung.

Phil: Nicht jeder wünscht sich Paarberatung oder profitiert davon. Ich werde Ihnen also nicht sagen, dass ich den Erfolg der Therapie garantieren kann oder Sie es auf jeden Fall versuchen sollten. Ich überlege aber, ob Sie vielleicht bereit wären, einige Fragen zu überdenken, die uns helfen könnten, das herauszufinden. Wie wäre das? Kann ich Ihnen ein paar Fragen stellen, die Ihnen helfen sollen zu entscheiden, ob eine Paarberatung möglicherweise einen Unterschied macht oder nicht?

Tim: Ich denke ja.

Phil: Okay. Ich möchte mit einer etwas merkwürdigen Zahlenfrage anfangen. Nehmen wir an, die Ziffer 1 zum Beispiel steht für Ihren völligen Mangel an Interesse, zur Therapie zu kommen, und 10 steht für Ihr völliges Engagement hierher zu kommen und ihr völliges Vertrauen, mit meiner Hilfe könnten Sie beide Ihrer Beziehung eine Wende geben. Welche Zahl zwischen 1 und 10, würden Sie sagen, repräsentiert Ihren gegenwärtigen Standpunkt?

Tim: Also, als erstes möchte ich mal klarstellen, dass ich wirklich möchte, dass die Situation zwischen Gerald und mir besser wird.

	Ich denke einfach nur, wir könnten das prima zwischen uns abmachen. Ich sehe nicht ein, warum wir zu einem Therapeuten gehen müssen – das ist nicht persönlich gemeint –, um mit unseren Problemen fertig zu werden. Also, was das Hierherkommen anlangt, muss ich also sagen, bin ich ungefähr bei 1. Vielleicht eineinhalb.
Phil:	Okay. Das ist fair und ehrlich. Nur mal so aus Neugier, Tim, welche Zahl hätte Gerald Ihrer Meinung nach gesagt, die Sie nennen würden?
Tim:	(*Denkt ein paar Sekunden nach*) Oh, wahrscheinlich minus 5. (*Beide lachen.*)
Gerald:	Das stimmt ungefähr. Auf jeden Fall auf der Minusskala. Ich musste viele Drohungen aussprechen, um ihn dazu zu bringen, überhaupt hierher zu kommen.
Phil:	(*Beschließt, diesen Unterschied zu nutzen, um Motivation aufzubauen.*) Sie haben also eine gewisse Bereitschaft, eine gewisse Motivation. Ja, es klingt eigentlich so, als seien sie motivierter, Therapie zu versuchen, als Gerald vielleicht denkt.
Tim:	Ich denke schon. Aber verstehen Sie mich nicht falsch. Ich möchte wirklich nicht hier sein. Ich denke, Therapie ist eine Zeit- und Geldverschwendung. Wir haben Freunde, die seit Jahren zum Seelendoktor gehen, wenn sie den Ausdruck entschuldigen. Ihre Beziehungen sind furchtbar; ich kann keine wirklichen Veränderungen sehen. Ich möchte nicht in solchen Beziehungen stecken, selbst nicht mit all der Therapie. Auf keinen Fall. (*Beachten Sie, dass diese Antwort einen Hinweis auf eine Ressource enthält – ein Stück der guten Geschichte. Tim sagt, trotz der Probleme, die er und Gerald haben, ist er lieber in dieser Beziehung als in mancher anderen. Phil hätte beschließen können, mit Tim zu erkunden, was es in seiner Beziehung ist, das ihm dieses Gefühl gibt. Seine Antworten hätten vielleicht Teile der guten Geschichte zutage gebracht und mögliche Stärken und Ressourcen, die Tim bereits in dieser Beziehung vorfindet. Aber Phil bleibt bei dem Thema der Motivationsskalierung.*)
Phil:	Wie ich es verstehe, möchten Sie ein anderes Erlebnis für Sie beide in der Therapie. Sie möchten Veränderungen sehen und zwar sofort. Lassen Sie mich daher folgende Frage stellen: Nehmen wir an, wenn Sie beide heute abend nach Hause gehen, sehen Sie einige positive Veränderungen. (*Ein implizierter Vorschlag, auf solche Veränderungen zu achten.*) Einige Veränderungen, die Sie dazu führen, vielleicht zu einer sicheren 1,5 oder vielleicht 2 zu kommen in Ihren Gefühlen, dass die Arbeit hier mit mir wirklich einen Unterschied machen könnte. (*Wie Sie sehen,*

macht Phil die potentielle Veränderung sehr klein.) Was würde Ihnen auffallen?

Tim antwortete, indem er eine Reihe von kleinen Dingen nennt, die ihm an dem Abend auffallen und die seine Bereitschaft erhöhen würden, aktiv mit Gerald an der Therapie teilzunehmen. Während der restlichen Sitzung hatten Gerald und Tim mehrere Möglichkeiten, über die Art und Weise zu sprechen, wie sie ihre Beziehung verbessern wollten. Im Laufe ihres Gesprächs mit Phil und untereinander und während sie zuhörten, was der andere zu sagen hatte, wurde die Atmosphäre deutlich freundlicher und herzlicher. Gerald sagte, es mache einen großen Unterschied zu hören, dass Tim den starken Wunsch hatte, an der Wiederbelebung ihrer Beziehung zu arbeiten, selbst wenn er nicht sicher war, ob sie Therapie brauchten. Mit dieser Versicherung im Hintergrund war Gerald in der Lage, die Therapiestunde dazu zu nutzen, über Veränderungen zu sprechen, die er sich wünschte, und er reagierte auch positiv auf Tims Forderungen nach Veränderung. Am Ende der Stunde hatte Tim sich beträchtlich für den Gedanken erwärmt, die Therapie könnte hilfreich sein und Veränderungen könnten recht schnell auftreten. Als Phil gegen Ende der Stunde Tim aufforderte, seine Bereitschaft wiederzukommen, auf der Skala einzuordnen, überraschte Tim sich beinahe selbst, als er sagte, er sei jetzt bei 6,5, möglicherweise 7. Tim und Gerald kamen tatsächlich in der folgenden Woche wieder und arbeiteten über zwei Monate lang weiter mit Phil bis zu einem erfolgreichen Abschluss. Im Folgenden finden sich einige Fragen, die wir nutzen, um Motivation zu skalieren und zu erweitern:

- *Auf einer Skala von 1 bis 10, wobei 1 bedeutet „keine Motivation" und 10 die Bereitschaft, alles zu versuchen, wie motiviert, würden Sie sagen, sind Sie (Ihr/e Partner/in), die Veränderungen durchzuführen, die Sie sich wünschen (um die Sie ihn/sie bitten)? Welche Zahl würde er/sie sich selbst Ihrer Meinung nach geben?*

- *Was wird Ihrem/r Partner/in auffallen, was Sie anders machen und was ihm/ihr sagt, Ihre Motivation ist um eine Zahl höher gestiegen?*

- *Was werden Sie sehen, was Ihr/e Partner/in anders macht und was Ihnen anzeigt, dass seine/ihre Motivation höher ist, als Sie dachten?*

- Was könnten Sie Ihrer Meinung nach tun, das die Motivation Ihres/r Partners/in um, einen Punkt steigen lassen würde?
- Was hat Ihr/e Partner/in in der letzten Zeit gemacht, das dazu beigetragen hat, Ihre Motivation zu erhöhen?

Sicherheit skalieren

Wir möchten jetzt zu der Frage zurückkehren, wie man effektiv mit dem Problem häuslicher Gewalt in der Paartherapie arbeitet. Wir haben dieses Thema in unserer Diskussion über aktive Neutralität berührt (Kapitel 3). Häusliche Gewalt ist ein ernsthaftes Problem[51] und Paartherapeuten brauchen effektive Möglichkeiten, um Paaren hier zu helfen. An diesem Punkt unserer Diskussion über Skalierung möchten wir zeigen, wie diese Befragungsmethode sich als eindrucksvolles Werkzeug erweisen kann, um sich mit diesem bedrohlichen und im akuten Fall zentralen Problem zu beschäftigen. Es ist sehr viel über die Rolle des Therapeuten in Fällen mit häuslicher Gewalt geschrieben worden, und wir möchten hier einen kurzen Überblick geben. Wir möchten den üblichen Standpunkt in Frage stellen, dass es immer die angemessene Rolle des Therapeuten ist, eine direktive, intervenierende Haltung einzunehmen; es ist bei weitem nicht geklärt, ob eine solche Haltung langfristig gesehen der beste Weg ist, um in der Paartherapie die Frage der Gewalt anzugehen.

HOLTZWORTH-MONROE, BEATTY und ANGLIN (1995) vertreten zum Beispiel die Ansicht des Intervenierens, wobei sie argumentieren, alle Paare sollten auf häusliche Gewalt hin überprüft werden, unabhängig vom dargestellten Problem. „Es liegt in der Verantwortung des Therapeuten, die Gefährlichkeit der Gewalt zu betonen und die Wichtigkeit, mögliches gewalttätiges Verhalten in den Aufmerksamkeitsbereich zum Zweck therapeutischer Intervention zu lenken. Um dies zu tun, ist es nützlich, sehr fest die Haltung einzunehmen, es sei die ‚Expertenmeinung' des Therapeuten, dass Gewalt ein ernst zu nehmendes Problem ist, selbst wenn das Paar dem nicht notwendigerweise zustimmt,

---

[51] Wie STRAUS und GELLES in einer 1990 veröffentlichten Untersuchung feststellten, erlebte eines von sechs verheirateten amerikanischen Paaren (16%) mindestens eine gewalttätige Handlung während des Untersuchungsjahres. Dies führte sie zu der Schätzung, dass 8,7 Millionen Paare jedes Jahr Gewalt in der Ehe erleben und 3,4 Millionen von diesen Paaren schwerwiegende Gewalt mit einem hohen Verletzungsrisiko (zitiert bei HOLTZWORTH-MONROE et al., 1995, S. 317).

und dass kein Akt der Gewalt innerhalb der Beziehung akzeptabel ist" (S. 321). Auch die strategische Familientherapeutin Cloe MADANES ruft in Fällen von häuslicher Gewalt zu aktiver und direktiver Haltung des Ehetherapeuten auf, wobei mit dem Sammeln von detaillierten Beschreibungen der vergangenen gewalttätigen Begegnungen angefangen wird, und im folgenden dann vom Therapeuten eingeleitete Interventionen eingesetzt werden, wie zum Beispiel dem gewalttätigen Partner Bekenntnisse entlocken, Trennung der Partner durchsetzen und vom gewalttätigen Partner verlangen, sich Entschuldigungsritualen vor Freunden und Familienmitgliedern zu unterziehen (MADANES, 1990; MADANES, KEIM & SMELSER, 1995). Viele feministische Familientherapeutinnen kritisieren die traditionellen systemischen Ansätze mit dem Argument, diese Methoden beschuldigten die Opfer, weil sie implizieren, der misshandelte Partner sei in gewisser Weise teilweise verantwortlich für die Dynamik des Problems (MARGOLIN & BERMAN, 1993, zitiert bei HOLTZWORTH-MONROE et al., 1995). PraktikerInnen ziehen es vor, die Menschen zu erziehen, sie für Machtungleichgewicht und Genderfragen zu sensibilisieren und beiden Partnern zu helfen, den umfassenderen sozialen und familiären Diskursen und Praktiken zu widerstehen, die ihrer Meinung nach die männliche Gewalt im Haus legitimieren (PENCE & PAYMAR, zitiert bei WHITE & EPSTON, 1990). Andere PaartherapeutInnen wiederum nähern sich der Frage der häuslichen Gewalt mit behavioristisch-kognitiven Techniken. In individuellen, gemeinsamen und gruppentherapeutischen Strukturen bringen sie dem schuldigen Partner Zorn-Managementskills bei und lehren beiden Partnern Konfliktmanagement sowie verbesserte Kommunikationsfähigkeiten (HOLTZWORTH-MONROE et al., 1995). All diese Ansätze gehen von der Annahme aus, es sei die Verantwortung des Therapeuten, häusliche Gewalt zu beurteilen, das Paar zu überzeugen, diese häusliche Gewalt, wenn sie denn auftritt, müsse das erste und einzige Thema sein, das in der Therapie behandelt wird, und der Therapeut müsse aktiv intervenieren und manchmal so weit gehen, die Trennung der Ehepartner zu erzwingen.

Während wir dieselbe Sorge über den großen sozialen Schaden der häuslichen Gewalt und ihre zutiefst destruktiven Wirkung auf alle Mitglieder der Familien teilen, ist unser Ansatz ein gänzlich anderer. Da RPT kooperativ und lösungsorientiert ist, halten wir es für wichtig, selbst bei Themen, die so emotionsgeladen und von so großer sozialer Auswirkung sind wie häusliche Gewalt, das Augenmerk auf das gerichtet zu halten, was das Paar ändern möchte und was seiner

Meinung nach wichtig ist und ihnen helfen wird. Das bedeutet jedoch nicht, dass wir unsere eigenen Werte und Reaktionen aus dieser Gleichung heraushalten.

Wenn allem Anschein nach ein Partner (oder beide) ein Verhalten von körperlicher und/oder emotionaler Misshandlung zeigt, versuchen wir aus unserer Haltung der aktiven Neutralität heraus einen Konsens zu finden und zu erkunden, ob das Paar seine Ziele hinsichtlich der Beziehung erreichen kann, wenn die Gewalt oder das Potential für Gewalt weiter Bestand haben. Statt uns auf Demarkation oder Auslöschung des gewalttätigen Verhaltens zu konzentrieren, deuten wir das Problem als ein Problem der Sicherheit um (JOHNSON & GOLDMAN, 1996; LIPCHICK & KUBICKI, 1996; TURNELL & EDWARDS, 1999). Wir fragen, ob die Partner meinen, sie könnten ihrer Beziehung eine Wendung geben, solange einer von ihnen oder beide sich emotional und/oder physisch unsicher in der Beziehung fühlt. Wir haben es noch niemals erlebt, dass ein Paar diese Frage bejahte. Sobald ein Paar, oft mit einem gewissen Maß an Furcht, Zorn, Trauer oder Sorge, eingesteht, es wäre nicht in der Lage, seine Ziele hinsichtlich der Beziehung in einer Atmosphäre der Unsicherheit zu erreichen, haben wir die Grundlage geschaffen, darüber zu sprechen, wie Sicherheit in ihre Beziehung mit eingebaut werden kann. Wenn wir das können, können auch andere Ziele erreicht werden; wenn wir es nicht können, fangen die Partner normalerweise an, sich andere Optionen zu überlegen. Während wir am Ziel ‚Sicherheit' arbeiten, resultiert dieser Prozess der kokonstruierten Ziele und Mittel manchmal darin, dass Paare Ressourcen und Mittel verwenden, die andere Praktiker ihnen auferlegen würden: Gruppentherapie für einen zornigen Ehepartner, Familiendialoge, Besuch eines Behandlungszentrums für Suchtkranke oder Trennung. Da aber das Paar in unserem Fall sich selbst zu diesen Praktiken entschlossen und sie in Angriff genommen hat, wird es diese auch mit größerer Wahrscheinlichkeit zu Ende führen. Das Paar kann auch mit ganz anderen Praktiken als diesen beginnen, die ganz besonders auf ihren eigenen Fall zugeschnitten sind; aber ganz gleich, welche Situation es ist, jede Lösung wird vom Paar selbst entwickelt, während der Therapeut mit ihnen über das Ziel spricht, das darin besteht, Sicherheit zu begründen.

Skalieren ist eine wirkungsvolle Technik, um Sicherheit zu erkunden. Phil arbeitete mit einem Paar, bei dem der Mann einen ernst zu nehmenden Kokainverbrauch hatte und eine heimliche Affäre hatte (die die Frau vermutete und während der Therapie bestätigt fand). Eines

Abends kam die Frau von der Arbeit nach Hause und fand ihren Mann im Drogenrausch vor. Es ergab sich ein Streit über die vermutete Affäre und über das, was der Mann das misstrauische Wesen seiner Frau nannte. Dies eskalierte über das übliche Schreien und Beschimpfen hinaus und der Mann schlug seine Frau, was blaue Flecke im Gesicht und eine aufgeplatzte Lippe zur Folge hatte. Sie rief die Polizei, als diese aber eintraf, beschloss sie, ihn nicht anzuklagen. Sie einigten sich am selben Abend, sich in Paartherapie zu begeben, und am nächsten Tag traf die Frau eine Verabredung mit Phil.

Nachdem er der Frau zugehört hatte, wie sie ihre Erlebnisse mit dem Drogengebrauch ihres Mannes, seinen Misshandlungen und der möglichen Affäre schilderte, und dem Leugnen des Mannes und seinen Gegenangriffen wegen ihrer misstrauischen Haltung und ihrer „Gemeinheiten", beschloss Phil damit anzufangen, sich auf das Potential für mögliche weitere Gewalt zu konzentrieren, indem er eine Skalierung der Sicherheit vornahm. Er fragte beide Partner, wie sicher sich jeder fühlte, mit dem anderen unter einem Dach zu leben, wobei 1 ein völliger Mangel an Sicherheit bedeutete und 10 völlige Sicherheit. Der Mann sagte 4 und die Frau 1. Phil fragte dann, was sie beide meinten, wie groß die Chancen wären, dass die Paartherapie eine wesentliche Veränderung in ihrer Ehe bewirken könnte, wenn diese Zahlen so blieben, wie sie waren. Beide gaben zu, die Chancen seien gleich null. Er fragte dann, ob sie meinten, es würde das Beste sein, als erstes zu sehen, ob sie das Gefühl der Sicherheit zu Hause vergrößern könnten, bevor sie andere Veränderungen in Angriff nahmen. Sie gaben beide zu, dies wäre ein guter Ausgangspunkt.

Phil fragte sowohl den Mann wie auch die Frau, was es ihnen ermöglichen würde, auf der Sicherheitsskala eine Zahl höher zu rücken. Der Mann sagte, er könnte höher gehen, wenn seine Frau mit ihren Versuchen aufhören würde zu beweisen, dass er eine Affäre habe, wenn sie aufhören würde, „in seinen Sachen rumzuwühlen" auf der Suche nach Beweisen für etwas, „was nur in ihrem Kopf existierte". Die Frau antwortete, sie würde sich sicherer fühlen, wenn sie nach Hause käme und der Mann nicht den Nachmittag damit verbracht hätte, sich in einen Rausch zu versetzen. Sie fügte hinzu, wann immer sie ins Haus kam und sehen konnte, dass ihr Mann „high" war, bekam sie Angst. Wenn er nüchtern war, befürchtete sie nicht, er würde „durchdrehen und anfangen, sie anzuschreien und gewalttätig zu werden".

Wie aus diesen Antworten hervorging, würde Sicherheit für beide Personen entstehen, wenn der jeweils andere sich änderte. Phil überlegte, ob er fragen sollte, welche Veränderungen zuerst auffallen würden, wenn der Mann sich von 4 nach 5 und die Frau sich von 1 nach 2 bewegen würde in ihrem Gefühl, sich emotional und physisch sicher in der Ehe zu fühlen. Er nahm jedoch an, eine solche Frage würde eine Konversation fördern, in der nicht das Gefühl der persönlichen Wirkungskraft begründet wird. Statt dessen stellte er eine Frage zur Verschiebung der Perspektive (siehe Kapitel 8), mit der er beide Partner aufforderte, ihm zu erzählen, was er oder sie meinte, was sie anders machen könnten, wodurch der andere auf der Sicherheitsskala einen Punkt höher kommen würde. Was meinte der Mann, das er tun könnte, damit seine Frau von der 1 zur 2 käme, und was meinte die Frau, das sie tun könnte, damit der Mann von der 4 zur 5 käme?

Der Mann sagte, seiner Meinung nach würde seine Frau keine Angst zu haben brauchen, wenn sie nach Hause kommt, wenn er sich am Nachmittag nicht in einen Rausch versetzte, und das würde sie höher bringen zur 2, vielleicht sogar noch höher. Phil fragte ihn, wie zuversichtlich er sei, dies mit oder ohne Hilfe von außen schaffen zu können. Er sagte, er sei jetzt sehr darauf bedacht, seine Ehe zu retten, und wenn seine Frau sich sicherer fühlte, wenn er am Nachmittag nichts „nimmt", wäre es leicht für ihn zu reduzieren. Die Frau ihrerseits erklärte sich bereit, ihren Verdacht wegen der eventuellen Affäre nicht mehr anzubringen und das Thema in ihren Gesprächen außen vor zu lassen, zumindest zu diesem Zeitpunkt.

Phil war skeptisch hinsichtlich der Aussage des Ehemannes über sein Engagement für die Ehe, seine hohe Motivation und seine Erwartung, er könne sehr leicht seinen Drogengebrauch unter Kontrolle halten. Er behandelte dies jedoch nicht durch eine Konfrontationsintervention und drückte in seinen Fragen auch keinen Zweifel oder Verdacht aus. Phil vertraute darauf, dass die diesbezügliche Wahrheit auf eine Weise zutage treten würde, die den Partnern individuell oder kollektiv erlauben würde weiterzukommen. Er beendete die Sitzung, indem er dem Paar Komplimente machte, weil es die Entscheidung getroffen hatte, Hilfe zu suchen, und weil es sich bereit zeigte zu versuchen, einige schwierige Veränderungen vorzunehmen. Er gab dem Paar die „Standardaufgabe für die erste Sitzung" auf[52] und bat sie, auf Zeiten

---

[52] DE SHAZER betrachtet die Standardintervention Eins als eine Art Universalschlüssel (1985, S. 137), der dazu dienen kann, eine Reihe von unterschiedlichen Schlössern zu öffnen. Solche Aufgaben, die ausführlicher in Kapitel 10 diskutiert werden, eröffnen perzeptuelle Auswege aus den Erzählungen mit *schlechter Geschichte* und führen oft zu probeweisen Veränderungen für die Partner.

zu achten, wo die Sicherheit gegeben war, und darauf zu achten, wodurch das geschehen sei und welchen Unterschied es für ihre Beziehung machte, wenn sie beide sich sicherer fühlten.

Als sie zur nächsten Sitzung wiederkamen, berichtete die Frau, ihr Mann habe sich „die ersten paar Nachmittage nach der Sitzung besser benommen", sei dann aber wieder zu seinem nachmittäglichen Drogengebrauch zurückgekehrt. Er hätte die Drogen auch abends genommen, und sie hatten einige ziemlich schlimme und furchterregende Auseinandersetzungen gehabt. Der Mann sagte, er sei viel besser mit seinem Kokaingebrauch umgegangen, und zu den Kämpfen sei es gekommen, weil sie „immer wieder wegen der Affäre, die er ihrer Meinung nach hat, genörgelt hat". Phil forderte sie beide auf, ihr Vertrauen auf einer Skala anzusiedeln, dass der Mann seinen Drogengebrauch unter Kontrolle bringen würde, was ja nach ihrer beider Aussage die Grundlage dafür war, größere Sicherheit in ihre Beziehung zu bringen. Die Frau sagte, ihr Vertrauensstand sei jetzt, zumindest so lange der Mann sich weigerte, Hilfe von außen für sein Problem zu suchen, bei „null bis nichts". Der Mann argumentierte, seine Frau sei typischerweise wieder übermäßig pessimistisch. Er sagte, er würde sich noch mehr Mühe geben, und gab dieses Mal die Höhe seines Vertrauens mit „etwa sechseinhalb oder 7" an. Phil half der Frau zu erkunden, was sie tun würde, wenn sie zu irgend einem Zeitpunkt befürchtete, ihr Mann würde körperlich gewalttätig werden, und sie entschied, sie würde die Wohnung verlassen, wenn sie den Eindruck bekäme, sie hätten den Punkt hinter sich gelassen, wo sie noch ohne zu explodieren miteinander reden konnten.

Nach mehreren weiteren Treffen war der Mann immer noch regelmäßig jeden Tag „high". Er hatte viele Entschuldigungen anzubieten, stets beschuldigte er seine Frau, ihn irgendwie dazu zu bringen, Drogen zu nehmen, Wutanfälle zu bekommen und sich schlecht zu fühlen, weil er immer noch keine Arbeit hatte. Seine Frau berichtete, der von ihr wahrgenommene Sicherheitsstand war nicht höher als 1 geworden und es würde ihr immer klarer, dass die Situation nicht besser werden würde. Als Phil fragte, was ihr Mann tun könnte, wenn es überhaupt etwas gab, wodurch sie sich in ihrer Ehe sicherer fühlen würde, sagte sie, es würde einen Unterschied machen, wenn er regelmäßig zu den Gesprächs- oder Behandlungszentren gehen würde. Wieder sagte der Mann, er brauche keine Hilfe von aussen, und sie sollte ihm „nur Zeit geben und mit diesem ständigen Druck aufhören".

Zur nächsten Sitzung kam die Frau allein. Sie erklärte, während der Woche sei ihr Mann an einem Nachmittag bis oben hin voll Drogen und Alkohol gewesen, und als sie nach Hause kam, wusste sie, dass er potentiell gewalttätig war. Sie hatte sofort die Wohnung verlassen und war bei einer Freundin geblieben. Schmerzlich erkannte sie, dass sie in der Zeit, in der sie hier in der Therapie gearbeitet hatten, noch nicht einmal angefangen hatte, sich sicherer zu fühlen. Sie beschloss, die Scheidung einzureichen und erwirkte ein Unterlassungsurteil gegen ihn. Ein paar Tage später erzählten ihr mehrere Freunde, die vorher nichts hatten sagen wollen, ihr Mann habe tatsächlich eine Affäre und hatte während ihrer Ehe schon mehrere andere gehabt. Dies bestärkte sie noch einmal in ihrer Absicht, die Beziehung zu beenden. Die Frau kam während der nächsten vier Monate weiter zu Phil, während sie den Scheidungsprozess hinter sich brachte. (Phil lud den Mann ein, allein zu ihm zu kommen, was dieser aber ablehnte.) In der Therapie sprach sie darüber, wie schmerzlich es war, sich der Wahrheit über ihren Mann und ihre Ehe zu stellen, und wie sehr sie im Laufe der Zeit aufgehört hatte, für sich selbst zu sorgen. Ihr Ex-Ehemann blieb weiterhin von Zeit zu Zeit eine schwierige Person in ihrem Leben, aber allmählich, während ihr Vertrauen und ihre Freude an ihrer Unabhängigkeit weiter wuchsen und sie neue Möglichkeiten entwickelte, mit diesen Augenblicken fertig zu werden, verringerte sich sein Einfluss auf ihr Leben. Als sie die Therapie beendete, sagte sie, sie sei auf einem guten Weg, ihr altes Selbst, das sie wirklich mochte, wieder zu entdecken, und sei zuversichtlich, weiterhin ihr eigenes Leben aufbauen zu können.

In diesem Fall war das Ziel, Sicherheit zu gewinnen, erreicht, wenn auch nicht das anfängliche Ziel des Paares, die Ehe zu retten. Als die Frau beschloss, Sicherheit sei ihre Priorität, und es offensichtlich wurde, dass dieses Ziel nicht innerhalb der Beziehung erreicht werden konnte, unternahm sie Schritte, um ihr Leben zu ändern, indem sie ihren Mann verließ. Dieser Fall und andere haben uns zu der Überzeugung gebracht, das zu bestätigen, was andere lösungsorientierte, kollaborative Therapeuten berichten:

> Ein vielleicht unerwarteter Vorteil der lösungsorientierten Behandlung bei Fällen von häuslicher Gewalt ist der Einfluss, den sie haben kann, indem sie ein Misshandlungsopfer darin unterstützt, die erniedrigende Beziehung in Sicherheit und vernünftig zu beenden. Es gibt eine unangemessene Vorstellung bei vielen Praktikern, die mit misshandelten Frauen arbeiten, dass Paartherapie wie ein teuf-

lischer Zaubertrank den Effekt haben wird, eine Frau gegen ihren Willen dazu zu zwingen, ihr eigenes besseres Urteil beiseite zu schieben und weiter in einer Beziehung zu bleiben, die gefährlich und unveränderlich ist (JOHNSON & GOLDMAN, 1996, S. 190-191).

Obwohl Skalierungsfragen anfangs vielleicht scheinbar zu sehr über den Kopf gehen und schablonenhaft sind oder vielleicht nur wie ein zusätzliches Werkzeug scheinen, das nur gelegentlich in angemessener Form einsetzbar ist, sind sie tatsächlich äußerst flexible und nützliche Formen der therapeutischen Befragung. Sie helfen dem Therapeuten, gewisse sprachliche Fallen zu vermeiden, verschieben die Perspektive, behandeln unkontrovers individuell unterschiedliche Standpunkte und ko-konstruieren mit den KlientInnen Veränderungsstrategien, die Schritt für Schritt vorgehen, von konkreten, beobachtbaren Anzeichen begleitet sind und Veränderungserzählungen in Gang setzen und unterstützen.

Kapitel 8

Konversationen, die Perspektiven verschieben: Empathie und die Erzählung mit *guter Geschichte* verdichten

In RPT streben wir danach, den Partnern zu helfen, neue und nützlichere Wege zu finden, wie die Handlungen des anderen wahrgenommen und gedeutet werden können. Interaktionen zwischen Menschen sind zirkulär und haben Wahrnehmung und Bedeutungskonstruktion als Mittler. Wir möchten sowohl das beeinflussen, was die Menschen wahrnehmen, wie auch die Bedeutung, die sie diesen Wahrnehmungen geben, denn es ist ihre Wahrnehmung zusammen mit der ihr zugeschriebenen Bedeutung, die ihr Verhalten bestimmen. Obwohl es durchaus eine Beziehung (eine kausale Verbindung) zwischen dem Verhalten eines Partners und der Reaktion des anderen geben mag, ist für die Paartherapeutin die Beziehung zwischen den *Wahrnehmungen* jedes Partners von Handlungen und Reaktionen von größerer Wichtigkeit. In all unseren Konversationen mit Paaren zielen wir darauf ab, die gemeinsame Erzählung mit *guter Geschichte* zu verstärken, damit jeder Partner den anderen durch eine Linse von Wahrnehmung und Interpretation sieht, die die Beziehung vorteilhaft hervorhebt. Konversationen zur Verschiebung der Perspektive sind hier eine besonders effektive Methode.

Da Menschen durch die Bedeutungen motiviert sind, die sie den Handlungen anderer zuschreiben, wird es in engen Beziehungen, in denen die Partner über diese Bedeutungen sprechen, diese verstehen und verändern können, auch leichter, auf eine Art zu denken und zu handeln, die ein positives Beziehungsklima fördert. Das Ergebnis hiervon ist, dass enge Beziehungen meist gedeihen. Dieser Gedanke beeinflusst die meisten Ansätze zur Paartherapie, die über Kommunikation und das Teilhabenlassen an Gefühlen arbeiten (GOTTMAN, 1999; GREENBERG & JOHNSON, 1988; HEITLER, 1990; HENDRIX, 1988; JOHNSON, 1996; MARKMAN, STANLEY & BLUMBERG, 1994; NOTARIUS & MARKMAN, 1993). RPT unterscheidet sich jedoch in einigen wichtigen Aspekten von solchen Ansätzen. Es gibt Situationen, wo wir Paare Kommunikationsfähigkeiten lehren und den Partnern helfen, über ihre Gefühle zu sprechen. Wir gehen aber nicht davon aus, dass einfach ein Gespräch der Menschen über ihre Gefühle zu größerer Intimität, Empathie und Zufriedenheit in der Beziehung führt oder zu einer Veränderung der Wahrnehmung. Die Frage ist folgende: Wie können wir Therapie am besten in einer Form durchführen, bei der das, was die Menschen übereinander lernen, die Zufriedenheit in der Beziehung fördert und zu positiveren Interaktionen im alltäglichen Leben beiträgt? Fragen zur Verschiebung der Perspektive meisterhaft einsetzen, ist eine Möglichkeit. Wir nutzen sie ständig in vielen verschiedenen Formen, da sie Empathie vergrößern und Bedeutungen klären, während sie die Paare in einen unmittelbaren Partnerschaftskontext stellen. Sie stellen die Menschen ausserhalb der Gegebenheiten ihrer Problemgeschichte und ermutigen die Partner – ohne Ermahnung oder Diskussion darüber, wer wofür verantwortlich ist – eigene Schritte zu unternehmen, um Veränderungen zu bewirken.

Wir sind immer an der Funktion der Bedeutung in der Beziehungstherapie interessiert gewesen. In den ersten Jahren unserer Praxis haben wir oft, um zwischen Partnern in konfliktreichen Beziehungen ein empathisches Verstehen aufzubauen, die psychodramatische Technik der Rollenumkehr benutzt, um Menschen aus ihrer kämpferischen, gegeneinander gerichteten „Schurke-Held"-Haltung herauszubringen. Wenn Tobey Rollenumkehr in ihren psychodramatischen Gruppen einsetzte, erwies sich dies als einflussreiches Mittel, um Gruppenmitgliedern zu helfen, Einsicht in die Erfahrungen und Motive anderer in ihrem Leben zu entwickeln; es half anderen Menschen oft, ihr Verhalten und ihre Einstellung in einer Weise zu beeinflussen, durch die eine veränderungsfreundliche Haltung unterstützt wurde. In diesen Gruppensettings waren jedoch die Partner der Teilnehmer nicht anwesend. Wenn wir dieselbe Technik der Rollenumkehr in unserer Arbeit mit Paaren anwendeten und die Partner baten, tatsächlich die Sitzplätze zu tauschen und ihr Gespräch vom Standpunkt des anderen aus weiterzuführen, stellten wir fest, dass die Rollenumkehr nicht so verlässlich zur Förderung von Empathie funktionierte. Allzu häufig ergriffen die Leute einfach die Gelegenheit, den anderen durch Karikatur oder Übertreibung zu „belehren" und das Verhalten und die Sichtweisen des anderen in einer Weise darzustellen, die ihm zeigen sollte, wie schwer es war, mit ihm zu leben. Dennoch versuchten wir über die Jahre immer wieder, einen Weg zu finden, die Aspekte von Bedeutungs- und Perspektivenverschiebung bei der Rollenumkehr in unsere Arbeit mit Paaren einzubauen.

Wir haben auch versucht, empathisches Verstehen zu fördern, indem wir die Partner direkt miteinander über Probleme, Sorgen und Konflikte sprechen ließen, während wir positive Gefühle hervorlockten und ihre Kommentare in einer Weise umdeuteten, die weniger anklagend war. Hierdurch hofften wir, die defensive Haltung und ihren Antagonismus zu verringern und sie dazu zu bringen, sich mehr zu öffnen und gegenseitig zu verstehen. Wir hofften, den Therapieraum zu einem Ort zu machen, an dem Menschen lernen konnten, über ihre Sorgen und Unterschiede in einer sicheren und respektvollen Weise und Atmosphäre zu sprechen – damit neu über Bedeutungen nachgedacht werden und gegenseitiges Verständnis wachsen konnte. Dahinter stand der Gedanke, die Intimität würde sich positiv entwickeln, wenn Paare größere gegenseitige Empathie gewinnen und lernen, auf nicht kämpferische Weise und nicht aus der Defensive heraus über schwierige Themen zu sprechen, und sie würden dann die Therapie mit neuen Fähigkeiten zur Kommunikation und Konfliktlösung beenden, die sie in ihrem zukünftigen Leben alleine weiter anwenden könnten.

Obwohl dieser Ansatz des Kommunikationstrainings in der Theorie Sinn ergab, hielt er in der Praxis nicht das, was er versprach. Wenn Menschen über ihre Konflikte und Probleme sprachen, kam es oft nicht zu langfristigen Veränderungen in der Beziehung – trotz unserer Umdeutungen und Umdirigierung. Und wir begriffen auch, warum dies nicht geschah, als wir schließlich die Rolle der Dichotomie *gute Geschichte/schlechte Geschichte* verstanden. Da die meisten Sitzungen sich auf gewisse Elemente der Erzählungen mit *schlechter Geschichte* der Partner konzentrierten, hatten diese *schlechten Geschichten* weiterhin die Funktion der Linse, durch die im wesentlichen alles wahrgenommen und interpretiert wurde, selbst wenn die Partner zeitweise in der Lage waren, den Standpunkt des anderen zu würdigen. Jede Woche kamen viele Paare in ihre Sitzungen und berichteten über den Streit des vergangenen Abends, und obwohl sie vielleicht auch auf ein gewisses Verständnis für die Argumente oder Denkweise des anderen hinwiesen, waren ihre Beispiele im Allgemeinen immer noch Begründungen dafür, warum der andere Partner unvernünftig, im Unrecht oder für die problematische Interaktion verantwortlich war. Es konnte sehr entmutigend werden, Sitzung für Sitzung hart daran zu arbeiten, einem Paar zu helfen, Verständnis für die Erfahrungen und Standpunkte des jeweils anderen auszudrücken, nur um sie in der nächsten Woche wieder am alten Ausgangspunkt zu finden. Zusätzlich sahen viele Paare diese Sitzungen auch als notwendig an, um ihren

Konflikten Ausdruck geben zu können, und sie wurden bei ihrem Umgang mit dem täglichen Auf und Ab von diesem therapeutischen Kontext und unseren Interventionen abhängig.

Viele der Paare, mit denen wir auf diese Weise arbeiteten, nahmen in der Tat Veränderungen vor. Im Laufe der Zeit berichteten die meisten, ihre Auseinandersetzungen hätten in ihrer Intensität und Häufigkeit abgenommen. Sie erzählten auch von größerer Nähe und Herzlichkeit. Aber wir waren uns nicht sicher, in welchem Ausmaß das, was wir machten, tatsächlich für den Unterschied verantwortlich war. Uns schien schon die Tatsache an sich, dass die Partner in der Lage waren, in der Sicherheit des Therapieraumes vor einem neutralen Dritten, der warmherzig auf ihre guten Eigenschaften als Individuen und als Paar reagierte, wenn sie über ihre Angelegenheiten sprachen, auszureichen, um ihnen über Feindseligkeit, Missverständnis und Misstrauen hinwegzuhelfen. Wir kamen zu dem Schluss, dass es wichtig war, diese Atmosphäre zu schaffen, hatten aber den Eindruck, das sei nicht genug. Paare in Konversationen zu führen mit dem Ziel, empathisches Verständnis aufzubauen, konnte zu positiver Veränderung führen, aber nur durch Zufallstreffer; wir wollten einen konsequent zuverlässigen therapeutischen Prozess finden.

Mit unserer Entwicklung des narrativen Kontinuums von *guter Geschichte/schlechter Geschichte* kamen wir zu der Erkenntnis, dass Konversationen zur Verschiebung der Perspektive zwischen den Partnern und uns und zwischen den Partnern untereinander zu positiven und dauerhaften Veränderungen führen konnten, wenn es in diesen Konversationen um Elemente der *guten Geschichte* des Paares ging statt um die *schlechten Geschichten* des einzelnen Partners. Als im Laufe der Zeit unsere praktische Orientierung mehr in Richtung Lösungsfindung und Kompetenz ging, stellten wir allmählich den Menschen immer häufiger Fragen zur Verschiebung der Perspektive in Bezug auf ihre Erzählungen mit *guter Geschichte* (vergangene Ausnahmen und Erfolge und bevorzugte Zukunftsszenarien). Dies half ihnen dabei, mehr Empathie zu entwickeln, motivierte sie dazu, aus ihrem bevorzugten Selbst heraus zu handeln und das bevorzugte Selbst des anderen zu respektieren, verdichtete und festigte den Kontext der Erzählung mit *guter Geschichte* des Paares, und ermöglichte dem Paar gemeinsame Bemühungen zur Lösungsfindung.

Zirkuläre und reflexive Fragen:
Das Mailänder Zentrum für Familientherapie

Einige der ersten Fragen, Perspektiven zu verschieben, wurden vom Mailänder Zentrum für systemische Familientherapie entwickelt (BOSCOLO, CECCHIN, HOFFMAN & PENN, 1987). In ihrer frühen Arbeit mit Familien mit schwer gestörten Kindern hielt die Gruppe sich eng an die Ideen und Methoden des MRI [Mental Research Institute] Projekts für Kurztherapie (FISCH, WEAKLAND & SEGAL, 1982; WATZLAWICK et al., 1974). Sie benutzten Umdeutung („positive Konnotationen", die dem problematischen Verhalten zugeordnet werden), um die sich anschließenden paradoxen Aufgaben vernünftig erscheinen zu lassen, und übertrugen dann der Familie diese Verpflichtungen („Rituale"). Im Laufe der Zeit begannen einige Mitglieder der Mailänder Gruppe (vor allem BOSCOLO und CECCHIN) sich für die Art und Weise zu interessieren, wie die privaten bedeutungsgebenden Erzählungen der einzelnen Familienmitglieder eine wichtige Rolle bei der Entstehung und Lösung von Familienproblemen zu spielen schienen. Infolgedessen griffen sie weniger und weniger auf Umdeutung und paradoxe Hausaufgaben zurück und mehr auf den Einsatz dessen, was sie „zirkuläre Fragen" nannten, um Familienmitgliedern zu helfen, vielfältige Sichtweisen zu entwickeln und die Bedeutungen in Hinblick auf problematische Verhaltensweisen zu modifizieren.

Statt zum Beispiel die Anorexie der Tochter umzudeuten als ihre Art, das Schlimmste bei den Eheproblemen ihrer Eltern abzuwenden (positive Konnotation), stellten BOSCOLO und CECCHIN den Geschwistern der Tochter folgende zirkuläre Frage: „Wer von euren Eltern, Mutter oder Vater, scheint sich mehr Sorgen um die Essstörung eurer Schwester zu machen?" Während jedes Kind diese Frage beantwortete, konnten die Familienmitglieder die unterschiedlichen und vielfältigen Weisen entdecken, auf die sie die Familie und das Verhalten der Schwester sahen. Während vielfältige Sichtweisen und Bedeutungen in diesen Konversationen auftauchten, konnte die Therapeutin kreative Möglichkeiten entwickeln, um das Problem des anorektischen Verhaltens der Tochter zu lösen.

Fragen zur Internalisierung des Anderen, spaltende Fragen und die bevorzugte Sichtweise des Selbst: Narrative Therapie

Während konstruktionistische und narrative Ideen und Praktiken weiterhin auf dem Gebiet der Familientherapie gedeihen, haben TherapeutInnen neue Interviewmethoden entwickelt, die generative Erzählungen, vielfältige Perspektiven und hilfreiche Bedeutungskonstruktionen unter Familienmitgliedern fördern. Diese neuen Methoden zielen darauf ab, lähmende, einseitige Erzählungen abzubauen, damit Familienmitglieder Geschichten erfinden können, mit deren Hilfe Möglichkeiten und Auswahl erweitert werden. Zum Beispiel nennt sich eine Interviewtechnik mit Rollenumkehr, die im Ansatz der narrativen Therapie entwickelt wurde, das „Interview mit dem internalisierten Anderen" (EPSTON, 1993; TOMM, 1988). Wie David EPSTON (1993) bemerkt, sind Interviews mit dem internalisierten Anderen besonders nützlich bei „diesen sich bekriegenden Paaren, die Beratung als den Schauplatz ansehen, auf dem sie ihre Unterschiede auskämpfen können. Diesen Paaren scheint jede Vorstellung von Verbundenheit ‚in guten wie in schlechten Zeiten' zu fehlen" (S. 183).

Beim Interview mit dem internalisierten Anderen fordert die Therapeutin einen Partner auf, sich in die Lage des anderen zu versetzen und sich als diese Person befragen zu lassen. (Mit diesem „Interview"-Stil, bei dem eine Person mit der Therapeutin statt mit dem Partner spricht, kann man Übertreibungen und Parodien reduzieren, die wir früher so häufig bei unseren Versuchen im Psychodrama erleben mussten, wenn wir die Partner zum Rollentausch aufforderten.) Das Interview mit dem internalisierten Anderen fördert Annahmen und Überzeugungen zutage, die der befragte Partner in Bezug auf die Gefühle, Bedürfnisse, Wünsche, Wahrnehmungen, Haltungen und dergleichen des anderen Partners hat. Soll der Befragte Fragen über die subjektive Erfahrung des Anderen beantworten, so kann das sein Verständnis für die Motive, Wünsche und Gefühle des Partners, der gerade dargestellt wird, erhöhen. Ist das Interview abgeschlossen, wird der andere Partner gefragt, wie zutreffend sein Partner die Fragen beantwortet hat. Statt sich darüber zu streiten, wer Recht hat und was wirklich geschehen ist, wendet das Gespräch sich der Frage zu, wie genau der befragte Partner die Erfahrungen, Gedanken und Gefühle des Partners, den er darstellen wollte, widerspiegelte.

Ein anderer Typ von Frage zur Steigerung der Empathie ist Karl Tomms „spaltende" Frage (Tomm, 1988, 1993). In Kapitel 1 bezogen wir uns auf Tomms Theorie des „verteilten Selbst": die Sichtweise vom eigenen Selbst ist nicht konstant und nur intern angesiedelt, sondern vielfältig und auf verschiedene Beziehungen „verteilt", d.h. also, in einem gewissen Sinn ist das Selbst im Leben eines Menschen im Besitz der anderen und wird dort reflektiert. Diese interessante Definition bedeutet, dass das Selbst vielfältig ist, ein Gemisch aller Ansichten und Ideen, die über einen Menschen existieren, verteilt über eine Gemeinschaft, in der diese Person sich bewegt, statt eine isolierte und einzige Einheit, die von dem Individuum in alle Beziehungen hineingetragen wird[53]. So ist also das Selbst einer Person auf einem Spektrum verteilt, das jeweils in Teilen zum Beispiel von Tante Mary getragen wird, die Linda als gute und nette Nichte betrachtet; vom Vater, der die Vorstellung von ihr als störrisch und undankbar hat; Margret, einer Freundin, die sie als umständlich sieht; und Bruce, einem Mitarbeiter, für den sie intelligent und witzig ist. In jeder dieser Beziehungen erlebt Linda sich in gewisser Weise anders, und ihr Selbst ist in dieser Gemeinschaft auf verschiedene Aspekte bei verschiedenen Menschen verteilt. Diese Auffassung vom Selbst weist den Wahrnehmungen bei der Bedeutungsgebung vom Ich und den Beziehungen einen wichtigen Platz zu. Wir erwähnten diesen Begriff des „verteilten Selbst" im Zusammenhang mit den Erzählungen mit *guter* und *schlechter Geschichte* eines Paares und erklärten unsere Annahme, dass eine Beziehung zum Teil deswegen für eine Person attraktiv ist, weil sie ihr das Gefühl gibt, in der von ihr bevorzugten Weise gesehen zu werden. Wir führen diesen Begriff noch einmal an, um ein weiteres Mal die sozialkonstruktionistische Idee zu unterstreichen, das „Selbst" sei kein Ego-Gefühl oder eine Identität, die man in Isolierung entwickelt und behält, sondern eine soziale Konstruktion. Für wen ich mich halte, ist zum Teil meine Erfahrung von meinem „Selbst", gesehen mit den Augen verschiedener anderer – ein „Selbst" erfahren durch meine Erfahrung von deiner Erfahrung von mir. Und natürlich eröffnen Konversationen, in denen Menschen darüber sprechen, wie sie andere wahrnehmen, wie andere sie ihrer Meinung nach wahrnehmen und sie wahrgenommen werden möchten, zahlreiche Möglichkeiten, der gemeinsamen *guten Geschichte* eines Paares neue Kraft zu verleihen.

---

[53] **Anm.d.Hrsg.:** vgl. dazu auch Hermanns et al. (1992, 1993) sowie Markus & Nurius (1986)

Tomm nutzt spaltende Fragen, um die bevorzugten Ideen vom Selbst eines jeden Partners zu klären („Sind Sie ein Mensch, der als hilfreich angesehen werden möchte und der bereit ist, mit anderen mitzumachen, oder gehören Sie zu der Art Mensch, der Dinge lieber auf eine bestimmte Weise erledigt sehen möchte, ganz gleich, was sonst noch passiert?") und um zu klären, welche Handlungen von Seiten dieser Person ihrer Meinung nach entweder ein unerwünschtes oder ein bevorzugtes verteiltes Selbst fördern werden. Wenn die Person erst einmal festgestellt hat, dass eine bestimmte Veränderung im Verhalten oder in der Einstellung vermutlich eine positive Wirkung auf die Sichtweise des anderen Partners auf sie und auf die Beziehung hat, wird es möglich zu erkunden, was die Person tun könnte, um diese ersehnte Veränderung zu bewirken.

Auf ähnliche Weise diskutieren Joseph Eron und Thomas Lund (1996) die „bevorzugte Sichtweise vom Selbst" in ihrem narrativen Lösungsansatz. Ihrer Meinung nach ist diese „bevorzugte Sichtweise" eine Repräsentation des Selbst, das die Menschen erhalten wollen und das andere in ihnen sehen sollen. Da diese bevorzugte Sichtweise des Selbst sozial konstruiert ist (und geteilt), wird ein Mensch Schwierigkeiten haben, dieses Bild von sich aufrecht zu erhalten und ein gewisses Maß an Stress in der Beziehung empfinden, wenn er sein bevorzugtes Selbst nicht in dem reflektiert sieht, was andere sagen, und nicht in der Weise, wie andere mit ihm umgehen.

In RPT schenken wir bei beiden Partnern den Hinweisen auf das bevorzugte Bild vom Selbst große Aufmerksamkeit. Wir führen den Menschen diese bevorzugten Sichtweisen vor Augen, soweit uns dies in aller Aufrichtigkeit möglich ist, und wir versuchen die Art zu erkennen, wie sie diese Vorstellungen von sich selbst umgesetzt haben. Hierdurch wird Rapport und Vertrauen aufgebaut; jede Person, ganz gleich welche Klagen der Partner hat und welche Gefühle von Schuld oder Versagen sie selbst empfindet, erlebt die Therapeutin als jemanden, die sie und den Partner in einem günstigen Licht sieht. Und dann, wenn wir davon hören, welche Kluft dazwischen liegt, wie jeder Partner gesehen werden möchte und er/sie seiner Meinung nach momentan gesehen wird, und welche Kluft auch zwischen dem liegt, wie die Menschen sich selbst sehen möchten, und den Handlungen, die diesem bevorzugten Selbst-Bild entgegenstehen – dann können wir Fragen zur Verschiebung der Perspektive stellen. Diese Fragen bringen oft ein Element des Zweifels in die gegenwärtig vertretenen Ideen und sind daher aus einer Haltung der aufrichtigen Neugier heraus zu stellen und nicht als rhetorische Herausforderung. Wenn wir zum Beispiel erkunden, was eine Kluft zu sein scheint zwischen dem bevorzugten Bild vom Selbst und gewissen Handlungen, die dieser Mensch ausgeführt hat, könnten wir einem Ehemann, der seine Frau verbal misshandelt, die Frage stellen, die ERON und LUND (1996) die „Geheimnisfrage" nennen – eine Frage, die den Befragten auffordert, der Therapeutin bei der neugierigen Erkundung dieser Kluft zu folgen. Die allgemeine Form der Frage lautet: „Wie ist jemand mit den bevorzugten Eigenschaften X in die Situation Y geraten und wird von anderen auf die Weise Z gesehen?" Nehmen wir in unserem Beispiel an, dieser betreffende Ehemann habe uns erzählt, er hielte sich selbst für einen fair denkenden Menschen und dies sei eine seiner wichtigen Eigenschaften (seine bevorzugte Sichtweise seines Selbst). Wir könnten fragen – und das muss vorsichtig und mit aufrichtiger Offenheit für seine Antwort geschehen: „Wie ist jemand wie Sie, der recht fair denkt und sehr häufig in der Lage gewesen ist, in einer Krise die Ruhe zu bewahren, in diese Lage geraten, über die wir gesprochen haben, wo die Frau sich bei ihm nicht sicher fühlt und sagt, sie habe fürchterliche Angst vor seinen ‚Wutanfällen', und den seine Kinder unheimlich finden?"

Wir sind daran interessiert, Wirkungskraft zu fördern und in den Menschen Enthusiasmus dafür wachzurufen, eine aktive Rolle bei der Veränderung zu spielen. Hierbei kann es sehr hilfreich sein, Fragen über die Verbindung zwischen Bedeutungen und Verhaltensweisen zu stellen. Wir haben darüber gesprochen, wie wir bei der Erkundung von Erzählungen mit *schlechter Geschichte* hauptsächlich darauf eingestellt sind, Hinweise auf Auswege aufzugreifen, auf Wege, die aus der Welt der *schlechten Geschichte* in die Welt der *guten Geschichte* führen. Wenn wir gut zuhören, können Konversationen über Probleme und *schlechte Geschichten* uns helfen, das bevorzugte Selbstbild aus jedem Partner hervorzulocken. Wir können zusammen mit dem Paar lernen, wie die Handlungen des Einzelnen ihn oder sie möglicherweise daran hindern, das bevorzugte Selbst in den Handlungen des anderen gespiegelt zu sehen, und wie man dies umdrehen kann. Fragen zur Verschiebung der Perspektive können helfen, die Verbindungen aufzudecken zwischen spezifischen Verhaltensänderungen, auf die der jeweilige Partner gedrängt hat, und der Art und Weise, wie solche Veränderungen als Zeichen dienen, dass jeder Partner sich, den/die andere/n und die Beziehung auf bevorzugte Weise sehen kann. Es ist interessant, wenn man bemerkt, wie ein Paartherapeut der behavioristischen Schule, John GOTTMAN (1994, 1999), über die Tatsache spricht, dass ein wichtiges Merkmal für die Unterscheidung von erfolgreichen und erfolglosen Ehen das Verhältnis der Zahl der positiven zu den negativen Kommentaren und Gesten ist, die Partner zueinander und übereinander machen, und auch die Tatsache, ob solche Kommentare und Gesten bemerkt werden und beobachtbare positive Reaktionen hervorrufen. Nach GOTTMANS Forschungsergebnissen zu urteilen, wird der Gedanke unterstützt, die Erfahrung des bevorzugten Bildes vom Selbst spiele eine große Rolle für ein zufriedenstellendes Leben in einer Beziehung. Wenn ein Einzelner das bevorzugte Selbst in den Kommentaren und Handlungen des anderen gespiegelt sieht, wird die Beziehung gedeihen. Wenn beide ihr Ich auf unvorteilhafte Weise reflektiert sehen, wird die Beziehung sich in einer Abwärtsspirale bewegen.

Beziehungsfragen: Lösungsorientierte Kurztherapie

Vertreter der lösungsorientierten Kurztherapie haben ebenfalls Interviewtechniken entwickelt, mit deren Hilfe die Fähigkeit der Menschen, vielfältige Perspektiven zu sehen, erweitert wird. In ihrem Ansatz werden die Fragen zur Verschiebung der Perspektive „Beziehungsfragen" genannt (BERG & KELLY, 2000; DE JONG & BERG, 1998; HOYT & BERG, 1998). Diese Fragen, die während der Konversationen über Ausnahmen in der Vergangenheit und bevorzugte Zukunftsbilder gestellt werden, laden die KlientInnen ein, sich in die Lage anderer zu versetzen und die beobachtbaren Einzelheiten des Szenarios zu beschreiben, insbesondere diejenigen, bei denen sie sich beobachten, wie sie etwas anders machen. Die Antworten auf diese Fragen helfen, Ressourcen zu entdecken und Lösungen zu entwickeln.

Wir haben uns bei der Entwicklung der Fragen zur Verschiebung der Perspektive in RPT all dieser Modelle bedient. Sie nützen uns sehr in unserem Bemühen, Partnerschaft neu entstehen zu lassen, sie helfen den Paaren dabei, Handlungspläne zu entwickeln, um mit Problemen und Sorgen fertig zu werden, lockern den Griff einer individuellen Erzählung mit *schlechter Geschichte* und schaffen bzw. verdichten die gemeinsamen Erzählungen mit *guter Geschichte* eines Paares. Wir finden es sinnvoll, zwischen zwei Arten der Befragung zur Verschiebung der Perspektive zu unterscheiden: Fragen aus einer Außen-Perspektive und Fragen zur Rollenumkehr.

Fragen aus einer Außen-Perspektive

Fragen aus einer Außen-Perspektive werden grundsätzlich bei Konversationen zur Zielkonstruktion verwendet, bei denen wir gemeinsam Zukunftsbilder und Erzählungen mit *guter Geschichte* schaffen und uns darauf konzentrieren, ersehnte beobachtbare Verhaltensweisen und bevorzugte Partnerinteraktionen zu identifizieren. Fragen aus einer Außen-Perspektive laden Menschen ein, sich mit den Augen einer anderen Person (normalerweise des Partners) zu sehen und dabei zu beschreiben, was ihnen auffällt, was anders ist und was dem Partner sagen wird, dass die Dinge sich zum Besseren gewendet haben. Zum Beispiel: „Sie sagen, es sei wichtig für Sie, dass Ihre Frau Ihnen wieder vertraut. Was wird Ihrer Meinung nach das erste sein, was ihr auffällt, das Sie anders machen und woran sie merkt, dass sie wieder anfangen kann, Ihnen zu vertrauen?" oder „Nehmen wir an, es ist der Morgen nach dem Wunder und Ihre Frau vertraut Ihnen wieder – was wird sie bemerken, was anders ist an Ihnen und woran sie merkt, dass es okay ist, Ihnen zu vertrauen?" Solche Fragen bringen Einzelheiten und Aktualität in das Szenario, über das wir sprechen. Diese Art von Fragen beeinflusst das interpersonelle Feld und unterstützt dabei die Partnerschaft, da sie vom Antwortenden verlangt, eine andere Sichtweise in Betracht zu ziehen und sich selbst einzubeziehen.

Fragen aus einer Außen-Perspektive konzentrieren sich besonders auf Handlungen, die von anderen bemerkt oder beobachtet werden können, nicht auf ihre mögliche Bedeutung oder ihre emotionale Auswirkung auf andere. Die Menschen werden einfach gebeten, die Perspektive zu verschieben und mit den Augen anderer sich selbst oder Einzelheiten eines bevorzugten Zukunftsszenarios zu beschreiben oder vergangene Ausnahmen/Erfolge. Beobachtung, nicht Interpretation[54]. Die beschriebenen Handlungen können für den Sprecher Anzeichen einer Veränderung in seiner Vorstellung sein, und dieser Prozess an sich kann eine Abfolge von Gedanken oder Intentionen auslösen, die zu Veränderung führen. In einer Konversation zur Zielkonstruktion, in der ein Ehemann sagt, er wünscht sich, weniger depressiv zu sein, könnten wir fragen: „Was wird das erste sein, was Ihrer Frau an Ihnen als anders auffallen wird und was ihr sagen wird, dass Sie anfangen, sich besser zu fühlen?" Oder wenn eine Frau sagt, sie möchte

---

[54] **Anm.d.Hrsg.:** Hier machen Ziegler & Hiller nachdrücklich deutlich, dass es um beobachtbares Verhalten (Verben, Tu-Worte) geht und nicht um Gefühle (die nur erschlossen werden können).

sich ihrem Mann näher fühlen, könnten wir fragen: „Welches wären die ersten Anzeichen, die Ihre Kinder sehen würden und die ihnen sagen würden, dass Sie sich Henry wieder näher fühlen? Vielleicht würden sie darüber so nicht reden (oder sind zu jung, um darüber zu reden), aber was würden sie sehen?" In einer Skalierungskonversation zum Aufbau von Hoffnung könnten wir folgende Frage aus einer Außen-Perspektive einsetzen: „Sie sagen mir, Sie seien jetzt bei 4 in Ihrem Vertrauen, Ihre Ehe könnte gerettet werden. Ich frage mich, was Ihrer Frau als anders bei Ihnen auffallen wird, wenn Sie sich zur 5 hoch bewegt haben." (Diese Fragen aus einer Außen-Perspektive erfordern natürlich eine Art von Rollenumkehr; der Mann muss in diesem Fall Signale aufgreifen, die seiner Frau auffallen, aber diese Art von Perspektivenverschiebung erfordert nicht unbedingt ein Zunehmen an Empathie.) Während der Mann versucht, seine Antwort zu formulieren, muss er versuchen, sich von außen zu sehen, so wie andere das tun, und bei dieser Sichtweise erkennt er Unterschiede, die Anzeichen für ihn sein können (und für sie, wenn sie in der Sitzung dabei ist), dass er sich hinsichtlich der Zukunft seiner Ehe optimistischer fühlt.

Kurz gesagt: Fragen aus einer Außen-Perspektive laden Menschen ein, sich vorzustellen, wie *andere* diese Frage nach Anzeichen von Veränderung beantworten werden: „Was wird denen an Ihnen als anders auffallen, wenn ...?"

Hier noch einige Beispiele für Fragen zur äußeren Perspektive:

- *Was wird Ihre Frau merken, was anders an Ihnen ist, wenn sie „mehr Interesse an Ihrer Sichtweise zeigt"?*

- *Was werden Ihre Freunde merken, was anders an Ihnen beiden ist, wenn Sie „anfangen, einige Ihrer alten Gefühle zurück zu gewinnen"?*

Fragen zur Rollenumkehr

Der zweite Typ von Fragen zur Verschiebung der Perspektive, Fragen zur Rollenumkehr, fordern die Menschen auf, sich mit den Augen anderer zu betrachten und sich dann die Auswirkung ihres Verhaltens auf diese andere Person vorzustellen sowie die möglichen Bedeutungen, die der/die andere aus dem ableitet, was er/sie beobachtet. Wir benutzen Fragen zur Rollenumkehr nur im Kontext von Konversationen über Ausnahmen und bevorzugte Zukunftsbilder – mit anderen

Worten: für Szenarien der *guten Geschichte*. Wir benutzen sie nicht, um zu versuchen, Menschen den negativen Effekt zu zeigen, den ihr Verhalten auf andere hat, sondern vielmehr um Auswirkungen von Verhaltensweisen zu identifizieren, die im Zusammenhang mit ihren bevorzugten Szenarien und Zielvorstellungen stehen. Wir würden zum Beispiel nicht fragen: „Joe, versetzen Sie sich in die Lage Ihrer Frau – was meinen Sie, wie sich Mary fühlte, als Sie spät aus dem Büro nach Hause kamen, ohne anzurufen?" Statt dessen könnten wir fragen: „Joe, stellen Sie sich einen Augenblick vor, Sie wären Mary, und stellen Sie sich vor, Joe weiß, dass er spät nach Hause kommen wird, und er ruft Sie an, um Bescheid zu sagen. Dann, wenn Joe nach Hause kommt, nachdem die Kinder ins Bett gegangen sind, erzählen Sie mir, wie Sie sich ihm gegenüber fühlen, obwohl er spät kommt."

Bei Fragen zur Rollenumkehr geht es darum, das Gefühl und das kognitive Verständnis für die Erfahrung des anderen zu erweitern; anders ausgedrückt, sie bauen Empathie auf und tragen zum Prozess der Entwicklung alternativer Geschichten bei. Normalerweise stellen wir sie als Folgefragen zu Fragen aus einer Außen-Perspektive. Wenn die Menschen erst einmal in der Lage sind, uns zu erzählen, was der andere Partner bei ihnen im bevorzugten Szenario beobachten wird, ist es ein leichter nächster Schritt, sie zu fragen, *wie* das, was sie sehen, einen Unterschied für sie machen wird. Wenn eine Ehefrau einmal die Frage beantwortet hat: „Was wird das erste sein, was Jack bei Ihnen als anders auffallen wird, wenn ‚Ihr Gefühl der Verbundenheit' sich wieder einstellt?", können wir sie fragen, wie es ihrer Meinung nach für ihn *einen Unterschied machen* wird, wenn er sie bei diesen Dingen beobachtet (was das für ihn bedeutet). Rollenumkehrfragen laden die Menschen ein, sich vorzustellen, wie das, was sie in bevorzugten Szenarien tun, die andere Person beeinflussen wird, und dadurch werden neue Verbindungen zwischen Handlung, Wahrnehmung, Erwartung und Bedeutung hergestellt.

Hier sind einige beispielhafte Fragen zur Rollenumkehr, die als Folgefragen nach Antworten auf Fragen aus einer Außen-Perspektive benutzt werden können:

– *Was meinen Sie, welchen Unterschied es für Ihre/n Partner/in macht, wenn er/sie diese Veränderungen bei Ihnen beobachtet?*

– *Wenn ich Ihre/n Partner/in fragen würde, wie diese Veränderungen dazu beitragen werden, Ihre Beziehung wieder aufzubauen, was würde er/sie Ihrer Meinung nach sagen?*

- Wie, meinen Sie, möchte Ihr Partner sich vielleicht verändern, wenn er Sie bei diesen Dingen beobachtet, von denen er sagt, sie machen einen Unterschied für ihn?
- Wenn Ihr/e Partner/in diese Veränderungen bei Ihnen sieht, was wird ihm/ihr das über Sie sagen (Ihr Engagement in der Ehe, Ihre Gefühle für ihn/sie oder welche Ausdrücke auch immer der/die andere Partner/in benutzte, um seine/ihre Metaziele zu beschreiben)?
- Jim, versuchen Sie, ob Sie diese Frage aus Ihrem innersten Herzen heraus beantworten können, verstehen Sie, wie Sie sich tief in Ihrem Innersten vorstellen, wie Sue antworten würde. Sprechen Sie als Sue ... sagen Sie mir, Sue, wie wird es einen Unterschied für Sie machen zu sehen, wie Jim sich jetzt verhält?

Diese Art von Fragen laden die Menschen ein, über die Wirkung ihrer eigenen Handlungen auf andere im Kontext der *guten Geschichte* nachzudenken. Sie erzeugen ein Bewusstsein für das bevorzugte Selbst des Sprechers wie auch des Partners und ganz besonders ein Bewusstsein für die Verbindung zwischen ihnen. Sie knüpfen und festigen das Band zwischen Paaren, das entsteht, wenn diese das Verhalten des jeweils anderen in einem positiven Licht sehen können. Mit anderen Worten, die Fragen zur Rollenumkehr erlauben einem Partner, die Bedeutungen des anderen zu „entdecken" und durch sie das bevorzugte Selbst. Sie verlangen vom anderen Partner nicht, seine eigenen Bedeutungen zu erklären, was manchmal ein Grund für Anschuldigungen oder Auseinandersetzungen über unterschiedliche Perspektiven werden kann. Statt dessen bringen sie den Antwortenden dazu, über die Sichtweise des Partners nachzudenken und in der eigenen Vorstellung dafür Verständnis zu zeigen. Dies ist eine Möglichkeit, die Version der *schlechten Geschichte* des Partners hinter sich zu lassen; auf diese Weise dienen die Fragen dazu, Möglichkeiten durchzuspielen, wie jeder Partner handeln kann, um das verteilte Selbst, wie es von anderen gesehen wird, zu modifizieren.

Wir möchten dieses Kapitel mit einem Auszug aus dem Transkript einer Sitzung beenden, in der Phil sowohl Fragen zur Verschiebung der Perspektive wie auch Skalierungsfragen benutzt, um die *gute Geschichte* eines Paares zu beleben. Beachten Sie, wie die Wahrnehmungen und Bedeutungen des Paares sich im Laufe der Beantwortung seiner Fragen verschieben, erweitern und entwickeln. So wie Phils Fragen ihre Antworten auslösen, beeinflussen die Antworten Phils nächste Fragen.

Phil:	Ich möchte Sie beide darum bitten sich vorzustellen, dass die Zahl 1 Ihre Beziehung zu der Zeit repräsentiert, als die Dinge sehr schlecht standen und einer von Ihnen schließlich den Anruf für diesen Termin machte. Und die Zahl 10 repräsentiert den veränderten Zustand, wenn Sie die Lage erfolgreich verändert haben und zufrieden und glücklich damit sind, wie es zwischen ihnen steht. Welche Zahl würden Sie dem gegenwärtigen Stand der Dinge geben?
Mike:	Ich glaube eine 2.
Donna:	4 oder 5.
Phil:	Okay. Also für Sie, Donna, haben die Dinge sich von der schlimmsten Zeit ganz bis zur 4 oder 5 hoch bewegt, fast den halben Weg. Mike, Sie sehen die Lage noch im unteren Bereich bei ungefähr 2. Was meinen Sie, Mike, was Donna in der Beziehung in diesen Tagen erlebt hat, das sie dazu bringt, die Lage bei 4 oder 5 einzustufen? (*Rollenumkehrfrage. Beachten Sie, Phil fragt nicht nach Mikes 2. Statt dessen setzt er diese Frage ein, um Mike dazu aufzufordern, über Donnas offensichtlich positivere Perspektive nachzudenken.*)
Mike:	Vielleicht sollten Sie *sie* fragen.
Phil:	Also, das kann ich noch machen, aber im Moment wäre es hilfreich, um einen Anfang zu machen, wenn Sie über die Frage nachdenken würden und mir, so gut es geht, antworten würden.
Mike:	Nun, möglicherweise fühlt sie sich besser in dieser Hinsicht, weil wir in der letzten Zeit mehr Zeit miteinander verbracht haben. Ich bin nicht so häufig im Internet gewesen nach dem Essen ... ja, und wir sind sogar neulich abend ins Kino gegangen. Das hat Spaß gemacht.
Phil:	Sie meinen also, weil Donna sieht, wie Sie beide mehr Dinge zusammen machen und ihr auffällt, dass Sie mehr Zeit mit ihr verbringen, darum fühlt sie sich besser in der Beziehung. Ich frage mich, wie Sie beschlossen haben, diese Dinge zu tun – verstehen Sie, Dinge, die ihr helfen, sich besser in Bezug auf Sie beide zu fühlen. (*Achten Sie darauf, wie Phil anfängt, Wirkungskraft zu etablieren.*)
Mike:	Ich habe nicht wirklich darüber nachgedacht ... Ich glaube, ich mach' einiges davon, weil ich möchte, dass sie glücklich ist. Und mir gefällt es auch, das will ich gar nicht leugnen. Mir gefällt nur das ganze Klagen nicht, aber wenn sie gut gelaunt ist, ist sie großartig.
Phil:	Meinen Sie, ihr würde auffallen, dass Sie mehr Zeit mit ihr verbringen wollen, wenn sie Wege findet, häufiger gut gelaunt zu sein?

Mike:	Na, stellen Sie mir mal eine schwerere Frage. Diese Frage ist zu leicht. (*Er lacht.*)
Phil:	Gut, okay. Hier ist eine schwerere. Woher würde sie wissen – was würde sie an Ihnen als anders beobachten – also was würde ihr sagen, dass es einen richtigen Unterschied für Sie macht, wenn sie in besserer Laune ist? (*Frage aus einer Außen-Perspektive.*)
Mike:	Also, als erstes würde sie tatsächlich merken, dass ich mehr Zeit mit ihr verbringe. Ich würde häufiger nach Hause kommen und sagen, lass' uns mal zur Abwechslung ausgehen zum Essen. Statt in meine Höhle zu gehen und die Nachrichten anzustellen oder mich an den Computer zu setzen. Ich denke, ich würde ihr sagen, wie viel schöner ich es finde, wenn sie nett ist. (*Stellt sich schon Möglichkeiten seiner Reaktion vor.*)
Phil:	Okay, das ist ein guter Anfang. Jetzt würde ich gern Donna ein paar Fragen stellen. (*Wendet sich Donna zu.*) Donna, Mike sagt, er sieht die Dinge im Moment bei 2. Und wie er sagt – Sie haben es ja gehört – meint er, Ihre Zahl sei höher als seine, weil Sie in der letzten Zeit häufiger zusammen gewesen sind. Hat er da Recht?
Donna:	Ja, wir haben ein paar mehr Sachen zusammen gemacht. Ich habe nicht wirklich darüber nachgedacht, aber ich vermute, das könnte mit ein Grund sein, warum ich mich besser als vorher fühle, ein bisschen jedenfalls.
Phil:	Abgesehen davon, dass Sie uns das jetzt sagen, wie hätte Mike gewusst, dass es Ihnen besser geht, dass es einen Unterschied gemacht hat, als er Ihnen zeigte, er wollte mehr Zeit mit Ihnen verbringen? (*Frage aus einer Außen-Perspektive.*)
Donna:	Ich glaube, ich habe es ihn nicht wissen lassen. Na ja, jetzt schon. Ich meine, es ist ziemlich neu, und da gibt es noch viele andere Dinge ... vielleicht bin ich ein bisschen vorsichtig. Ich könnte es aber jetzt tun. (*Wendet sich an Mike.*) Würde es dir etwas bedeuten, wenn ich sage, mir gefällt es, dass wir in der letzten Zeit mehr zusammen unternommen haben?
Mike:	Ganz sicher würde es das. Ich habe so ziemlich das Gefühl, du kannst mich nicht ausstehen und möchtest nicht in meiner Nähe sein, obwohl du dich ständig beklagst, dass wir nicht genug Zeit zusammen verbringen. Das ist ein Grund, weswegen ich nicht so hoffnungsvoll wie du darüber war, wie es jetzt läuft.
Phil:	Nehmen wir also einmal an, Mike, Donna fängt jetzt an und lässt Sie wissen, dass es ihr gefällt, mit Ihnen zusammen zu sein, und dass sie sich gut bei Ihnen und in der Beziehung fühlt, wenn Sie ihr zeigen, dass Sie etwas mit ihr zusammen machen möchten.

Mike:	Wenn sie das häufiger täte, würde Sie das zu einer höheren Zahl bringen als die, die Sie vorher angegeben haben? Machen Sie Witze? Ich könnte bis zur 7 oder 8 gehen, wenn sie mir ab und zu mal sagen würde, dass sie sieht, wie sehr ich mich bemühe, es besser zu machen, statt immer nur darauf hinzuweisen, wie ich sie enttäusche und was ich sonst noch alles verkehrt mache. Wir würden ganz über die Skala hinausschießen, wenn sie mir tatsächlich irgendwann mal sagen würde, dass sie mich liebt, oder mir das Gefühl gäbe, froh zu sein, wenn wir zusammen sind. Oder auch, dass sie körperlich noch an mir Interesse hat.
Phil:	Toll! Ich bekomme also allmählich das Bild von Ihnen, dass Sie beide schon einige Vorstellungen haben und manchmal schon Dinge machen, die Sie beide über den Punkt hinaus bewegt haben, wo die Situation am schlimmsten war. (*Phil beschreibt Veränderung als etwas, was schon begonnen hat.*) Wenn Sie also beide weiter aktiv daran arbeiten, Zeit füreinander zu haben und ihre Freude darüber auszudrücken, dann haben Sie schon einige große Schritte unternommen, um Ihrer Beziehung eine Wendung zu geben. Habe ich das richtig verstanden? Das ist ziemlich aufregend.
Donna:	Ja, abgesehen von dem Teil, dass ich mir das Körperliche wünschen soll. Ich müsste mich Mike näher fühlen, als es zur Zeit der Fall ist, um mich da rein zu hängen, also mit ihm zu schlafen. Ich meine, da haben wir noch'n ganzes Stück Arbeit vor uns.
Phil:	Lassen Sie mich folgendes fragen, Donna. Wenn ich Mike bitten würde, die ersten Dinge zu nennen, die ihm auffallen würden, die anders an Ihnen wären und die ihm sagen würden, ob Sie das Gefühl wiedergewinnen, mit ihm körperlichen Kontakt zu wollen, was würde er sagen? (*Frage aus einer Außen-Perspektive.*)
Donna:	Oh, er würde wahrscheinlich sagen, ich beklage mich nicht so viel. Ich bin herzlicher, verstehen Sie, berühre ihn mehr, necke ihn, solche Sachen.
Phil:	Und welchen Unterschied würde das für ihn machen, wenn er das bei Ihnen beobachtet – was würde er sagen, wenn ich ihn danach frage? (*Frage zur Rollenumkehr.*)
Donna:	Hmm. Also, er würde vermutlich sagen, es gibt ihm das Gefühl, mehr bei mir zu sein. Mehr Wärme, dass ich ihn liebe, nah bei ihm sein möchte. Das würde er gern mögen, das weiß ich. (*Wendet sich zu Mike und lächelt. Mike erwidert ihr Lächeln.*)
Phil:	(*Wendet sich an Mike.*) Und Mike, wenn Sie sehen, wie Donna das macht, herzlicher ist, mit mehr Wärme, auf eine körperliche Art und Weise – was meinen Sie, was Sie dann denkt, was

	würde sie zu sich selbst sagen, was sie dazu bringt, sich so zu verhalten? (*Frage zur Rollenumkehr.*)
Mike:	(*Nach einer Pause*) Also, ich denke, sie würde etwas sagen in der Art wie „Ich fühle mich ihm nahe, weil ich merke, dass er gern Zeit mit mir verbringt. Und wir reden mehr. Er schenkt mir mehr Beachtung." Sie würde vermutlich sagen, das bedeutet, sie kann mir trauen, und wir reden mehr und so was.
Donna:	Ja, sich Zeit nehmen und über Sachen reden, über alles Mögliche, ist wirklich wichtig. Nicht nur über Kleinigkeiten. Auch über Großes. (*Sie macht eine Pause.*) So wie wir es jetzt machen. Wissen Sie, vielleicht kommen wir schneller wieder dahin, uns näher zu sein, als ich dachte. Wenn wir daran arbeiten.
Mike:	Ja, ich muss sagen, die Dinge sehen besser aus. Ich bewege mich auf der Skala nach oben, während wir reden!
Donna:	Das ist wirklich gut zu hören. Ich fühle mich auch besser.
Phil:	Das ist aufregend zu hören. Wir sind fast am Ende der Stunde angelangt und es klingt, als hätten wir etwas geschafft. Aber bevor wir Schluss machen, möchte ich sicherstellen, dass wir auf dem richtigen Weg sind. Gibt es irgendetwas, was wir uns ansehen müssen, bevor wir heute aufhören? Irgendetwas, was Sie meinen, was ich wissen sollte oder worüber wir reden sollten?
Donna:	Also, wir haben eigentlich nicht das Gespräch über unsere körperliche Beziehung zu Ende gebracht. Wir müssen wahrscheinlich darauf einige Zeit verwenden.
Phil:	Richtig. (*Obwohl sie bereits angefangen haben, Anzeichen festzuhalten, die eine positive Veränderung auf diesem Gebiet ankündigen werden, möchte Donna noch weiter darüber sprechen, und Phil greift ihren Vorschlag mit einer Skalierungsfrage auf, die möglicherweise einen schon im Ablauf befindlichen Fortschritt deutlich macht.*) Gut, vielleicht haben wir nicht die Zeit, das heute zu Ende zu bringen, aber ich möchte Ihnen noch eine dieser Zahlenfragen stellen, damit wir für nächstes Mal einen Ausgangspunkt haben. Wenn 1 dafür steht, dass zu diesem Zeitpunkt keine Chance für Sie besteht, mit Mike eine körperliche Beziehung einzugehen, und 10 dafür, dass Sie bereit sind, die sexuelle Beziehung, die Sie sich beide wünschen, wieder aufzunehmen, welche Zahl würden Sie jetzt Ihrer Bereitschaft geben? (*Phil war vielleicht ein bisschen zu eilig damit, so spät im Ablauf der Sitzung diese Fragerichtung einzuschlagen. Da Donna aber dieses Thema wieder angeschnitten hatte und Phil das sehr günstige Klima der guten Geschichte zwischen den beiden spürte, stellte er die Skalierungsfrage in der Hoffnung, sie würde zu einer posi-*

	tiven Reaktion und zu einigen wünschenswerten Veränderungen in den Interaktionen des Paares zwischen den Sitzungen führen.)
Donna:	Also, bevor wir heute hierher kamen, hätte ich sicher 1 gesagt. Aber jetzt würde ich, glaube ich, 4, vielleicht 5 sagen. (*Mike und Donna lächeln beide und blicken sich voller Wärme an. Statt das Thema noch weiter auszuführen, belässt Phil es bei dieser positiven Implikation und bringt die Sitzung zu einem Ende.*)

Kapitel 9
Die Sitzung beenden

Wie der Anfang so gibt auch das Ende einer Erfahrung Form und Gewicht, interpunktiert, was wir bemerken und was uns im Gedächtnis bleibt. Im Therapiekontext sind das Ende jeder Sitzung wie auch die abschließende Sitzung des therapeutischen Unterfangens wichtige Gelegenheiten, um den therapeutischen Gewinn zu festigen. In diesem Kapitel konzentrieren wir uns darauf, jede therapeutische Stunde effektiv zu einem Ende zu bringen, insbesondere die Anfangssitzung; im nächsten Kapitel werden wir Möglichkeiten erörtern, wie man das Beste aus der Abschlusssitzung machen kann. Die letzten Interaktionen können ein Bindeglied zwischen dem Erlebnis positiver Veränderung während der Therapiestunde und dem alltäglichen Leben des Paares in der Welt außerhalb des Therapieraumes schmieden. Selbst wenn die Sitzung schwierig gewesen oder zu einem Ende gekommen ist, bevor das Paar starke positive Veränderung erfahren konnte, können wir die letzten Augenblicke dazu nutzen, die Bühne für mögliche positive Erlebnisse zwischen den Sitzungen zu bereiten. Der Abschluss der Sitzung sollte daher keine nebensächliche, beliebige Angelegenheit sein, die mit „Na dann bis zur nächsten Woche" endet. Die letzten Augenblicke der Stunde sollten zweckgerichtet sein und darauf abzielen, die Nützlichkeit der Therapie für das Paar hervorzuheben: wie immer die Gefühle von Hoffnung, Enthusiasmus, Fortschritt und Partnerschaft auch aussehen mögen, die sich vorher entwickelt haben, sie sollten jetzt gefördert, hervorgehoben und verstärkt werden. In diesem Kapitel wenden wir uns der Frage zu, wie man den Abschluss der Sitzung nutzen kann, um dieses therapeutische Ziel voranzutreiben[55].

Während die Sitzung ihrem Ende entgegengeht, fühlen die Paare sich normalerweise optimistischer, gehen freundlicher miteinander um und sprechen mit uns und untereinander in einer entspannteren und kooperativeren Weise. In den meisten Fällen kommt es zu einem Gut-

---

[55] Auch hier erinnern wir die LeserInnen wieder daran, dass RPT nicht wie nach einem Rezeptbuch durchgeführt werden kann. Wir stellen allgemeine Richtlinien vor und beschreiben, was wir normalerweise am Ende der Stunde tun. Aber wie immer diktieren der Kontext und die Erfordernisse des Augenblicks und nicht unsere Vorliebe für eine feste Formel, was wir tun, wenn die Sitzung zu ihrem Ende kommt.

Wetter-Gefühl am Ende der Sitzung – oder einer Verbesserung des Wetters von schlecht zu aufklarend – ganz gleich ob es nun die erste, eine nachfolgende oder die letzte Sitzung ist. Das ist kein Zufall. Es geschieht, weil wir während der ganzen Sitzung daran arbeiten, die Hoffnung zu beleben, die *gute Geschichte* aufzufrischen und Partnerschaft herzustellen. Wenn die Sitzung sich ihrem Ende nähert, unterstreichen und verstärken wir die Veränderungen, ganz gleich wie groß, klein oder subtil die Veränderungen in den Erzählungen der Paare und den Wahrnehmungen ihrer Probleme sind, damit das Paar etwas in das Leben ausserhalb der Sitzung von dem mitnehmen kann, was für sie bei unserer gemeinsamen Arbeit vielleicht hilfreich oder positiv gewesen ist.

Nicht alle Sitzungen enden jedoch in einem optimistischen Ton. Manchmal fühlen die Menschen sich trotz unserer Bemühungen immer noch entmutigt oder distanziert und feindselig gestimmt. In solchen Fällen möchten wir nicht den Eindruck erwecken, naiv optimistisch oder übermäßig zuversichtlich zu sein, dass sich die Lage verbessern wird. Und dennoch: Wenn die Partner immer noch entmutigt sind und wir wenig Hinweise auf positive Veränderung gesehen haben, ziehen wir nicht den Schluss, die Sitzung habe keine positive Wirkung gehabt. Vielmehr gehen wir von folgender Annahme aus: Wenn wir unsere Arbeit gemacht haben – gut ausgewählte Fragen gestellt und den Menschen geholfen, sinnvolle Antworten zu finden –, dann wird es vermutlich bereits kleine, aber wichtige perzeptuelle und kognitive Veränderungen gegeben haben. Diese Veränderungen tragen vielleicht Früchte, wenn das Paar die Sitzung verlässt, und wenn sie dann zur nächsten Sitzung wiederkommen, können wir uns auf das konzentrieren, was anders gewesen ist, seit wir uns das letzte Mal getroffen haben.

Obwohl wir optimistisch bleiben, selbst wenn wir wenig Hinweise auf positive Veränderung in der Haltung der beiden Partner und in den Geschichten, die sie uns erzählen, gesehen haben oder auch in ihrem Wunsch, sich auf ein Gespräch als Kunde/Konsultant mit uns einzulassen, ist uns die Wichtigkeit der frühen positiven Veränderungen in der Therapie immer bewusst. Wenn eine Reihe von Sitzungen vorübergeht, ohne dass die KlientInnen von einer Verbesserung berichten oder sich ihre Bereitschaft einstellt, zusammen auf ein gemeinsames Ziel hinzuarbeiten, dann fragen wir die Partner, ob die Therapie ihnen hilfreich erscheint, und erkunden, ob wir vielleicht gemeinsam etwas anderes tun können, das ihnen mehr nützt. Wir versuchen nicht, frühe positive Veränderungen zu erzwingen, weil wir das Bedürfnis haben, uns effektiv zu fühlen. Sowohl unsere eigene Erfahrung wie auch unsere Kenntnis der wissenschaftlichen Literatur sagen uns, wie wichtig es für den Erfolg der Therapie ist, dass die Partner frühzeitig im Verlauf der Therapie positive Veränderungen erleben – idealerweise am Ende der ersten Sitzung. Daher soll jede Sitzung – besonders die Erstsitzung – von uns als wichtig erachtet werden.

Die Forschung ist in dieser Hinsicht eindeutig: Wie Paare sich bei den ersten Sitzungen fühlen, spielt eine große Rolle dafür, ob sie mit der Behandlung weitermachen und wie hart sie gemeinsam während und außerhalb der Sitzung arbeiten. DUNCAN und MILLER (2000) bemerken dazu: „Eine frühe Verbesserung – besonders die Erfahrung bedeutungsvoller Veränderung durch den *Klienten* während der ersten Besuche – erweist sich als einer der besten Prädiktoren für das abschließende Behandlungsergebnis" (S. 93). In Unterstützung dieser Aussage zitieren sie eine Untersuchung von mehr als 2000 TherapeutInnen und Tausenden von KlientInnen, in der

> Forscher feststellten, die therapeutischen Beziehungen, bei denen es bis zur dritten Stunde keine Verbesserung gab, führten im Durchschnitt im Verlauf der gesamten Behandlungsdauer zu keiner Verbesserung (BROWN et al., 1999). Die Untersuchung ergab auch, dass KlientInnen, denen es bis zum dritten Besuch schlechter ging als am Anfang, mit doppelt so großer Wahrscheinlichkeit ganz aufhörten wie solche, die über Fortschritte berichteten (S. 93-94)[56].

Eine der wichtigsten Möglichkeiten für den Therapeuten zur Maximierung der Langzeitwirkung der ersten Sitzungen in der Paartherapie besteht darin, die Endphase jeder Sitzung zielgerichtet zu gestalten. Am Ende der ersten Sitzung (und in den meisten Fällen am Ende aller folgenden Sitzungen) geben wir dem Paar eine zusammenfassende Aussage, wobei wir gewisse Elemente der Konversation her-

---

[56] DUNCAN und MILLER beeilen sich aber hinzuzufügen, dass dieses Ergebnis nicht die Vorstellung unterstreicht, jede Therapie müsse kurz sein oder eine weitere Behandlung sei eine Zeit- und Geldverschwendung, wenn es in den ersten Sitzungen nicht zu Veränderungen kommt. Die Frage ist nicht, ob Therapie von langer oder kurzer Dauer sein soll, sondern wie man sicher stellt, dass die ersten Sitzungen als positive Grundlage dienen, damit diese Behandlung – ganz gleich, wie lange sie dauert – weiterhin zum erwünschten Ergebnis führt.

vorheben, die während der Stunde stattgefunden hat. In dieser Aussage stellen wir Überlegungen zu dem an, was die beiden Personen uns über ihre Sorgen erzählt haben, und, was am wichtigsten ist, wir betonen jedwede Elemente der Erzählung mit *guter Geschichte*, die während der Sitzung in den Vordergrund getreten waren. Wenn irgend möglich, möchten wir mit einem Aufwärtsschwung enden und alle Veränderungen und Bewegungen, die während der Stunde stattgefunden haben, unterstreichen. Dies trifft auch dann zu, wenn die Veränderungen uns sehr subtil und klein zu sein scheinen, denn wir sind der Überzeugung, kleine Veränderungen können zu großen führen. Obwohl wir die Sorgen der Partner und die widerstreitenden Wahrnehmungen ihrer Schwierigkeiten respektieren, betonen wir dennoch die Kompetenzen und halten immer wieder die Erfolgsgeschichten fest. Und wenn es klar ist, dass während der Sitzung selbst positive Veränderungen stattgefunden und die *gute Geschichte* belebt haben, unterstreichen wir diese Bewegung. Schließlich schlagen wir unter Umständen noch Aufgaben für die Zeit zwischen den Sitzungen vor, die hilfreich sein könnten.

Bevor wir die Elemente der zusammenfassenden Aussage ausführlicher behandeln, möchten wir einen Exkurs machen und zwei Arten von Dialogen zwischen den Partnern diskutieren, die gelegentlich während unserer Sitzungen vorkommen. Der eine Typ tritt oft spontan im späteren Teil einer Sitzung auf, wenn es eine positive Bewegung gegeben hat. Der zweite ist eine spezielle Situation, in der das Paar uns erzählt, sie wünschten unsere Hilfe, um gemeinsam über ein schwieriges Thema zu reden, das sie allein nicht haben lösen können[57]. Häufig, wenn Paare Fortschritte dabei gemacht haben, gemeinsame Ziele zu entwickeln, und die emotionale Atmosphäre herzlicher und entspannter geworden ist, fangen sie spontan an, miteinander zu reden und sie engagieren sich in einem Dialog von Partner zu Partner, oft ohne Hilfe durch den Therapeuten, den wir das „Paargespräch mit *guter Geschichte*" nennen. Diese Konversationen können eine äußerst wichtige therapeutische Erfahrung sein, manchmal das Wichtigste überhaupt in der Stunde, und obwohl es nicht in jedem Fall dazu kommt, möchten wir die Eigenschaften dieses Gesprächstyps beschreiben, wie

---

[57] Wir hätten diesen zweiten Typ der Paar-Konversation in unserer Diskussion über Zielkonstruktion in Kapitel 5 behandeln können. Wir haben uns entschieden, den Vorgang an dieser Stelle zu erörtern, weil wir unsere Behandlung der Mittlerrolle bei Gesprächen der Partner untereinander nicht auf verschiedene Kapitel verteilen wollten.

wir diese Gespräche steuern und manchmal initiieren. Und wenn wir auch selten solche Gespräche vorschlagen, so gibt es doch Anlässe, wo es therapeutisch nützlich ist, den auf Probleme fokussierten Dialog der Partner untereinander zu steuern. Wenn KlientInnen uns erzählen, sie hätten das Gefühl festzustecken, weil sie nicht in der Lage sind, miteinander über ein bestimmtes Thema reden zu können – sie bewegten sich immer im Kreis, nur um festzustellen, wie alles schlimmer wird –, dann bieten wir ihnen an, als Mittler zu dienen. Obwohl diese Arbeit vielleicht ähnlich zu sein scheint, wie die Art von Gesprächsförderung, wie sie üblicherweise in anderen Formen der Beziehungstherapie praktiziert wird, so werden wir doch zeigen, dass es unsere Ausrichtung auf Lösung und Zusammenarbeit ist, die uns bei dieser Mittlerrolle leitet.

Das Paargespräch vom Typ „gute Geschichte"

Die meisten narrativen und sozialkonstruktionistischen TherapeutInnen vertreten die Position, alle Konversationen während der Therapiestunde sollten zwischen ihnen und den einzelnen PartnerInnen stattfinden (DE JONG & BERG, 1998; ERON & LUND, 1996; FREEDMAN & COMBS, 1996; ZIMMERMAN & DICKERSON, 1996). Sie argumentieren, wenn Konversation transformativ sein und Sprache als Mittel dienen soll, die Erfahrungen der Menschen zu ändern, muss der Therapeut immer einer der Teilnehmer am therapeutischen Dialog sein. Da die Fragen des Therapeuten und die Antworten des Klienten als das primäre Mittel der Veränderung betrachtet werden, ist es ideal, wenn ein Partner in eine Konversation mit dem Therapeuten verwickelt ist, während der andere zuhört. Im Großen und Ganzen stimmen wir zu, aber das Paargespräch vom Typ der *guten Geschichte* bildet eine wichtige Ausnahme.

Bevor wir RPT entwickelten, stellten wir über viele Jahre hinweg fest, dass die Steuerung eines Paares in ihren Gesprächen häufig ein effektiver Weg war, ihnen zu helfen, Zusammenarbeit zu lernen und Wege zu den ersehnten Veränderungen zu finden. Wenn PartnerInnen in der Lage waren, miteinander über herzliche, liebevolle und verbindende Gefühle zu sprechen, über Erfahrungen, die angenehm und intim waren, und die Art, wie die Situation zwischen ihnen besser wurde, dann kam es zu einem positiven Schneeballeffekt. In der jüngeren Zeit begannen wir unter dem Einfluss des Sozialkonstruktionismus zu verstehen, dass unsere Art der Befragung und die Art und

Weise, wie wir an den Konversationen mit unseren KlientInnen teilhatten, eine wesentliche Rolle dabei spielte, ob sie etwas Positives über ihre Erfahrungen zu sagen fanden. Wenn wir den ersten Teil jeder Sitzung der Konversation zwischen den beiden Partnern und uns über Lösungsfindung und das Schaffen einer *guten Geschichte* widmeten, konnten wir feststellen, wie an einem bestimmten Punkt gegen Ende der Sitzung (entweder spontan oder mit sanftem Druck durch uns) die PartnerInnen oft anfingen, miteinander in einer Weise zu reden, die ihre Erzählung mit *guter Geschichte* weiter verdichtete. Während wir also unsere frühere Praxis aufgaben, die PartnerInnen zu ermutigen, über das zu reden, was auch immer sie bewegte – einen Streit aus der letzten Zeit oder gegenwärtige Klagen –, hielten wir die Dialoge von Partner zu Partner weiterhin für wertvoll, sobald individuelle und gemeinsame Erlebnisse aus der *guten Geschichte* die Oberhand in den Köpfen der Menschen gewonnen hatten. Wenn die PartnerInnen anfingen, miteinander zu reden, konzentrierte sich das Inhaltliche ihrer Aussagen natürlicherweise auf das, was angenehm war, was sie glücklich machte, was besser war und wodurch sie sich als Team fühlten, und dies wiederum trug weiter zu einer positiven gemeinsamen narrativen Autorenschaft bei.

Während der Konversation des Paares besteht unsere Leitung darin, sie sanft auf das Territorium der *guten Geschichte* zurückzuführen, wenn sie vom Wege abzukommen scheinen, oder in der Unterstützung durch Betonung bzw. Verdichtung dieses Kontextes, indem wir verbal etwas einwerfen oder einfach unsere Körpersprache und der Ton unseres interessierten Schweigens wirken. Natürlich kommt es manchmal zu Hinweisen auf die Erzählungen mit *schlechter Geschichte* der beiden Partner. Manchmal kann eine gewisse Neckerei in Bezug auf Themen oder Probleme, die in der Vergangenheit Gegenstand von Auseinandersetzungen gewesen sind, ein Konfliktmuster abschwächen oder verändern, und mit gelegentlicher Hilfe durch den Therapeuten kann das Paar anfangen, Unterschiede auf neue Weise wahrzunehmen, die bisher Auslöser für Streit gewesen waren. Oder die Partner bieten sich gegenseitig versöhnliche Gesten an, die nicht notwendigerweise neu sind, auf die sie aber im Kontext der Wärme der *guten Geschichte* empfänglich und enthusiastisch reagieren. Wenn die Dinge also in einer bestimmten Sitzung gut gelaufen sind und die Partner spontan das Gespräch mit uns abbrechen und anfangen, miteinander zu reden, dann wird dieser Dialog von Partner zu Partner ausgelöst durch die Wiederbelebung des Umfeldes der *guten Geschich-*

te, die möglich wird, wenn gemeinsame Ziele die Partnerschaft wieder in den Mittelpunkt rücken, und dies möchten wir auf jede mögliche Weise unterstützen.

Problemorientierte Konversation von Partner zu Partner ermöglichen

Es gibt in RPT eine Ausnahme von unserer allgemeinen Regel, das Paargespräch vom Typ der *guten Geschichte* zu unterstützen und das Paargespräch über die *schlechte Geschichte* zu vermeiden. Die Art von Konversation eines Paares, die wir damit meinen, gehört nicht zu denen, die spontan entstehen, wenn die emotionale Atmosphäre in einer Sitzung herzlicher wird; vielmehr ist es eine Konversation, die die eine oder andere Seite sich gewünscht hat oder auch schon zu führen versucht hat, aber ohne Erfolg. Wenn ein Paar oder einer von beiden über einen Vorfall sprechen möchte, der das Vertrauen aufs Spiel gesetzt hat, wie zum Beispiel eine Affäre, einen vereinzelten Fall von Gewalt oder ein Erlebnis, wie wir es gleich diskutieren werden, dann wird diese Art von Paargespräch unter der Leitung des Therapeuten ein wesentliches Element, um den Griff der Erzählung mit *schlechter Geschichte* zu lockern, Vertrauen neu aufzubauen und sich auf das Territorium der *guten Geschichte* zu begeben.

Normalerweise sind diese Konversationen wichtig, weil die Bewegung des einen Partners (oder beider) in Richtung auf das Ziel, die Verbindung und Partnerschaft neu aufzubauen, auf dem Bedürfnis basiert, der andere Partner müsse seine oder ihre Erlebnisse besser verstehen. In einem von Phils Fällen kamen Katy und David kurz nachdem David aus dem Gefängnis entlassen worden war, wo er zwei Jahre gesessen hatte, weil er wegen Unterschlagung verurteilt worden war. Während der ersten vier Monate nach Davids Entlassung hatten Katy und David viele Auseinandersetzungen gehabt, und Katy hatte das Gefühl, es lohne sich nicht mehr, ihre Ehe zu retten. Sie glaubte, das Vertrauen zwischen ihnen sei zerbrochen und jetzt, wo David wieder zu Hause war, war sie sich nicht sicher, ob sie ihm vergeben würde und ob sie ihr Gefühl, betrogen worden zu sein, bewältigen könnte. Sie erklärte Phil, vor seiner Festnahme habe David aus einer tiefsitzenden Spielgewohnheit ein Geheimnis gemacht. Sie hätte das Ausmaß der Wirkung seiner Sucht nicht gekannt, und hätte auch nicht gewusst, dass er Geld von seinem Arbeitgeber genommen hatte, um seine Schulden einzulösen. Seine Festnahme und das Gerichtsverfahren hatten sie schockiert und desillusioniert, hatten ihre beiden Leben in Unordnung gebracht und ihre Ehe bedroht. Während der Zeit, als er im Gefängnis war, hatte sie beschlossen, einen neuen Versuch mit ihm zu starten, wenn er nach Hause käme, aber jetzt fühlte sie sich sehr zornig und verletzt – nicht nur durch das, was sein Handeln in ihrem Leben angerichtet hatte, sondern auch durch seinen, wie sie es empfand, Mangel an Verständnis für das, was sie während seiner zwei Jahre im Gefängnis durchgemacht hatte, als sie ihrer beider Angelegenheiten in eine gewisse Ordnung bringen und allein mit ihrem Leben fertig werden musste.

Katy sagte, David habe „keine Ahnung, wie schlimm es für mich gewesen ist", und wann immer sie versuchte, darüber zu reden und mit ihm ihre Gefühle durchzusprechen, „schneidet er mir das Wort ab und wird ungeduldig und wütend". Sie erklärte, ganz gleich, wie sie das Gespräch anfing, er behauptete, sie redete immer wieder von denselben Dingen, und deshalb sei er wirklich keine Unterstützung für sie. David hingegen sagte, er habe Katy immer wieder gesagt, es täte ihm leid, er habe sich den Anonymen Spielern angeschlossen, und er beabsichtige, sein Leben jetzt anders zu führen, und „was will sie denn jetzt noch mehr von mir?" Er konnte nicht verstehen, warum sie immer wieder darüber sprechen wollte, besonders da es sie beide mit einem schlechten Gefühl zurückließ.

Phils erstes Anliegen war, mit jedem Partner Ziele für das zu führende Gespräch zu entwickeln. Mit Hilfe von Zielkonstruktion, Skalieren und Fragen zur Verschiebung der Perspektive half Phil David und Katy zu klären, was sie beide während des Gesprächs und an dessen Ende brauchten, um das Gefühl zu bekommen, das gemeinsame Reden habe einen positiven Unterschied gemacht. Bei der Erforschung der Ziele mit Katy konnte er deutlich herausstellen, was sie sich von einer vertrauensbildenden Konversation mit David erhoffte, nämlich einfach, dass er zuhörte und irgendwie zeigte, dass er verstand, was sie in jenen zwei schwierigen Jahren erlebt hatte, und anerkannte, was sie getan hatte und gegenwärtig tat, um ihre Beziehung zu unterstützen. David sollte ihr ruhig zuhören, wenn sie ihre Gefühle und Erlebnisse beschrieb, und ihr nicht nur sagen, es täte ihm leid, sondern auch ihre Bereitschaft anerkennen, zu ihm zu halten, und ihre Bemühungen, ihre finanziellen Angelegenheiten in Ordnung zu bringen und für die Tochter zu sorgen, während er fort gewesen war. David sagte, er wollte am Ende des Gesprächs das Erlebnis haben, das Katy sich ihm näher fühlte und zumindest einen Schritt oder zwei in die Richtung machte, ihm zu verzeihen. Er gab zu, es würde wahrscheinlich zuviel sein, von Katy zu verlangen, sich aufgrund des Gesprächs auf einmal zu verändern, aber er wollte gewisse Anzeichen sehen, ob das Gespräch für sie einen Unterschied gemacht hatte.

So bereitete Phil den Boden für das sich anschließende Gespräch, indem er die Ziele dafür mit beiden Partnern klärte: Was müsste anders sein, wenn sie über diese Themen sprachen und in wiefern würde das Reden in dieser Weise einen Unterschied machen. Während des Paargesprächs selbst sagte David unter Anleitung von Phil zu Katy, wie dankbar er für ihre Loyalität war und für alles, was sie für ihn und ihre Tochter getan hatte, während er im Gefängnis war. Er sagte, er sei beeindruckt von ihrer Kompetenz und dankbar, weil sie, nachdem er die Dinge in solch einem Chaos zurückgelassen hatte, die Finanzen wieder in Ordnung gebracht hatte. Während sie miteinander sprachen, weinte Katy und sagte, wie wichtig es für sie sei, von David zu hören, dass er sich auf sie verließ. David sagte, ihm sei nicht klar gewesen, wie wenig er seine Gefühle der Dankbarkeit vermittelt hatte. Er hatte gedacht, seine Reue – zu sagen, wie leid es ihm täte – würde ihr vermitteln, wie sehr er es anerkannte, was sie getan hatte. Während sie sprachen, begannen sie, eine veränderte und befriedigende Art des Gesprächs über Gefühle im Kontext einer *guten Geschichte* zu erleben, und dabei wurde Vertrauen neu aufgebaut und die Partnerschaft erneuert. Zum Abschluss ihres gemeinsamen Gesprächs sagten Katy und David beide, es sei „erstaunlich" gewesen. Als sie in der folgenden Woche wiederkamen, verkündeten sie gleich zu Anfang, sie hätten noch mehrere „erstaunliche" Gespräche allein gehabt, in denen Katy den Eindruck gewann, David habe ihr in einer Weise zugehört, wie sie es noch niemals zuvor bei ihm erlebt hatte. David sagte, zum ersten Mal seit seiner Entlassung und Heimkehr fühle er sich entspannter und offener mit Katy – er sei nicht mehr immer auf dem Sprung, sich entschuldigen zu müssen, oder bemüht, Begegnungen aus dem Weg zu gehen, die für ihn schmerzlich waren und nirgendwo hinzuführen schienen.

Achten Sie darauf, dass diese Konversation nicht als Erkundung des Materials einer *schlechten Geschichte* durchgeführt wurde und auch nicht einfach ein Bemühen darstellte, bessere Kommunikationstechniken zu lernen. Am Anfang entwickelte Phil in Zusammenarbeit mit dem Paar Ziele für die Konversation selbst; diese Ziele waren auf Lösungen ausgerichtet (hinsichtlich ihrer gemeinsamen Gespräche), die das Paar selbst im Einzelnen benannt und geklärt hatte.

Die zusammenfassende Aussage des Therapeuten am Ende der Sitzung

Ganz gleich, ob wir Zeit damit verbracht haben, Dialoge von Partner zu Partner zu ermöglichen, wir fangen gegen Ende der Stunde damit an, unsere Gedanken zu sammeln, um eine Aussage zu machen, in der die verschiedenen Themen und Erfolge der Sitzung zusammengestellt werden. Das Hauptthema unserer zusammenfassenden Aussage ist immer die *gute Geschichte*. Wir beginnen unsere abschließenden Kommentare natürlich stets damit, noch einmal zum Ausdruck zu bringen, was nach unserer Erkenntnis die Sorgen der beiden Partner sind, damit beide Partner sich verstanden fühlen. Wir deuten jedoch das, was die Menschen uns erzählt haben, in einer Weise um, die die Metaziele hinter den Klagen zum Vorschein bringt. Denn da wir während der gesamten Stunde einzelne Teile und Stückchen der Erzählungen des Paares mit *guter Geschichte* gehört, hervorgelockt, geklärt, erweitert und miteinander verwoben haben, sind wir in der Lage, dem Paar diese gemeinsam verfassten Erzählungen wieder anzubieten und dabei die geteilten Ziele und Träume zu unterstreichen ebenso wie die eventuellen neuen Erfolge, Stärken und Ressourcen, über die wir alle während der Sitzung gesprochen haben.

Wir achten sorgfältig darauf, ihnen für ihre harte Arbeit, ihr Können und ihre Möglichkeiten Komplimente zu machen. Wir lassen sie wissen, wie beeindruckt und ermutigt wir von ihrem Engagement sind, die Dinge besser zu machen, und von dem, was wir über ihre letzten Erfolge erfahren haben. Wir erwähnen häufig die Liebe und die Bindung, die wir trotz ihrer Sorgen zwischen ihnen während der Stunde sehen und fühlen konnten. Wenn die Menschen eine schmerzliche Situation beharrlich durchgestanden haben, machen wir eine Bemerkung über ihre Fähigkeit, so etwas meistern zu können. Diese Beobachtungen über ihren guten Willen, ihre harte Arbeit und die Erfolge haben einen spürbar ermutigenden Effekt auf die Menschen. Diese Komplimente über Vorteile, Können und Partnerschaft sind nicht nur ein Mittel, um den Menschen Auftrieb zu geben; es geht nicht nur um Anfeuerung. Wir möchten, dass die KlientInnen als Individuen und in der Beziehung ihre eigenen besonderen Stärken erkennen, die vielleicht bis dahin unbemerkt und ungenutzt geblieben sind. Am Ende der Sitzung sind unsere Komplimente der abschließende Ausdruck unserer auf Kompetenz begründeten Sichtweise (Wall, Kleckner, Amendt & Bryant, 1989). Sie bestätigen die Mühe und Energie, die

Menschen aufbringen, um eine Veränderung in der Beziehung zu versuchen, und sind eine wichtige Darstellung der *guten Geschichte*, so wie sie einer dritten Person erscheint.

Nehmen wir an, ein Paar kommt zur Therapie und sagt, sie fühlten eine Distanz zwischen sich und wünschten sich mehr Nähe und bessere Kommunikation. Während der Sitzung haben wir Ziele entwickelt hinsichtlich einer größeren Nähe und einige Zeiten in der nahen Vergangenheit hervorgehoben, wo sie das Gefühl hatten, ihre Kommunikation sei besser gewesen. Am Ende der Sitzung könnten wir sagen:

Als wir anfingen, miteinander zu reden, haben Sie mir erzählt, wie Sie beide zwischen sich und dem anderen eine Distanz gefühlt hätten und wie traurig Sie darüber gewesen seien – wie Sie, Joan, niedergeschlagen gewesen seien und mehr mit Ihren Freundinnen als mit Sid gesprochen hätten, und wie Sie, Sid, viel mehr Zeit allein verbracht haben, selbst wenn Sie zu Hause waren, draußen im Garten gearbeitet oder Racquetball gespielt haben. Und Sie haben beide das Gefühl, Sie wären gern in der Lage, auf befriedigendere Art und Weise miteinander zu reden. (Sorgen und Kummer werden noch einmal in einer Weise zum Ausdruck gebracht, in der die *schlechte Geschichte* abgemildert und auf ein übergreifendes Ziel hingewiesen wird.) *Und ich habe von Ihnen beiden erfahren, welche Veränderungen Sie gern sehen würden. Joan, Sie sagten, die ersten Anzeichen, dass die Situation besser wird, gäbe es, wenn Sie und Sid am Abend zusammen spazieren gingen und am Sonntagmorgen gemeinsam das Frühstück vorbereiten und die Zeitung zusammen lesen würden. Sid, für Sie gäbe es das erste Anzeichen, wenn Sie sich darauf freuen würden, nach Hause zu kommen zu Joan und ihr von Ihrem Tag zu erzählen, und Sie sagten mir, Sie stellten sich vor, wie Sie beide nach einem harten Arbeitstag zusammen im Wohnzimmer sitzen, gemeinsam eine Flasche Wein trinken und Joan Ihnen deutlich zeigt, dass sie jetzt gerne darüber sprechen möchte, wie sie die Dinge sieht.* (Hier werden für das Ziel spezifische beobachtbare und erfahrbare Anzeichen genannt.)

Ich bin beeindruckt, von Ihnen beiden zu hören, dass dies Dinge sind, die Sie beide bereit sind zu tun, um das Gefühl größerer Nähe zu schaffen – und es macht mir Mut, wenn ich höre, dass Sie während der letzten Wochen bereits einige zufriedenstellende Augenblicke erlebt haben. Sie haben mir erzählt, Sie hätten kürzlich einige Gespräche gehabt, die Sie beide als intim beschreiben – die Art von Gesprächen, die Sie sich beide häufiger wünschen. Und Sie haben einige der Dinge benannt, die Sie gedacht und getan haben, die zu diesem Er-

lebnis der größeren Nähe geführt haben. Wie es also scheint, bringen Sie die von Ihnen beiden gewünschte Wärme bereits in Ihr Leben zurück, und das zu hören ist sehr erfreulich. (Komplimente als Möglichkeit, Erfolge, Fortschritt und Kompetenz hervorzuheben; Wirkungskraft feststellen; die ersehnte Zukunft erzählen, wie sie bereits in der Gegenwart geschieht.) *Ich kann auch bei diesem Zusammensein mit Ihnen während dieser Sitzung fühlen, wie sehr Ihnen aneinander gelegen ist. Man kann leicht erkennen, wie sehr Sie sich wünschen, dass die Situation besser wird, und es ist spannend zu beobachten, wie Sie das schon in kleinen, aber wichtigen Schritten begonnen haben.* (Unterstreichen der *guten Geschichte*; Enthusiasmus des Therapeuten.)

Dies sind im Wesentlichen die Elemente, die wir in der zusammenfassenden Aussage verwenden, auch wenn sie in Ausführlichkeit und Inhalt von Sitzung zu Sitzung und von Paar zu Paar variiert werden können.

Sollte vor dem Ende der Sitzung eine Pause gemacht werden?

In der traditionellen lösungsorientierten Kurztherapie macht der Therapeut vor dem Ende der Sitzung eine kurze Pause von etwa zehn Minuten, um die zusammenfassende Aussage vorzubereiten (DE JONG & BERG, 1998; WALTER & PELLER, 1992). In der Literatur werden zwei Hauptgründe dafür genannt. Erstens bietet sie dem Praktiker eine „Denkpause", eine Chance, die abschließende Aussage zu formulieren (O'HANLON & WEINER-DAVIS, 1989). Wenn der Therapeut mit einem Beobachterteam hinter einem Einwegspiegel arbeitet, bietet die Pause darüber hinaus eine Gelegenheit, sich bei der Erarbeitung der Zusammenfassung und eventueller Aufgabe mit dem Team zu beraten. Selbst wenn TherapeutInnen allein arbeiten, nutzen eine Reihe von ihnen in der lösungsorientierten Kurztherapie diese Pause als Gelegenheit, über ihre abschließenden Bemerkungen und die genaue Formulierung nachzudenken (O'HANLON & WEINER-DAVIS, 1989; WALTER & PELLER, 1992). Der zweite für eine Pause genannte Grund ist die Kontextmarkierung und die Möglichkeit zur Dramatik am Ende der Sitzung. Die Pause „[steigert] ihr Neugier darauf ..., was wir zu sagen haben, wenn wir wiederkommen. Sie hören sehr genau zu. Die Pause scheint ein Ausrufungszeichen hinter alle abschließenden Beobachtungen zu setzen, die wir für sie haben" (DE JONG & BERG, 1998, S. 108).

Trotz solcher Argumente haben wir diese Praxis, eine Pause zu machen, nicht übernommen. Es gibt mehrere Gründe für unsere Entscheidung – einige praktische, einige theoretische und einige, die mit unserer Persönlichkeit zu tun haben. Unser wichtigster Grund gegen die Pause ist folgender: den Kontakt mit einem Paar zu unterbrechen, ihnen zu sagen, wir brauchten Zeit für uns allein, um über ihre Situation nachzudenken, und dann zurückzukehren und ihnen das Feedback zu geben, weist uns – selbst wenn unsere Kommentare positiv sind – als Therapeuten eine bestimmte Rolle zu und definiert die therapeutische Beziehung in einer Weise, die wir lieber vermeiden möchten. Es suggeriert, dass der Therapeut, ganz gleich wie seine Rolle bis dahin gewesen ist, sich plötzlich außerhalb der kollaborativen Beziehung stellt und die Haltung des beobachtenden Experten einnimmt, der eine Meinung formulieren und Rat anbieten wird, die auf seiner Einsicht und Weisheit beruhen. Selbst wenn die Feedback-Aussage nach der Pause ein Kompliment ist und sich auf die Kompetenzen der Menschen konzentriert, steht diese Position im Widerspruch zum Geist der Gleichheit und der Zusammenarbeit und stellt den Therapeuten als Autorität hin statt als einen Konsultanten, der Möglichkeiten schafft. Von einem eher praktischen und logistischen Standpunkt aus gesehen, wäre es für uns schwierig, eine Sitzung zu unterbrechen und entweder das Paar zu bitten, den Raum zu verlassen und in unserem Wartezimmer zu warten, während wir unsere Gedanken sammeln, oder selbst hinauszugehen, während das Paar im Raum bleibt und auf unsere Rückkehr wartet. Es würde auch nicht funktionieren, wenn wir alle still im Raum zusammensitzen, während wir auf unsere Notizen schauen und unsere Aussage formulieren. Wir vermuten, die meisten TherapeutInnen mit Privatpraxen sehen sich denselben logistischen Zwängen gegenüber.

Letztlich ist unsere Entscheidung, diese Denkpause nicht zu übernehmen, vor allem eine Frage des persönlichen Stils, verbunden mit der Tatsache, dass unser professioneller Hintergrund nicht in der Tradition der Kurztherapie liegt. Diejenigen, die mehr Erfahrung mit den strategischen Ansätzen der Kurztherapie haben, bei denen die Pause ein integrierter Bestandteil ist, ziehen es vielleicht vor, diese in ihrer Arbeit beizubehalten[58].

---

[58] Wir kennen mehrere TherapeutInnen der lösungsorientierten Kurztherapie, die auf den Wert dieser Pause am Ende der Sitzung schwören. LeserInnen, die mehr über den Einsatz der Pause lernen möchten, sollten die Literatur der lösungsorientierten Kurztherapie erforschen (DE JONG & BERG, 1998; WALTER & PELLER, 1992).

Aufgaben zwischen den Sitzungen

Wir schlagen in unseren abschließenden Aussagen manchmal auch Hausaufgaben vor. Diese werden im Geist der Zusammenarbeit angeboten. Sie werden immer in der Form von Vorschlägen und Experimenten dargestellt, und wir machen den Menschen deutlich, dass sie frei sind, sie auszuprobieren, außer Acht zu lassen oder abzuwandeln. Wenn wir zum Beispiel eine Hausaufgabe vorschlagen, können wir fragen, ob die Partner meinen, es lohne sich, sie auszuprobieren, und ob sie sich Möglichkeiten vorstellen können, sie noch sinnvoller zu gestalten. Wir suggerieren nie die Meinung, das Paar müsse die Aufgabe erledigen, um seine Beziehung zu verbessern, oder wenn sie die Aufgabe vergessen oder nicht durchführen wollen, sei dies ein psychologischer Hinweis auf ihren Widerstand oder andere Probleme. Es ist tatsächlich gar nicht wichtig für uns, ob die Menschen eine Aufgabe erledigen oder nicht. Das Anbieten an sich ist die Intervention. Während das Durchführen des Vorschlags eine positive Wirkung haben mag, ist der Schneeballeffekt, nach dem wir suchen, ein Effekt der Wahrnehmung, und er beginnt in dem Augenblick, in dem die Aufgabe diskutiert wird.

Wenn wir am Ende der Sitzung Aufgaben anbieten, besteht unsere Hauptabsicht darin, Aspekte der *guten Geschichte* des Paares hervorzuheben, die vorher in der Sitzung ausführlicher behandelt wurden. Der Vorschlag soll Veränderungen in der Wahrnehmung und Interpretation der Menschen hervorrufen, die schon in dem Moment anfangen können, in dem die Aufgabe angeboten wird. In dieser Hinsicht erfüllen Hausaufgaben in RPT einen ganz anderen Zweck als in den meisten anderen Arten von Paartherapie. In behavioristischen Paartherapien, sowohl in den Modellen der operanten Konditionierung wie auch der sozialen Lerntheorie, haben die Hausaufgaben normalerweise die Form reziproker Verträge, bei denen beide Partner zustimmen, die Zahl der beziehungsfördernden Verhaltensweisen zu erhöhen und die Zahl der schädigenden zu verringern. Die angestrebten Verhaltensweisen können solche sein, die nach Longitudinaluntersuchungen bei erfolgreichen und erfolglosen Paaren zu größerer Zufriedenheit in der Ehe führen (GOTTMAN, 1999; MARKMAN et al., 1994). Oder es sind spezifische Verhaltensweisen, die in Interviews und Fragebögen bereits als zum Repertoire beider Partner gehörig ausgewiesen wurden – Verhaltensweisen, die nach Aussage des anderen eine positiv verstärkende Wirkung haben (FOLLETTE & JACOBSON, 1990). Bei beiden Ansätzen liegt das Augenmerk auf Verhaltensänderung; daher muss das Paar diese Aufgaben unbedingt ausführen.

In RPT liegt das Augenmerk auf der Veränderung der Wahrnehmungen und Bedeutungen eines jeden Partners in einer Form, die das Erleben der *guten Geschichte* unterstützt (die beziehungsverstärkende Haltungen und Verhaltensweisen enthält). Statt vorzuschlagen, was die PartnerInnen zwischen den Sitzungen tun sollten, um dem anderen Partner zu gefallen, fordern wir sie auf, „Ausschau zu halten" nach Zeiten, in denen die Begegnungen zwischen ihnen mehr so sind, wie sie es vorziehen. Diese perzeptuelle Hervorhebung wirkt sich auf den Zyklus von Handlung und Reaktion aus. Unserer Ansicht nach werden Menschen, die auf der Suche nach ersehnten Gesten und angenehmen Begegnungen sind, diese auch sehen; indem wir die Menschen darauf ausrichten, nach ihnen Ausschau zu halten und sie wahrzunehmen, wenn sie sich ergeben, können wir eine positive Wirkung sowohl auf den Wahrnehmenden wie auch auf die Beziehung ausüben – selbst wenn der andere Partner sich noch nicht tatsächlich daran gemacht hat, sein Verhalten zu ändern.

Unsere Hausaufgaben haben auch eine andere Funktion als jene, die in den verschiedenen Formen der strategischen Kurztherapie für Paare eingesetzt werden (HALEY, 1976; KEIM, 1999; MADANES, 1981; WATZLAWICK et al., 1974). Bei den strategischen Ansätzen entwickelt der Therapeut (normalerweise mit Hilfe eines Beobachterteams) eine Aufgabe, die systemische Prozesse aufbrechen soll, von denen Therapeut und Team behaupten, sie seien problemerhaltend. Bei diesen Ansätzen ist die Hausaufgabe die Hauptintervention. Während der Sitzung besteht die Rolle des Therapeuten darin herauszufinden, was er darüber wissen muss, wie die Menschen gegenwärtig mit ihrem Problem umgehen. Dies erlaubt ihm, Interventionen zu entwerfen, die eine Veränderung in den Problemlösungsstrategien des Paares hervorrufen werden; während der Stunde kann er das Problem umdeuten, um das Paar zu motivieren, die später folgenden Hausaufgaben durchzuführen, er muss dies aber nicht tun. Der Theorie nach wird der interpersonelle Kontext, der Teil des Problems ist, sich ändern, wenn die Partner die Aufgaben ausführen. Wenn man die KlientInnen zu einer Veränderung bewegt, und sei es auch nur insofern, dass man sie dazu bringt, das zu übertreiben, was sie bereits machen, oder dass sie es jetzt nach der Anweisung des Therapeuten tun oder dasselbe tun, nachdem der Therapeut die Aktivität auf neue Weise umgedeutet hat – schafft dies einen neuen Kontext, in dem sie ihre eigenen Lösungen finden[59]. Aber es ist wichtig, dass die Paare diese Aufgabe ausführen, die eine Unterbrechung ihrer gegenwärtigen Lösungsstrategie bewirken soll.

Auch unserer Meinung nach entdecken Menschen, wenn sie neue Perspektiven entwickeln, neue Lösungen für sich selbst – deswegen konzentrieren wir uns darauf, Veränderungen in der Wahrnehmung und in der Interpretation hervorzurufen. Wir glauben jedoch, dass es die Darstellung des Vorschlags im therapeutischen Kontext ist, und nicht so sehr, wie und ob die Menschen tatsächlich die Aufgabe durchführen, was eine Verschiebung der Wahrnehmung auslöst, die wiederum eine Veränderung hervorrufen kann. Damit soll nicht gesagt sein, der Prozess, eine Aufgabe auszuführen (wenn die Paare es denn tun), sei unwichtig oder habe keine Wirkung, aber es ist die Verschiebung der Wahrnehmung, die den eigentlichen Unterschied ausmacht. Ohne Veränderung des narrativen Kontextes bringen Verhaltensänderungen oft keinen wahrgenommenen Erfolg hervor.

In RPT bieten wir drei Grundarten von Aufgaben an: (1) Aufgaben zur Selbstreflektion, (2) Aufgaben zur Beobachtung der Beziehung und (3) Verhaltensaufgaben zur Stärkung der *guten Geschichte*. Welche Art Aufgabe wir anbieten, wenn wir überhaupt eine anbieten, hängt vor allem davon ab, wie motiviert die Menschen zu dem Zeitpunkt zu sein scheinen, wie bereit sie zu sein scheinen, sich durch Reden und Nachdenken über das Problem hinauszubewegen, und wie weit sie auf Handeln zugunsten der Veränderung vorbereitet sind (d.h. perzeptuelle Veränderungen bereits angefangen haben). Es gibt zwei Hauptwege, wie wir Bereitschaft und Motivation der KlientInnen beurteilen: Erstens fragen wir die KlientInnen einfach, wie bereit sie sind, aktiv Schritte zu unternehmen, und zweitens achten wir auf die Art der Konversationen, zu denen sie mit uns in den Sitzungen bereit waren. In welche Art von Konversation – Besucher/Gastgeber, Klagender/Mitfühlender oder Kunde/Konsultant – waren die Partner wäh-

---

[59] Es besteht unter denen, die nur oberflächliches Wissen von diesen Modellen der Kurztherapie besitzen, ein häufiges Missverständnis, dass nämlich der Therapeut Aufgaben entwirft, die selbst die Lösung darstellen sollen. Wie aber ein genaueres Studium der Literatur zeigt, müssen bei diesen Ansätzen die Aufgaben so gedeutet und angeboten werden, dass die Partner von der Richtigkeit überzeugt sind, denn durch die Ausführung wird ihr interpersonelles Feld der Problemlösung unterbrochen, und es ist genau diese Unterbrechung/Veränderung, die das Individuum, das Paar oder die Familie befreit, so dass sie ihre eigenen Lösungen in einer neuen kontextuellen und sinngebenden Umgebung finden können.

rend dieser Sitzung einbezogen, und wie weit war der Dialog lösungsorientiert? Wenn wir die Partner aufforderten, den Grad ihrer Motivation auf einer Skala anzuordnen, wo haben sie sich gesehen? Gab es eine Bewegung nach oben auf der Motivationsskala, als die Sitzung sich ihrem Ende näherte? Die Antworten auf diese Fragen lassen uns erkennen, ob wir Aufgaben anbieten und wenn ja, welche Art.

Aufgaben zur Selbstreflektion

Aufgaben zur Selbstreflektion ermutigen Menschen darüber nachzudenken, was sie bereits getan haben, um ihre Eheprobleme zu lösen, zu überlegen, ob diese Bemühungen irgendeinen positiven Unterschied ausmachen, und sich selbst danach zu fragen, was ihnen sagt, dass dieses Verhalten in der Zukunft bessere Ergebnisse bringen wird, sofern sie damit fortfahren. Die Menschen werden auch aufgefordert, sich andere Dinge zu überlegen (oder nebenbei wahrzunehmen), die vielleicht besser geeignet sind, positive Veränderungen herbeizuführen. Diese Art von Aufgabenvorschlägen sollte vorsichtig und einfühlsam hinsichtlich ihrer rhetorischen Wirkung gemacht werden. Wir möchten nicht den Eindruck erwecken, die Menschen seien in dem, was sie tun, fehlgeleitet und unsere Aufgabe bestünde darin, sie auf den rechten Weg zu bringen. Das Angebot einer Selbstreflektionsaufgabe soll vermitteln, dass wir die positive Absicht des Partners anerkennen (womit wir das positive Selbstbild eines Menschen widerspiegeln), während gleichzeitig die Kluft zwischen positiver Absicht und den gegenwärtigen Wirkungen oder Konsequenzen der Handlungen hervorgehoben wird. Diese Aufgaben können eine respektvolle und nicht direktive Einladung an die Menschen sein, neugierig auf sich selbst zu werden und ihr Handeln und dessen Wirkung neu zu überdenken, ohne sich selbst zu beschuldigen, weil sie nicht ihre eigenen Ideale erfüllen. Wir formulieren diese Aufgaben zur Selbstreflektion in der folgenden Weise:

> *Ich bin beeindruckt, wie sehr Sie beide versucht haben, die Probleme, von denen Sie mir erzählt haben, zu lösen. Es wird deutlich, wie hart Sie beide daran gearbeitet haben, sie zu überwinden. Natürlich ist es für Sie beide frustrierend, wenn diese Probleme immer wieder in Ihrem Leben auftauchen. Und das Gefühl ist schwer zu ertragen gewesen, dass Ihr Partner nicht mit Ihnen zusammen arbeitet, sondern gegen Sie zu arbeiten scheint. Aber während wir hier sprachen, haben Sie mir von einigen Zeiten erzählt, wo Sie beide es geschafft haben, sich zusammen zu tun*

und dieses (Streiten wegen der Kinder, Misstrauen, Gefühl der Kälte und so weiter) daran zu hindern, Ihre Bemühungen um Nähe zu vereiteln. Ich möchte mehr darüber lernen, wie Sie es schaffen, als Team zusammenzustehen, zumindest zeitweise. Daher möchte ich Sie bitten, über einige Dinge nachzudenken, damit ich nächstes Mal, wenn wir uns treffen, Ihre Gedanken dazu hören kann.

Hier sind einige der selbstreflexiven Fragen, die wir normalerweise benutzen:

– *Wie zuversichtlich sind Sie, dass das, was Sie bisher gemacht haben, die Veränderungen hervorrufen wird, die Sie sich, wie Sie mir gesagt haben, wünschen?*

– *Welche kleinen Dinge könnten Sie tun, um die Wahrscheinlichkeit zu erhöhen, dass Ihr Partner Sie so sieht, wie Sie Ihrer Aussage nach gern gesehen werden möchten?*

– *In welcher Weise haben Ihrer Meinung nach die Probleme zwischen Ihnen und Ihrem Partner/Ihrer Partnerin Sie beeinflusst, sich in einer Weise zu verhalten, die Sie nicht so reflektiert, wie Sie sich gern selbst sehen (oder wie Ihr Partner/Ihre Partnerin Sie nach Ihren Wünschen sehen soll)?*

– *Würde Ihrer Meinung nach, wenn Sie den Anfang machten – den ersten Schritt machten – Ihr Partner/Ihre Partnerin anfangen, einige der Veränderungen durchzuführen, die Sie sich von ihm/ihr erwünscht haben, oder eher nicht?*

– *Denken Sie bitte nach: in welcher Weise beeinflussen Ihre Erlebnisse aus besseren Zeiten – den Zeiten, als Sie beide es besser zu schaffen schienen, mit diesem Problem umzugehen – das, was Sie in Hinblick auf sich selbst, Ihren Partner/Ihre Partnerin und die Beziehung empfinden?*

Beachten Sie, wie einige dieser selbstreflexiven Anregungen in Form von Fragen zur Verschiebung der Perspektive gestellt werden, andere die Veränderung als etwas darstellen, was ein langsam wachsender Prozess in kleinen Schritten ist und wiederum andere die Menschen ermutigen, über die Einschränkung des „Wer geht zuerst" hinauszublicken – all dies sind Möglichkeiten, die perzeptuelle Veränderung zu beeinflussen.

Aufgaben zur Beobachtung der Beziehung

Da wir daran interessiert sind, die Wahrnehmung und Interpretation der Menschen von den Handlungen ihres Partners auf die *gute Geschichte* des Paares auszurichten, besteht unsere häufigste Aufgabenstellung darin, die Menschen zu bitten, auf Dinge zu achten, die der Partner macht und die ihnen gefallen – auf Erlebnisse zu achten, von denen sie gern mehr in der Zukunft hätten und die ein Anzeichen wären, dass die Situation besser wird. Während Aufgaben zur Selbstreflektion die Menschen auffordern, über sich selbst und ihre Wirkung auf andere nachzudenken, und Verhaltensaufgaben sie dazu anhalten, gewisse Handlungen zu vollziehen, werden sie bei Aufgaben zur Beobachtung der Beziehung gebeten, gewisse Aspekte ihrer Erlebnisse festzuhalten und zu gewichten. Vergessen Sie auch hier wiederum nicht, wie in dem Augenblick, in dem die Menschen die vorgeschlagene Beobachtungsaufgabe hören und darüber nachsinnen, die Art, wie sie sich auf sich selbst und ihre Beziehung konzentrieren, beeinflusst wird. Einfach nur diesen Vorschlag zu hören, bringt viele Menschen dazu, sich zu erinnern und gemeinsame Erfahrungen aufzugreifen, die zufrieden stellend und angenehm waren, Interaktionen also, die als Anzeichen dafür gedeutet werden können, dass die Situation besser wird. Diese Aufgaben enthalten – wie unsere Fragen – Botschaften.

Beobachtungsaufgaben erfordern von den Menschen nichts Neues und Anderes, als auf das zu achten, was in ihren Begegnungen passiert, von dem sie sich wünschen, es möge häufiger geschehen. (Sie müssen nicht „vorangehen" beim Ändern des Verhaltens, sie müssen nicht ihre Theorien aufgeben, sie müssen nicht einen Schritt machen und fürchten, dass die anderen nicht mitziehen.) Diese Aufgaben eröffnen einen Zugang zu einem positiven Kontext, indem sie die Paare ermuntern, ihre Aufmerksamkeit von Problemen und Konflikten fortzulenken in Richtung Erlebnisse, die in den Bereich der Erzählungen mit *guter Geschichte* gehören.

Wenn wir über diese Aufgaben sprechen, erklären wir den KlientInnen, der Zweck unseres Vorschlags sei es, jedem von ihnen zu helfen herauszufinden, was sie in erfolgreichen Zeiten anders machen, damit wir in ihrer nächsten Sitzung die Information nutzen können, um Möglichkeiten zu entwickeln, diese positiven Erlebnisse häufiger geschehen zu lassen. DE SHAZER (1985) nennt diese Intervention die „Standardaufgabe für die erste Sitzung" (S.137), weil sie am Ende der ersten Sitzung gestellt werden kann, unabhängig von der Art oder dem Ausmaß des von den KlientInnen dargestellten Problems. Hier ein Beispiel:

> Zwischen heute und dem nächsten Mal, wenn wir uns treffen, möchte ich Sie bitten, auf die Zeiten zu achten, in denen Dinge zwischen Ihnen geschehen, die sie gern häufiger erleben würden, damit Sie mir nächstes Mal, wenn wir uns treffen, detailliert davon erzählen können. Versuchen Sie, sich zu merken, was anders an diesen Dingen ist – was sie Ihnen über Ihren Partner/Ihre Partnerin, Ihre Beziehung, über Sie selbst sagen. Und merken Sie sich, was Sie beide gemacht haben, was zu jenen Zeiten anders war, damit wir darüber reden können, wenn Sie wieder kommen.

Diese allgemeine Beobachtungsaufgabe hat eine Reihe von nützlichen Funktionen. Indem wir diese Aufgabe vorschlagen, säen wir ein auf Wahrnehmung ausgerichtetes Samenkorn, das die folgenden Voraussetzungen enthält: (1) wir erwarten einige Erfolge während der kommenden Woche; (2) wenn die PartnerInnen nach diesen Erfolgen Ausschau halten, werden sie sie finden; (3) die erwarteten Erfolge entstehen aus der Tatsache, dass die PartnerInnen etwas anders machen; (4) es lohnt sich, von diesen Erfolgen Notiz zu nehmen und in der Therapie über sie zu sprechen; (5) die von ihnen bemerkten bevorzugten Interaktionen können die Grundlage bilden, Ziele für die Therapie zu entwickeln.

Weiter oben haben wir über die Situation diskutiert, wo beide Partner sich einig sind, dass Veränderungen eintreten müssen, und wo sie vielleicht sogar Zeiten beschreiben, zu denen die Beziehung zwischen ihnen zwar besser war, sie aber in ihrer Theorie voneinander abweichen, warum die Situation besser war, und wo sie die besseren Zeiten einer Sache zuschreiben, die der Partner anders gemacht hat. Oder anders ausgedrückt: beide glauben, alle Erfolge und Ausnahmen ergaben sich durch etwas, was außerhalb ihrer Einflussnahme lag. Wie wir ausgeführt haben, finden wir es nicht hilfreich, die Meinung der Partner in Frage zu stellen, vergangene und gegenwärtige Erfolge und Ausnahmen sind dem Glück, äußeren Umständen oder den Handlungen des Partners zuzuschreiben. Eine Möglichkeit, wie wir im Rahmen der Theorie eines Individuums arbeiten können, gleichzeitig aber auch zu einer gewissen Neuschreibung der Geschichte auffordern können, besteht darin, den Gedanken anzuerkennen, dass die Veränderungen der anderen Person den Unterschied ausgemacht haben, dann aber den/die Klienten/in einladen, darüber nachzudenken, was er/sie getan hat, was die Veränderungen des Partners beeinflusste. Mit anderen Worten, wir möchten den Menschen helfen, die eine Beziehungsveränderung als etwas betrachten, was außerhalb ihres Einflusses steht, die „Ursachen" dieser bevorzugten Erlebnisse neu zu schreiben und dabei das persönliche Wirken mit einzubeziehen.

Während wir gelegentlich Verhaltensexperimente oder -aufgaben vorschlagen (die später noch diskutiert werden), ziehen wir es in den meisten Fällen vor, Variationen von Beobachtungsaufgaben zu geben. Wir halten die folgenden Faktoren zumindest im gegebenen Augenblick für Anzeichen, dass eine Beobachtungsaufgabe angebrachter wäre als eine Verhaltensaufgabe:

− Die PartnerInnen nennen niedrige Zahlen auf den Skalen „Bereitschaft" wie „Engagement".

− Es sind keine therapeutisch gut formulierten Ziele konstruiert worden.

− Die PartnerInnen sind gegenwärtig nicht in der Lage, irgendwelche Handlungen einer der beiden Partner in der letzten Zeit zu schildern, die einen positiven Unterschied zu machen scheinen (d.h. keine Erfolge oder Ausnahmen).

− Keine(r) der PartnerInnen ist in der Lage, etwas zu beschreiben, was er/sie gemacht hat oder sich vorstellen kann zu tun, was in seinen/ihren Augen für den anderen einen Unterschied machen wird und die Beziehung verbessern könnte (d.h. keine Wirkungskraft).

Wir beschränken uns darauf, Beobachtungsaufgaben anzubieten, wenn die Konversation während der Sitzung zum größten Teil vom Typ Klagender/Mitfühlender war und das Paar bis dahin unsere Einladungen zur Konversation vom Typ Kunde/Konsultant abgelehnt hat. So lange die PartnerInnen hauptsächlich aus ihren antagonistischen Erzählungen mit *schlechter Geschichte* kommen, sollten sich alle Vorschläge für Aufgaben oder Experimente zwischen den Sitzungen auf den selbstreflexiven oder beobachtenden Typ beschränken.

Verhaltensaufgaben zur Stärkung der *guten Geschichte*

Verhaltensaufgaben erfordern einen höheren Grad von Motivation auf seiten des Paares, als es die selbstreflexiven oder Beobachtungsaufgaben tun. Die Forschung unterstützt den therapeutischen Wert der reziproken Verhaltensaufgaben, bei denen PartnerInnen Dinge tun (und solche Handlungen bei dem anderen anerkennen), die positive Gefühle zwischen ihnen entstehen lassen (GOTTMAN, 1999; JACOBSON & MARGOLIN, 1979; STUART, 1980). Aber reziproke Aufgaben zur Verstärkung positiven Verhaltens – eine Technik, die sehr häufig in der Verhaltenstherapie für Paare Anwendung findet – werden mit größerer Wahrscheinlichkeit durchgeführt und sind wirksamer, wenn sie auf jedes Paar individuell zugeschnitten werden. In RPT werden Verhaltensaufgaben, in denen wir Menschen auffordern, Dinge zu tun, die zu einer Spirale positiver Interaktionen beitragen sollen, in Übereinstimmung mit dem formuliert, was die PartnerInnen uns über ihre zufriedenstellenden Interaktionen erzählt haben – das heißt, in Übereinstimmung mit Erfolgen und Ausnahmen.

Was die Selbstreflektions- und Beobachtungsaufgaben anlangt, so sind diese Verhaltensaufgaben an sich schon Interventionen; es ist für den Therapeuten nicht wichtig (oder ratsam), sie in der folgenden Sitzung zu überprüfen, und es ist für die PartnerInnen nicht wichtig, sie auszuführen – einige machen es, einige nicht, und manchmal berichten Paare, sie hätten eine völlig andere „Aufgabe" ausgeführt als die, die wir ihnen gegeben hatten, und hätten etwas auf sich zugeschnitten, was für sie funktioniert hätte. Hinsichtlich der anderen Aufgaben, die wir anbieten, ist der Vorschlag für ein Verhaltensexperiment eine Möglichkeit des Gesprächs, die perzeptuellen Rahmen der Menschen zu beeinflussen – das Paar stärker darauf auszurichten, sich mehr auf individuelle Handlungen und gemeinsame Interaktionen zu konzentrieren, die einen positiven Anstoß für ihre Beziehung geben können und die *gute Geschichte* festigen. Die Menschen reden vielleicht über die Aufgabe, wenn sie wiederkommen, oder auch nicht; wir fangen damit nicht an und wir beziehen uns auch nicht darauf. Dadurch vermeidet man das Problem, dass die Menschen sich fühlen, als seien sie „schlechte Klienten", wenn sie es nicht schaffen, ihre Aufgabe zu erledigen, oder wenn sie über etwas anderes sprechen möchten.

Die LeserInnen sind vielleicht mit der Schwierigkeit vertraut, reziproke Verhaltensaufgaben zu entwickeln, die zum Paar „passen" oder, im Fall strategischer Therapie, Aufgaben zu stellen, die das systemische Muster der Problemlösung aufbrechen. Die Verhaltensaufgaben, die wir in RPT benutzen, sind immer von derselben Art und gründen sich auf der Idee, dass es zu progressiver Veränderung kommen wird, wenn die Menschen mehr von dem tun, was bereits funktioniert. Sie erfordern vom Therapeuten nicht, für jedes Paar spezielle, neue Aufgaben zu erfinden. So wie jede Beobachtungsaufgabe eine Variante der Formel ist „Suche nach Hinweisen für die *gute Geschichte*", ist jede Verhaltensaufgabe eine Variante der Formel „Mach das, was dich deiner Erfahrung nach zur *guten Geschichte* bringt". Wenn PartnerInnen während der Sitzung über Dinge gesprochen haben, die jeder von ihnen getan oder gesagt hat und die als etwas erlebt wurden, was die Erzählungen des Paares mit *guter Geschichte* reflektierte und stärkte, dann nutzen wir diese Berichte, die Verhaltensaufgabe zu entwickeln, und ermutigen die PartnerInnen, mehr von dem zu tun, was sie bereits mit positiver Wirkung getan haben. Wenn ein Partner sieht, wie der andere etwas von dieser Art zu Hause macht, wird er vermutlich mit einer anderen Geste reagieren, die aus der Ausrichtung auf eine *gute Geschichte* erwächst; und so sammeln sich die Ereignisse und Interventionen der *guten Geschichte* an.

Das Folgende wäre eine Möglichkeit, wie wir eine Verhaltensaufgabe anbieten würden, die auf dem basiert, was das Paar nach seinen eigenen Berichten während einiger bestimmter Begegnungen von der Art der *guten Geschichte* machte.

> *Sie beide erwähnten eine Reihe von Dingen, die Sie einander näher zu bringen schienen. Als Hank sich einverstanden erklärte, die Kinder am Samstagnachmittag zu übernehmen, damit Sie, Marlo, etwas Zeit für sich haben konnten, schien das einen Unterschied für Sie zu machen – es schien Ihnen zu sagen, dass Hank daran gelegen war, dass Sie etwas Zeit für sich hätten und ihm Ihre Bedürfnisse nicht gleichgültig wären. Und als Marlo Ihnen, Hank, Fragen stellte und Interesse zeigte, als Sie über das sprachen, was wichtig für Sie war, da hat das einen positiven Unterschied für Sie gemacht. Es hat Ihnen gezeigt, dass Marlow Interesse an Ihnen hat und für Sie da sein möchte. Sie wissen also beide einiges, was Sie tun können und was dazu beitragen wird, Ihre Beziehung zu verbessern. Wären Sie beide bereit, mehr Dinge dieser Art zu machen – sowohl das, was Sie bereits getan haben, und einiges, von dem Sie mir in der Sitzung gesagt haben, es würde einen Unterschied machen? Oder irgend etwas anderes, was Ihnen durch die Sitzung eingefallen ist? Und wenn Sie zur nächsten Sitzung kommen, können wir darüber reden, welche Wirkung diese Dinge haben, Ihnen zu helfen, Ihr Ziel zu erreichen. Sie sollten also beide aufmerksam auf diese Gesten achten und sehen, ob Sie Ihnen auffallen.*

Die Aufgabe sollte Möglichkeiten für eigene Interventionen des Paares offen lassen.

Es folgt nun ein Beispiel für eine Verhaltensaufgabe, die wir oft in der Situation anwenden, wo die Betreffenden übereinstimmen, dass jeder von ihnen etwas verändern muss, beide aber glauben, der andere müsse sich zuerst ändern:

> *Ich möchte Ihnen einen Vorschlag machen, eine Art von Experiment anbieten. Wären Sie beide bereit, über einige Dinge nachzudenken, die Sie tun oder sagen können, die Ihrer Meinung nach Ihrem Partner ein besseres Gefühl in dieser Beziehung geben?* (Die beiden nicken zustimmend.) *Okay. Also gut, wenn Ihnen etwas vorschwebt, dann wählen Sie einen Tag oder einen Teil eines Tages, an dem Sie einige dieser Dinge tun werden, ohne Ihrem Partner zu sagen, was Sie planen. Gleichzeitig sollen Sie beide darauf achten zu sehen, ob Sie Ihren Partner dabei erwischen, wenn er das macht. Sie müssen vielleicht Ihre „Antennen" ausgefahren lassen. Wenn Sie das nächste Mal kommen, können wir darüber reden, was Sie beide gemacht haben bzw. was Ihnen aufgefallen ist, und was Sie Nützliches für das Erreichen Ihres Zieles erfahren haben. Ist das etwas, was Sie für sinnvoll halten?*

Diese Aufgabe umgeht das Problem des „wer geht zuerst" und beugt auch einer anderen häufigen Nebenwirkung einiger traditioneller Verhaltensaufgaben vor, bei denen ein Partner im Rahmen einer *schlechten Geschichte* verweilt und bei der „korrekten" Erfüllung der Aufgabe jedes Versagen des anderen Partners registriert. Da die Personen nach positiven Anzeichen von Unterschieden Ausschau halten und sich dabei gegenseitig nicht ihre Absichten und Beobachtungen mitteilen, sind sie darauf vorbereitet, angenehme Verhaltensweisen und Hinweise zu bemerken – sie werden vielleicht sogar positive Signale des anderen wahrnehmen (oder konstruieren), obwohl dieser noch gar nicht mit der Erfüllung seiner Aufgabe angefangen hat. Und so wird mit größerer Wahrscheinlichkeit diese Art der Einbettung einer Verhaltensaufgabe die Wahrnehmung zum Positiven verändern.

Es folgt das Beispiel einer Handlungsaufgabe, die Tobey in einer Erstsitzung mit einem Paar anbot, das sein Problem definierte als: „Wir leben uns auseinander, haben keine gemeinsamen Interessen mehr außer den Kindern." Tobey verbrachte den größten Teil der Sitzung damit, dem Paar zu helfen, seine Klagen und seine Unzufriedenheit in therapeutisch gut definierte Ziele umzuformulieren – die Einzelheiten des Zielbildes wurden geklärt und beschrieben, welche ersten Anzeichen jeder von ihnen bemerken könnte, die ihnen sagen würden, ob sie sich wieder „verbunden" fühlten und sich in Richtung gemeinsamer Unternehmungen bewegten, auf die sie sich freuten. Zum Ende der ersten Sitzung hatte das Paar über die Erarbeitung einer deutlich umrissenen Klasse von Anzeichen für die bevorzugte Zukunft hinaus auch etliche Ausnahmen aus der jüngsten Vergangenheit benannt. Die erste war ein gemeinsamer Abend, den sie zusammen damit verbracht hatten, die Küchenschränke auszuräumen, wobei sie ein altes Küchengerät aus ihren Anfangsjahren gefunden hatten. Sie verbrachten daraufhin eine angenehme Zeit damit, sich an ihren Einzug zu erinnern und an den Beginn ihres gemeinsamen Lebens. Die andere Ausnahme war ein entspannter Sonntagmorgen, den sie im Bett verbracht hatten, während ihre Kinder damit beschäftigt waren, sich Cartoons anzusehen, als sie sich (das entdeckten sie im Gespräch während der Sitzung) beide einander nahe gefühlt hatten und verbunden durch gemeinsame Interessen, indem sie zusammen die Zeitung lasen und über eine Filmkritik sprachen und lachten, von der sie beide meinten, sie sei „auf sehr komische Weise völlig verkehrt". Achten Sie darauf, wie Tobey, als sie die Aufgabe in einen bestimmten Rahmen stellt, die definierten Ziele mit den jüngsten Ausnahmen und der Verhaltensaufgabe verbindet:

Sie haben ziemlich deutlich gemacht, dass Sie sich wieder näher kommen wollen und mehr Spaß haben wollen, indem Sie Dinge zusammen machen, die Sie beide schön finden. (Reflektiert die gleiche Sichtweise des Problems durch das Paar, drückt es in positiven Zielbegriffen aus.) *Wie Sie beide auch übereinstimmend sagen, haben Sie in der letzten Woche einige Zeiten zusammen gehabt, die Ihnen gezeigt haben, dass Sie einige solcher Erlebnisse haben und dass Sie wirklich auf dem richtigen Weg sind, wenn es mehr von diesen Ereignissen gibt. Ihr gemeinsames Arbeiten mit den Küchenschränken und das Lachen über die alten Zeiten neulich abend und Ihr schönes Gespräch am Sonntagmorgen, das alles weist auf Ihre gemeinsamen Interessen hin und darauf, wie Sie über dieselben Dinge lachen können; es klingt ganz nach der Art von Erlebnissen, die Sie sich beide häufiger wünschen – und das wird Ihnen helfen, dorthin zu kommen, wo Sie Ihr Ziel sehen. Da Sie mir gesagt haben, diese Gemeinsamkeiten könnten Ihnen helfen, Ihrer Beziehung eine Wendung zu geben – sie sagen uns im Grunde, dass Sie schon auf dem Weg sind – würde ich es gern sehen, wenn Sie mehr in dieser Art machen, um zu sehen, was geschieht. Meinen Sie, das würde Ihnen helfen?*

Das Paar als unsere KonsultantInnen: Feedback erhalten

Da RPT bei jedem Paar auf die Theorien der Partner und auf die von ihnen gewünschten Veränderungen und Ergebnisse zugeschnitten wird, halten wir oft auf unserem Weg inne, um zu überprüfen, ob die Menschen den Eindruck haben, unser gemeinsames Tun sei hilfreich (DUNCAN & MILLER, 2000)[60]. Wir machen dies während der ganzen Sitzung, indem wir genau auf verbale und nicht-verbale Zeichen achten, die wir von den Klienten in Hinsicht darauf bekommen, ob das, was wir machen, funktioniert und ihre Hoffnung und Energie belebt. Wenn allen Anzeichen nach unser gemeinsames Tun nicht das ist, was die KlientInnen sich wünschen, verhandeln wir mit ihnen darüber, was wir stattdessen tun können, und probieren dann auf dieser Basis etwas anderes aus. Wenn wir den Eindruck haben, dass das, was wir tun, einen positiven Unterschied macht, verstärken wir unsere Arbeit in diese Richtung. Am Ende der Sitzungen überprüfen wir unsere Vermutungen, indem wir die Menschen bitten uns zu erzählen, ob unsere gemeinsamen Anstrengungen hilfreich gewesen sind oder nicht. Regelmäßige Überprüfung trägt dazu bei, eine starke Arbeitsallianz aufrecht zu erhalten und fördert die aktive Teilnahme des Paares im therapeutischen Prozess. Der Forschung nach zu urteilen ist die Frage, wie aktiv die KlientInnen teilhaben, der wichtigste Faktor für ein positives Ergebnis – Zusammenarbeit ist der Schlüssel (DUNCAN & MILLER, 2000). KlientInnen, die erleben, wie der Therapeut das, was sie selber in die Therapie einbringen, schätzt (und auf dieser Basis arbeitet), die also eine Gleichberechtigung in der Beziehung zwischen Therapeut und Klient erleben, fühlen sich nach unserer Erfahrung respektiert und arbeiten intensiver mit.

Zusätzlich zur Frage nach dem, was hilfreich ist, möchten wir die KlientInnen auffordern, Fragen und Kommentare zu allem abzugeben, was wir während der Therapie getan oder gesagt haben und was sie

---

[60] In ihrem Buch *The Heroic Client* [Der heldenhafte Klient] (2000) raten DUNCAN und MILLER, nach jeder Sitzung und nach Ende der Behandlung ein Messinstrument einzusetzen, um die Wirksamkeit der Therapie für die KlientInnen zu bestimmen. Sie sind daran interessiert auf der Basis der Klientenberichte zu untermauern, wie und wann Therapie hilft. Unserer Meinung nach ist diese Mühe wichtig und empfehlenswert und obwohl wir nicht diese Art von schriftlichen Ergebnisfragebögen verwenden, hat ihre Arbeit uns mehr zum Nachdenken darüber veranlasst, wie wir uns vergewissern können, das Feedback der KlientInnen zu erhalten und zu verstehen.

möglicherweise beunruhigt oder verwirrt hat. Wir meinen, therapeutische Transparenz (ein Gefühl auf seiten der KlientInnen, dass sie alles, was sie möchten, über den therapeutischen Prozess erfahren und verstehen dürfen) ist zumindest hinsichtlich der Dinge, die für KlientInnen hervorstechend sind, für eine effektive Therapie und Beratung wesentlich. Auf der Suche nach dieser Transparenz vergewissern wir uns, dass unsere KlientInnen Zugang zu jeder Information haben, die sie hinsichtlich dessen, was wir in der Therapiestunde tun, sagen oder denken, für wichtig halten. Wenn die KlientInnen zum Beispiel das Thema Vorschläge von Aufgaben für die Zeit zwischen den Sitzungen einbringen, können wir fragen: „Wie hilfreich war der Vorschlag, den wir Ihnen am Ende der letzten Sitzung gaben? Fällt einem von Ihnen etwas ein, was vielleicht besser funktioniert?" Dies ist, um es noch einmal zu sagen, keine Beurteilung des Erfolgs des Klienten bei der Durchführung der Aufgabe, sondern eine Aufforderung, an Möglichkeiten zum Erreichen der therapeutischen Ziele mitzuarbeiten. KlientInnen können mit positiven Ergebnissen an jeder beliebigen Zahl von Entscheidungen teilhaben, die TherapeutInnen traditionellerweise sich selbst vorbehalten haben (d.h. wie oft man sich trifft, in welchen Abständen, welche Richtung in einer bestimmten Sitzung einzuschlagen ist, was so weit hilfreich gewesen ist; die Liste könnte endlos weiter gehen). Dies macht die therapeutische Arbeit für die beteiligten Menschen wirksamer und ermutigt TherapeutInnen, sich auf ihr eigenes Fachgebiet zu konzentrieren: nämlich hilfreiche Konversationen zu führen, die in den KlientInnen die lösungschaffenden Ressourcen freisetzen.

Die folgenden Arten von Fragen zum Ende der Sitzung können uns hilfreiches Feedback geben und den Geist der Zusammenarbeit fördern:

- *Ist diese Sitzung hilfreich gewesen?*
- *Ich würde gern wissen, ob es irgendetwas gab, worüber wir geredet haben oder was wir heute gemacht haben, was besonders geholfen hat.*
- *Gibt es irgendetwas, was einer von Ihnen mir heute versucht hat zu erzählen, von dem Sie das Gefühl haben, ich verstehe es nicht oder beachte es nicht genügend?*
- *Gibt es irgendetwas anderes, worüber wir hätten reden sollen, was Ihrer Meinung nach für mich wichtig zu wissen ist?*

Wir stellen diese Fragen nicht immer. Ob wir sie überhaupt stellen und in welcher besonderen Situation, hängt von den Hinweisen und Signalen ab, die wir vom Paar erhalten, mit dem wir in diesem Augenblick zusammen arbeiten. Wir versuchen immer, auf die einzigartigen Kontexte jeder Interaktion zu reagieren.

Kapitel 10

Von „Schön, dass Sie wieder da sind" bis „Auf Wiedersehen": Von der zweiten Sitzung bis zur Beendigung der Therapie

Bis zu diesem Punkt haben wir uns hauptsächlich darauf konzentriert, wie Anfangssitzungen in RPT durchgeführt werden. Wir haben die erste Sitzung als Kontext benutzt, um verschiedene Elemente und Techniken unseres Ansatzes vorzustellen, einmal wegen der Wichtigkeit dieses ersten Treffens und zum anderen, weil es die Darstellung dieser Praktiken vereinfacht. Jetzt möchten wir einen anderen Gang einlegen und uns ansehen, wie wir das therapeutische Programm als Ganzes durchführen, und uns darauf konzentrieren, was wir von der Sitzung nach dem ersten Treffen bis zur letzten Sitzung machen. Zu den Fragen, die wir in diesem Kapitel zu beantworten hoffen, gehören unter anderem die folgenden: Verläuft RPT in Schritten oder ist jede Sitzung eine mehr oder weniger eigenständige und in sich geschlossene Begegnung? Sind die zweite und die folgenden Sitzungen anders als das erste Treffen und wenn ja, in welcher Weise? Gibt es spezifische Techniken, die in RPT am Ende verwendet werden, die den positiven Langzeiteffekt der Therapieerfahrungen des Paares maximieren können?

Jede Sitzung, sei es nun die erste, die letzte oder eine mittlere, dient demselben grundlegenden therapeutischen Ziel: den Partnern zu helfen, (1) die spezifischen beobachtbaren Anzeichen von Veränderung zu definieren und perzeptuell auffällig zu machen, die ihnen sagen werden, dass sie bei der Lösung ihrer Probleme Fortschritte machen und dass die Therapie zu einem Ende gebracht werden kann (Ziel-Funktion), (2) die gegenwärtigen und potentiellen individuellen und beziehungsrelevanten Stärken und Ressourcen zu identifizieren (Funktion der Wirkungskraft), (3) ihre gemeinsame *gute Geschichte* auch gemeinsam zu verfassen und zu stärken (narrative Funktion) und (4) ein Gefühl für positive Bewegung in ihrem Beziehungsleben zu entwickeln – ein Gefühl, dass Veränderungen bereits vonstatten gehen und sie schon auf dem Weg in eine bevorzugte Zukunft sind (ebenfalls narrative Funktion). In dieser Hinsicht kann jede Sitzung so betrachtet werden, als sei sie die erste und/oder letzte Sitzung:

Je nachdem, in welchem Ausmaß Sie nach Positivem und Ausnahmen sowie nach Lösungen suchen und Veränderungen fördern, indem Sie eine enge Beziehung aufrechterhalten und positive Rückmeldung und Mut vermitteln, ist jede Sitzung wieder die erste. Je nachdem, in welchem Ausmaß Sie die KlientIn am Ende der Sitzung fragen, was sie anders machen muss, um auf ihren Weg zu kommen, ist jede Sitzung die letzte" (WALTER & PELLER, 1992, S. 140).

Obwohl es einige Unterschiede in der Betonung gibt und einige im Gesamtverlauf der Therapie immer wieder gestellte Fragen die Tatsache widerspiegeln, dass wir uns bereits kennen und miteinander gesprochen haben, hat jede Sitzung denselben Mittelpunkt und dasselbe Ziel – sich in Richtung der erfolgreichen Beendigung zu bewegen. Hier ist eine Liste der miteinander verbundenen therapeutischen Themen, die wir zu diesem Zweck verfolgen:

- *Gute Geschichte*. In allen Sitzungen fordern wir die KlientInnen zu Konversationen auf, die Verbesserungen in ihrer Erfahrung mit dem Leben in der Beziehung *seit der letzten Sitzung* identifizieren und so jedes positive Erlebnis in Bezug auf die dargestellten Probleme in den Vordergrund rückt. Da Orientierung und Interpretation der Wahrnehmung wesentlich für das Erleben sind, etwas in Bewegung gebracht zu haben und dafür, welche Aspekte des Erlebten erinnert und für bedeutungsvoll gehalten werden, ziehen wir Menschen in Konversationen hinein, die diese Geschichten von Bewegung und die perzeptuellen Rahmen, die sie unterstützen, entwickeln, bereichern und konkretisieren. Konversationen über positive Erfahrungen seit dem letzten Treffen dienen sowohl als Mittel, Lösungen zu identifizieren – was die Menschen seit dem letzten Treffen getan haben und was einen positiven Unterschied gemacht hat – wie auch als Kontext, die Aufmerksamkeit auf das Wiederauftauchen der Erzählung mit der *guter Geschichte* dieses Paares zu lenken.

- *Check-in*. Wir unternehmen Schritte, um zu klären, ob unsere KlientInnen das, was wir in der vorangegangenen Sitzung gemeinsam gemacht haben, für nützlich halten. Da RPT ein kollaborativer, auf den Kunden zugeschnittener Ansatz ist, der seine Form und Richtung vor allem aus dem ständigen Feedback mit den KlientInnen gewinnt, möchten wir von ihnen hören, ob das, was wir zusammen gemacht haben, nützlich gewesen ist oder nicht, und was ihrer Meinung nach noch nützlicher sein kann. Wir betrachten unsere Klientenpaare als wertvolle Konsultationsteams und erhalten wichtige Anleitung durch sie.

- *Wirkungskraft.* Wir erkunden, was jeder einzelne Partner und was jedes Paar als Team seit der letzten Sitzung gemacht hat, um Verbesserungen und Fortschritte zu ermöglichen. Konversationen über Wirkungskraft sind das therapeutische Instrument, um auszudrücken, was jeder Partner tun kann, damit der Ball in Bewegung gehalten wird; sie nähren ein Gefühl für persönliche Effektivität. Konversationen über positive Erfahrungen (Erfolge, Ausnahmen und wahrgenommene Bewegung in Richtung Ziel) seit dem letzten Treffen sind die Saat, auf der sich Geschichten über Möglichkeiten entwickeln wie auch Geschichten, die eine Verbindung zwischen diesen bevorzugten Erlebnissen und zukünftigen zielgerichteten Handlungen herstellen

- *Partnerschaft.* RPT beruht auf der Annahme, dass Paare dann, wenn sie erleben, wie sie erfolgreich zusammenarbeiten, ihre Probleme zu lösen und die Themen in Angriff zu nehmen, die sie auseinander gebracht haben, ihre Partnerschaft aufs neue begründen. Während sie sich erfolgreich als Team erleben, greifen sie auf ihr Potential für größere Nähe und Freude zurück. Wenn also ein Paar zur nächsten Sitzung kommt und berichtet, wie viel besser es ihnen geht, möchten wir uns auf den Anteil konzentrieren, den die Zusammenarbeit an ihrem Erfolg gehabt hat, und das Element der Teamarbeit bei dieser Bewegung in Richtung auf die ersehnte Zukunft hervorheben und stärken.

- *Fortschritt.* Ein weiteres wichtiges Element bei dieser sich entwickelnden Erzählung mit *guter Geschichte* ist die Tatsache, dass selbst die kleinste Veränderung ein Zeichen für den positiven Trend sein kann, den das Paar bereits in Gang gesetzt hat. Indem wir nach dem fragen, was besser geworden ist, und uns auf die Erfolge seit der letzten Sitzung konzentrieren, laden wir das Paar zu progressiven Konversationen ein, die ein fruchtbarer Nährboden für die Konstruktion von Erzählungen mit *guter Geschichte* sein können, in denen die Menschen sich selbst schon auf dem Weg zur Lösung ihrer Probleme sehen. Wenn die Menschen darüber reden, wie die Dinge sich bereits bessern, ist der Boden bereitet, um zu klären, ob und wann sie genügend Veränderung sehen, dass sie sich bereit zu fühlen, allein weiter zu gehen.

Sitzungen eröffnen:
Wer gibt die Richtung an?

Wenn KlientInnen nach ihrer ersten Sitzung wiederkommen, beginnen viele traditionelle TherapeutInnen der lösungsorientierten Kurztherapie die Sitzung mit der Frage: „Was ist anders, was ist besser?" (BERG, 1994; DE JONG & BERG, 1998; DE SHAZER et al., 1986; WALTER & PELLER, 1994). Sie nutzen diese Frage, um der Sitzung von Anfang an die Richtung zur Lösung/Veränderung vorzugeben. Da von der Annahme ausgegangen wird, einige Erlebnisse würden besser sein als andere und das Reden über bevorzugte Erlebnisse sei die direkteste und effektivste Weise, um Lösungen zu finden und zu fördern, ergreifen streng lösungsorientierte VertreterInnen der Kurztherapie diese Initiative, um die Gefahr, der Konversation eine regressive, problemorientierte Wendung zu geben, so gering wie möglich zu halten (G. MILLER, 1997). Steve DE SHAZER (1991), der immer das Wort „kurz" bei der lösungsorientierten Kurztherapie betont, erklärt die Gründe, warum Folgesitzungen in dieser Weise begonnen werden:

> Progressive Erzählungen sind für die Konstruktion einer Lösung nützlich; Stabilitäts- bzw. abschweifende Erzählungen sind nicht nützlich. Darum sollte der Therapeut das Interview damit beginnen, dass er den Klienten einfach fragt: „Was hat sich gebessert?" anstatt „Wie waren die Hausaufgaben?" oder eine ähnlich spezifische Frage zu stellen. Auf diese Weise wird der Umfang der möglichen progressiven Erzählungen erweitert, um alles zu erfassen, was das Leben der Klienten zufriedenstellender macht (S. 130).

DE JONG und BERG (1998) bieten folgende Gründe an, weswegen sie Sitzungen mit der Frage eröffnen: „Was ist besser?"

> Allerdings ist der weitreichendste Grund, spätere Sitzungen mit der Frage ‚Was hat sich verbessert?' zu beginnen, der, dass diese Frage noch einmal unsere Überzeugung wiedergibt, dass *Lösungen vor allem auf der Wahrnehmung von Ausnahmen aufbauen*. Wenn Sie diese Überzeugung teilen und anerkennen, dass in jedem KlientInnenleben zwischen einer vorherigen und einer späteren Sitzung fast immer Problem- und Ausnahmezeiten vorkommen, warum sollten Sie dann spätere Sitzungen nicht mit einer Frage beginnen, die das erfragt, was Ihnen wahrscheinlich am meistem nützen wird – jegliche wahrgenommenen Ausnahmen, die im Leben ihrer KlientIn seit dem letzten Treffen aufgetreten sind" (S. 239).

Wie wir immer wieder in diesem Buch gesagt haben, ist RPT ein weich-fokussierender Lösungsansatz. Kürze ist zwar oft aus unterschiedlichen Gründen wichtig, aber nicht unser Hauptziel. Auch unserer Meinung nach sind Konversationen, die Erfolge, Ausnahmen und positive Bewegung unterstreichen und verstärken, wirkungsvolle Mittel für das therapeutische Ziel; sie sind die wichtigsten Arbeitsmittel, mit denen wir Therapie durchführen. Uns ist jedoch immer die Notwendigkeit bewusst, eine Ausgewogenheit zwischen Lösungsorientierung und unserer Ausrichtung auf Zusammenarbeit zu finden – wir möchten unseren KlientInnen das Reden über Lösungen nicht aufzwingen[61].Wir haben keine festen Regeln, nur nützliche Richtlinien, und in jedem gegebenen Kontext müssen wir entscheiden, ob wir diesen allgemeinen Richtlinien folgen oder ob wir aus Respekt vor dem, was nach Meinung unserer KlientInnen angesprochen werden muss, von ihnen abweichen. Wir sind auf Lösungen und Konversationen ausgerichtet, die progressiv sind. Wann immer wir eine Gelegenheit verspüren, uns in diese Richtung zu bewegen, ergreifen wir sie. Wenn wir am Anfang einer Sitzung Grund zu der Annahme haben, die Partner hätten positivere Gefühle hinsichtlich ihrer Beziehung und zueinander, beginnen wir oft mit der Frage: „Was ist besser?"

Wenn auf der anderen Seite die Partner besorgt zu sein scheinen oder wir kein Gefühl dafür bekommen, in welcher Verfassung sie sind, wenn sie in unsere Praxis kommen, fangen wir normalerweise damit an, dass wir eine Frage stellen oder einen Kommentar machen, der ihnen Raum lässt, uns zu erzählen, was sie gerade beschäftigt. Statt in solchen Fällen ein „progressives Gespräch" zu erzwingen und Themen von vornherein auszuschließen, die vielleicht für die PartnerInnen wichtig sind, geben unsere anfänglichen Kommentare und Fragen den Leuten eine Wahl. Bei einigen „abweichenden" Erzählungen

---

[61] Unserer Ansicht nach ermutigt lösungsorientierte Kurztherapie die TherapeutInnen nicht dazu, ihren KlientInnen Lösungsgespräche aufzuzwingen. Da der Ansatz jedoch üblicherweise mit großer Betonung auf dem Gedanken dargestellt wird, es seien die Lösungsgespräche, nicht die Problemgespräche, die zu Lösungen führen, ist es nur zu verständlich, wenn diejenigen, die nach dieser Methode ausgebildet sind, ihre KlientInnen daran hindern, über ihre Sorgen und Nöte zu reden. Wir haben aber nirgendwo in der Literatur zur lösungsorientierten Kurztherapie etwas gehört oder gelesen, was darauf hinweist, KlientInnen sollten gezwungen werden, nur über positive Dinge zu sprechen. Bei der Beobachtung von DE SHAZER und BERG auf Videobändern ist uns immer ihre respektvolle Haltung und ihre gekonnte Art „von hinten zu führen" aufgefallen.

lohnt es sich, sie in der Therapie zu verfolgen. Wir möchten unseren KlientInnen nicht das Gefühl geben, sich in irgendeiner Weise daran gehindert zu fühlen, mit uns über das zu reden, was wir hören und verstehen sollten, sei es nun eine Auseinandersetzung in der letzten Zeit, eine Klage über den Partner bzw. über uns oder darüber, wie die Dinge schlimmer zu werden scheinen oder auch Berichte über Dinge, die keinen Bezug zu den Sorgen zu haben scheinen, die das Paar eigentlich zur Therapie geführt haben. Wenn unserem Empfinden nach das Paar mehr Raum für einen Anfang braucht, können wir eingangs die Frage stellen: „Was meinen Sie, wo wir heute anfangen sollten?" oder „Was würden Sie gern aus der heutigen Sitzung mitnehmen?" Diese Eröffnungsfragen geben den Menschen eine Chance, uns zu erzählen, was sie bewegt. Am häufigsten aber beginnen wir nachfolgende Sitzungen in einer Weise, die den Menschen nicht nur Raum lässt zu entscheiden, worüber sie reden möchten, sondern die Konversation auch sanft in Richtung auf Geschichten von Veränderung und Bewegung ausrichtet. Wir machen dies mit Variationen des folgenden einladenden Kommentars: „Ich würde gern damit anfangen, von Ihnen zu hören, was zwischen Ihnen besser gewesen ist, seit wir uns da letzte Mal gesehen haben, also mit Ereignissen, von denen Sie sagen, Sie würden das gern häufiger erleben, aber ich möchte auch erfahren, ob es irgend etwas anderes gibt, von dem Sie meinen, wir sollten darüber zuerst sprechen." Manchmal drehen wir die Reihenfolge dieser Fragen um und geben an, wir würden gern irgendwann in der Sitzung hören, was besser gewesen ist, möchten aber erst einmal prüfen, ob es etwas gibt, was das Paar jetzt ansprechen möchte. Beide Eröffnungen drücken unseren Respekt vor den PartnerInnen und unser Interesse an ihren Sorgen aus und ermutigen sie zugleich, über ihre Erfolge nachzudenken und über Teile ihrer *guten Geschichte*. Und so ist, selbst wenn die Menschen damit anfangen, über ihre Probleme zu reden, der Boden bereitet, im Verlauf der Sitzung in der Erinnerung nach Ausnahmen, Bewegung und Veränderung zu suchen. Wenn die Menschen hingegen anfangs über Erfolge und positive Ereignisse sprechen, fahren wir einfach in dieser Richtung fort.

HOER: Eine Anleitung für TherapeutInnen

Das Brief Family Therapy Center in Milwaukee (BERG, 1994; DE JONG & BERG, 1998; DE SHAZER, 1985) benutzt das Akronym HOER[62] als einfache Hilfe bei der Ausbildung von Praktikantinnen, wenn es um die Gesprächsführung in Nachfolgesitzungen geht, in denen Ausnahmen/Erfolge konstruiert werden sollen. Im Lehr- und Lernkontext hat sich dieses Akronym als ein sehr hilfreiches Werkzeug erwiesen. Wir haben es in folgender Weise an RPT angepasst:

- **h**eraushören: Das bedeutet, nach Ausnahmen und positiver Bewegung zu fragen, also nach dem, was besser und anders ist. Wenn wir, wie bereits gesagt, die Folgesitzungen nicht immer mit „Was ist besser?" beginnen, achten wir ständig auf Hinweise und Stränge der progressiven Erzählung. Wenn wir solche Stränge nicht hören, werden wir mit Fragen anfangen, die Ausnahmen und Erfolge hervorlocken, wenn dafür der richtige Zeitpunkt gekommen zu sein scheint. Wenn die Menschen sagen, die Situation sei furchtbar und nichts wird besser, können wir zum Beispiel fragen, wie sie es geschafft haben, dass die Lage nicht noch schlimmer ist als jetzt (Bewältigungsfragen), um auf diese Weise Stärken und Ressourcen hervorzulocken. Wenn sie uns von dem schrecklichen Streit erzählen, den sie am Vorabend gehabt haben, können wir sie fragen, an welcher Stelle dieser Streit vielleicht weniger intensiv war, schneller als üblicherweise zu einem Ende kam oder irgendwie besser oder weniger schmerzlich war.

- **o**ffener machen und ausweiten: Das bedeutet, selbst die kleinsten Teilchen von Veränderung, Bewegung und ersehntem Erlebnis detailliert auszuschmücken. Dies verdichtet die Erzählung mit *guter Geschichte*. Sobald Berichte von zufriedenstellenden Erlebnissen (Erfolgen, Ausnahmen und positiven Bewegungen), die seit unserem letzten Treffen auftraten, zum Vorschein kommen, ist es unsere Aufgabe, diese als Teil eines Mosaiks der verbindenden Erzählung auszuweiten und weiter zu entwickeln. Wir möchten Einzelheiten

---

[62] **Anm.d.Hrsg.:** „Die englische Originalversion lautet „E-A-R-S" (für: *eliciting, amplifying, reinforcing, start again*) und erinnert mit dem Begriff „Ohren" an *genaues Zuhören*. Deshalb übersetzen wir diese Abkürzung mit den Buchstaben „H-O-E-R" – für **h**eraushören; **o**ffener machen und ausweiten; **e**rmächtigen, „empowern" und verstärken; **r**etour – noch einmal von vorne" (DE JONG & BERG 1998, Fußnote des Übers., S. 220)

spezifizieren, eigene Wirkungskraft identifizieren, den PartnerInnen helfen, neue Perspektiven zu schaffen und unerforschte Lösungen zu konstruieren. Dies erlaubt den Menschen, sich gegenseitig als fähig zu Zusammenarbeit und Erfolg zu betrachten.

Wir stellen verstärkende Fragen wie die folgenden: *Können Sie mir mehr darüber erzählen? Wie haben Sie die Entscheidung getroffen, das zu tun? Wie haben Sie das bewirkt? Wie hat das Ihrer Meinung nach einen Unterschied für Ihre Partnerin gemacht, als sie sah, wie Sie das machten? Woher wussten Sie, dass es einen Unterschied machen würde, wenn Sie sich so verhalten?* Diese Fragen und die Konversationen, die sich daran anschließen, festigen die Wirkungskraft, konkretisieren Einzelheiten und bringen neue Perspektiven und andersartige Bedeutungen mit sich, wobei ein Beziehungs- und narrativer Kontext geschaffen wird, in dem es zu weiteren positiven Veränderungen kommen kann.

- **e**rmächtigen, „**e**mpowern" und verstärken: Das bedeutet, die mögliche Macht der sich entwickelnden *guten Geschichte* hinsichtlich Verhalten, Wahrnehmung und Interpretation durch unsere enthusiastische Reaktion und unsere Komplimente zu unterstreichen und zu verdichten. Wenn Paare von positiven Veränderungen und Erlebnissen berichten und beschreiben, was jeder gemacht hat, um der Situation eine Wendung zu geben, komplimentieren wir sie, drücken unsere Freude und unser Interesse aus und stellen selbstreflexive Fragen. Wir können zum Beispiel fragen: *Was sagt das über Sie beide aus, wenn Sie in der Lage waren, dies zu bewirken?* Oder wir könnten enthusiastisch sagen: *Donnerwetter! Das ist wirklich erstaunlich. Sie beide konnten so etwas bewirken und vor nur wenigen Wochen meinten Sie beide, die Situation sei hoffnungslos.* Wir kombinieren oft Humor und Enthusiasmus. Zum Beispiel sagt Phil, der im Allgemeinen recht enthusiastisch ist, oft zu Paaren: „Wenn Sie so weiter machen, können wir zusammen bei Oprah im Fernsehen auftreten!"

- **r**etour – noch einmal von vorne: Durch Fragen wie: *Was ist noch besser?* oder *Was ist noch seit unserem letzten Treffen passiert, woran wir erkennen, dass Sie der Situation eine Wendung geben?* Diese Art von Fragen fordert das Paar dazu auf, sich auf die Suche nach zusätzlichen Erlebnissen der *guten Geschichte* zu machen, durch die das Gefühl von Fortschritt, Hoffnung und Effektivität bestärkt und die Partnerschaft neu begründet wird und konkrete Ideen über die Konstruktion von Lösungen angeboten werden.

Zu entscheiden, wann Fragen gestellt werden, die die *gute Geschichte* hervorlocken sollen, wann mit offener machen und ermächtigen begonnen werden soll und wann ‚Neustart'-Fragen gestellt werden sollen, erfordert von der Therapeutin, sich ständig des therapeutischen Kontextes bewusst zu sein. Zu wissen, wann man in einen anderen Gang schalten muss, wann zurückweichen und wann die Richtung ändern, das alles erfordert Aufmerksamkeit hinsichtlich der Antworten, die wir von den Menschen erhalten – mit anderen Worten, die Hinweise und Signale, die wir von den Paaren erhalten, sollten jeden unserer Schritte lenken. Da wir keine Regel haben, die besagt, jede nachfolgende Sitzung solle mit unserer Frage „Was ist besser?" beginnen, haben wir einige Richtlinien für die Entscheidung entwickelt, ob progressive Konversationen in Gang gesetzt werden sollen oder ob wir den Menschen die Entscheidungsmöglichkeit zugestehen, uns zu Konversationen über das einzuladen, was sie zur Zeit am meisten beschäftigt. Wir entnehmen die Hinweise hauptsächlich den nichtverbalen Botschaften, wenn wir sie im Wartezimmer begrüßen und wenn sie in den Therapieraum kommen, sich hinsetzen und anfangen, mit uns zu reden.

Wenn Paare sichtbar glücklicher wiederkommen und sich näher sind

Recht häufig kommen Paare zu einer Folgesitzung zu uns und berichten, wie viel besser die Situation sich entwickelt hat. Wenn die Leute uns aus eigener Initiative oder aufgrund unserer Nachfrage erzählen, sie fühlten sich einander näher und glücklicher und die Situation sei besser geworden, fangen wir sofort an, diese Geschichten einer positiven Veränderung zu unterstreichen, zu verstärken und auszumalen; wir untersuchen, in welcher Weise diese Veränderungen einen Unterschied gemacht haben, und sprechen darüber, wie die PartnerInnen gemeinsam die Dinge in Bewegung halten können. Wenn ein Paar lächelnd herein kommt, herzlich miteinander redet, sich an den Händen hält und den Eindruck einer liebevollen und engen Beziehung macht, sagen wir etwa folgendes: „Donnerwetter! Sie scheinen heute völlig anders zu sein, als ich Sie letztes Mal erlebt habe. Herzlicher als vor ein paar Wochen. Ich bin überrascht über die Veränderungen, die ich hier sehe, und ich bin unglaublich gespannt zu hören, was geschehen ist. Erzählen Sie mir alles – was haben Sie beide da hinter meinem Rücken gemacht?" Dies ist nicht nur eine strategische Haltung. Wir sind glücklich, wenn die Leute glücklicher aussehen und klingen, und wir lassen sie es wissen, jeder von uns in seinem eignen Stil und in seiner eigenen Art. Unsere KlientInnen wissen, wie viel Freude uns ihre Erfolge bereiten.

Wenn die Leute uns sagen, „Nichts hat sich geändert" oder „Die Situation hat sich verschlimmert"

Oft kommen die Paare wieder und denken für sich, es habe sich nicht viel geändert oder seit unserem letzten Treffen habe es keinen Fortschritt gegeben. Sie sehen vielleicht glücklicher und einander verbundener aus, kommen aber mit der Einstellung herein, uns zu sagen, es habe sich nicht viel geändert – oder die Situation sei schlimmer geworden. Ein Streit in der jüngsten Vergangenheit oder ein in der letzten Sitzung gegebenes und nicht eingehaltenes Versprechen eines Partners herrscht vielleicht in ihren Gedanken vor. In solchen Fällen beginnen wir, indem wir unser Verständnis für die Gefühle der PartnerInnen und unseren Respekt für beide Standpunkte ausdrükken. Aber wir bleiben dennoch wachsam für jeden Hinweis auf einen progressiven Unterschied – für Erlebnisteile außerhalb dieser problemgesättigten Erzählungen.

Da wir wie alle konstruktionistischen Therapeuten annehmen, dass die Menschen seit unserem letzten Treffen eine Reihe von Erfahrungen gemacht haben – einige besser und zufriedenstellender als andere –, werden wir, wenn uns nichts von bevorzugten Erlebnissen erzählt wird, zu einem gewissen Zeitpunkt versuchen, diese hervorzulocken, indem wir bestimmte Fragen stellen, die darauf abzielen, die positiven Erlebnisse aus dieser Vielfalt herauszuholen und uns, wenn möglich, aus der Kiste mit den *schlechten Geschichten* heraus zu katapultieren. Wir können zum Beispiel fragen, ob die Tage am Wochenende besser waren als die in der Woche, oder welcher Tag von all den Tagen seit unserem letzten Treffen besser als die anderen war, und dann Fragen über Einzelheiten stellen. Wir können Skalierungsfragen einsetzen, um zu erfahren, welche Zahl sie dem besten Tag im Vergleich zum schlechtesten Tag geben, und dann auch hier wiederum Fragen stellen, was an einem Tag geschehen würde, der noch eine Zahl höher läge. Wir können die Leute auffordern, an die Zeiten zu denken, zu denen sie in einen Streit oder auf ihr Problemgebiet hätten geraten können, es aber nicht taten. All diese Fragen fordern die Menschen auf, Erfahrungsdifferenzierungen vorzunehmen, durch die Bevorzugungen deutlich werden, die wir zu detaillierten, konkreten und auf Erfahrung beruhenden Bildern verstärken. Dann befinden wir uns wieder auf dem Weg zur Konstruktion von Lösungen und dem Freilegen von wertvollen Kräften.

Auch hier ergibt sich natürlich wieder die Frage, ob die Therapeutin zu Beginn der folgenden Sitzung nach den Aufgaben fragen soll, die in der vorherigen Sitzung gegeben worden waren. Wir tun dies ebenso wenig wie die traditionellen lösungsorientierten VertreterInnen der Kurztherapie. Wir beginnen die Folgesitzungen nicht, indem wir nach den Hausaufgaben fragen (DE JONG & BERG, 1998, S. 135). Aufgaben, die am Ende der Sitzung angeboten werden, bilden nicht das Verbindungsglied zwischen dieser Sitzung und der nächsten. Wie wir im vorangegangenen Kapitel sagten, haben Aufgaben das Ziel – zu dem Zeitpunkt, zu dem sie gestellt werden –, Elemente der gemeinsamen Erzählung des Paares mit *guter Geschichte* hervorzuheben und ihre Orientierung in der Wahrnehmung und der Interpretation zwischen den Sitzungen zu beeinflussen. Wenn daher das Paar zur nächsten Stunde wiederkehrt, bringen wir nicht die Frage auf, ob sie die vorgeschlagene Aufgabe durchgeführt haben, obwohl wir beabsichtigen, sie uns zunutze zu machen, indem wir uns auf Elemente der *guten Geschichte* konzentrieren.

Wir fragen zum Beispiel nicht, ob KlientInnen seit unserem letzten Treffen auf positive Erlebnisse geachtet haben, womit wir auf die Standardaufgabe der ersten Sitzung anspielen würden. Wir fragen einfach, welche Vorkommnisse ihnen aufgefallen sind, die sie gern häufiger hätten, ohne auf die Aufgabe des „Achten Sie auf ..." Bezug zu nehmen. Wenn natürlich ein Paar von sich aus ein Gespräch über die Aufgabe beginnt und begierig zu sein scheint, uns zu erzählen, wie gut es lief oder wie sie die Aufgabe verändert haben, damit sie für sie funktionierte, dann hören wir uns das alles begeistert an. Ungeachtet dessen, ob sie die Aufgabe ausgeführt, sie abgewandelt oder ganz und gar vergessen haben, konzentrieren wir uns darauf, herauszufinden, was anders und was besser ist, und nicht darauf, ob die Hausaufgabe erledigt wurde oder nicht.

Die Therapie beenden: Verabschiedungen, die einen Unterschied machen

In RPT kommt die Arbeit mit Paaren in der Regel dann zu ihrem Ende, wenn die PartnerInnen uns sagen, (1) sie haben das Gefühl, hinsichtlich der Lösung ihrer Probleme, der gewünschten Veränderung und dem Erreichen ihrer Ziele in der Therapie seien genügend Fortschritte gemacht worden, und (2) sie fühlen sich ausreichend zuversichtlich, allein in dieser positiven Richtung weitermachen zu können (WALTER & PELLER, 1994). Das heißt, beide PartnerInnen haben das Empfinden, in ihrer Erzählung mit *guter Geschichte* zu leben, und glauben, sie können diesen Weg ohne Therapie weiter gehen, zumindest zu diesem Zeitpunkt. Wenn die Menschen berichten, entweder aufgrund eigener Initiative oder infolge unserer verschiedenen, auf Fortschritt ausgerichteten Fragestellungen, dass die Dinge besser werden und sie erfolgreich die Probleme lösen, die sie zu uns gebracht haben, dann ist es an der Zeit zu prüfen, ob wir sie in die Lage versetzt haben, die Therapie zu beenden. Wenn erreichte Fortschritte und das Vertrauen in zukünftigen Fortschritt ausreichende Anzeichen für Erfolg bieten, ist die Therapie im Allgemeinen recht kurz. Unserer Ansicht nach müssen die dargelegten Probleme ebenso wenig wie die, die während der Behandlung auftauchen, völlig gelöst sein, bevor eine Beendigung angemessen ist. Die Entscheidung über das Ende der Therapie liegt jedoch bei den KlientInnen, zum einen, weil unsere Therapie auf Zusammenarbeit beruht und zum anderen, weil die Zufriedenheit der KlientInnen, nicht die Kürze der Behandlung, unser Motto ist. Sobald sie uns sagen, sie fühlen sich auf dem richtigen Weg zur Lösung der Probleme, die sie ursprünglich in die Therapie brachten, erhalten die Paare die Entscheidung darüber, ob wir uns verabschieden, andere Probleme aufgreifen oder uns noch eine Weile zwecks Unterstützung weiter treffen.

Die Forschung, die wir in unserer Einführung erwähnten (BRAY & JOURILES, 1995), weist auf das hohe Maß an Verschleiß im Laufe der Zeit in Hinblick auf den Gewinn, von dem die Leute bei der Paarberatung berichten. Es ist jedoch möglich, dass Paare, die aus der Therapie entlassen werden mit der selbstverständlichen Erwartung von Herausforderungen in der Zukunft und einem Auf und Ab in der Beziehung, möglicherweise ihre Beziehung zur Therapie und den Grad ihrer Zufriedenheit mit ihr anders betrachten. Hinzu kommt, dass dann, wenn Therapie von allen als verhältnismäßig kurz und ziel- bzw. lösungsorientiert betrachtet wird, es den Paaren möglich ist, je nach Bedarf zu weiterer Paararbeit zurückzukehren, wenn andere Probleme auftauchen, ohne das Gefühl zu haben, sie hätten versagt oder die vorherige Therapie habe nicht geholfen.

Ein gutes Ende beginnt mit einem guten Anfang

Wir haben zwei sehr nützliche verwandte Ideen aus der Kurztherapie übernommen (BUDMAN & GURMAN, 1988; CADE & O'HANLON, 1993). Die erste besagt, Therapie sei effektiver und effizienter, wenn sie mit klaren, gut formulierten Zielen beginnt. Die zweite lautet, der transformative Effekt der Therapie hängt nicht von der Anzahl der Sitzungen ab, die stattfinden, sondern davon, ob die Veränderungen, die während der Behandlung vorgenommen werden, in die Beziehung des Paares eingehen, wenn die Therapie zu Ende ist. Für viele PraktikerInnen, die in der traditionellen Form von Therapie ausgebildet wurden, kann eine kurze Arbeit mit Paaren beunruhigend und sogar kontraintuitiv sein. Wenn die Therapeutin in die Paararbeit Ideen und Praktiken einbringt, die sie normalerweise bei ihrer längerfristigen Arbeit mit einzelnen KlientInnen einsetzt, kann sie es möglicherweise schwer finden, in dieser sehr konzentrierten Art zu arbeiten, wie wir es in RPT tun. Sie fühlt sich unter Umständen nicht wohl dabei, die Paare darauf auszurichten, therapeutisch klar formulierte Ziele zu finden, wenn sie sich immer wieder in Problemgespräche vertiefen. Sie mag vielleicht den Wert dessen einsehen, Menschen in Konversationen einzubinden, die ihre gemeinsame Erzählung mit *guter Geschichte* stärken, da sie sich aber dabei nicht wohl fühlt, zielgerichtet die therapeutische Konversation in der oben von uns dargestellten Weise zu leiten, wird sie vielleicht immer wieder in alte vertraute Interviewpraktiken zurückfallen, wenn die KlientInnen anfangen, über Einzelheiten ihrer individuellen Erzählungen mit *schlechter Geschichte* zu sprechen. Und wenn schließlich Anzeichen auftauchen, dass es an der Zeit ist, das Paar auf die Beendigung der Therapie vorzubereiten, dann mag sie es vielleicht – wie Michael HOYT (2000) betont – schon aus theoretischen wie praktischen finanziellen Gründen schwierig finden, Fragen einzuleiten, die zu einem schnellen (wenn auch erfolgreichen) Abschluss führen, wohl wissend, dass dies für sie bedeutet, einen Ersatz finden zu müssen, wenn sie ausgelastet arbeiten will[63].

---

[63] Als wir anfingen, die Praxis der RPT zu entwickeln, bemerkten wir, dass viele Paare erfolgreiche Therapien viel schneller als vorher abschlossen. Dies war anfangs etwas beunruhigend: auf unseren Stundenplänen tauchten mehr offene Stellen auf und dies bedeutete weniger Einkommen. Wir begannen uns zu fragen, ob es eine so gute Idee gewesen war, lösungsorientiert zu arbeiten. Wir konnten jedoch nicht mehr guten Gewissens umkehren. Heute sind wir voll ausgelastet, vor allem weil wir mit so vielen Paaren gearbeitet haben, die sowohl über den Erfolg zufrieden waren wie auch mit der relativen Kürze der Therapie, obwohl sich das Kommen und Gehen vieler unserer KlientInnen immer schneller abwickelt.

Ein erfolgreiches Ende der Therapie erfordert einen zielgerichteten Anfang. Wenn die Therapeutin mit ihren KlientInnen zu Beginn der Therapie gut formulierte Ziele festgelegt hat und sie im weiteren Verlauf nie aus den Augen verliert, werden die wahrgenommenen und erlebten Anzeichen für die Erreichung dieses Ziels den KlientInnen sagen, wenn ihre Arbeit in der Therapie abgeschlossen ist. Und dies kann recht schnell geschehen. Wir möchten die Therapie effektiv und effizient halten, und wir empfinden es als eine ethische Verantwortung, Zeit und Geld, die von den KlientInnen für die Therapie aufgewendet werden, so gering wie möglich zu halten. (Dies ist auch ein wesentliches Anliegen für PraktikerInnen, die im System von *„managed care"* arbeiten[64].) Wie bereits gesagt, wir sind der Ansicht, Therapie sollte in den meisten Fällen einen relativ kurzen Zeitraum im Leben eines Paares einnehmen – sie sollte einen Wendepunkt darstellen, nach dem Paare sich weiter entwickeln und sich allein verändern, sich Herausforderungen stellen und sich an dem Schönen des gegenwärtigen gemeinsamen Lebens erfreuen. Unser Kontakt mit ihnen sollte ein kleines Zwischenspiel in ihrem Zusammenleben sein – Therapie soll in unseren Augen eine Wasserscheide sein, keine Lagune. Wir erwarten und beabsichtigen, dass die Veränderungen, die in der Therapie begonnen wurden, der Anfang für etwas sind, was zu immer Größerem heranwächst und im Leben des Paares über den Zeitpunkt des „Auf Wiedersehen" hinaus seine Resonanz findet, und hierzu trägt eine geschickte Beendigung bei. Ebenso wie ein guter Anfang für ein erfolgreiches Ende verantwortlich ist, macht ein effektives Ende das Beste aus den transformativen post-therapeutischen Einflüssen des Beratungserlebnisses.

Wie man auf kollaborative, lösungsorientierte Weise endet

Von Anfang bis Ende der Therapie nehmen wir eine kollaborative, lösungsorientierte Haltung ein. Sobald allem Anschein nach das Paar seiner Beziehung eine Wendung gibt, das heißt über Fortschritt hinsichtlich der Lösung ihrer Probleme und über eine Bewegung in Richtung gemeinsamer Ziele berichtet, ist es Zeit, Fragen zu stellen, die sie auf den Abschluss vorbereiten – und auf das Leben nach der

---

[64] **Anm.d.Hrsg.:** Eine kurze Einführung in *managed care* findet die interessierte LeserIn in Steven FRIEDMAN *Effektive Psychotherapie*, 1999.

Therapie. Diese Fragen sprechen vier Hauptthemen an: (1) ob die PartnerInnen der Meinung sind, die positiven Veränderungen, die sie geschaffen haben, vermitteln ihnen den Eindruck, dass sie auf dem Weg zur Lösung ihrer Probleme und zur Erreichung ihrer gemeinsamen Ziele sind; (2) welche speziellen Dinge jeder von ihnen tun kann, die ihn/sie daran erinnern, die Dinge weiter in die erwünschte Richtung zu bewegen; (3) was wird ihnen genügend Vertrauen geben zu meinen, gemeinsam könnten sie den Ball ohne Unterstützung in Bewegung halten und sich bei dem Gedanken wohlfühlen, die Therapie zu beenden, und (4) was ist zu tun, wenn in der Zukunft Probleme und Herausforderungen auftauchen.

Wenn einer oder beide Partner sagen, die durchgeführten Veränderungen reichten noch nicht aus oder sie seien noch nicht zuversichtlich, dass sie allein fertig werden können, beginnen wir, indem wir ihnen helfen herauszufinden, welche weiteren Anzeichen von Veränderungen auftreten müssten. Dies ist eine Zielkonstruktion, die – wie wir bereits deutlich gemacht haben – in jedem Stadium des Prozesses stattfindet. Wir möchten auf Zeichen aufmerksam machen und sie verstärken, die den Menschen sagen, es habe ausreichend Veränderungen gegeben und ihr Vertrauen sei groß genug, um allein weiterzugehen. Hier sind einige Fragen, die wir dabei verwenden:

– *Welche anderen Veränderungen müssen eintreten, damit Sie beide das Gefühl haben, wir sind jetzt weit genug gekommen und bereit, die Therapie zu beenden?*

– *Was wird anders sein, wenn Sie beide sagen, Sie haben genug Vertrauen, dass Sie allein weiter machen können und nicht mehr regelmäßig hierher zu kommen brauchen?*

– *Wenn wir eine Skala von 1 bis 10 haben und 1 bedeutet, dass Sie kein Vertrauen haben, ohne Therapie auf dem richtigen Weg zu bleiben, und 10 bedeutet, dass Sie voller Vertrauen sind, welche Zahl würden Sie jetzt dem Grad Ihres Vertrauens geben?* Nachdem die Person geantwortet hat, würden wir, um die Möglichkeit zu überprüfen, ob die Partner genügend Vertrauen besitzen, wenn sie sich nicht auf der Ebene 10 befinden, die folgenden Fragen stellen: *Hätten Sie Ihrer Meinung nach genügend Vertrauen, die Therapie zu beenden und allein weiter zu machen, wenn Sie sich nicht 100% sicher wären? Welche Zahl würden Sie diesem Grad von Vertrauen geben? Was wäre anders und woran Sie merken würden, dass Sie diesen Grad erreicht haben?*

Wie Sie sehen, haben diese Fragen sowohl die Funktion, Ziele zu definieren, wie auch Information darüber hervorzulocken, wodurch die Menschen genügend Vertrauen in ihre Fähigkeit erlangen, ihre eigenen Probleme lösen und ohne Therapie fertig werden zu können. Wenn das Paar entscheidet, es kann den Ball allein in Bewegung halten, ist es Zeit, Gespräche darüber zu beginnen, wie die Langzeitwirkungen der Erzählung mit *guter Geschichte* und die positiven Veränderungen, die sie in der Therapie durchgeführt haben, maximiert werden können.

Wenn das Paar und nicht die Therapeutin entscheidet, wann sie sich verabschieden können, sind unserer Erfahrung nach die meisten Paare sehr begierig darauf, die Therapie zu beenden, sobald die Dinge besser werden. Einige jedoch gehen nur widerstrebend, selbst nachdem sie bedeutsame Veränderungen durchgeführt haben. Diese Paare möchten wissen, ob wir da sein werden, um ihnen bei der Bewältigung von Situationen zu helfen, wenn wieder raue Zeiten kommen. In diesen Fällen halten wir das Gleichgewicht aufrecht zwischen dem Respekt für die Bedürfnisse des Paares und dem Gefühl für unsere Verantwortung, sie anzuleiten und darauf vorzubereiten, die Therapie voller Vertrauen zu beenden, sobald sie fähig sind, ihren Weg allein fortzusetzen. Wir schlagen den mittleren Weg ein. Wenn ein Paar es vorzieht, selbst wenn es bedeutsame positive Veränderungen vollzogen hat, noch einen Augenblick zu verweilen und die bequeme, sichere und herzliche Atmosphäre zu genießen, die wir zusammen entwickelt haben, dann freuen wir uns an dieser entspannten Zeit mit ihnen, da sie vielleicht das Gefühl haben, noch Zeit zu benötigen, um eine solide Grundlage für den Abschluss zu haben. Aber wir halten uns weiter darüber auf dem Laufenden, woran sie merken werden, dass es Zeit ist zu gehen. Einige Leute möchten sich noch eine Weile lang weiter mit uns treffen als eine Art „Rückversicherung", nachdem sie zufriedenstellende Veränderungen vollzogen haben. Für viele Paare, besonders die, die einige Zeitlang in Therapie gewesen sind und wesentliche Veränderungen durchgemacht haben, entspricht es eher ihren Bedürfnissen, die Häufigkeit der Sitzungen langsam zu verringern, als auf einmal aufzuhören. Andere Paare ziehen es vor, ein oder zwei Folgesitzungen in einem Abstand von mehreren Monaten einzuplanen. Wenn wir mit diesen Paaren einen Terminplan machen, erkunden wir, was die Partner beachten und tun müssen, um in diesen folgenden Sitzungen berichten zu können, dass alles noch gut läuft. Wir bitten sie auch, sich zu überlegen, woran sie erkennen werden, ob sie von einer nicht geplanten Sitzung profitieren könnten. Auf der anderen Seite lassen wir sie auch wissen, dass sie uns nur vorher Bescheid geben, wenn alles gut läuft und sie die geplante Folgesitzung absagen möchten.

Aber so, wie wir möchten, dass die Menschen sich frei fühlen, jederzeit aufzuhören, sollen sie auch keine Bedenken haben, jederzeit andere Themen und Bedenken anzusprechen oder über andere Veränderungen zu reden, die sie jetzt, wo die Situation besser geworden ist, vornehmen möchten. Manchmal brauchen die Menschen ein gewisses Maß an Erfolg in der Therapie, und das Vertrauen in die Therapeutin, den Partner/die Partnerin und die Beziehung muss sich bewährt haben, ehe sie bereit sind, andere Nöte aufzudecken und in Angriff zu nehmen; daher möchten wir ein Paar nicht gleich bei ersten Anzeichen von Besserung aus der Therapie drängen. In einigen Fällen gestehen KlientInnen, nachdem sie erfolgreich an einer ersten Gruppe von Problemen gearbeitet haben, dass sie unsere Hilfe bei der Lösung anderer Schwierigkeiten wünschen. Wir lassen den Menschen die Freiheit, sich hin und her zu bewegen und die Richtung zu ändern, selbst nachdem sie Fortschritte in Richtung ihrer Ziele gemacht haben. Obwohl wir nicht wie einige andere TherapeutInnen annehmen, das dargestellte Problem sei nur die Spitze des Eisbergs oder die Eintrittskarte für den Zugang zur Therapie, bleiben wir doch offen und stehen den Paaren zur Verfügung, um ihnen zu helfen, andere Probleme in Angriff zu nehmen, die sie aus dem einen oder anderen Grund vorher nicht erwähnen wollten.

In einem solchen Fall zum Beispiel wollte die Frau, nachdem (und wirklich erst nachdem) sie und ihr Mann angefangen hatten, Erziehungsfragen effektiver zu diskutieren, über Gefühle sprechen, die sie immer noch wegen einer Affäre hatte, die ihr Mann vor mehreren Jahren gehabt hatte – Gefühle, die es ihr schwer machten, ihm zu trauen. In einem anderen Fall berichtete ein Mann, seine Beziehung zu seiner Frau sei viel besser geworden, aber jetzt wollte er, da sein Vertrauen in den therapeutischen Prozess gewachsen sei, die Hilfe der Therapeutin in Anspruch nehmen, um mit seiner Frau darüber zu sprechen, dass er sehr langsam bei seiner Arbeit und sein Arbeitsplatz in Gefahr sei. In einem dritten Beispiel gestand eine Frau, sie und ihr Mann kämen zwar besser miteinander aus, aber sie habe sich in eine andere Frau verliebt und dächte darüber nach, die Ehe aufzulösen, um bei dieser Frau zu sein. In all diesen Fällen wurden die dargelegten Probleme als Kommunikationsprobleme formuliert. Die spezifischen Veränderungen, die in den Konversationen zur Zielkonstruktion in den ersten Sitzungen definiert worden waren, betrafen die Frage, wie die Paare Uneinigkeiten in der Zukunft behandeln würden und auf welche Weise ihre vertrauten Gespräche zufriedenstellender sein könnten. Erst nachdem sich die Lage verbessert hatte, waren die Paare bereit, über diese sehr wichtigen Probleme und Fragen zu reden. Hätten wir den Paaren einfach gratuliert, als sie erzählten, die Situation sei besser geworden, und angefangen sie auf den Abschluss vorzubereiten, hätten sie sich vielleicht davon ausgeschlossen gefühlt, die Therapie dafür zu nutzen, sich mit schmerzlichen und wichtigen Themen auseinander zu setzen, für die sie jetzt bereit waren.

Therapeutische Abschlüsse, die nachhallen

Ein guter Abschluss beendet die gute Arbeit, die vorangegangen ist, und er sorgt auch für ihr Fortdauern. Wenn wir auch zugestehen, dass der Abschluss in gewisser Weise ein Pseudoereignis sein kann, da die Arbeit weitergeht und formale Behandlung zwischenzeitlich wieder aufgenommen werden kann ..., ist es doch wichtig, die Sitzungen und die Therapie gut zu beenden. Bei geschicktem Verfahren erhöhen wir die Wahrscheinlichkeit, langfristigen Nutzen bei kurzer Therapie zu bewirken (HOYT, 2000, S. 237-238).

Wenn einem Paar geholfen wurde, die Probleme zu lösen, die einen Keil zwischen die Partner getrieben und die Erzählung mit *guter Geschichte* überschattet hatten, sollte der abschließende Prozess für das Paar den Boden bereiten, die Veränderungen, mit deren Hilfe die Beziehung unterstützt und verbessert wurde, allein weiter zu führen. Da wir von den Paaren nicht erwarten, alle möglichen wichtigen Veränderungen durchzuführen oder notwendigerweise ihre dargestellten Probleme vollständig in dem Zeitraum zu lösen, in dem wir zusammen arbeiten (da wir also viel eher erwarten, dass sie sich allein mit vielen Herausforderungen und ständigem Auf und Ab auseinandersetzen müssen), möchten wir tun, was in unserer Macht steht, um die Paare darauf vorzubereiten, weiterhin Veränderungen im Kontext einer soliden, lebendigen Erzählung mit *guter Geschichte* durchzuführen, wenn sie nicht mehr in Therapie sind. Wenn daher die Zeit kommt, „Auf Wiedersehen" zu sagen, möchten wir uns der Dauerhaftigkeit der Veränderungen, die sie vollzogen haben, vergewissern und, so weit wir können, das Engagement der PartnerInnen für die weitere Arbeit zum Wohl der Beziehung sicherstellen.

Wie wir es in allen Phasen unserer Arbeit mit Paaren machen, setzen wir am Endpunkt Fragen zur Förderung der therapeutischen Ziele ein. Wir befragen beide Partner, was er/sie tun und denken muss, um den Ball in Bewegung zu halten. Wir bitten die Leute, mögliche zukünftige Herausforderungen zu benennen und zu überdenken und uns zu sagen, wie sie planen, mit diesen schwierigen Zeiten anders umzugehen, als sie es vielleicht in der Vergangenheit getan haben. In diesen Gesprächen darüber, was falsch laufen könnte, und über Zeiten, in denen das Paar in Schwierigkeiten geraten, feststecken oder einen Rückfall erleben könnte, möchten wir die Stärken und Ressourcen ausmalen und festigen, auf die die PartnerInnen zurückgreifen können, um diesen Herausforderungen gewachsen zu sein und schnell wieder auf den richtigen Kurs zurückzukommen. Sie sollen diesen unvermeidbaren Zeiten des Kummers mit einer lebensfähigen Erzählung mit *guter Geschichte* begegnen können. Es folgen einige der Fragen, die wir in einer Abschlusssitzung stellen:

– *Was werden Sie Ihrer Meinung nach tun, um auf dem richtigen Kurs zu bleiben, wenn Sie nicht mehr hierher kommen?*

– *Welches sind in Ihrer beider Augen die nächsten Schritte für Sie? Haben Sie eine Vorstellung über die Möglichkeiten, wie Sie Ihre Beziehung ohne Hilfe der Therapie ändern möchten?*

– *Welches sind die wichtigsten Dinge, die Sie hier über Ihre Fähigkeit erfahren haben, als Paar schwierige Probleme zu lösen? Was sagen Ihnen die Veränderungen, die Sie hier vollzogen haben, über sich und Ihre Beziehung?*

– *Wer von all den Leuten, die Sie kennen, wäre am wenigsten überrascht festzustellen, dass Sie Ihrer Ehe in dieser Weise eine Wendung gegeben haben? Was weiß diese Person über Sie als Einzelne und über Sie als Paar?*

– *Was würden Sie vorschlagen, sollte ich anderen Paaren sagen, die mit einem ähnlichen Problem zu mir kommen (die ähnliche Veränderungen vornehmen möchten), was denen vielleicht helfen würde, das zu tun, was Sie geschafft haben?*

– *Welchen Herausforderungen werden Sie beide sich Ihrer Meinung nach stellen müssen und woran werden Sie sich erinnern müssen und was werden Sie als Team tun müssen, um ihnen erfolgreich zu begegnen?*

- Woran werden Sie denken müssen, damit Sie sich erinnern, was Sie tun können, um auf dem richtigen Weg zu bleiben oder zu ihm zurückzukehren, wenn es einen Rückschlag gegeben hat?
- Was haben wir hier in unseren Treffen getan oder gesagt, worauf Sie zurückgreifen können, wenn die Zeiten schwierig werden?
- Viele der Paare, mit denen wir gearbeitet haben und die ebenfalls ihrer Beziehung eine erfolgreiche Wendung gegeben haben, schätzen die Gewissheit, jederzeit zu einer Auffrischung zurückkommen zu können. Nicht alle kommen wieder, aber Sie sollen wissen, dass Sie immer willkommen sind. Und Sie müssen nicht warten, bis die Lage richtig schlecht geworden ist, bevor Sie anrufen. Ich frage mich also, welche Anzeichen Ihnen möglicherweise sagen, ob es eine gute Idee wäre, für eine oder zwei Sitzungen wieder zu kommen?65

Einige dieser Fragen fordern die Menschen auf, mögliche zukünftige Probleme und Herausforderungen zu identifizieren. Wenn wir den Menschen zu Beginn der Therapie helfen, Lösungen und Ziele zu entwickeln, bitten wir sie, sich bevorzugte Zukunftsbilder vorzustellen von einer Zeit, in der ihre Probleme gelöst sind. Jetzt aber, zum Zeitpunkt der Beendigung, sollen sie sich mögliche zukünftige Herausforderungen vorstellen, damit sie die einzigartigen Stärken, Ressourcen und auf sie zugeschnittenen Antworten identifizieren können, die ihnen helfen werden, diese rauen Zeiten durchzustehen, wenn diese eintreten. Die Erörterung der Frage, wie das Paar mit zukünftigen Problemen und Rückschlägen umgehen wird, vermittelt ihnen unsere Ansicht, dass Probleme und Ärger im Leben unvermeidbar sind – und daher Teil der erwarteten Zukunft sein werden – und dass wir zu der Überzeugung gekommen sind, dieses Paar besäße die notwendigen Fähigkeiten, um gemeinsam an der Bewältigung dieser Probleme zu arbeiten und zusammen eine bessere Zukunft zu schaffen. Wenn unsere gemeinsame Arbeit etwas bewirkt hat, dann hat dieses Paar seine Partnerschaft neu gestaltet, und dies ist letztlich seine beste Ressource und seine größte Stärke.

---

[65] **Anm.d.Hrsg.:** Dies ist auch eine Erinnerung daran, dass die „Eintritts-" oder „Zugangskarte" zur Therapie im Vorhandensein oder Auftreten eines Problems (im „Gesundheitswesen": im Vorhandensein einer Krankheit) besteht – und nicht darin, sich darauf vorzubereiten, ein aufscheinendes Problem zu verkleinern oder dessen Größerwerden zu verhindern

In den letzten Minuten unserer abschließenden Sitzung möchten wir dem Paar das Gefühl mit auf den Weg geben, etwas erreicht zu haben, und wir möchten ihnen die Gewissheit vermitteln, wir hätten etwas von ihnen gelernt und sie von ihrer besten Seite gesehen. Wir machen ihnen Komplimente für die hart erkämpften, bedeutungsvollen Veränderungen, die sie gemeinsam geschaffen haben und genießen ihren Erfolg mit ihnen. Manchmal erwähnen wir besondere und einzigartige Momente, die wir gemeinsam in der Therapie erlebt haben, oder lachen zusammen über gemeinsame Scherze. Diese Augenblicke sind nicht steif oder formell. Sie besitzen etwas von Intimität, Wärme und Zusammenarbeit, die sich während der Arbeit entwickelten, die wir gemeinsam geleistet haben (wie kurz diese Arbeit auch gewesen sein mag) – eine Atmosphäre, die natürlich bei jedem Paar ihre Besonderheit hat. Wir sprechen über die individuellen und kollektiven Stärken und Ressourcen des Paares und vermitteln ihnen, dass sie in der Zukunft, wenn sie den unvermeidbaren neuen Herausforderungen begegnen, neue Kräfte entdecken und entwickeln werden. Und durch das, was wir sagen, und unseren Enthusiasmus und unsere Freude lassen wir sie wissen, wie sehr wir uns geehrt fühlen, die Gelegenheit gehabt zu haben, mit ihnen gemeinsam zu erleben, wie sie ihrer Beziehung eine Wende gaben.

Kapitel 11
Paartherapie mit nur einem Partner

Die meisten traditionellen Modelle der Ehetherapie erheben milde bis heftige Einwände gegen die Arbeit mit nur einem Partner als Form der Beziehungsberatung. Wie wir jedoch in der Praxis festgestellt haben, kann die Arbeit mit einem einzelnen Partner ein sehr effektiver Weg sein, KlientInnen zu helfen, die erwünschten Veränderungen in der Beziehung zu erreichen (DE SHAZER & BERG, 1985).

Wir haben diesen Standpunkt über die Arbeit mit einzelnen Partnern nicht immer vertreten. Beeinflusst durch systemisches Denken nahmen wir viele Jahre lang an, Erfolg in der Paartherapie könne nur erreicht werden, wenn beide Partner (das dyadische System) aktiv an gemeinsamen Sitzungen teilnähmen. Wenn Beziehungsfragen das vorgestellte Problem waren, schlossen wir uns der vorherrschenden Idee an, es wäre ein therapeutischer Fehler, nur einen Partner zu treffen, sei es nun am Anfang oder im Verlauf der Therapie. Im Laufe der Jahre fiel uns jedoch bei der Arbeit mit Einzelpersonen auf, dass die Personen oft über größeres Glück in ihrer Beziehung berichteten aufgrund der Arbeit, die wir in Einzelsitzungen mit ihnen durchgeführt hatten. Wir stellten uns daher folgende Frage: Wenn diese Art von Beziehungsverbesserung bei der individuellen Therapie geschehen konnte mit KlientInnen, die ursprünglich mit einem nicht die Beziehung betreffenden Problem gekommen waren, warum sollte es nicht auch bei Individuen passieren können, die speziell wegen der Paarprobleme zur Therapie kamen? Wir begannen mit unterschiedlichen Arten von Einzelarbeit zu experimentieren. Jetzt, nach jahrelanger Erfahrung in der Arbeit mit Einzelpartnern, verweigern wir Anrufern niemals einen Termin, die sagen, ihr Partner wünsche nicht zu kommen – wir arbeiten mit jedem, der sagt, er habe Paar- (oder Familien-) Probleme und der sich um eine Veränderung bemühen möchte.

Was ist der Grundgedanke bei der Vorstellung, Paartherapie sollte nicht angestrebt werden, wenn nicht beide Partner zur Teilnahme bereit sind? Eine Theorie besagt, wenn ein Partner nicht bereit ist, zur Therapie zu kommen, bedeutet dies, dass er oder sie vermutlich nicht motiviert ist, sich zu verändern, oder sich gar nicht mehr richtig in die Beziehung einbringen möchte. Und da ein Partner einen anderen nicht verändern könne, wäre es für den Therapeuten aussichtslos zu versuchen, dem motivierten Partner dabei zu helfen, den Abwesenden im Sinne einer

Veränderung zu beeinflussen. Nach dieser Theorie ist die Weigerung des abwesenden Partners, zur Therapie zu kommen, Beweis für Widerstand – für die Unwilligkeit, Verantwortung für Wachstum/Veränderung auf sich zu nehmen oder zu teilen – und Beweis dafür, dass er/sie die Bemühungen des anderen Partners unterminieren wird. Unserer Meinung nach sind diese Annahmen nicht gerechtfertigt.

Menschen können sich aus vielen Gründen weigern, an einer Therapie teilzunehmen. Sehr oft haben diese Gründe weder etwas mit dem Engagement für die Beziehung noch mit der Bereitschaft zur Veränderung zu tun. Viele Menschen halten Therapie für keinen sinnvollen Weg, Ehe-/Beziehungsprobleme in Angriff zu nehmen. Einige haben schlechte Erfahrungen mit früheren Therapien gemacht; andere wollen aus guten Gründen ihre finanziellen Ressourcen nicht für etwas festlegen, was ihrer Befürchtung nach ein endloser und möglicherweise unproduktiver Prozess werden wird. Häufig glauben die Leute, es gäbe andere, effektivere und angemessenere Wege, positive Veränderungen zu erreichen. Dies sind gute Gründe, eine Therapie nicht aufzunehmen, und sie sind kein Hinweis darauf, dass der Wunsch fehlt, auf eine Veränderung in der Beziehung hin zu arbeiten. Alles, was wir vernünftigerweise daraus schließen können, wenn ein Partner nicht an unserer Türschwelle erscheint, ist, dass diese Person zumindest zum gegenwärtigen Zeitpunkt nicht zur Therapie kommen möchte.

Eine andere Variante des Arguments vom Widerstand lautet: Wenn ein Klient sagt, der Partner weigere sich, zur Therapie zu kommen, dann steht der Klient unbewusst mit dem Partner in einem geheimen Einverständnis, den Erfolg der Therapie zu verhindern. Anders ausgedrückt, *beide* PartnerInnen versuchen, den Therapeuten mit diesem strategischen Manöver zu schlagen. Der Therapeut muss daher das Anfangsgefecht gewinnen, indem er sich weigert, einen Termin festzulegen, solange nicht beide Partner einverstanden sind, zur ersten Sitzung zu kommen. Wie bereits erwähnt, gehen wir von der Annahme aus, dass Paare feststecken und nicht, dass sie dysfunktional sind, und dass in den meisten Fällen beide Partner ihre Probleme lösen wollen. Es sind sehr viele Gegenbeweise notwendig, um uns von dieser Haltung abzubringen. Die Partner haben normalerweise unterschiedliche Standpunkte über das, was geändert werden muss, aber unserer Ansicht nach möchten beide eine Verbesserung der Situation und sie haben einfach nicht herausbekommen, welchen Lösungsweg sie einschlagen sollten. In der überwältigenden Mehrzahl der Fälle sind wir in dieser Meinung bestätigt worden. (Während es gelegentlich richtig ist, dass ein Partner den verdeckten Wunsch hegt, die Beziehung zu beenden, oder nicht aufrichtig ist, was sein/ihr Engagement für eine Veränderung angeht, ist es für den Prozess der Paartherapie und für eine kollaborative Methode nachteilig anzunehmen, Paare unterliefen die Therapie oder widersetzten sich ihr. Eine klare Entwicklung der Zielvorstellung, was eine Beschreibung des Verhaltens einschließt, ist ein Mittel, mit etwaigem Mangel an Ehrlichkeit oder Engagement umzugehen.)

Ein drittes Gegenargument, einen Partner allein zu sehen, besagt, eine Person könne eine andere nicht verändern. (Dieses Gegenargument kann als relevant für die Definition von Zielen betrachtet werden und dafür, ob diese vom Klienten beeinflusst werden können oder nicht.) Obwohl es richtig ist, dass eine Person eine andere nicht zwingen kann, die Persönlichkeit oder auch nur spezifische Verhaltensweisen zu ändern, bedeutet dies nicht, Partner hätten auf den anderen keinen Einfluss durch das, was sie tun und sagen. Wie wir schon auf verschiedene Weise hervorgehoben haben, beeinflussen Menschen sich in der Tat in der Beziehung gegenseitig – beabsichtigt wie auch unbeabsichtigt. Das Verhalten des anderen Partners liegt zwar außerhalb des Einflussbereichs des Klienten, die Interaktionen hingegen, die eine positive Veränderung unterstützen, allerdings nicht – ein Partner kann einen Zyklus der positiven Veränderung durch Verschiebungen seiner/ihrer Wahrnehmung und seines/ihres Verhaltens vereiteln. Die Frage ist – und das ist das zentrale Anliegen in der Beziehungstherapie – *wie* Menschen es versuchen, sich gegenseitig zu einer Veränderung zu bewegen, und ob das, was sie tun, erwünschte oder unerwünschte Ergebnisse bringt.

Ein weiteres Argument dagegen, nur einen Partner zu sehen, ist die vermutete Gefahr, der Therapeut würde, da er nur eine Seite der Beziehungsgeschichte hört, eine verzerrte Sichtweise von den Schwierigkeiten bekommen und die ganze Dynamik, die mit im Spiel ist, nicht in ihrer Gesamtheit verstehen. Diesem Argument zufolge muss der Therapeut sich der „wirklichen Fakten" der Probleme eines Paares vergewissern, um Interventionen zur Lösung entwickeln zu können. Da wir jedoch bei unserer Arbeit von der Annahme ausgehen, dass es nicht notwendigerweise eine Beziehung zwischen dem gibt, was die Probleme eines Paares verursacht, und dem, was es tun kann, um sie zu lösen, kümmern wir uns nicht darum, einen objektiven Bericht von der Vorgeschichte der Probleme des Paares zu erhalten. Egal, ob wir mit beiden oder mit einem arbeiten, wir konzentrieren uns darauf, welches

Ziel die Menschen haben und welche Stärken und Ressourcen ihnen zur Verfügung stehen, um eine befriedigendere Zukunft herbeizuführen – alle Einladungen, ein Urteil über die Wahrheit oder Realität der individuellen *schlechten Geschichten* zu fällen, lehnen wir ab.

Ein anderer Vorbehalt, die Partner getrennt zu sprechen, besagt, der Therapeut wird in Geheimnisse eingeweiht, durch die es zu einer vertraulichen Allianz zwischen ihm und einem Partner kommt – er erfährt zum Beispiel von einer Affäre oder davon, dass ein Ehepartner bereits beschlossen hat sich zu trennen und einen Scheidungsanwalt beauftragt hat, während er/sie in der gemeinsamen Sitzung behauptet, daran arbeiten zu wollen, die Ehe zu retten. Dann ist der Therapeut mit der Entscheidung belastet, was er mit dieser Information machen und wie und ob er sie aufdecken soll. Da der Therapeut als Fachmann angeblich die Konsequenzen und Auswirkungen von Geheimnissen und einseitigen Handlungen der KlientInnen kennt, liegt die Verantwortung, wie mit dieser Bedrohung für die Bindung zwischen dem Paar umzugehen ist, bei ihm, und ein falscher Schritt kann katastrophale praktische Konsequenzen haben.

In RPT vertreten wir den kollaborativen Ansatz. Es ist üblicherweise nicht das Ziel oder Ergebnis einer Einzelsitzung, Geheimnisse zu erfahren, die der Klient/die Klientin dem abwesenden Partner noch nicht mitgeteilt hat. Wenn wir jedoch in einer Einzelsitzung mit einem Partner in wichtige Geheimnisse einbezogen werden, erkunden wir mit dieser Person, welche wahrscheinlichen Konsequenzen es haben wird, die geheime Information zurückzuhalten, statt sie mit dem anderen Partner zu teilen. Wir teilen unsere Sorge mit, dass die Therapie – und möglicherweise die Beziehung – keinen positiven Fortschritt nehmen wird, wenn dieses Geheimnis bestehen bleibt, und wir fordern die Person auf, sich zu überlegen, wie effektiv ihrer Meinung nach die Therapie sein wird, wenn das Geheimnis bestehen bleibt. Dies führt den Klienten häufig zu der Entscheidung, die geheime Information dem Partner in einer der folgenden Sitzungen aufzudecken. Wenn er/sie beschließt, die bisher zurückgehaltene Information weiterzugeben, können wir darüber reden, wie man dies anfangen kann, damit dieser Dialog des Paares einem therapeutischen Zweck dient. Wenn die Person hingegen beschließt, ihr Geheimnis nicht aufzudecken, und uns bittet, es ebenfalls zu wahren, müssen wir unsere persönliche und fachliche Entscheidung treffen, ob wir weiter mit diesem Paar arbeiten wollen oder nicht – und dabei spielt zum Teil eine Rolle, wie wohl wir uns fühlen, wenn wir unter diesen Umständen weiterarbeiten. In den meisten Fällen ist es keine gute Idee, das Geheimnis zu wahren. Es gibt jedoch Zeiten, wo wir vielleicht entscheiden, eine Weile lang diese persönliche Information für uns zu behalten; wenn es aber unter diesen Gegebenheiten bei den Sitzungen mit dem Paar zu keinem Fortschritt kommt, verhandeln wir neu. Was immer wir und der Klient/die Klientin zu tun beschließen, wir haben den Eindruck, dass es besser ist, die Information zu besitzen, als im Dunkeln zu arbeiten.

Joel kam allein zu Phil in die Therapie und erklärte, er sei unzufrieden mit seiner Ehe und habe schon seit mehreren Jahren eine Affäre. Er sagte, er liebe seine Frau und seine Tochter, habe aber auch die andere Frau sehr gern. Er hatte mehrere erfolglose Versuche gemacht, die Beziehung abzubrechen, war aber immer wieder zu der Frau zurückgekehrt. Er wünschte sich Phils Hilfe dabei, seine Affäre ein für alle Mal zu beenden, sagte aber, um das zu tun, brauchte er einige Veränderungen in seiner Ehe. An einem bestimmten Punkt in ihrem Gespräch über seine Ziele und Möglichkeiten fragte Joel, ob Phil ihn und seine Frau zu einer Paartherapie annehmen würde. Phil erklärte, er würde gern mit ihnen zusammen arbeiten, aber solange die Affäre weiter bestand, fühle er sich persönlich und als Fachmann nicht wohl dabei, sich einverstanden zu erklären, sie als Paar zu treffen. Er schlug vor, Joel solle sich vielleicht einige Zeit für Einzeltherapie nehmen, um zu klären, ob er sich darauf konzentrieren solle, die Beziehung zu beenden oder seine Ehe neu zu gestalten. Phil sagte, seine Erfahrung mit anderen Klienten in ähnlichen Situationen habe ihn zu der Überzeugung geführt, dass es sehr schwer sein würde, Joel und seiner Frau zu helfen, ihre Beziehung neu aufzubauen, solange Joel seine Affäre fortführt. Joel sagte, er brauche einige Zeit, um darüber nachzudenken, was er als nächstes tun solle, und er und Phil kamen überein, sich in zwei Wochen wieder zu treffen. Als Joel zur nächsten Sitzung erschien, verkündete er, er habe beschlossen, seine Affäre zurückzustellen und seine Bemühungen darauf zu konzentrieren, seine Ehe zu retten und neu aufzubauen. Er wollte jedoch nicht seiner Frau von dieser Affäre erzählen und fragte, ob Phil mit ihm und seiner Frau unter diesen Bedingungen eine Paartherapie beginnen würde. Phil fühlte sich nicht sehr wohl mit diesem Arrangement und sprach mit Joel über seine Gefühle. Sie einigten sich aber, zumindest für diesen Zeitpunkt, die Ehetherapie zu beginnen, ohne mit Joels Frau über die Affäre zu sprechen. Phil machte aber deutlich, wenn es im Verlauf der Therapie notwendig erschien, über das Abkommen neu zu verhandeln, würde er noch einmal auf das Thema zurückkommen.

Wie sich dann herausstellte, beschloss Joel, das Geheimnis der vor kurzem beendeten Affäre aufzudecken, nachdem sie einige Sitzungen in der Ehetherapie durchgeführt hatten und sich die ersten positiven Veränderungen für das Paar zeigten. Dem Geständnis folgten viele Monate mit oft emotional geladenen Sitzungen. Zu verschiedenen Zeiten sprachen die Partner davon, „das Handtuch zu werfen", aber allmählich begannen sie, den Dingen eine Wendung zu geben. Obwohl die Beziehung für keinen der beiden Partner ideal war, waren sie beide – als sie die Therapie schließlich beendeten – zu dem Schluss gekommen, dass es sich lohnte, diese Ehe zu retten, und sie hatten Möglichkeiten gefunden, ihr Zusammensein zu genießen, die Partnerschaft neu zu gestalten und genügend Vertrauen aufzubauen, um nach vorne zu blicken.

Und letztlich kommen wir zu dem am häufigsten gehörten Argument – und vermutlich dem in seiner Auswirkung in diesem Bereich wirkungsvollsten – gegen die Arbeit mit einem einzelnen Partner, nämlich dem Argument der Systemtheorie. Die meisten PraktikerInnen, seien es nun PsychodynamikerInnen oder Verhaltens- oder SystemtherapeutInnen, erkennen ja durchaus an, dass Beziehungsprobleme zu einem gewissen Grad interpersonell sind – sie haben ihre Wurzeln in Interaktionsmustern zwischen den Menschen und funktionieren in dieser Hinsicht wie Systeme. Dem stimmen wir zu. Unserer Meinung nach *sind* jedoch Paare und Familien keine Systeme, obwohl sie sich manchmal so *verhalten*. Wir halten die systemtheoretische Idee, Paartherapie sollte nur gemeinsam durchgeführt werden, für eine unnötige Einschränkung; sie leitet sich aus dem Fehler ab, nicht zu bedenken, dass die Systemmetapher eben eine Metapher ist – nämlich eine Art Versuch, Paare und Familien mit Hilfe einer Analogie zu verstehen. Wenn Analogien zum Äquivalent werden, entwickeln sich Probleme (ROSENBLATT, 1994). Es ist eine Sache, Paare zu betrachten, als funktionierten sie in einigen Aspekten wie ein System, und eine ganz andere zu sagen, sie seien in jeder Hinsicht das Äquivalent zu Informationen austauschenden Systemen wie zum Beispiel Thermostaten und durch Radar geleitete Raketen.[66]

---

[66] Wir möchten betonen, dass sich die systemische Metapher und Theorie seit ihren ersten Formulierungen weiter entwickelt haben. Lynn HOFFMAN (1993) unterscheidet Kybernetik erster und zweiter Ordnung und führt aus, dass erstere sich auf Informationen austauschende Systeme begründet, die dahingehend funktionieren, ein Gleichgewicht [stasis] zu erhalten, wohingegen die letztere sich auf organische Systeme begründet, die wirken, um generative und adaptive Änderungen zu ermöglichen.

Wenn Familien oder Paare schlichtweg als Systeme betrachtet werden statt als etwas, was auf gewisse systemische Art funktioniert, gestalten sich bestimmte Annahmen zu Tatsachen. Eine solche Annahme ist die, dass Paare homöostatischen Kräften unterworfen sind. Das bedeutet, wenn eine Person eines Paares sich verändert, wird die andere sich in einer Weise verändern, die besonders das Gleichgewicht erhält. Ein hiermit verwandter Gedanke, der auch weiterhin von vielen strategischen, systemtheoretischen FamilientherapeutInnen favorisiert wird (HALEY, 1976; MADANES, 1981) besagt, Symptome übten eine stabilisierende systemische Funktion aus. Mit anderen Worten, ein Therapeut muss das symptomatische oder problematische Verhalten als eine systemerhaltende Funktion ansehen. Zum Beispiel kann Drogenmissbrauch eines Kindes oder sein gewalttätiges Verhalten in der Schule als etwas betrachtet werden, was eine familienerhaltende Funktion erfüllt, indem es die Ehe der Eltern zusammenhält, die hier eine Sache finden, bei der sie einer Meinung sind: die Notwendigkeit, ihrem Sohn zu helfen. Nach dieser Theorie könnte die Verhaltensbesserung des Sohnes zu einem Zusammenbruch der ehelichen Beziehung führen, was die Partner dazu brächte, (unbewusst) Dinge zu tun, die das Kind dazu bringen, wieder auffälliges Verhalten zu zeigen.

Wenn Paare wörtlich als dyadische kybernetische Systeme betrachtet werden, mit all den Eigenschaften und Prozessen eines Informationen austauschenden Systems, so folgt daraus, dass beide Partner gemeinsam an der Behandlung teilnehmen müssen, da, wie allgemein gesagt wird, das „eheliche System selbst der Klient ist". Dies ist das Wesentliche des systemtheoretischen Arguments gegen die Arbeit mit nur einem Partner in der Paartherapie. Wenn diese Theorie aber stimmt, wie können wir dann die Tatsache erklären, dass wir und andere PraktikerInnen Tag für Tag erfolgreich mit Einzelpartnern arbeiten? Und dass Veränderungen eines Partners oft Veränderungen beim anderen bewirken, die für die Beziehung förderlich sind?

Wie aber eine genauere Untersuchung der Systemperspektive tatsächlich zeigt, bietet die Theorie eine Grundlage für die Arbeit mit einem Partner, um eine Beziehung zu verändern. Während Homöostase als bewahrende Kraft in kybernetischen Systemen arbeitet (das heißt, um Veränderung in ein dyadisches System zu bringen, müssen beide Parteien direkt von Veränderung beeinflusst sein), weisen andere Charakteristika von Systemen auf Möglichkeiten hin, wie sich eine Beziehung durch Veränderungen nur eines Partners wandeln kann. In *Over-*

coming Relationship Impasses [Sackgassen in Beziehungen überwinden] (1991) weisen Barry DUNCAN und Joseph ROCK auf das systemische Charakteristikum der „gegenseitigen Abhängigkeit" hin, das widerspiegelt, wie das, was eine Person in einer Beziehung macht, das Handeln der anderen Person beeinflusst und gleichzeitig von ihm abhängig ist (S. 13-14).

Das damit verwandte systemische Charakteristikum der „kausalen Zirkularität" geht von der Annahme aus, dass die Verursachung, statt linear zu sein und einen einzigen identifizierbaren Anfang zu haben, zirkulär ist, und Ursprung einfach eine Frage der Wahrnehmungsorientierung ist, die einen Zyklus von Interaktionen an einer bestimmten Stelle interpunktiert und sagt: „Dies ist der Anfangspunkt". Kausale Zirkularität bedeutet, Veränderung kann irgendwo begonnen werden und hat eine Auswirkung auf alles, was folgt. Sowohl gegenseitige Abhängigkeit wie auch kausale Zirkularität bieten systemische Argumente für den Gedanken, „wenn eine Person eine Veränderung vollzieht, wird die andere Person mit einer Veränderung reagieren, und die Beziehung selbst wird anders sein, und zwar nicht nur in Bezug auf das spezielle Problem, das angesprochen wurde" (DUNCAN & ROCK, 1991, S. 17).

In RPT wird nicht durch unsere Theorien oder Vorlieben bestimmt, wer in der Therapie anwesend ist, sondern durch unsere Verhandlungen mit den KlientInnen. Unsere Kriterien dafür, wer kommen sollte, sind einfach: Wir möchten herausfinden, (1) wer meint, es gäbe ein Problem, das gelöst werden muss (wer negativ von der Situation betroffen ist), und (2) wer gewillt ist, aktiv an der Lösung zu arbeiten (wer bereit ist, eine gewisse Verantwortung dafür zu übernehmen, die Situation zu ändern). Im Idealfall ziehen wir es gewöhnlich vor, wenn beide PartnerInnen an der Paartherapie teilnehmen. Wenn aber einer der Partner nicht die beiden Kriterien erfüllt, kann es effektiver sein, mit dem Partner zu arbeiten, der sie erfüllt. Beide Personen im Raum bei uns zu haben, macht es leichter, die Neuschöpfung [„recreation"] der Partnerschaft zu ermöglichen und die Personen in Konversationen einzubeziehen, die ihre gemeinsame *gute Geschichte* stärken. Sind beide PartnerInnen anwesend, können wir am besten erkunden, welche Veränderungen für sie als Einzelne und gemeinsam die größte Bedeutung hätten, und wir können ihre Motivationsstärke beeinflussen, aktiv in der Therapie für diese ersehnten Veränderungen zu arbeiten. Natürlich haben wir als Paartherapeuten Freude daran, in gemeinsamen Sitzungen mit zwei hoch motivierten Partnern zu arbeiten, die beide die Verantwortung für Veränderungen in der Beziehung übernehmen und aktiv und eifrig zusammen arbeiten, um die Therapie erfolgreich zu machen. In der Praxis ist dies jedoch nicht der üblichste Fall. Wir arbeiten mit dem, was wir haben. Manchmal ist das Potential für Erfolg größer, wenn man mit einem Partner allein arbeitet, anstatt Druck auf den anderen auszuüben, mitzukommen.

Es gibt im Grunde vier Situationen, in denen wir uns mit nur einem Partner treffen. Jede dieser Situationen hat einzigartige Charakteristika und bietet dem Therapeuten sowohl Herausforderungen wie Möglichkeiten. Wir beginnen mit der Situation, wo es im Verlauf einer Paartherapie nützlich erscheint, sich mit dem einen oder mit beiden Partner einzeln zu treffen. Danach werden wir Situationen diskutieren, in denen die Paartherapie ausschließlich mit einem Partner durchgeführt wird.

Partner im Verlauf einer Therapie getrennt in Einzelsitzungen sprechen

Manchmal treffen wir uns einzeln mit den Partnern eines Paares, das gemeinsam zu uns gekommen ist. Wenn ein Paar Woche für Woche mit denselben Klagen kämpft und immer dasselbe beredet oder wenn in jeder Sitzung die Bewegung in Richtung Zusammenarbeit minimal ist und es zu keiner oder nur geringfügiger Konversation zur Schaffung einer *guten Geschichte* kommt, besteht eine Möglichkeit darin, den Partnern vorzuschlagen, sich einzeln mit uns zu treffen. Dies gibt ihnen die Chance, mit uns zu reden und daran zu arbeiten, Veränderungen außerhalb des Kontextes der Reaktionen und Argumente der anderen Person zu machen.

Menschen, die sehr stark negativ aufeinander reagieren, sehr an Schuldzuweisungen interessiert sind oder häufig Themen aus der Perspektive richtig/falsch betrachten, finden es oft schwer zusammenzuarbeiten und sind entweder nicht in der Lage, Elemente der Erzählung mit *guter Geschichte* in Gegenwart des anderen anzuerkennen oder kommen ständig auf das Material der *schlechten Geschichte* zurück. In diesen Fällen fragen wir, ob das Paar meint, es würde hilfreich sein, wenn wir uns mit jedem von ihnen einzeln treffen, und normalerweise bejahen sie dies. Wenn wir das so machen, verbringen wir viel Zeit damit, die individuellen Sorgen zu durchdenken und ihre Erfahrungen und Sichtweisen anzuerkennen. Dann fangen wir an, uns darauf zu konzentrieren, für welche speziellen Veränderungen der einzelne Partner bereit ist zu arbeiten, und was der einzelne vielleicht tun muss, um die Möglichkeit solcher Veränderungen zu vergrößern. Manchmal ist es für einzelne Partner in diesem Kontext leichter, sich die eigenen Handlungen anzusehen, die den Fortschritt nicht fördern, und sich durch Fragen zur Verschiebung der Perspektive vorzustellen, wodurch erwünschte Veränderungen auf Seiten des anderen hervorgerufen werden können. Wir arbeiten daran, Elemente der Erzählung mit *guter Geschichte* hervorzulocken und zu unterstreichen, um zu Verschiebungen in der Wahrnehmung zu ermutigen und eine Grundlage für eine weitere Vertiefung dieser verbindenden Erzählung zu schaffen, wenn wir später zu den gemeinsamen Sitzungen zurückkehren.

Eine andere Situation, in der die Therapie feststecken kann und wir vielleicht Einzelsitzungen vorschlagen, ist die, wo die Menschen an unvereinbaren Zielen festhalten. Vielleicht möchte der eine Partner heiraten und der andere möchte die Beziehung nicht auf diese Weise einer Form unterwerfen. Oder ein Partner fragt sich, ob er in der Beziehung bleiben möchte, während der andere sehr engagiert ist. Wir schlagen in solchen Situationen unter Umständen Einzelsitzungen vor, wenn, nach mehreren gemeinsamen Sitzungen, kein übergreifendes, gemeinsames Ziel formuliert worden ist. Nach unserer Erfahrung kann die Polarisierung manchmal vertieft werden, wenn Paare widerstreitende oder unvereinbare Ziele haben und keiner in der Lage ist, sie abzuwandeln, und trotzdem immer wieder gemeinsame Sitzungen durchgeführt werden (WEINER-DAVIS, 1992). Jeder Partner benutzt die gemeinsame Sitzung möglicherweise, um Argumente aufzustellen, warum der andere nachgeben soll, und jedes Bemühen auf seiten des Therapeuten, diesem Prozess eine neue Richtung zu geben, scheitert. Manchmal kann es dann einen Unterschied machen, wenn man diese gemeinsamen Sitzungen unterbricht und sich mit jedem Partner allein trifft. Die Einzeltreffen bieten einen sicheren und weniger belastenden Kontext, in dem es nicht notwendig ist, sich vor den Standpunkten oder Attacken des Partners zu schützen, und so wird es möglich, genauer zu erforschen, was jeder von ihnen wünscht und welche Bedeutung diese Wünsche haben. Das Einzelgespräch mit den Partnern über ihre Metaziele, Hoffnungen für die Zukunft und Konzessionsbereitschaft, die Beziehung zu retten, bietet die Möglichkeit, Ziele und Vorschläge auszuarbeiten, die irgendwann als Grundlage für gemeinsam vertretene Lösungen dienen können, die das Paar in gemeinsamen Sitzungen zusammen entwickelt. In solchen Einzelsitzungen versuchen wir, Flexibilität im Denken der Menschen zu fördern und ihre gegensätzliche Haltung aufzuweichen, sofern das möglich ist. Wenn keine gemeinsamen Lösungen möglich sind und die Ziele der Partner unvereinbar bleiben, kann die Einzelsitzung der Ort werden, an dem andere Optionen untersucht werden, einschließlich der Beendigung der Beziehung. Diese Möglichkeiten können in die gemeinsamen Diskussionen eingebracht werden.

Paartherapie mit nur einem Partner, der motiviert ist

In den meisten Fällen haben Einzelpersonen, die Hilfe bei Beziehungsproblemen suchen und allein zur Therapie kommen, schon seit einiger Zeit erfolglos daran gearbeitet, den abwesenden Partner und die Beziehung zu verändern. Zum Zeitpunkt des Anrufs hat der motivierte Partner beschlossen, professionelle Hilfe zu suchen, um herauszufinden, wie er den anderen Partner dazu bewegt sich zu verändern, oder (möglicherweise) um zu entscheiden, welche Schritte er unternehmen soll, wenn es zu keiner Veränderung kommt. Im ersten Fall beginnt eine Konversation zwischen Klagendem und Mitfühlendem. Während wir letztlich beabsichtigen, diesen Klienten zu einer Kunde/Konsultant-Konversation einzuladen, nehmen wir uns anfangs Zeit, dem Klienten zu gestatten, uns über seine Erfahrungen, Wahrnehmungen und Theorien über die Beziehungsprobleme zu berichten – mit anderen Worten, wir hören zu und respektieren die Erzählung dieses Klienten mit *schlechter Geschichte*. Wir fangen hier wie immer an, indem wir Rapport herstellen und unser Interesse und unseren Respekt zeigen. Um etwas über die Theorien zur Veränderung zu erfahren, hören wir mit einer Haltung von Neugier und Nichtwissen zu, von der wir bereits gesprochen haben. Sobald der Rapport hergestellt ist, bewegen wir uns in Richtung Konversation zwischen Kunde und Konsultant.

Unser Ziel ist jetzt, dem motivierten Partner zu helfen bei der Klärung von (1) therapeutisch gut formulierten Zielen und (2) den möglichen Mitteln (welche spezifischen Veränderungen er machen könnte, die mit größter Wahrscheinlichkeit die ersehnten Veränderungen im Verhalten der anderen Person bewirken). Wir nutzen dieselbe Art von Fragen in unseren Konversationen mit einzelnen Partnern, die wir auch einsetzen, wenn beide Partner im Raum sind. Da jedoch eines der Kriterien eines gut formulierten Zieles lautet, die Veränderungen sollten im Kontrollbereich des Klienten/der Klientin sein, liegt unsere Betonung auf den Veränderungen, die er/sie machen kann und die eine

Möglichkeit schaffen (natürlich ohne Garantien), dass der andere Partner sich auch ändern wird. Zusätzlich möchten wir den Zielbereich über bestimmte erwünschte Veränderungen im Verhalten des anderen hinaus ausweiten und dabei auch noch nicht definierte Metaziele in den Aufmerksamkeitsbereich rücken, damit wir eine Spielbreite von potentiellen Änderungen und Handlungen auf Seiten des Partners untersuchen können, die für unseren Klienten möglicherweise einen Unterschied machen. Wir können auch nach Ausnahmen und Erfolgen der letzten Zeit fragen und betonen, was unser Klient bei jenen Gelegenheiten gemacht hat und was vielleicht einen Unterschied bewirkt hat. Wenn unser Klient einmal angefangen hat, Ziele zu klären und Veränderungen zu erwägen, sind Fragen zur Verschiebung der Perspektive die hilfreichste Methode für die Definition der Art von Veränderungen, auf die der andere Partner positiv reagieren wird, und die somit Verschiebungen im Verhalten oder den Ansichten des Partners herbeiführen werden, die unser Klient sich wünscht. Nun wird es eine Frage von Versuch und Irrtum, wenn der Klient/die Klientin ausprobiert, was seiner/ihrer Meinung nach einen Unterschied machen wird, und die Wirkung seines/ihres neuen Verhaltens zu Hause beobachtet. Am Ende jeder Sitzung ermutigen wir den Klienten/die Klientin, auf erwünschte Erlebnisse und Veränderungen zu achten, damit diese uns mit Information darüber versorgen, welche Möglichkeiten es gibt, weitere Veränderungen zu bewirken und den Erlebnissen der *guten Geschichte* ein größeres Gewicht zu geben.

Nehmen wir zum Beispiel an, eine Frau macht sich Sorgen, weil die Beziehung in ihrer Ehe nicht so eng ist, wie sie sich das wünscht, aber sie kommt allein zur Therapie. Während der Konversationen zur Zielkonstruktion erzählt sie dem Therapeuten, ein Zeichen für größere Nähe wäre es, wenn ihr Mann während der Woche früher aus dem Büro nach Hause käme. Er würde dann häufiger zum Abendessen zu Hause sein, und „wertvolle Zeit" mit der Familie verbringen, bevor die Kinder ins Bett gingen. Sie sagt, wenn sie ihn in der Vergangenheit bat, früher nach Hause zu kommen, hätte er immer geantwortet, er könne nicht früher gehen, da es Fristen gibt, die er einhalten muss, und da die anderen Leute im Projektteam länger blieben und es schlecht aussehen würde, wenn er früher als alle anderen ginge. Ihr Ziel, so wie es gegenwärtig definiert war, erfüllte nicht die notwendigen Kriterien, um in ihrem Kontrollbereich zu sein. Daher könnte der Therapeut anfangen, indem er sie in eine Schilderung ihrer Metaziele einbezieht, sie fragt, in welcher Weise es einen Unterschied für sie machen würde, wenn er diese Veränderung tatsächlich vollziehen würde – wenn er, zumindest etwas häufiger, zum Abendessen nach Hause käme und die Abende mit der Familie verbrächte.

Nehmen wir an, sie sagt, dies würde ihr vermitteln, dass die Familie ihm mindesten so wichtig sei wie seine Arbeit und die Arbeitskollegen, dass es ihm wirklich Spaß machte und wichtig war, Zeit mit ihr und den Kindern zu verbringen, und dass er und sie ähnliche Werte hatten und dieselbe Art von Leben führen wollten. Während sie über diese Bedeutungen spricht, erklärt sie, auf welche Art und Weise diese speziellen Veränderungen, auf die sie gedrängt hat, eine ganz persönliche Bedeutung für sie haben. Jetzt sind wir in der Lage, ihr zu helfen, eine positive Wellenbewegung in ihrer Beziehung auszulösen. Sobald wir ihr geholfen haben, ihre Metaziele zu klären, können wir sie weiter dabei unterstützen, herauszufinden, welche Handlungen ihr Mann macht, die ihr vermitteln, ob er ebenso über sie und die Familie denkt – Dinge, die bestätigen, dass die *gute Geschichte* manchmal bereits erlebt wird. Gleichzeitig können wir ihr helfen, Vorstellungen über Veränderungen zu entwickeln, die er machen könnte (oder auf die sie achten könnte), die dieselben wünschenswerten Bedeutungen haben. Dies wird ihr auch helfen, Ausmaß und Einzelheiten der Erzählung mit *guter Geschichte* zu auszuweiten und ihre Wahrnehmung zu verschieben. An diesem Punkt können wir anfangen, mit ihr zu arbeiten – über Fragen zur Verschiebung der Perspektive und Rollenumkehr – und mit ihr unterschiedliche Weisen der Interaktion mit ihrem Mann zu entwickeln, sowohl hinsichtlich der negativen Erlebnisse wie auch der bevorzugten; diese Veränderungen können die Verhaltensweisen ihres Mannes beeinflussen und mehr Erlebnisse der Art provozieren, die sie in ihren Metazielen beschrieben hat. Sie machen es vielleicht sogar wahrscheinlicher, dass er etwas unternimmt, was sie von Anfang an wollte: früher nach Hause kommen.

Auch hier sind wir nicht daran interessiert, was an ihren bisherigen Verhaltensweisen nicht funktioniert hat. Wir möchten sie unterstützen, einen Handlungsplan zu entwickeln, der auf dem basiert, was einen positiven Unterschied gemacht hat (Ausnahmen und Erfolge), oder auf neuen Handlungen und Einstellungen, die sie im Dialog mit uns entdeckt und die auf Seiten ihres Mannes die ersehnten Veränderungen herbeiführen könnten. Was sie anbietet, wird natürlicherweise etwas anderes sein als das, was sie in der Vergangenheit getan hat, nämlich die Handlungen, die nicht die erwünschten Resultate gebracht haben. Manchmal gesteht ein Klient in der Diskussion, wie in der Vergangenheit Verhaltensweisen oder frühere Lösungen die Situation verschlimmert haben. Dies ist ein ganz zentraler Punkt, wie Fragen zur Rollenumkehr und Verschiebung der Perspektive sich auswirken können: Sie helfen dem motivierten Partner die möglicherweise hilfreichen Handlungen von jenen zu unterscheiden, die eine Verschlechterung verursachen werden. Da die Klientin eine detaillierte Liste der Dinge aufgestellt hat, die ihr Mann bereits macht und die ihre Metaziele erfüllen, ermutigt sie ihre Konzentration auf dieses Material einer potentiell *guten Geschichte*, ihre perzeptuelle Orientierung zu verschieben. Wenn sie Dinge wegen des neuen Verständnisses, das die Befragungen in ihr hervorgerufen haben, anders macht, wird ihr Mann vermutlich eine Verschiebung des Beziehungsklimas verspüren und reagieren. Wenn ihr die positiven Dinge, die er macht, auffallen (entweder weil er mehr macht oder weil ihr mehr auffällt oder beides) und sie ihren Mann dies auch wissen lässt, indem sie ihm sagt (oder durch nonverbale Zeichen vermittelt), welchen positiven Unterschied sein Verhalten für sie macht, dann wird sie ein Selbst-Gefühl des Mannes auf ihn reflektieren, das ihm gefällt – und dies wird natürlicherweise in ihm ein positiveres Gefühl für seine Frau und ihre Beziehung zueinander erwecken. Und so wird eine Wellenbewegung ausgelöst.

Selbst wenn ein Partner der Idee zustimmt, beide Partner müssten sich ändern, können dennoch Fragen darüber entstehen, wer den ersten Schritt tun soll und wer das wirkliche Problem hat. Statt darüber zu debattieren, wer die Veränderungen beginnen soll und wie man die andere Person dazu bewegt, die Verantwortung einzugestehen, möchten wir den interaktionalen Zusammenhang zwischen den Veränderungen, die der einzelne Partner vornehmen kann, und den Veränderungen, die er/sie sich von dem anderen wünscht, klären. Wir können unserem Klienten dann bei der Entscheidung helfen, etwas zu unternehmen, um den Veränderungszyklus nach oben in Bewegung zu setzen, indem er/sie Dinge tut, die beim anderen Partner die ersehnten Veränderungen auslösen. Auf spezifische, möglicherweise einflussreiche Veränderungen hinweisen, die unser Klient vornehmen könnte, vergrößert das Potential für Veränderungen auf beiden Seiten. Diese Möglichkeit der Gegenseitigkeit, bei der es unwichtig oder zu einer akademischen Frage wird, wer den ersten Schritt macht, ist uns immer wieder durch unsere KlientInnen verdeutlicht worden.

Ebenso wie bei dem einen Partner als negativ wahrgenommene Handlungen in der Regel eine ähnliche negative Reaktion bei dem anderen hervorrufen, führen als erwünscht wahrgenommene Handlungen eher zu positiven Reaktionen (GOTTMAN, 1999; MARKMAN, 1994). Sobald die Menschen beschließen, ihre eigenen Verschiebungen in der Wahrnehmung und im Verhalten vorzunehmen, lösen sie oft unerwartet die lang ersehnten Veränderungen bei ihrem Partner aus. Dies ist der Grund, warum die Arbeit mit einem Partner oft so effektiv die Beziehungen verbessert. Sobald Gegenseitigkeit oder Wellenbewegung ausgelöst werden, ist der Ursprung der Veränderung unwichtig und sie wird von beiden Seiten aufrechterhalten. Eine Veränderung bei einem Partner wird jedoch unbemerkt bleiben – und als Reparaturmechanismus für die Beziehung abgewiesen –, wenn sie nicht in einer Weise entworfen wird, die sie bemerkbar und für den anderen Partner einen Unterschied macht.

Tobey arbeitete zum Beispiel mit einem motivierten Partner an einem schwierigen Eheproblem. Chris war Grafiker und allein zur Therapie gekommen, als er entdeckte, dass seine Frau, Joan, lange Zeit eine Affäre mit einem Partner in ihrer Anwaltskanzlei gehabt hatte. Chris und Joan waren einige Jahre vorher gemeinsam bei Tobey gewesen, als sie versuchten zu entscheiden, ob sie ein zweites Kind haben sollten oder nicht, eine Entscheidung, die Auswirkung auf Joans Karriere haben würde. Joan war aus der Paartherapie ausgestiegen, als klar wurde, dass sie sich für ein weiteres Kind nicht bereit fühlte. Obwohl Chris noch auf weitere Fragen hinsichtlich ihrer mangelnden Nähe zu sprechen kommen wollte, sagte Joan, sie wolle nicht weiter in der Therapie bleiben. Vor nicht langer Zeit hatte Chris über einen von Joans Kollegen von ihrer Affäre erfahren. Obwohl die Affäre schon durch den anderen Partner beendet war, war Chris von der Nachricht tief getroffen und es war ein furchtbarer Schock für ihn, als er erfuhr, dass sie zwei Jahre gedauert hatte, und zwar seit kurz nach Beendigung der Paartherapie. Joan weigerte sich nun, mit Chris zur Therapie zu gehen, und sagte, sie könne nicht erkennen, wie Therapie ihr bei solch einer Angelegenheit helfen könnte, und sie meinte, in der ersten Therapie nicht sehr viel Hilfe bekommen zu haben.

Chris war verzweifelt. Er war verletzt und zornig und sagte, er könne an nichts anderes als diese Affäre denken; seine Arbeit, sein Schlaf und seine Freizeit – alles litt darunter. Er fühlte sich „völlig in der Klemme". Er glaubte nicht, dass er seine Ehe beenden oder die Familie auseinanderbrechen lassen wollte und er glaubte immer noch, Joan zu lieben, aber er war so schockiert und aufgelöst, dass er nicht klar denken konnte und befürchtete, sich niemals davon erholen zu können. Er war furchtbar wütend über Joans Betrug; er konnte nicht aufhören zu denken, wie „grausam und gedankenlos sie gewesen war, dies zu tun, und dann noch über Jahre!" Er sagte auch, er sei wütend auf sich selbst und meinte, es sei irgend etwas furchtbar verkehrt mit ihm, da er irgendwie in der Lage gewesen sei, die Augen zu verschließen und nicht zu bemerken, was los war. Er erklärte, er wisse nicht, ob er seine Frau noch lieben „sollte" – vielleicht war ja die Tatsache, dass er sie noch liebte, ein weiterer Beweis dafür, dass etwas mit ihm nicht in Ordnung war. Hinsichtlich der Therapie bemerkte er, er habe die frühere Arbeit als sehr hilfreich erlebt, er vertraue Tobey und dies sei der Grund, weswegen er gekommen sei – jetzt brauche er wirklich Hilfe.

Anfangs hörte Tobey Chris einfach zu, wie er über seinen Schmerz, seine Bestürzung und seine Eifersucht sprach. Sie ließ ihn wissen, wie natürlich seine Gefühle unter diesen Umständen waren, bestätigte den Schmerz der Situation und ließ ihre Konversation durch seine Sorgen leiten. Dann half Tobey Chris dabei, ein erstes Ziel für die Therapie zu formulieren – später würde er zusätzliche Ziele entwickeln. Das erste Ziel beinhaltete Schritte, um seine Verwirrung zu verkleinern und seine Gefühle über sich selber zu verbessern. Als sie darüber sprachen, sagte Chris, er wolle sich wie „sein eigener Herr" fühlen. Als Tobey ihn fragte, was anders sein würde, wenn er oder andere ihn als jemanden sähen, der „sein eigener Herr" wäre, sagte er, er würde dann seine eigenen Pläne entwickeln, was er hinsichtlich seiner Ehe tun sollte – ohne Rücksicht darauf, was Freunde und Familie (und Zwänge, die er durch die weiteren sozialen Konventionen empfand) darüber sagten, wie ein Mensch in seiner Situation sich fühlen und handeln sollte. Er sagte, ihm und anderen würde auffallen, wie er seinen eigenen wirklichen Gefühlen gerecht würde und sich Schritt für Schritt Zeit ließe, herauszufinden, was zu tun sei, und wenn das geschah, wäre er dem Punkt näher, wo er einen Handlungsplan entwickeln könnte, der für ihn passte. Wenn er Ratschläge hörte, die ihm zu suggerieren schienen, „das einzige, was man in dieser Situation tun kann, ist zu gehen, nur ein Narr würde bleiben", fing er an zu verzweifeln, weil er gar nicht sicher war, ob er gehen wollte. Als Tobey ihn fragte, was er an sich als anders bemerken würde, wenn die Therapie seiner Meinung nach wirksam war, sagte er, er würde sich an seinen eigenen Plan halten, selbst wenn er Zweifel hätte und sich verwirrt fühlte.

Chris und Tobey konnten herausarbeiteten, welche Anzeichen ihm sagen würden, ob bestimmte Erfahrungen hilfreich für ihn waren, um sein Ziel zu erreichen, „sein eigener Herr" zu sein, und ob er auf dem Weg war, seinen eigenen Plan zu entwickeln. Ein Zeichen würde laut Chris sein, wenn er ein gutes Gefühl von sich und seinen Entscheidungen hätte, nachdem er mit Freunden gesprochen hatte, und dies würde noch unterstützt werden, wenn er einigen Freunden sagen könnte, ihre Vorschläge seien nicht hilfreich, und wenn er mehr Zeit mit Menschen verbringen würde, die sich nicht auf seine eheliche Situation konzentrierten. Andere Anzeichen dafür, dass es ihm besser ging, wären, wenn er regelmäßiger ins Fitness-Studio ginge und wieder rechtzeitig bei der Arbeit erschiene. Ein Anzeichen dafür, dass er seinen eigenen Plan entwickelte, wäre es, wenn er zu sich und seiner Frau sagen würde, er lebe zur Zeit von einem Tag zum anderen und brauche noch einige Zeit, um irgendwelche Entscheidungen für die Zukunft zu treffen.

Während der ersten Sitzung sprach Chris auch darüber, wie sehr er seiner Frau jetzt misstraue, und während der nächsten Sitzungen entwickelte und klärte er ein weiteres Ziel: herauszufinden, ob er seiner Frau wieder trauen könne, und welches die Anzeichen für sein wachsendes Vertrauen wären. Nach seiner Aussage wären die ersten Anzeichen, dass der Grad seines Vertrauens wieder wachsen könnte, wenn sie bereit wäre, mit ihm darüber zu reden, was die Affäre für ihn bedeutet, und ihm auf seine Fragen die Wahrheit über das sagte, was geschehen war, und wenn sie etwas Reue zeigte. Dies waren natürlich alles Handlungen von ihrer Seite – Verhaltensweisen, auf die er keinen Einfluss hatte. Unter Verwendung von Fragen zur Verschiebung der Perspektive und Rollenumkehr sprach Tobey mit ihm darüber, welche Art von Handlungen auf seiner Seite dazu beitragen würden, diese erwünschten Verhaltensweisen auf Seiten seiner Frau zu fördern. Chris erklärte, einige seiner Handlungen hätten bei seiner Frau den Effekt, sich zurückzuziehen. Dazu gehörten schneidende Bemerkungen über ihr Verhalten und ihre Entscheidungen im Leben, zornige Standpauken darüber, wie fürchterlich sie ihn verletzt hätte, und wie er ihr die kalte Schulter zeigte und wartete, ob sie wieder den Kontakt suchen würde. Im Laufe dieses Gesprächs begann er auch darüber zu sprechen, dass er sich durchaus darüber im Klaren war, wie stark er sie in der Vergangenheit oft kritisiert hatte, manchmal auf richtig unangenehme Weise. Während er Fragen zur Rollenumkehr beantwortete, kam er zu folgendem Schluss: Wenn er ihr so klar und ruhig, wie es ihm möglich wäre, erklärte, wie wichtig es für ihn ist, herauszufinden, ob sie beide eine Chance hätten, noch einmal von vorne zu beginnen, dann wäre sie vielleicht bereit, ihm zuzuhören. Wenn er sagte, dass er nicht gemein sein wolle, obwohl er sehr wütend war und sich in seinen Gefühlen verletzt fühlte, und dass er eigentlich sehen wollte, ob sie darüber reden und damit gemeinsam als Paar umgehen könnten, würde er eine bessere Chance haben, sie im Gespräch zu halten, und vielleicht einige der Reaktionen bekommen, die er sich wünschte.

Zusammen entwickelten Chris und Tobey eine Liste von Anzeichen in Joans Verhalten, die Chris ihr Bemühen zeigen würden, die Beziehung neu aufzubauen, die ihm ihre Liebe und ihren aufrichtigen Wunsch zeigen würde, bei ihm zu sein, und zu seiner Überraschung gehörte dazu eine Reihe von Dingen, die Joan bereits machte: sie kam früher von der Arbeit nach Hause, um bei ihm zu sein, war offener für seine Ansichten bei Gesprächen über die Erziehung des Sohnes, und kuschelte sich im Bett in einer Weise an ihn an, die ihm zeigte, sie sei bereit zu sexuellen Vorspielen. Er sagte auch, ein Zeichen, ob sie wirklich bei ihm sein wollte, wäre es, wenn sie ihn vom Büro aus anrufen würde. Im Laufe der Wochen berichtete er, ihm sei aufgefallen, dass sie all diese Dinge häufiger tat. Wenn er zu Hause versuchte, Gespräche auf nicht streitsüchtige Weise anzufangen, wie er es sich bei den Befragungen zur Verschiebung der Perspektive zurechtgelegt hatte, war er angenehm überrascht festzustellen, dass auch Joan nicht weglief oder sich zurückzog. Er berichtete, wie sie ihm im Verlauf einiger Gespräche, wenn er gesagt hatte, wie wichtig es für ihn war zu wissen, ob es ihr leid tat oder nicht, gesagt hatte, sie bedauere es zutiefst, ihm weh getan zu haben, fühle sich furchtbar wegen der Konsequenzen der Affäre und könne verstehen, wie zornig und verletzt er sei. Diese Gespräche waren lang und intensiv, erzählte er; er konnte dabei einige Fragen stellen, die für ihn sehr wichtig waren, und er erhielt Antworten. Joan sagte, sie habe nie gehen wollen; wenn sie das gewollt hätte, wäre sie gegangen. Wie Chris behauptete, hatte diese Erfahrung ihrer Interaktion während dieser Gespräche ihn dazu gebracht, sich besser zu fühlen – Joan beantwortete seine Fragen aufrichtig und vollständig, und obwohl dies manchmal sehr schmerzlich war, brachten diese Gespräche sie einander näher. In einem dieser Gespräche sagte Joan, sie wünsche sich für sie beide, bessere Freunde zu werden, und in der Therapie erzählte er, dies sei ein Ziel, das sie beide teilten. Obwohl er das Gefühl hatte, es würde noch eine ganze Weile dauern, ehe er ihr wieder voll und ganz vertrauen könne, begann er regelmäßige Anzeichen dafür zu sehen, dass seine Frau sich sehr für ihre Beziehung einsetzte und bei ihm sein wollte.

Während der Gespräche, die Tobey und Chris über Vertrauen führten, entwickelte er ein drittes Ziel hinsichtlich seines eigenen Verhaltens. Nachdem geklärt worden war, in welcher Weise seine eigene kritische Haltung, sein Sarkasmus und seine bissigen Kommentare zu den Schwierigkeiten in der Beziehung beigetragen hatten, beschloss er, an Möglichkeiten zu arbeiten, herzlicher zu sein und empfänglicher für ihre Standpunkte. Er stellte fest, ein Anzeichen hierfür würde sein, wenn er nicht mehr jede Gelegenheit ergreifen würde, um auf die Beziehung, auf sein Misstrauen und seinen Verdacht und ihre negativen Eigenschaften anzuspielen, sondern ihr statt dessen öfter mitteilen würde, dass er sie liebte und anerkannte, wie sehr sie sich jetzt bemühte, die Situation in ihrer Beziehung zu verbessern. Er sagte, er müsse aufrichtig mit ihr sein können, wenn er sich verletzt, zornig oder misstrauisch fühlte, lerne aber jetzt, wie er das tun könne, ohne bissig zu sein. Weitere Anzeichen für Veränderungen, die er nach seinem eigenen Entschluss an seinem Verhalten vornehmen wollte, wären es, wenn er keine negativen Kommentare darüber machte, wie sie Dinge erledigte – die Art, wie sie nach den Mahlzeiten aufräumte, wie sie ihre Kleidung über dem Stuhl im Schlafzimmer liegen ließ, ob sie ihm sagte, woran sie dachte, ohne dass er fragte, und so weiter – sondern statt dessen über die Dinge mit ihr sprach, die sie gemacht hatte und die ihm Freude bereitet hatten.

Als Chris auf diese Weise daran arbeitete, sich seinen gesteckten Zielen zu nähern, berichtete er, wieviel schneller, als er jemals hatte erwarten können, seine Beziehung sich verbesserte. Zu seiner Überraschung und Freude hatten Joan und er fast täglich eine schöne Zeit zusammen, und Joan schien noch mehr darauf bedacht, Zeit mit ihm zu verbringen, als sie es viele Jahre davor gewollt hatte. Ihr Sexleben war sogar besser geworden, wie er berichtete, als es jemals gewesen war und seiner Meinung nach deswegen, weil eine neue Aufrichtigkeit und Freundlichkeit zwischen ihnen existierte. Sie antwortete auch auf seine Fragen über die Affäre und zog sich nicht zurück, wenn er mit ihr über seine schlechten Tage reden wollte, an denen er eifersüchtig, zornig und niedergeschlagen war. Tobey verwendete regelmäßig Skalierungsfragen, um Chris' Fortschritt, Vertrauen und Hoffnung während des Verlaufs der Therapie zu überprüfen, und diese Konversationen halfen ihm zu sehen, wie die Dinge in dem Maße besser wurden, wie sich seine Bewertungszahlen stetig erhöhten.

Chris durchlebte einige Male ein emotionales Auf und Ab. Von Zeit zu Zeit fiel er wieder auf niedrige Zahlen zurück und verfiel in Selbstzweifel. Eine wichtige Zäsur kam einige Monate nach Beginn der Arbeit mit Tobey, als Joan ihm sagte, sie sei es müde, immer wieder von ihm an diese Affäre erinnert zu werden – sie habe das Gefühl, es sei an der Zeit, das hinter sich zu lassen. Chris berichtete, dies mache ihn wütend, und er begann wieder daran zu denken, wie sehr sie ihn verletzt hatte – nun hatte es den Anschein, als würde sie „zu leicht davon kommen". Er und Tobey sprachen darüber, welchen Unterschied es für ihn machen würde, wenn sie verstand, dass er mehr Zeit brauchte, um das zu überwinden als sie, und er definierte als Metaziel das Gefühl, dass ihre Unterschiedlichkeit sie zusammen bringen könnte, statt sie auseinander zu treiben. Auf dieser Grundlage fand er einen Weg (wiederum mit Hilfe von Fragen zur Verschiebung der Perspektive), um mit ihr über ihre unterschiedlichen Bedürfnisse hinsichtlich des Gesprächs über die Affäre zu reden, und sie schafften es, selbst ein Gleichgewicht auszuhandeln zwischen seinem Bedürfnis, über seine Gefühle zu reden, und ihrem gemeinsamen Bedürfnis, Fortschritte zu machen und sich an einer „normalen" und entspannten Beziehung zu freuen. Diese immer häufigeren Erfahrungen mit ihrer Partnerschaft beim Lösen von Problemen trugen dazu bei, Chris' Vertrauen in die Dauerhaftigkeit ihrer Beziehung zu stärken und in die Weisheit seiner Entscheidung, zu bleiben und einen Versuch zu wagen. Obwohl er weiterhin das Gefühl hatte, er würde einige Zeit brauchen, um sein Vertrauen in seine Frau so zu festigen, wie er es sich wünschte, war er sich immer sicherer, die richtige Entscheidung getroffen zu haben. Wie er Tobey erzählte, hatte er es nie für möglich gehalten, als er das erste Mal zur Therapie kam, dass er sich Joan einmal wieder so nahe fühlen würde, ja eigentlich näher, als er sich jemals zuvor gefühlt hatte. Chris traf sich etwa acht Monate lang jede Woche mit Tobey. Als er die Therapie beendete, hatte er den Eindruck, seine Arbeit zur Stärkung seines Vertrauens und zur Aufrechterhaltung seiner Partnerschaft würde weitergehen und manchmal eine Herausforderung sein, und er sagte, vermutlich würde er irgendwann in der Zukunft zurückkommen müssen, wenn es schwierige Zeiten gäbe, aber zum jetzigen Zeitpunkt fühle er sich bereit zu gehen, Joans und seine gemeinsame Erzählung mit *guter Geschichte* sei wiederbelebt und dazu gehörte jetzt ihre gemeinsame, schwierige und erfolgreiche Arbeit, dieses sehr schmerzliche Zwischenspiel zu überwinden.

Paartherapie mit einem unwilligen Einzelpartner

Der unwillige Einzelpartner ist ein Klient, der unter irgendeiner Art von äußerem Druck zur Therapie kommt. Er oder sie hat vielleicht von einem Gericht oder einer Sozialbehörde eine Auflage erhalten. In der Privatpraxis kommt der widerstrebende Einzelpartner normalerweise, weil der andere gedroht hat, die Beziehung aufzugeben oder etwas anderes Bedrohliches zu machen, wenn diese Person nicht zur Therapie geht. Wenn sich jemand nicht freiwillig entschieden hat, in Therapie zu gehen, kommt er oder sie natürlich nicht in einer positiven Gemütsverfassung. Wenn wir fragen, wie wir helfen können, beginnt ein widerstrebender Einzelpartner normalerweise mit einer Einladung zu einer Besucher/Gastgeber-Konversation (er erzählt uns, es gäbe nicht wirklich ein Problem oder, wenn es eines gäbe, sei keine Therapie notwendig) oder mit einer Einladung zu einer Konversation zwischen Klagendem und Mitfühlendem (er erzählt uns, das einzige Problem sei das unvernünftige Beharren des anderen darauf, dass er/sie sich in Therapie begebe).

Wie bei jedem unwilligen Klienten beginnen wir, indem wir die Einladung zu den Konversationen Besucher/Gastgeber oder Klagender/Mitfühlender akzeptieren. An diesem Punkt gehen wir nicht davon aus, dass der unwillige Einzelpartner unsere Hilfe wünscht oder wir eine Therapiebeziehung zwischen Kunde/Konsultant beginnen können. Wir erkennen die Gefühle dieses Menschen an, dazu gedrängt worden zu sein, zu uns zu kommen, und wir respektieren seine gegenwärtige Überzeugung, es gäbe keinen guten Grund, in der Therapie zu sein. So werden die Grundlagen für potentielle Kunde/Konsultant-Konversationen gelegt. Zu diesem Zeitpunkt ist es unsere Aufgabe, herauszufinden, ob es irgendwelche Veränderungen gibt, die sich diese Person wünscht und die eine Basis für Zusammenarbeit bilden könnten. Die Standardfrage, mit der wir die Leute auffordern, sich auf eine Kunde/Konsultant-Konversation einzulassen, lautet: *Was glauben Sie, wie ich Ihnen helfen kann?* Oder: *Was könnten wir Ihrer Meinung nach gemeinsam tun, wodurch es einige positive Veränderungen in Ihrem Leben geben könnte?* Wenn unwillige KlientInnen nach dem Gespräch mit uns immer noch das Gefühl haben, unsere Hilfe nicht zu benötigen, respektieren wir ihre Entscheidung, da RPT ein kollaborativer Ansatz ist, danken ihnen für ihr Kommen und sagen ihnen, dass wir, sollte sich irgend etwas ändern, sehr gern noch einmal mit ihnen reden werden.

Bevor wir jedoch einem Klienten, was die Sinnlosigkeit weiterzumachen angeht, zustimmen, stellen wir im allgemeinen eine Frage (entnommen aus der lösungsorientierten Kurztherapie), die den unwilligen Einzelpartner oft dazu führt, ein Ziel zu entdecken (BERG, 1994, S. 64-66). Wenn man den unwilligen Klienten/die Klientin fragt, *Sind Sie daran interessiert, dass Ihre Frau (Ihr Mann, Partner/in, wer immer auf Ihrem Kommen bestanden hat) aufhört zu drängeln und sagt, Sie brauchten nicht mehr hierher zu kommen?*, so provoziert man damit normalerweise eine positive und interessierte Reaktion. Wenn der Klient/die Klientin diese Frage bejaht, haben wir einen Ausgangspunkt, von dem aus wir eine Kunde/Konsultant-Konversation aufnehmen können. Unserer Meinung nach ist der Wunsch des widerstrebenden Klienten, den anderen Partner von seiner Forderung abzubringen, er/sie solle sich einer Therapie unterziehen, ein völlig gerechtfertigtes Ziel. Der Wunsch eines Ehemannes zum Beispiel, „meine Frau dazu zu bringen, mich nicht mehr ständig damit zu nerven, wie ich mich anziehe und mit wem ich weggehe", oder der Wunsch einer Ehefrau, den Mann dazu zu bewegen „aufzuhören, mir die ganze Zeit zu erzählen, die Art, wie ich mit meiner Familie umgehe, ist völlig verrückt", kann ein schöner Ausgangspunkt sein, um gemeinsam einen Satz erwünschter zukünftiger Veränderungen und einen Plan zu konstruieren, wie diese erwünschten Veränderungen herbeigeführt werden können. Wenn das geschieht, wird aus dem unwilligen Partner ein motivierter Partner (ZIEGLER, 1998).

Wenn der unwillige Partner sagt, er/sie sei daran interessiert zu erfahren, wie man so schnell wie möglich aus der Therapie herauskommen kann, haben wir eine neue Motivationsquelle identifiziert. Der nächste Schritt ist zu entdecken, welche Veränderungen er/sie vielleicht vollziehen muss, um das Ziel zu erreichen. Es macht nichts, wenn das Gesprächsthema in dem Augenblick ist, wie unfair oder unvernünftig die Forderungen des Partners sind oder wie unnötig die Therapie ist. Wenn wir weiter darauf hören, was diese Person sich wünscht, ihr weiter helfen, sich bevorzugte Zukunftsbilder auszumalen (möglicherweise in Hinblick auf die Erzählung mit *guter Geschichte*, die die Partner aus den Augen verloren haben), können wir den Einzelpartner dabei unterstützen, diese bevorzugte Erzählung neu zu schaffen und dabei die Frage von Schuld und Verantwortung zu umgehen.

Eine mögliche Fragerichtung ist die Erkundung, wie es einen Unterschied machen würde, wenn der Partner des unwilligen Klienten seine Drohung zu gehen, wahrmacht. In solchen Konversationen vermeiden wir es, eine Position hinsichtlich der Vernünftigkeit der Drohungen einzunehmen oder zu versuchen, den Klienten dazu zu bringen, die Verhaltensweisen zu untersuchen, die diese Drohungen hervorgebracht haben (mit anderen Worten, wir behalten unsere aktive Neutralität, obwohl nur ein Partner anwesend ist). Wir untersuchen einfach, welche Konsequenzen es nach Meinung des Klienten hat, wenn die Drohungen in die Tat umgesetzt werden, und fragen danach, wie der Klient über diese möglichen Folgen denkt. Sodann sprechen wir darüber, welche Schritte er/sie vielleicht unternehmen muss, um solche Konsequenzen abzuwehren. Unter Verwendung von Fragen zur Verschiebung der Perspektive achten wir genau darauf, welche kleinen Veränderungen unser Klient durchführen könnte, die für den abwesenden Partner einen Unterschied machen würden.

Der folgende Fall zeigt, wie Phil Schritte vor und zurück machte und die Erlebnisse eines unwilligen Partners anerkannte und respektierte, während er ihm gleichzeitig half, die einzelnen Veränderungen zu klären, die er machen könnte, um seine Ehe zu retten. Achten Sie darauf, wie Phil Skalierungsfragen und Fragen zur Verschiebung der Perspektive benutzt, als er fortfährt mit Andy auszuhandeln, wie er die Therapie zu seinem Nutzen gestalten könnte.

Andy: Meine Frau hat mich rausgeworfen. Ich schlafe im Büro auf dem Fußboden, zum Teufel. Es ist wirklich lästig. Sie sagt, wenn ich nichts gegen meine schlechte Laune mache und nicht aufhöre, so unhöflich und gemein zu ihr zu sein, gibt es keine Hoffnung für uns. Sie behauptet, ich sei immer kurz davor, vor Zorn zu platzen und ich wäre völlig verkrampft. Aber eigentlich ist das Problem, dass sie übersensibel ist. Man kann nichts zu ihr sagen, was sie nicht irgendwie missversteht.

Phil: Hmm. Das klingt ziemlich schlimm. Anscheinend hat Ihre Frau einige ernste Schritte unternommen und die Lage zwischen Ihnen ist schlecht und unangenehm. Und Sie sagen, Sie haben das Gefühl, sie nimmt sich die Dinge zu sehr zu Herzen, und jetzt stehen Sie tatsächlich am Rande einer Scheidung, und sie besteht darauf, dass Sie hierher kommen, obwohl Sie nicht einsehen warum. Sagen Sie mir, da es ja nun den Anschein hat, dass Sie hier sind, weil Ihre Frau das will, wie kann ich Ihnen helfen?

Andy: Ich weiß eigentlich nicht. Aber die Wahrheit ist, ich will nicht, dass unsere Ehe auseinanderbricht. Obwohl ich nicht verstehe, wie die Therapie da groß helfen kann.

Phil: Wenn ich Sie also richtig verstehe, sind Sie hier, weil Ihre Frau die Ehe beenden will. Sie wären lieber woanders.

Andy:	(*Lächelt.*) Das können Sie mir glauben.
Phil:	Aber keiner von uns kann wirklich sicher sein, ob wir hier irgend etwas machen können, was vielleicht für Sie und Ihre Ehe einen Unterschied machen wird. Vielleicht kann ich Ihnen eine Frage stellen, die uns möglicherweise hilft herauszufinden, ob wir zusammen etwas tun können oder nicht, was helfen könnte?
Andy:	Okay.
Phil:	Gut, okay. Wenn ich Sie fragen würde, Andy, so wie die Sache jetzt mit Ihnen und Ihrer Frau steht, sagen Sie mir auf einer Skala von 1 bis 10, wo 1 bedeutet, keine Hoffnung, dass Ihre Ehe funktionieren wird, und 10 alle erdenkliche Hoffnung, wo befinden Sie sich da?
Andy:	(*Sieht traurig aus.*) Hmm. Scheiße. Entschuldigen Sie den Ausdruck! Ich müsste wirklich sagen, ziemlich weit unten. Wahrscheinlich ganz unten bei 1. Ich denke, sie meint es ziemlich ernst, darum musste ich ausziehen. Und sie lässt mich nicht zurückkommen.
Phil:	Okay. Ich sehe, das ist ziemlich ernst. Aber es klingt, als ob sie wirklich die Ehe retten wollen, stimmt das?
Andy:	Ja.
Phil:	Okay. Dann sagen Sie mir folgendes: was würde Sie Ihrer Meinung nach auf dieser Skala der Hoffnung einen Punkt höher bringen, sagen wir zur 2?
Andy:	(*Schnell.*) Wenn sie mich nach Hause kommen ließe.
Phil:	Donnerwetter – das würde Sie nur zur 2 bringen? Für mich klingt das, als wäre das ein ziemlich großes Zeichen.
Andy:	Na ja. Ich denke, vielleicht wenn sie sagen würde, sie sei bereit darüber *nachzudenken*, mich wieder zurückkommen zu lassen. Das würde sich wirklich nach etwas anfühlen. Das würde mich zur 2 bringen.
Phil:	Hmm. Dann lassen Sie mich mal sehen. Wenn ich ihr diese Frage stellen würde – Ihrer Frau, meine ich –, was meinen Sie, was sie sagen würde? Wenn ich ihr die Frage stellen würde, welche ersten Anzeichen ihr sagen würden, dass Sie, Andy, die Dinge anders machen, und sie sich überlegen könnte, ob sie Sie wieder nach Hause kommen lässt, was würde sie sagen?
Andy:	Also, ich glaube ja nicht, dass sie mich wieder zu Hause haben will, verstehen Sie?
Phil:	Aber gibt es irgendwelche ersten Anzeichen von Dingen, die Sie tun könnten und die ihre Frau dazu bringen würden, sich zu überlegen, ob sie ihre Meinung ändern sollte, irgendwann mal?

Andy: Also, vielleicht würde sie sagen, wenn ich anfangen würde, ihr mehr zuzuhören. Wenn ich ihren Standpunkt respektieren würde.

Phil und Andy befinden sich jetzt mitten in einer Kunde/Konsultant-Konversation. (Die Verschiebung fand sehr schnell statt, in den ersten fünf Minuten der Anfangssitzung mit einem Klienten, der als extrem widerstrebend betrachtet werden könnte.) Von hier an benutzt Phil weitere Fragen zur Rollenumkehr, um bestimmte Verhaltensweisen zu erläutern und zu vertiefen, bei der die Frau das Empfinden hätte, in ihrem Standpunkt respektiert zu werden. Er überließ es Andy zu entscheiden, ob er daran interessiert war, diese Veränderungen durchzuführen oder nicht. Da Andy interessiert war, fuhren Phil und er fort und malten eine Erzählung mit *guter Geschichte* aus, die Andy und seine Frau teilen könnten.

Nicht alle unfreiwilligen Einzelpartner beschließen, sich zu den Veränderungen bereit zu erklären, die sich durch diese Fragerichtung herauskristallisiert haben. In diesen Fällen endet die Arbeit mit der Entscheidung des Klienten/der Klientin, die Veränderungen nicht zu vollziehen und er/sie beendet die Therapie. In den meisten Fällen können wir jedoch vor dem Ende der Erstsitzung solche KlientInnen erfolgreich auffordern, sich in die Rolle des anderen zu versetzen, wodurch wir ihnen die Möglichkeit geben, bevorzugte Zukunftsbilder zu entwickeln. Indem wir die unwilligen KlientInnen auffordern, sich vorzustellen, was ihr Partner sagen würde, wenn er/sie anwesend wäre, machen wir es ihnen möglich, Intuition und Empathie zu benutzen, um genau herauszufinden, welche Veränderungen sie vornehmen könnten, die für den abwesenden Partner bedeutungsvoll und motivierend wären. Manchmal verwenden wir auch die Wunderfrage und stellen insbesondere die Frage, woher andere, vor allem der Ehepartner des Klienten/der Klientin wissen werden, dass ein Wunder geschehen ist. Den Klienten zu bitten, sich vorzustellen, wie der abwesende Partner sich anders verhalten wird in Reaktion auf die Anzeichen des Wunders, veranlasst den Klienten dazu, auf Handlungen des Partners nach den Vorgaben der *guten Geschichte* zu achten. All diese Abläufe haben eine narrative Funktion und schieben den widerstrebenden Partner in ein vorgestelltes, mögliches Szenario, das Hoffnung schöpfen lässt und Wirkungskraft und eine partnerschaftliche Perspektive fördert.

Paartherapie (und „Abkopplungstherapie") mit dem verlassenen Einzelpartner

Die vierte Situation, in der wir Paartherapie mit einem Einzelpartner durchführen, ist dann gegeben, wenn ein Partner Hilfe dabei sucht, den anderen Partner, der ihn verlassen hat, zur Rückkehr in die Beziehung zu bewegen. Manchmal kommt ein Klient, nachdem ein Partner die Beziehung schon verlassen hat. Manchmal beschließt ein Partner während der Paartherapie selbst, die Beziehung (und die Therapie) zu beenden, und zu dem Zeitpunkt fragt der verlassene Partner, ob wir ihn/sie weiterhin sehen werden. In beiden Fällen ist das Hauptziel des verlassenen Partners, den anderen zurückzugewinnen – ein Ziel, das nicht im Kontrollbereich des Klienten/der Klientin liegt. Wie in all diesen Fällen möchten wir klären, wie realistisch dieses Ziel ist. Wenn der Klient zugibt, dass die Rückkehr des Partners unwahrscheinlich ist, können wir uns der Erforschung von Metazielen zuwenden, die ihrerseits unter Umständen bedeutungsvolle und wünschenswerte Ergebnisse aufdecken, die in seinem/ihrem Kontrollbereich liegen. In den Fällen, in denen es deutlich wird, dass der andere Partner nicht wiederkommen wird, können Ziele entwickelt werden, die dem verlassenen Partner helfen, mit dem Verlust fertig zu werden und erste konkrete Schritte zu unternehmen, die dem Klienten und anderen (einschließlich und besonders dem anderen Partner) mitteilen, dass er anfängt, sein Leben wieder selbst in die Hand zu nehmen. Wenn andererseits der Klient optimistisch ist und es für möglich hält, den anderen Partner zurück zu gewinnen, können wir untersuchen, welche Veränderungen er machen sollte, die das Zurückkommen des anderen begünstigen, wobei wir Fragen zur Verschiebung der Perspektive und zur Rollenumkehr benutzen.

Der folgende Fall ist ein Beispiel für einen verlassenen Einzelpartner, dessen Partnerin gegangen war, bevor er die Therapie anfing. Paul kam zur Therapie und erzählte, Liz, seine Verlobte, habe plötzlich die Verlobung gelöst und erklärt, sie liebe ihn zwar, könne ihn aber nicht heiraten, da sie nicht „seelenverwandt" waren. Paul war am Boden zerstört. Er ging zu einem Therapeuten in der Hoffnung, dieser könnte ihm helfen herauszufinden, wie er Liz überreden könnte, ihre Meinung zu ändern. Der Therapeut riet Paul, ihr Zeit zu geben – sie nicht zu drängen, und meinte, seine einzige Hoffnung sei, ihr Zeit zu geben, über alles nachzudenken. Also ließ Paul Liz in Ruhe. Er machte sogar eine dreiwöchige Reise nach Europa. Bei seiner Rückkehr sagte Liz ihm jedoch, sie sei sich ihrer Entscheidung über die Lösung der Verlobung sicher. Paul wurde immer mutloser; er zog sich von seinen Freunden und seiner Familie zurück und hatte Probleme, einzuschlafen und seine Arbeit verantwortlich auszuüben. Zu diesem Zeitpunkt akzeptierte er, wenn auch jetzt etwas widerstrebend, den Rat eines früheren Klienten von Phil, zu ihm als Therapeuten zu wechseln.

Zu Beginn der ersten Sitzung erzählte Paul Phil seine Geschichte. Phil hörte mit Interesse zu und brachte sein Mitgefühl und sein Verständnis zum Ausdruck. Er erklärte, Pauls Reaktionen seien etwas ganz Normales und er respektiere sie. Er drückte sein Erstaunen darüber aus, dass Paul unter den gegebenen Umständen so gut zurechtkam. Paul sagte, er fühle sich davon getröstet, wie Phil reagierte, und erleichtert zu erfahren, dass er nicht verrückt zu werden schien. An einem bestimmten Punkt lud Phil Paul zu einer potentiellen Kunde/Konsultant-Konversation ein, indem er ihn fragte, was er sich von der Therapie noch wünschte außer der Versicherung, seine Reaktionen seien ziemlich normal. Paul sagte, er hoffe immer noch, jemand könne ihm helfen herauszufinden, wie er seine Verlobte zurückgewinnen könne. Phil erklärte, seiner Erfahrung nach hielten Menschen die Hoffnung oft aufrecht, selbst wenn es keine Grundlage dafür gab, weil es zu schmerzlich wäre, die Realität einer Situation zu akzeptieren. Er fuhr fort und sagte, dies sei in vieler Hinsicht eine normale und gesunde Reaktion, eine Möglichkeit, den Prozess, sich einer schwierigen Wahrheit zu stellen, zu verlangsamen. Dann sagte Phil, er wolle erkunden, wie realistisch Pauls Hoffnung sei, damit sie gemeinsam entscheiden könnten, welches der nächste und beste Schritt in der Therapie wäre. Phil verwendete eine Reihe von Skalierungsfragen. Er fragte Paul, welcher Prozentsatz an seiner Hoffnung seinem Schutz diente und welcher Prozentsatz die Grundlage für seinen Versuch war, sie zurückzugewinnen. Paul dachte einen Augenblick nach und sagte, er sei vorher noch nicht bereit gewesen, sich dieser Tatsache zu stellen, aber er wisse 100%, dass es keinen Grund zur Hoffnung gab – die Beziehung war zu Ende.

Paul begann zu weinen. Phil saß schweigend da, ließ aber Paul angesichts seines Schmerzes und seiner Trauer seine Gegenwart fühlen. Als Paul aufhörte zu weinen, blickte er zu Phil auf. Er sah erleichtert aus. Er sagte: „Ich glaube, ich brauchte Hilfe dabei, mein Leben wieder in die Hand zu nehmen. Das ist es, was ich eigentlich von Ihnen brauchte." Jetzt befanden Phil und Paul sich auf dem Territorium der Zielkonstruktion. Phil forderte Paul auf, ihm zu erzählen, welches die ersten Anzeichen wären – die ersten kleinen Dinge, die ihm an ihm selbst auffallen würden –, die ihm sagen würden, dass er „sein Leben wieder in die Hand genommen hatte". Als er anfing, Hinweise für Veränderung und Fortschritt zu nennen, fiel Paul auf, wie viele von diesen Dingen er bereits machte – er bewegte sich bereits vorwärts, obwohl er immer noch sehr viel Schmerz empfand und noch nicht ganz bereit war, sich von Liz und seinen Träumen von einem Leben mit ihr zu verabschieden.

Gegen Ende der Stunde forderte Phil Paul auf, seinen Fortschritt hinsichtlich seiner Lebensgestaltung zu skalieren, wobei 1 der Punkt war, an dem er sich befand, als Liz die Verlobung aufkündigte, und 10 die Zeit, wo diese Beziehung eine Sache der Vergangenheit war. Paul sagte: „Als ich anfangs heute hier hereinkam, war ich vermutlich bei eineinhalb, aber jetzt würde ich sagen, bin ich bei fünfeinhalb, vielleicht sogar bei 6." Er schien sowohl überrascht wie auch erfreut. Dann verfolgte Phil dies weiter und fragte, welche Zahl Paul erreichen müsste, um sagen zu können, er sei mit großer Sicherheit auf dem Weg, sein Leben selbst in die Hand zu nehmen. Mit breitem Lächeln antwortete Paul schnell: „8", und fügte hinzu: „Mann, davon bin ich gar nicht so weit entfernt!"

Phil führte diese Konversation zur Skalierung des Fortschritts weiter, indem er Paul fragte, was ihm an sich selbst auffallen würde, was ihm sagen würde, dass er sich zu einer sicheren 6 oder sogar sechseinhalb hoch bewegt hatte. Diesmal dachte Paul eine Weile nach. Dann antwortete er: „Wenn ich eines Morgens aufwache und laufen gehe, statt im Bett zu liegen und mich nutzlos zu fühlen." Die Stunde ging ihrem Ende entgegen und Phil wollte abschließen, indem er Paul Komplimente machte und ihm eine Beobachtungsaufgabe stellte. Daher bat er Paul darauf zu achten, wann es eintrete, dass er aufwachte und mehr Lust hatte zu laufen, als „im Bett zu liegen und sich nutzlos zu fühlen", und zu beobachten, was er machte, wenn in ihm dieses Gefühl stärker würde. (Beachten Sie, dass Phil nicht vorschlug, Paul solle sich zwingen zu laufen – damit könnte ein mögliches Versagen einhergehen. Vielmehr forderte er Paul nur auf, seine Gefühle und Impulse zu beobachten.)

Paul kam in der folgenden Woche und berichtete, es erschiene ihm wie ein Wunder – seit der letzten Sitzung sei er fast jeden Morgen laufen gewesen. Er erzählte auch, er sei auf einer Party gewesen und habe eine sehr schöne Zeit gehabt, auch wenn er allein gewesen sei. Am Ende der Sitzung ordnete er sich auf der Skala bei einer „sicheren 7, sogar einer 8" an. Er brachte seine Zuversicht zum Ausdruck, auf dem richtigen Weg zu sein, und so wurden keine weiteren Sitzungen geplant.

Abschließend möchten wir eine Ansicht betonen, die wir während des ganzen Buches vertreten haben – die Erfahrungen der Paartherapie lehren uns, dass viele traditionelle Theorien über ihre Praxis dem Klienten nicht das geben, was ihm zusteht, und den Praktiker lähmen können. Hinsichtlich der Arbeit mit nur einem Partner ist es unsere Absicht, die LeserInnen zu überzeugen, die hier vorgestellten Ideen und Praktiken in den Laboren ihrer eigenen klinischen Praxis zu testen. Dieses Kapitel bringt auch unsere Diskussion über die verschiedenen theoretischen und technischen Aspekte von RPT zu einem Ende. Wir unterstreichen hier, wie im gesamten Buch, die Tatsache, dass RPT auf ganzer Linie vor allem anderen ein pragmatisches, kollaboratives Unterfangen ist und alle Aspekte der Therapie – ihre Ziele und ihre Abläufe – von der Expertise, Kreativität und Menschlichkeit aller Beteiligten abhängen. Auf Seiten des Therapeuten ist die Bereitschaft gefragt, offen und flexibel zu sein – ständig von den KlientInnen zu lernen und sich durch sie leiten zu lassen, die unserer Erkenntnis nach genau so gut oder besser wissen als wir, was einen Unterschied in ihrem Leben machen wird und welche Veränderungen sie auf den richtigen Weg zu einer besseren Beziehung bringen werden. Am wichtigsten ist es vielleicht für PraktikerInnen, die Stunde für Stunde, Tag für Tag mit schwierigen Fällen arbeiten, sich ein Gefühl von Optimismus dafür zu erhalten, was möglich ist: versteckt hinter dem, was wir zu einem bestimmten Zeitpunkt hören und sehen, sind die verschiedenen Wege, wie Menschen versuchen, ihr Leben und ihre Beziehung zu verbessern. Die *gute Geschichte* schwebt immer irgendwo in den Kulissen und wartet auf ihren Auftritt. Die Bereitschaft, auf diese Erzählung zu achten und sie aufzurufen, erweist sich als hilfreich, wenn es gilt, unsere Offenheit und unser Gefühl für Möglichkeiten zu erhalten, damit wir den KlientInnen auf bestmögliche Weise helfen können, von den Ressourcen und Stärken, die sie bereits besitzen, Gebrauch zu machen.

Kapitel 12
Koda

Uns werden häufig bestimmte Fragen von TeilnehmerInnen an Workshops gestellt, die gerade eine Einführung in die lösungsorientierten, kollaborativen Formen von Therapie erfahren. Ist RPT „angemessen" in der einen Situation oder in der anderen? Wird sie bei dieser oder bei jener Art von Problemen funktionieren oder wenn ein Partner diese persönliche Eigenschaft hat oder wenn jene Diagnose bei ihm gestellt wurde – wenn zum Beispiel ein Ehemann passiv-aggressiv ist oder eine Ehefrau an chronischer klinischer Depression leidet? Kann diese optimistische Form der Paartherapie bei häuslicher Gewalt und Sucht effektiv sein? Als erstes ist es immer wichtig zu sagen, dass Paartherapie harte Arbeit ist, die manchmal zur Demut zwingt. Keine Methode ist narrensicher, keine Therapeutin hilft jedem und, was immer der Grund sein mag, nicht alle Paare schaffen es, positive Veränderungen zu vollziehen. Aber wenn uns Fragen wie die oben genannten gestellt werden, Fragen, die darauf abzielen, wie unser Ansatz mit den so formulierten Problemen umgeht, erklären wir, dass wir keine unabhängigen Urteile im voraus darüber abgeben, ob RPT bei einem bestimmten Paar hilfreich sein kann. Da unsere Arbeit lösungsorientiert ist und auf Kompetenz und Zusammenarbeit basiert, konzentrieren wir uns bei jedem Fall darauf, Wege zu finden, dem Paar zu helfen, Veränderungen, die für sie von besonderer Bedeutung sind, durchzuführen.

Eine andere Frage, die uns häufig gestellt wird, lautet, ob RPT bei Paaren effektiv ist, die ohne bestimmte Klagen, Probleme oder Konflikte zu uns kommen. Wie können wir, wenn wir lösungsorientiert sind, Lösungen entwickeln, wenn das Paar kein spezielles Problem hat, bei dessen Lösung es Hilfe benötigt? Hilft unser Ansatz zum Beispiel bei Paaren, die kommen und berichten, sie fühlten sich nicht mehr sehr nahe verbunden und liebevoll – sie haben sich gerade, wie sie sagen, „entliebt" – hätten aber kein bestimmtes Problem und keinen Konflikt? Auch hier muss bei unserem Ansatz kein bestimmtes Problem oder kein bestimmter Konflikt genannt werden. Wir sind daran interessiert, wohin die Menschen gehen wollen, nicht daran, woher sie kommen oder wo sie sich befinden. Wir möchten den Menschen helfen, die erfahrbaren Details dessen zu klären, was anders sein wird, wenn die Situation besser ist, wenn sie also sagen können, ihre

Beziehung ist enger, aufregender, von Liebe bestimmt, freudiger oder welche Ausdrücke auch immer sie benutzen, um das zu beschreiben, was sie durch die Therapie zu gewinnen hoffen.

Eine dritte häufig gestellte Frage – eine, die wir hoffentlich durch das folgende Fallbeispiel beantworten können – lautet, ob unser Ansatz Menschen helfen kann, die mit besonders schmerzlichen und desorientierenden Ereignissen in ihrem Leben oder überwältigenden Umständen konfrontiert sind. Wie kann ein zukunftsorientierter, optimistischer Ansatz wie RPT einen Unterschied machen, wenn ein Paar, statt ein Beziehungsproblem darzustellen, unsere Hilfe sucht, mit einer Tragödie der letzten Zeit und ihren Nachwirkungen fertig zu werden? Situationen, in denen Menschen versuchen, mit dem Schmerz einer erschütternden und beängstigenden Reihe von Ereignissen fertig zu werden, und darum kämpfen, ihr Leben zusammenzuhalten, bringen natürlicherweise sehr viele intensive Emotionen mit sich und erfordern sowohl auf Seiten der Partner als auch der Therapeutin viel geduldige Arbeit (BUTLER & POWERS, 1996). Unter allen Bedingungen sind TherapeutInnen in diesen Fällen gefordert, ihr Bestes zu tun und das Beste aus sich herauszuholen. Die Techniken und Praktiken von RPT unterstützen die Therapeutin dabei.

Indem wir den folgenden Fall hier vorstellen, hoffen wir, unseren LeserInnen zu helfen, fest und sicher dabei bleiben zu können, in allen Fällen lösungsorientiert und auf Kompetenz begründet zu bleiben und der natürlichen Neigung zu widerstehen, auf die alten, bekannten, problemorientierten, auf Theorie basierenden Interventionen zurückzufallen, wenn Paare schwierige und schmerzliche Herausforderungen ihres Lebens darstellen. An diesem Fall werden viele Ideen und Praktiken demonstriert, die wir während des ganzen Buches dargelegt haben; wir diskutieren ein Beispiel unseres Ansatzes bei einem Paar, das einen Verlust erlitten hatte, den die meisten von uns wohl für einen der schmerzlichsten halten – den Tod eines Kindes. Das Paar erlebte den Verlust eines neugeborenen Kindes bei der Geburt zugleich mit dem furchterregenden Erlebnis, dass die Mutter während der Entbindung fast gestorben wäre.

Wir stellen diesen Fall aus mehreren Gründen vor. In erster Linie wollen wir die emotionale Tiefe und transformative Macht zeigen, die in RPT möglich sind. Und der Fall bietet unserer Meinung nach ein besonders bewegendes und überzeugendes Argument für das, was wir immer wieder in diesem Buch gesagt haben: Therapie kann effektiver und effizienter sein, wenn die Therapeutin innerhalb der Veränderungsmodelle und -theorien der PartnerInnen arbeitet, wenn sie gemeinsam mit dem Paar darauf hinwirkt, therapeutisch gut formulierte Ziele festzuhalten, die jedem an der Therapie Beteiligten eine Orientierung gibt, und wenn sie sanft, aber beständig die therapeutischen Konversationen auf Lösungen ausrichtet und auf Stärken, Ressourcen und Kompetenzen der KlientInnen. Wenn TherapeutInnen und KlientInnen gemeinsam an den richtigen Stellen suchen, können sie sich mächtige und kreative Stärken zunutze machen, die Menschen aufbieten können, wenn sie gemeinsam durch ihr Leben gehen. Die Erzählung mit *guter Geschichte* ist keine Geschichte vom unbesorgten Leben. Wenn tragische und herausfordernde Ereignisse im Leben eines Paares eintreten, hat die Dichotomie *gute Geschichte/schlechte Geschichte* damit zu tun, ob und wie das Paar mit Hilfe der Therapeutin eine stützende Partnerschaft finden und aufrechterhalten kann, um diesen Ereignissen zu begegnen.

Und schließlich stellen wir diesen Fall vor, um zu zeigen, wie flexibel die Therapie sein kann und von dyadischen zu Einzelsitzungen zu wechseln vermag; sie kann aufhören und neu beginnen und sich Zeit für Pausen in der therapeutischen Arbeit lassen. Statt ein Anzeichen dafür zu sein, dass etwas falsch gelaufen ist oder die anfängliche therapeutische Arbeit nicht angemessen war, bedeutet der Wunsch der KlientInnen, die Therapie wieder aufzunehmen, einfach, dass sich neue Gelegenheiten für Veränderungen ergeben haben und die KlientInnen sich zusätzliche Hilfe aus einer Sackgasse wünschen.

In der Therapie geht es niemals einfach nur darum, eine bestimmte Anzahl von Interviewtechniken formelhaft anzuwenden, und die Fälle, die eine Herausforderung für uns darstellen, sind diejenigen, die am besten die Stärken und Grenzen eines klinischen Modells oder einer Interventionsmethode aufdecken, wie auch die persönlichen Ressourcen der Therapeutin und des Paares. Wenn zwei Menschen vor ihnen sitzen, deren Leben zerrissen, deren Träume zerschmettert und deren Herzen zerbrochen wurden, wird Ihnen deutlich, dass Techniken niemals ausreichen, etwas zu bewirken. In solchen Fällen muss die Therapeutin bereit und in der Lage sein, bei diesen Menschen, die sich um Hilfe an sie gewandt haben, ganz und gar präsent zu sein. Wir müssen vor allem mit offenem Herzen dabei sein und uns bewegen und anrühren zu lassen – mit dem Risiko, in gewisser Weise den Schmerz, die Wut und die Verwirrung unserer KlientInnen zu teilen. Die Techniken und Praktiken von RPT unterstützen und stärken unsere Fähigkeit, uns mit Paaren auf eine zutiefst bewegende

Beziehung einzulassen, wodurch wir dazu beitragen können, einen sicheren Raum und einen stützenden Rahmen zur Verfügung zu stellen, in dem die PartnerInnen ihren eigenen Weg finden können.

Dale war Softwareentwickler; seine Frau, Gloria, leitete einen kleinen Restaurantbetrieb in der Nähe ihres Zuhauses in Silicon Valley. Im dritten Jahr ihrer Ehe beschlossen sie, ein Kind zu bekommen, und Gloria wurde bald danach schwanger. Die Schwangerschaft selbst verlief normal und ohne besondere Ereignisse. Sobald jedoch die Wehen einsetzten, begannen sich Probleme zu entwickeln. Die Entbindung wurde zu einem medizinischen Notfall, und nach einer schrecklichen, ermüdenden Nacht mit medizinischen Eingriffen starb der neugeborene Sohn bei der Entbindung. Gloria wurde durch den Blutverlust gefährlich geschwächt und war einige Zeitlang ebenfalls dem Tod nahe.

Als Gloria sich langsam erholte, empfahlen die Angestellten im Krankenhaus eine „Trauerberaterin". Die Beraterin erklärte die „Stadien der Trauer" und betonte, wie wichtig es sei, ihre Gefühle der Trauer über den Verlust des Babys anzunehmen und zu teilen. Nach mehreren Sitzungen mit ihr weigerte Dale sich, wieder hinzugehen, und sagte, er habe das Gefühl, die Situation sei schlimm genug, auch ohne mit einer Fremden darüber zu reden und einer Person zuzuhören, die nicht aus eigener Erfahrung wusste, was Gloria und er durchlebten. Aber Gloria hatte den Eindruck, noch mehr Hilfe zu benötigen, und sprach mit dem Hausarzt, der sie an Phil überwies. Widerstrebend erklärte Dale sich bereit, einmal mitzukommen. Gloria rief an und machte einen Termin für eine Probesitzung aus.

Als sie Phils Büro betraten, sahen Gloria und Dale aus, als sei die Tragödie erst vor ein paar Stunden geschehen. Beide hatten einen Ausdruck von Schock in ihren Augen; sie schienen erschöpft und desorientiert. Es bestand wenig Zweifel, dass sie jeder in ihrer privaten, einsamen Hölle lebten. Als Phil ihnen so gegenüber saß, fragte er sich, ob er ihnen überhaupt helfen und was er tun oder anbieten konnte, das irgendetwas bewirken würde. Wie konnte das Gespräch mit jemandem, einem professionellen Berater oder jemand anderem, Menschen helfen, mit solch einem furchtbaren Verlust fertig zu werden? Er vermutete, dass sie dasselbe dachten. Er begann in seiner üblichen Art und fragte sie, was sie drei ihrer Meinung nach zusammen tun könnten, was hilfreich wäre. Als er die Frage stellte, überlegte er, wie merkwürdig solch eine Frage dem Paar erscheinen müsste. Wie konnte irgend jemand irgend etwas tun, was einen Unterschied machte, es sei denn, ihr Baby zurückbringen? Im Augenblick des Schweigens, der seiner Frage folgte, erinnerte Phil sich, irgendwo gelesen zu haben, dass ein sehr hoher Prozentsatz von Paaren, die den Tod eines Kindes erleben, innerhalb von zwei Jahren auseinander gehen.

Statt auf Phils Frage zu antworten, begannen Dale und Gloria abwechselnd die Geschichte dessen, was sich im Krankenhaus abgespielt hatte, zu erzählen – Glorias plötzlicher Blutverlust, wie erschreckend es war, als eine ganze Gruppe von Ärzten und Schwestern, die besondere Maschinen vor sich her schoben, ins Entbindungszimmer drängten, als die Situation kritisch wurde. Dale sprach darüber, wie es gewesen war, neben Gloria zu stehen, ihre Hand zu halten, zu wissen, aber nicht zu sagen, dass ihr Baby tot war, zu wissen, aber nicht zu sagen, dass auch sie vielleicht sterben würde. Gloria begann zu weinen, als sie sagte, mehr als alles andere wolle sie ihr Baby, Jamie, sehen und es an sich drücken. Plötzlich fing Dales Gesicht an, sich vor Zorn zu verzerren, als er darüber sprach, wie sehr er alle, die ein Baby hatten, hasste, wie sehr er einen grausamen Gott hasste, der so etwas zugelassen hatte. Dann wurde er still, biss die Zähne zusammen und ballte die Fäuste. Gloria saß zusammengesunken auf dem Sofa, Tränen flossen ihr weiter die Wangen hinunter. Wann immer sie versuchte zu sprechen, musste sie wieder aufhören, um Atem zu schöpfen. Sie verlor immer wieder ihren Gedankengang. Alles, was sie tun konnte, war, immer wieder Jamies Namen zu wiederholen. Als sie in der Lage war, mehr zu sagen, erzählte sie, sie habe furchtbare Angst, ihr Baby sei irgendwo verloren und brauche sie. Sie gab sich die Schuld für Jamies Tod und wollte irgendwie wissen, dass seine Seele sicher und beschützt sei. Sie erklärte, Dale sei die ganze Zeit zornig und seine Wutausbrüche machten ihr Angst und gaben ihr noch mehr das Gefühl, allein zu sein und verantwortlich für Jamies Tod. Sie sagte, Dales Zorn erinnere sie an die Wutausbrüche ihres betrunkenen Vaters und alles, was sie sich wünschte, sei fortzukommen und bei ihrem Baby zu sein.

Obwohl Dale versuchte, seinen kochenden Zorn zu beherrschen, konnte er nicht länger still sitzen. Er fing an zu brüllen, wie furchtbar es gewesen sei, im Wartezimmer des Krankenhauses zu sitzen und zu wissen, dass sein Baby tot war, und dabei zu denken, seine Frau könnte ebenfalls sterben. Wie furchtbar das Leben war und wie er alles und jeden in der Welt verprügeln und zerschmettern wollte. Auch er weinte jetzt und beschrieb, wie er überall Erinnerungen an seinen Verlust fand – in den Gesichtern von kleinen Kindern, in den alltäglichen Handlungen von Müttern und Vätern und Kindern, die er spazierengehen und einkaufen, in Autos vorbeifahren und im Park spielen sah.

Phil saß während der meisten Zeit, als das Paar sprach, still da und versuchte, sich zu beruhigen und zu konzentrieren, und seufzte von Zeit zu Zeit mitfühlend. In dem Augenblick gab es nichts, was er tun konnte, als einfach bei dem Paar zu sein und zuzulassen, wie ihr Schmerz und ihr Kummer ihn berührten. Es war nicht der Augenblick, um Dale und Gloria in andere Konversationen und andere mögliche Welten einzuladen. Den größeren Teil dieser ersten Sitzung machte Phil wenig anderes als Dales und Glorias Gefühle anzunehmen und zu respektieren und still da zu sitzen in stummem Erkennen des Verlustes, den sie zu tragen hatten. Dann wiederholte Gloria etwas, was sie vorher schon angedeutet hatte – dass sie fühlte, ihr Baby sei irgendwo verloren und sie müsse sterben, um es zu finden und zu trösten, damit es keine erschreckende Einsamkeit erleben müsse.

Aus Sorge, sie würde sich in ihrem Kummer und ihrer Verwirrtheit vielleicht tatsächlich Schaden zufügen und sich möglicherweise das Leben nehmen, wollte Phil mit ihr darüber reden. Er wollte jedoch nicht die üblichen Fragen darüber stellen, wie realistisch ihre Drohungen seien und ob sie einen Plan habe. Dieses Gespräch könnte zu irgend einem Zeitpunkt geführt werden, aber erst einmal wollte Phil Gloria zu einer anderen Konversation einladen. Davon ausgehend, dass Suizid ein Mittel und kein Ziel war, wollte er mit ihr erkunden, ob es andere, bessere Mittel gab, das Ziel zu erreichen, die Seele ihres Babys zu trösten. Er begann, indem er fragte, was nach Glorias Ansicht geschehen würde, nachdem sie starb. Wie würde sie die Seele ihres Babys finden und wie würde sie es trösten? Was brauchte Jamie von ihr? Was brauchte Jamie ihrer Meinung nach am meisten von ihr? Während Gloria Phils Fragen beantwortete, begann sie ihr Bedürfnis zu formulieren, das Baby Jamie immer in ihren Gedanken zu bewahren. Das war es, sagte sie, was Jamie brauchte. Er beobachtete und wartete, um zu sehen, ob seine Mutter ihn vergaß. Sie musste Dinge tun, die Jamie beobachten konnte und die ihm zeigten, dass sie ihn nicht vergessen hatte. Kurz vor dem Ende der Stunde wurde Gloria deutlich, wenn Jamie sah, wie sie seine Seele lebendig hielt, „dann könnte es für ihn in Frieden weitergehen". Phil bat sie, sich vorzustellen, welche Dinge insbesondere Jamie gern sehen würde, die ihm sagen würden, dass sie seine Seele lebendig hielt und er in Frieden weitergehen könnte. Gloria sagte sofort, Jamie würde sich von ihr wünschen, dass sie mindestens dreimal in der Woche zum Friedhof ginge. Er würde ihr sagen, wenn es in Ordnung sei, weniger oft hinzugehen, aber zur Zeit war es dreimal die Woche. Sie fügte hinzu, Jamie würde sich von ihr wünschen, dass sie ihm eine kleine Gedenkstätte in ihrem Schlafzimmer errichtet, zu der sie jeden Morgen gehen und eine Weile mit ihm sprechen könnte.

Plötzlich wurde Dale wieder sehr aufgebracht. Er sagte, er wolle alle Spuren des Babys aus seinem Leben und aus seinem Haus entfernen. Er wolle keinen Schrein stehen haben, der ihn an seinen Verlust erinnerte. Er könne den Schmerz nicht aushalten; er wolle vergessen, nicht sich erinnern. Und wenn sie darauf bestand, zum Friedhof zu gehen, dann würde sie ohne ihn gehen müssen. „Jamie ist tot. Mehr ist dazu nicht zu sagen. Ich will nicht mehr darüber nachdenken. Ich halte das nicht aus. Ich will nicht aufwachen und Erinnerungsstücke an ihn sehen." Dale zitterte am ganzen Körper. Es war keine Zeit mehr, um jetzt über Dales Gefühle zu sprechen oder zu versuchen, eine Brücke zwischen dem, was Gloria brauchte, und dem, was Dale brauchte, zu schlagen. Phil sagte einfach: „Ich kann mir nichts Schlimmeres vorstellen als das, was Sie beide durchmachen." Hierauf brach Dale wieder zusammen und fing an zu weinen. Gloria nahm ihn in ihre Arme.

Während sie schweigend zusammensaßen, beobachtete Phil Gloria, wie sie Dale hielt und tröstete, und dachte an die Geburt seines eigenen Sohnes: wie zu einem bestimmten Zeitpunkt während der Wehen ein Team von Medizinern hereineilte kam in Sorge um den Zustand des Babys und sie Phil sagten, er müsse vor dem Geburtszimmer warten. Phil stand im Flur und beobachtete, wie eine Schwester einen Herzmonitor für den Fötus in den Raum schob. Er erinnerte sich, dass er an die Wand gelehnt allein dastand und sich die Frage stellte, ob sein Baby in Ordnung war, ob es gesund sein würde, ob es lebendig zur Welt kommen würde. Was würde er tun – was würden sie tun –, wenn sie das Baby verlören? Er erinnerte sich an den Panikanfall, den undenkbaren Gedanken, der sich in sein Bewusstsein drängte, eine erschreckende Möglichkeit, die für Dale und Gloria Wirklichkeit geworden war.

Die Sitzung war zu Ende. Phil drückte seinen Kummer über den Verlust von Jamie aus. Er gab zu, zum ersten Mal keine Antworten zu haben, aber Gloria schien ja einen Plan entwickelt zu haben, Jamie zu helfen und zu trösten. Er fragte, ob Dale und Gloria, bevor sie wieder zusammentrafen, anfangen könnten, einen Plan auszuarbeiten, der Dale zu diesem Zeitpunkt vor Hinweisen auf den Verlust abschirmen würde, aber Gloria die Möglichkeit gäbe, Jamie zu zeigen, dass „sie seine Seele lebendig hielt". Dale und Gloria dankten Phil dafür, keine Patentrezepte und keinen falschen Trost angeboten zu haben, und sie erklärten sich einverstanden, zu versuchen sich einen Plan auszudenken.

Als sie in der nächsten Woche wiederkamen, erschien Dale deutlich entspannter. Beide schienen etwas Ruhe bekommen zu haben. Gloria war wie geplant dreimal zum Friedhof gegangen und hatte sich entschieden, einen kleinen Schrein für Jamie in ihrem Gästezimmer aufzubauen, zu dem sie jeden Morgen ging, bevor Dale aufwachte. Dort sprach sie zu Jamie, erzählte ihm, wie sehr sie ihn liebte und dass sie eines Tages zusammen sein würden. Dale berichtete, er fühle sich jetzt, wo es Gloria besser zu gehen schien, ruhiger und eher in der Lage, mit seinen eigenen Gefühlen umzugehen. Er fuhr fort zu sagen, er habe sich Sorgen über ihre Aussagen gemacht, bei Jamie sein zu wollen, und war erleichtert zu sehen, dass sie Wege gefunden hatte, Jamies Seele und sich selbst zu trösten. Gloria und Dale waren sich beide darüber im Klaren, dass es eine lange Zeit dauern würde, bevor sie zu einem normalen Leben zurückkehren könnten.

Gloria und Dale trafen sich für etwa sieben Monate wöchentlich mit Phil. Während dieser Zeit waren sie sehr kreativ, individuell und als Paar Fortschritte zu machen. Dale fand es hilfreich, sich wieder in seine Arbeit zu stürzen. In den Sitzungen sprach er auch über seine Gefühle von Trauer und Zorn, die in einem anderen Zeitablauf und Rhythmus als bei Gloria auftauchten, und allmählich wurden diese Gefühle weniger intensiv. Gloria sprach weiter zu Hause mit Jamie und nutzte die Sitzungen, um die Tiefe ihres Verlustes zu erkunden und auszudrücken. Beide erklärten sie Phil, durch diesen Gebrauch der Therapiestunde konnte Gloria tun, was sie tun musste, und Dale konnte sie trösten und seine eigenen Gefühle zu seiner eigenen Zeit erleben. Zu Hause fingen sie an, sich wieder um andere Aspekte ihres Lebens kümmern zu können. Sie fanden Möglichkeiten, sich zu ihrem Verlust zu bekennen und gleichzeitig vorwärts zu gehen. Nach einer gewissen Zeit fing Dale an, mit Gloria zum Friedhof zu gehen, aber nicht jedes Mal. Gloria fuhr mit ihren privaten Gesprächen mit Jamie fort, aber nur noch gelegentlich, und sie war sich sicher, dass Jamies Seele ihren Frieden gefunden hatte. Von Zeit zu Zeit erwähnten Dale und Gloria das Verlangen, noch einmal zu versuchen, ein Kind zu bekommen, aber sie waren sich einig, noch mehr Zeit zu benötigen.

Als Phil sie während einer Sitzung im siebten Monat aufforderte, ihren Fortschritt auf einer Skala anzuordnen, sagten sie beide, sie wären ungefähr bei der 9 und fühlten sich bereit, die Häufigkeit der Sitzungen zu verringern. Gloria, Dale und Phil trafen sich noch etwa viermal, verteilt auf die nächsten vier Monate. Als sich der Jahrestag ihres ersten Treffens näherte, verkündeten Gloria und Dale, sie fühlten sich jetzt so weit, die Therapie zu beenden, und sie und Phil verabschiedeten sich herzlich und tränenreich.

Ungefähr drei Monate später rief Gloria Phil an und sagte, sie wolle für ein paar Sitzungen allein kommen, um an „Fragen des Selbstbewusstseins" zu arbeiten. Als sie kam, sagte sie, es gäbe Zeiten, wo sie sich sehr unsicher fühlte und sich unsinnige Sorgen machte, Dale würde sie verlassen oder sich mit einer anderen Frau einlassen. Sie erklärte, dies seien Gefühle, die sie auch in anderen Partnerbeziehungen beunruhigt hätten und auch am Anfang ihrer Beziehung mit Dale. Jetzt, wo sie wusste, dass Phil helfen konnte, wollte sie dieses Thema in Angriff nehmen. Sie wusste, ihre Ängste wegen Dale waren unbegründet, aber sie verfolgten sie trotzdem und trieben sie dazu, ständig bei ihm Vergewisserung zu suchen. Ihre Ängste brachten sie auch dazu, Dinge zu tun, die einen Keil zwischen sie trieben. Sie wollte mehr Vertrauen in Dale haben und mehr Selbstvertrauen in sich selbst und in seine Liebe zu ihr gewinnen.

Phil sah Gloria diesmal insgesamt für vier Sitzungen. In der ersten Sitzung half er ihr, einen Satz von gut formulierten Zielen zu entwickeln und deutlich herauszustellen, und zwar in Form von Videobildern davon, wie sie sich anders verhalten würde, wenn sie „mehr Selbstvertrauen hätte und Dale und seiner Liebe Vertrauen schenken könnte." Zu den Anzeichen eines Unterschieds würde es gehören, wenn sie Dale zum Abschied einen Kuss geben würde, wenn er abends ausging, und ihm viel Vergnügen wünschte. Sie beschrieb auch, wie sie sich selbst an solchen Abenden sehen würde, wenn sie allein wäre: lächelnd, entspannt und ganz gefangen, während sie an einer Näharbeit saß. In einem anderen bevorzugten Zukunftsbild sah sie sich selbst, wie sie einige ihrer Freundinnen anrief, sich zu gemeinsamen Unternehmungen verabredete und tatsächlich an den Abenden mit ihnen ausging.

Phil und Gloria fingen an, über die Schritte zu sprechen, die vielleicht einige dieser erwünschten Veränderungen herbeiführen würden. Während dieses Gesprächs sagte Gloria – zunächst ein bisschen schüchtern – dass sie glaubte, einen Schutzengel zu haben, an den sie sich manchmal wandte. Tatsächlich brachte dieser Schutzengel ihr mitunter Nachrichten von Jamie und sagte ihr, Jamie sei glücklich. Gloria sagte, es gäbe auch eine sozusagen „gemeine Person" in ihrem Kopf, die sie dazu brachte, sich schlecht zu fühlen, und sie veranlasste, unsicher zu werden und an Dales Liebe zu zweifeln. Diese „gemeine Person" erfand Geschichten über Dale, wie er eine schöne, attraktive Frau traf und mit ihr davonlief. Dann bekam Gloria große Angst. Sie versuchte, ihre Ängste für sich zu behalten, aber wenn sie sich von Dale zurückzog, stellte er ihr Fragen, und schließlich gab sie dann ihre Befürchtungen zu. Er versicherte ihr dann, er würde ihr immer treu sein und er liebe sie sehr. Aber er sagte auch, wie sehr es ihm Sorgen machte, dass sie so unsicher und wenig vertrauensvoll war.

Phil fragte Gloria, ob es Zeiten gab, wo der Schutzengel zu ihrer Verteidigung erschien und sie daran erinnerte, wie sehr Dale sie liebte. Sie sagte, die gäbe es, aber es sei schwer für sie, in Verbindung mit ihrem Schutzengel und seiner Botschaft zu bleiben, wenn sie unter dem Einfluss der „gemeinen Person" stand. Phil fragte sie, ob sie meinte, es würde einen Unterschied machen, wenn sie in der Lage wäre, sich vom Schutzengel Stärke zu holen, selbst wenn die „gemeine Person" das Schlimmste machte – ob es Wege gab, wie sie die „gemeine Person" daran hindern konnte, sie von ihrem Schutzengel zu trennen, damit sie und der Schutzengel zusammen daran arbeiten konnten, die „gemeine Person" davon abzuhalten, Streit zwischen ihr und Dale zu stiften. Gloria dachte eine Weile nach und plötzlich leuchtete in ihrem Gesicht ein wundervolles Lächeln. Sie sagte, sie wüsste genau, was zu tun sei, sie wolle es Phil aber nicht sagen. Sie wollte es geheim halten, da es vielleicht nicht so gut funktionierte, wenn sie es laut aussprach. Phil sagte, er sei voller Vertrauen, dass Gloria wüsste, was das Beste sei, und es gäbe keinen Grund für sie, ihm ihren Plan zu erzählen. Am Ende der Sitzung sagte Gloria, sie wolle ihre Idee ausprobieren und noch ein- oder zweimal wiederkommen, bis sie sicher sei, dass es funktioniert.

Gloria kam in der folgenden Woche wieder. Sie berichtete sehr aufgeregt, wenn es auch noch viele Male gegeben hätte, wo die „gemeine Person" sie erwischt hätte, so hätten doch sie und ihr Schutzengel gut zusammengearbeitet. Ihr Schutzengel hatte ihr sogar gesagt, ihm sei aufgefallen, wieviel stärker Gloria geworden sei. Gloria wollte sich vergewissern, dass ihr Schutzengel sie nicht verließ, wenn sie stärker und selbstbewusster wurde. Sie berichtete, der Engel habe ihr versichert, er würde immer da sein, selbst wenn Gloria immer selbstsicherer würde. Gloria sagte an diesem Punkt, sie fühle sich bereit, die Therapie zu beenden, aber sie wolle nur zur Sicherheit noch zwei weitere Sitzungen. Sie kam noch zweimal und in der letzten Sitzung sagte sie, es gäbe etwas, was sie Phil mitteilen wollte, bevor sie fortging: Sie und Dale versuchten wieder, ein Baby zu bekommen. Sie wollte wissen, ob die ganze Familie zusammen zu Besuch kommen könnte, nachdem das Baby geboren war, auch wenn Dale und sie keine Probleme hätten. Phil sagte, das würde er wunderschön finden.

Etwa ein Jahr später rief Gloria an, um einen Termin zu vereinbaren. Als Phil ins Wartezimmer kam, begrüßten ihn dort Gloria, Dale und ein wunderbares drei Wochen altes Baby, ein kleiner Junge, der ihm von Dale als Tyler vorgestellt wurde. Sie verbrachten eine Stunde lang gemeinsam in freudigem Beieinander; Phil hielt und fütterte Tyler und spielte mit ihm, während Gloria und Dale ihn über all die aufregenden Ereignisse des vergangenen Jahres ins Bild setzten. Nachdem die Familie fortgegangen war, fragte Phil sich, wie er es oft macht, wie er so viel Glück haben konnte, für diese Art von Arbeit bezahlt zu werden.

Literatur

ANDERSON, Harlene (1997). Conversation, language and possibilities: A postmodern approach to therapy. New York: Basic, dtsch. Das therapeutische Gespräch. Stuttgart: Klett-Cotta, 1999

ANDERSON, Harlene & Harold S. GOOLISHIAN (1992). The client is the expert: A not-knowing approach to therapy. In: Sheila MCNAMEE & Kenneth GERGEN (eds.), Therapy as social construction (S. 25-39). Newbury Park, CA: Sage, dtsch. Der Klient ist der Experte: Ein therapeutischer Ansatz des Nicht-Wissens. Z.system.Ther. 10 (3), 176-189

BADER, Ellen & Peter PEARSON (1988). In quest of the mythical mate: A developmental approach to diagnosis and treatment in couples therapy. New York: Brunner/Mazel

BERG, Insoo Kim (1994). Family-based services: A solution-focused approach. New York: Norton, dtsch. Familien-Zusammenhalt(en). Dortmund: modernes lernen, 2002[7]

BERG, Insoo Kim (1995). Solution-focused brief therapy with substance abusers. In: A. WASHTON (ed.), Psychotherapy and substance abuse: A practitioner's handbook (S. 223-242). New York: Guilford

BERG, Insoo Kim & Steve DE SHAZER. (1993). Making numbers talk: Language in therapy. In: Steven FRIEDMAN (ed.), The new language of change (S. 5-24). New York: Guilford, dtsch. Wie man Zahlen zum Sprechen bringt: Die Sprache in der Therapie. Familiendynamik 18 (2): 146-162, 1993

BERG, Insoo Kim & Susan KELLY (2000). Building solutions in child protective services. New York: Norton, dtsch. Kinderschutz und Lösungsorientierung. Dortmund: modernes lernen, 2001

BERG, Insoo Kim & Scott D. MILLER (1992). Working with the problem drinker: A solutionfocused approach. New York: Norton, dtsch. Kurzzeittherapie bei Alkoholproblemen. Heidelberg: Cl.Auer, 1993

BLUMSTEIN, Philip & Pepper SCHWARTZ (1983). American couples. New York: William Morrow

BOSCOLO, Luigi, Gianfranco CECCHIN, Lynn HOFFMAN & Peggy PENN (1987). Milan systemic family therapy: Conversations in theory and practice. New York: Basic, dtsch. Familientherapie – Systemtherapie. Das Mailänder Modell. Dortmund: modernes lernen, 1997[5]

BRAY, James H. & Ernest N. JOURILES (1995). Treatment of marital conflict and prevention of divorce. Journal of Marital and Family Therapy 21(4): 461-473

BUDMAN, Simon H. & Alan S. GURMAN (1988). Theory and practice of brief therapy. New York: Guilford

Butler, William R. & Keith V. Powers (1996). Solution-focused grief therapy. In: Scott D. Miller, Mark A. Hubble & Barry L. Duncan (eds.), Handbook of brief solution focused therapy (S. 228-247). San Francisco: Jossey-Bass

Cade, Brian & Bill O'Hanlon (1993). A brief guide to brief therapy. New York: Norton

De Jong, Peter & Insoo Kim Berg (1998). Interviewing for solutions. Monterey, CA: Brooks-Cole, dtsch. Lösungen (er-)finden. Das Werkstattbuch der lösungsorientierten Kurztherapie. Dortmund: modernes lernen, 2003[5]

De Jong, Peter & Scott D. Miller (1995). How to interview for client strengths. Social Work 40(6): 729-735

DeLuca, Phil (1996). The solo partner: Repairing your relationship on your own. Point Roberts, WA: Hartley & Marks

de Shazer, Steve (1984). The death of resistance. Family Process 23(1): 79-93

de Shazer, Steve (1985). Keys to solution in brief therapy. New York: Norton, dtsch. Wege der erfolgreichen Kurztherapie. Stuttgart: Klett-Cotta, 1989

de Shazer, Steve (1988). Clues: Investigating solutions in brief therapy. New York: Norton, dtsch. Der Dreh. Heidelberg: Cl.Auer, 1989

de Shazer, Steve (1990). What is it about brief therapy that works? In: Jeffrey K. Zeig & Stephen G. Gilligan (eds.), Brief therapy: Myths, methods and metaphors (S. 90-99). New York: Brunner/Mazel

de Shazer, Steve (1991). Putting difference to work. New York: Norton, dtsch. Das Spiel mit Unterschieden. Heidelberg. Cl.Auer, 1992

de Shazer, Steve (1993). Commentary: de Shazer & White: Vive la difference. In: Stephen Gilligan & Reese Price (eds.), Therapeutic conversations (S. 112-120). New York: Norton

de Shazer, Steve (1994). Words were originally magic. New York: Norton, dtsch. „...Worte waren ursprünglich Zauber". Lösungsorientierte Therapie in Theorie und Praxis. Dortmund: modernes lernen, 1998[2]

de Shazer, Steve & Insoo Kim Berg (1985). A part is not apart: Working with only one of the partners present. In: Alan S. Gurman (es.), Casebook of marital therapy (S. 97-110). New York: Guilford

de Shazer, Steve, Insoo Kim Berg, Eve Lipchik, Elam Nunnally, Alex Molnar, Wallace Gingerich & Michele Weiner-Davis (1986). Brief therapy: Focused solution development. Family Process 25(3): 207-221

de Shazer, Steve & Molnar, Alex (1983). Rekursivität: Die Praxis-Theorie Beziehung. Z.system.Ther. 1(3): 2-10, 1983

DiClemente, Carlo C. (1991). Motivational interviewing and the stages of change. In: William R. Miller & Steven Rolnick (eds.), Motivational interviewing: Preparing people to change addictive behaviors (S. 191-202). New York: Guilford

DUNCAN, Barry, Mark A. HUBBLE & Scott D. MILLER (1997). Psychotherapy with impossible cases: The efficient treatment of therapy veterans. New York: Norton, dtsch. ‚Aussichtslose Fälle'. Die wirksame Behandlung von Psychotherapie-Veteranen. Stuttgart: Klett-Cotta,1998

DUNCAN, Barry & Scott D. MILLER (2000). The heroic client: Doing client-directed, outcome informed therapy. San Francisco: Jossey-Bass

DUNCAN, Barry & Joseph W. ROCK (1991). Overcoming relationship impasses: Ways to initiate change when your partner won't help. New York: Plenum

DUNCAN, Barry, Andrew SOLOVEY & Gregory RUSK (1992). Changing the rules: A client-directed approach to therapy. New York: Guilford

DURRANT, Michael (1993). Residential treatment: A cooperative, competency-based approach. New York: Norton

EPSTON, David (1993). Internalizing other questions with couples: The New Zealand version. In: Stephen GILLIGAN & Reese PRICE (eds.), Therapeutic conversations (S. 183-196). New York: Norton

ERON, Joseph B. & Thomas W. LUND (1996). Narrative solutions in brief therapy. New York: Guilford

ERON, Joseph B. & Thomas W. LUND (1999). Narrative solutions in brief couple therapy. In: J. M. DONOVAN (ed.), Short-term couple therapy (S. 291-324). New York: Guilford

FISCH Richard, John WEAKLAND & Lynn SEGAL (1982). Tactics of change: Doing therapy briefly. San Francisco: Jossey-.Bass, dtsch. Strategien der Veränderung. Systemische Kurzzeittherapie. Stuttgart: Klett-Cotta, 1991²

FOLLETTE, Victoria M. & Neil S. JACOBSON (1990). Treating communications problems from a behavioral perspective. In: R. CHASM, H. GRUNEBAUM & M. HERZIG (eds.), One couple, four realities: Multiple perspectives on couples therapy (S. 229-245). New York: Guilford

FREEDMAN, Jill & Gene COMBS (1996). Narrative therapy: The social construction of preferred realities. New York: Norton

FRIEDMAN, Steven (1996). Couples therapy: Changing conversations. In: Hugh ROSEN & Kevin T. KUEHLWEIN (eds.), Constructing realities: Meaning making perspectives for psychotherapists (S. 413-453). San Francisco: Jossey-Bass

FRIEDMAN, Steven (1999). Effektive Psychotherapie,. Wirksam handeln bei begrenzten Ressourcen. Dortmund: modernes lernen

FRIEDMAN, Steven & Eve LIPCHICK (1999). A time-effective, solution-focused approach to couple therapy. In J. M. DONOVAN (ed.), Short-term couple therapy (S. 325-359). New York: Guilford

FURMAN, Ben (2002⁴). Es ist nie zu spät, eine glückliche Kindheit zu haben. Dortmund: borgmann

FURMAN, Ben & Tapani AHOLA (1992). Solution talk: Hosting therapeutic conversations. New York: Norton, dtsch. Die Zukunft ist das Land, das niemandem gehört. Stuttgart: Klett-Cotta, 1995

GERGEN, Kenneth (1991). The saturated self. Dilemmas of identity in contemporary life. New York: Basic, dtsch. Das übersättigte Selbst. Heidelberg: Cl.Auer, 1996

GERGEN, Kenneth (1994). Realities and relationships: Soundings in social construction. Cambridge, MA: Harvard University Press

GERGEN, Kenneth & Mary GERGEN (1991). Toward reflexive methodologies. In: Frederik STEIR (ed.), Research and reflexivity (S. 76-95). Newbury Park, CA: Sage

GERGEN, Kenneth & John KAYE (1992). Beyond narrative in the negotiation of therapeutic meaning. In: Sheila McNAMEE & Kenneth GERGEN (eds.), Therapy as social construction (S. 166-185). Newbury Park, CA: Sage

GILLIGAN, Stephen & Reese PRICE (eds.) (1993). Therapeutic conversations. New York: Norton

GOTTMAN, John (1994). Why marriages succeed or fail ... and how you can make yours last. New York: Fireside

GOTTMAN, John (1999). The marriage clinic: A scientifically-based marital therapy. New York: Norton

GREENBERG, Leslie S. & Sue M. JOHNSON (1998). Emotionally focused therapy for couples. New York: Guilford

HALEY, Jay (1976). Problem-solving therapy: New strategies for effective family therapy. San Francisco: Jossey-Bass, dtsch. Direktive Familientherapie. München: Pfeiffer, 1977

HEITLER, Susan (1990). From conflict to resolution: Skills and strategies for individual, couple and family therapy. New York:. Norton

HELD, Barbara S. (1995). Back to reality: A critique of postmodern theory in psychotherapy. New York: Norton

HENDRIX, Harville (1988). Getting the love you want: A guide for couples. New York: Holt

HERMANNS, Hubert J.M., Harry J.G. KEMPEN & Rens J.P. VAN LOON (1992). The dialogical self. Beyond individualism and rationalism. Am.Psychol. 47(1): 23-33

HERMANNS, Hubert J.M., Trix I. Rijks & Harry J.G. KEMPEN (1993). Imaginal dialogues in the self: Theory and method. J. Personality 61(2): 207-236

HOFFMAN, Lynn (1993). Exchanging voices: A collaborative approach to family therapy. London: Karnac, dtsch. Therapeutische Konversationen. Von Macht und Einflußnahme zur Zusammenarbeit in der Therapie – Die Entwicklung systemischer Praxis. Dortmund: modernes lernen, 1996

HOLTZWORTH-MONROE, Amy, Stacia B. BEATTY & Kimberly ANGLIN (1995). The assessment and treatment of marital violence: An introduction for the marital therapist. In: Neil S. JACOBSON & Alan S. GURMAN (eds.), Clinical handbook of couple therapy (S. 317-339). New York: Guilford

HOYT, Michael F. (ed.), (1994). Constructive therapies (Vol. 1). New York: Guilford

HOYT, Michael F. (1996). Solution Building and Language Games: A Conversation with Steve de Shazer. In: ders. (ed), Constructive Therapies 2. New York-London: Guilford

HOYT, Michael F. (ed.), (1996). Constructive therapies (Vol. 2). New York: Guilford

HOYT, Michael F. (ed.), (1998). The handbook of constructive therapies: Innovative approaches from leading practitioners. San Francisco: Jossey-Bass

HOYT, Michael F. (2000). Some stories are better than others: Doing what works in brief therapy and managed care. New York: Brunner/Mazel

HOYT, Michael F. (i.Dr.). Solution-focused couple therapy. In: Alan S. GURMAN (ed.), Clinical Handbook of Couple Therapy (3rd cd.). New York: Guilford

HOYT, Michael F. & Insoo Kim BERG (1998). Solution-focused couple therapy: Helping clients construct self-fulfilling realities. In: Michael HOYT (ed.), The handbook of constructive therapies: Innovative approaches from leading practitioners (S. 314-340). San Francisco: Jossey-Bass

HUDSON, Patricia O. & William H. O'HANLON (1992). Re-writing love stories: Brief marital therapy. New York: Norton

JACOBSON, Neil S. & Andrew CHRISTENSEN (1996). Integrative couple therapy. New York: Norton

JACOBSON, Neil S. & Alan S. GURMAN (eds.). (1995). Clinical handbook of couple therapy. New York: Guilford

JACOBSON, Neil S. & Gayle MARGOLIN, (1979). Marital therapy: Strategies based on social learning and behavior exchange principles. New York: Brunner/Mazel

JOHNSON, Charles E. & Jeffrey GOLDMAN (1996). Taking safety home: A solution-focused approach to domestic violence. In: Michael HOYT (ed.), Constructive therapies (Vol. 2), S. 184-196. New York: Guilford

JOHNSON, Lynn D. (1995). Psychotherapy in the age of accountability. New York: Norton

JOHNSON, Sue M. (1996). The practice of emotionally focused marital therapy: Creating connection. New York: Brunner/Mazel

KEIM, James (1999). Brief strategic marital therapy. In: James M. DONOVAN (ed.), Short-term couple therapy (S. 265-290). New York: Guilford

KLAR, Herb & Insoo Kim BERG (1999). Solution-focused brief therapy. In: D. M. LAWSON & F. F. PREVATT (eds.), Casebook in family therapy (S. 232-258). Belmont: CA: Wadsworth

LAMBERT, Michael J. (1992). Implications of outcome research for psychotherapy integration. In: James C. NORCROSS & Michael R. GOLDFRIED (eds.), Handbook of psychotherapy integration (S. 94-129). New York: Basic

LAMBERT, Michael J. & Allen E. BERGIN (1994). The effectiveness of psychotherapy. In: Allen J. BERGIN & Sol L. GARFIELD (eds.), Handbook of psychotherapy and behavior change (4th ed., S. 143-189). New York: Wiley

LIPCHIK, Eve & Anthony D. KUBICKI (1996). Solution-focused domestic violence issues: Bridges toward a new reality in couples therapy. In: Scott D. MILLER, Mark A. HUBBLE & Barry L. DUNCAN (eds.), Handbook of solution-focused brief therapy (S. 65-98). San Francisco: Jossey-Bass

LOTH, Wolfgang (2000). Alles im Wunderland? – Notizen von unterwegs – in: Jürgen HARGENS & Wolfgang EBERLING (eds), Einfach kurz und gut. Teil 2. Ressourcen erkennen und nutzen. Dortmuund: borgmann

MADANES, Cloe (1981). Strategic family therapy. San Francisco: Jossey-Bass

MADANES, Cloe (1990). Sex, love and violence: Strategies for transformation. New York: Norton

MADANES, Cloe, James KEIM & D. SMELSER (1995). The violence of men. San Francisco: Jossey-Bass

MARKMAN, Howard, Scott STANLEY & Susan BLUMBERG (1994). Fighting for your marriage: Positive steps for preventing divorce and preserving a lasting love. San Francisco: JosseyBass

MARKUS, Hazel & Paula NURIUS (1986). Possible Selves. Am.Psychol. 41(9): 954-969

MCKEEL, A. Jay (1996). A clinician's guide to research on solution-focused brief therapy. In: Scott D. MILLER, Mark A. HUBBLE, & Barry L. DUNCAN (eds.), Handbook of solution-focused brief therapy (S. 251-271). San Francisco: Jossey-Bass

MCKEEL, A. Jay (1999). A selected review of research of solution-focused brief therapy. Unpublished manuscript

MCNAMEE Sheila & Kenneth GERGEN (eds), (1992). Therapy as social construction. Newbury Park, CA: Sage

MILLER, Gale (1997). Becoming miracle workers: Language and meaning in brief therapy. Hawthorne, NY: Aldine de Gruyter

MILLER, Scott D., Barry L. DUNCAN & Mark A. HUBBLE (1997). Escape from Babel: Towards a unifying language of psychotherapy practice. New York: Norton, dtsch. Jenseits von Babel. Wege zu einer gemeinsamen Sprache in der Psychotherapie. Stuttgart: Klett-Cotta, 2000

MILLER, William. R. & Steven ROLLNICK (1991). Motivational interviewing: Preparing people to change addictive behavior. New York: Guilford

NEIMEYER, Robert A. & Michael J. MAHONEY (eds.), (1995). Constructivism in psychotherapy. Washington, DC: American Psychological Association

NOTARIUS, Clifford & Howard MARKMAN (1993). We can work it out: How to solve conflicts, save your marriage, and strengthen your love for each other. New York: Perigee

NYLAND, David & Victoria CORSIGLIA (1994). Becoming solution forced in brief therapy: Remembering something important we already knew. Journal of Systemic Therapies 13(1): 5-11

O'HANLON, William H. (1998). Possibility therapy: An inclusive, collaborative, solution-based model of psychotherapy. In: Michael F. HOYT (ed.), The handbook of constructive therapies (S. 137-158). San Francisco: Jossey-Bass

O'HANLON, William H. & Michele WEINER-DAVIS (1989). In search of solutions: A new direction in psychotherapy. New York: Norton

PARRY, Alan & Robert E. DOAN (1994). Story revisions: Narrative therapy in the postmodern world. New York: Norton

PROCHASKA, James O. (2001). Wie Menschen es schaffen, sich zu ändern, und wie wir noch mehr Menschen dabei unterstützen können. In: HUBBLE, Mark A., Barry L. DUNCAN & Scott D. MILLER (eds), So wirkt Psychotherapie. Empirische Ergebnisse und praktische Folgerungen. Dortmund: modernes lernen

PROCHASKA, James O., John C. NORCROSS & Carlo C. DiCLEMENTE (1994). Changing for good. New York: Morrow

ROBINSON, E. A. & M. G. PRICE (1980). Pleasurable behavior in marital interaction: An observational study. Journal of Consulting and Clinical Psychology 48: 117-118

ROGERS, Carl R. (1951). Client-centered therapy: Its current practice, implications and theory. Boston: Houghton Muffin

ROSENBLATT, Paul C. (1994). Metaphors of family systems theory: Toward new constructions. New York: Guilford

SALEEBEY, David (1997). The strengths perspective in social work practice (2nd ed.). White Plains, NY: Longman

SCHWARTZ, Pepper (1994). Love between equals: How peer marriage really works. New York: Free

SHOHAM, Varda, Michael ROHRBAUGH & James PATTERSON (1995). Problem- and solution focused couple therapies: The MRI and Milwaukee Models. In: Neil S. JACOBSON & Alan S. GURMAN (eds.), Clinical handbook of couple therapy (S. 142-163). New York: Guilford

SOKAL, Alan & Jean BRICMONT (1998). Fashionable nonsense: Postmodern intellectuals' abuse of science. New York: Picador

SOLOMON, Marion (1989). Narcissism and intimacy: Love and marriage in an age of confusion. New York: Norton

STUART, Richard (1980). Helping couples change: A social learning approach to marital therapy. New York: Guilford

THOMAS, Frank & James COCKBURN (1998). Competency-based counseling: Building on client strengths. Minneapolis, MN: Fortress

TOLSTOY, Leo (1965). Anna Karenina (Constance Garnett translation, revised and edited by L. J. Kent & N. Berberova). New York: Random House

TOMM, Karl (1987). Interventive Interviewing: Part II. Reflexive questioning as a means to enable self-healing. Family Process 26(4): 167-183, dtsch. Die Fragen des Beobachters. Heidelberg: Cl.Auer, 1994

TOMM, Karl (1988). Interventive interviewing: Part III. Intending to ask lineal, circular, strategic, or reflexive questions? Family Process 27(1): 1-15, dtsch. Die Fragen des Beobachters. Heidelberg: Cl.Auer, 1994

TOMM, Karl (1993). The courage to protest: A commentary on Michael White's work. In: Stephen GILLIGAN & Reese PRICE (eds.), Therapeutic conversations (S. 62-80). New York: Norton

TURNELL, Alan & Steve EDWARDS (1999). Signs of safety: A solution- and safety-oriented approach to child protection case work. New York: Norton

WALL, M., T. KLECKNER, J. AMENDT & D. BRYANT (1989). Therapeutic compliments: Setting the stage for successful therapy. Journal of Marital and Family Therapy 15: 159-167

WALTER, John L. & Jane E. PELLER (1988). Going beyond the attempted solution: A couple's meta-solution. Family Therapy Case Studies 3(1): 41-45

WALTER, John L. & Jane E. PELLER (1992). Becoming solution-focused in brief therapy. New York: Brunner/Mazel, dtsch. Lösungs-orientierte Kurztherapie. Ein Lehr- und Lernbuch. Dortmund: modernes lernen, 2002[5]

WALTER, John L. & Jane E. PELLER (1994). „On track" in solution-focused brief therapy. In: Michael HOYT (ed.), Constructive therapies (Vol. 1, S. 111-125). New York: Guilford

WALTER, John L. & Jane E. PELLER (1996). Rethinking our assumptions: Assuming anew in a postmodern world. In: Scott D. MILLER, Mark A. HUBBLE, & Barry L. DUNCAN (eds.), Handbook of solution-focused brief therapy (S. 9-26). San Francisco: Jossey-Bass

WALTER, John L. & Jane E. PELLER (2000). Recreating brief therapy: Preferences and possibilities. New York: Norton

WATZLAWICK, Paul (1976). Wie wirklich ist die Wirklichkeit? Wahn-Täuschung-Verstehen. München-Zürich: Piper, 1981

WATZLAWICK, Paul (ed.), (1984). The invented reality. New York: Norton, dtsch. Die erfundene Wirklichkeit. München-Zürich: Piper, 1981

WATZLAWICK, Paul, John H. WEAKLAND & Richard FISCH (1974). Change: Principles of problem formation and problem resolution. New York: Norton, dtsch. Lösungen. Zur Theorie und Praxis menschlichen Wandels. Bern-Stuttgart-Wien: Huber, 1974

WEINER-DAVIS, Michele (1992). Divorce busting: A revolutionary and rapid program for staying together. New York: Fireside

WEINER-DAVIS, Michele, Steve DE SHAZER & Wallace GINGERICH (1987). Building on pretreatment change to construct the therapeutic solution: An exploratory study. Journal of Marital and Family Therapy 13(4), 359-363

WHITE, Michael & David EPSTON (1990). Narrative means to therapeutic ends. New York: Norton, dtsch. Die Zähmung der Monster. Heidelberg: Cl.Auer, 1990

ZIEGLER, Phillipp (1998). Solution-focused therapy for the not-so-brief clinician. Journal of Collaborative Therapies 6(1), 22-25

ZIMMERMAN, Jefferey L. & Victoria DICKERSON (1996). If problems talked: Narrative therapy in action. New York: Guilford

Personenverzeichnis

Ahola – 55;
Amendt – 242;
Andersen – 7;
Anderson – 11; 18; 27; 54; 67; 77; 80; 105;
Anglin – 204;

Bader – 33;
Bashō – 47;
Beatty – 204;
Berg – 7; 11; 18; 41; 54f; 62; 104; 128; 147; 149f; 163f; 169f; 176; 187f; 222; 237; 244f; 264f; 267; 271; 283; 304;
Bergin – 191;
Berman – 205;
Blumberg – 213;
Boscolo – 217;
Bray – 13; 50; 272;
Bricmont – 53;
Brown – 235;
Bryant – 242;
Budman – 13; 273;
Butler – 314;

Cade – 61; 273;
Cecchin – 217;
Chernin – 11;
Christensen – 45;
Cockburn – 57 ;
Combs – 25; 41; 54 ; 111 ; 163 ; 168 ; 237 ;
Corsiglia – 130 ;

deJong – 18; 41; 54f; 58 ; 62; 104 ; 128 ; 147 ; 149 ; 176 ; 187 ; 222 ; 237 ; 244f; 264; 267; 271;
Deluca – 60 ;
de Shazer – 7f; 11; 18; 26f; 41; 54ff; 62 ; 104 ; 115 ; 133; 144; 147; 150; 152; 163; 166; 170; 180; 187ff; 198ff; 208; 251; 264f; 267; 283;
Dickerson – 118; 237;
DiClemente – 199f;
Doan – 108;
Donovan – 13;
Duncan – 50; 64ff; 94; 145; 235; 258; 290;
Durrant – 59; 61;

Ebbecke-Nohlen – 10;
Edwards – 206;
Epston – 7; 11; 18; 41; 54; 117f; 163; 168; 205; 218;
Eron – 33; 108; 220f; 237;

Fisch – 111; 217;
Follette – 246;
Freedman – 25; 41; 54; 111; 163; 168; 237;
Friedman – 55; 59; 274;
Furman – 55; 57;

Gelles – 204;
Gergen, K. – 7; 25f; 33; 54;;
Gergen, M. – 26;
Gilligan – 18;
Gingerich – 170;
Goldman – 206; 211;
Goolishian – 7; 67;
Gottman – 13; 24; 40; 42f; 45; 50; 120f; 213; 222; 246; 254; 297;
Greenberg – 213;
Gurman – 13; 273;

Haley – 111; 247; 289;
Heitler – 213;
Held – 53;
Hendrix – 33; 213;
Hepburn – 123;
Hermanns – 219;
Hiller – 7f; 56; 89; 223;

Hoffman – 217; 288;
Holtzworth-Monroe – 202f;
Hoyt – 11; 18; 22; 26; 53; 55; 139; 200; 222; 273; 278;
Hubble – 17; 50; 66;
Hudson – 137;

Jacobson – 13; 45; 246; 254;
Johnson – 60; 65; 206; 211; 213;
Jouriles – 13; 50; 272;

Kaye – 25;
Keim – 205; 247;
Kelly – 222;
Klar – 164;
Kleckner – 242;
Korn – 11;
Kubicki – 140; 206;
Kulka – 13;

Lambert – 51f; 169; 191;
Leveton, A. – 11;
Leveton, E. – 11;
Lipchick – 55; 140; 206;
Loth – 151;
Lund – 33; 108; 220f; 237;

Madanes – 111; 205; 247; 289;
Mahoney – 18; 25;
Malmud – 11;
Margolin – 205; 254;
Markman - 213; 297;
Markus – 219;
Markman – 246;
McKeel – 15;
McNamee – 33; 54;
Miller – 11; 50ff; 64; 66; 104; 145; 163; 169; 176; 187; 191; 200; 235; 258;
Molnar – 180;

Neimeyer – 18; 25;
Norcross – 199;
Notarius – 213;
Nurius – 219;
Nylund – 130;

O'Hanlon – 61; 65; 137; 187; 244; 273;

Parry – 108;
Patterson – 59;
Paymar – 205;
Pearson – 33;
Peller – 11; 85; 132; 139; 141ff; 147; 163; 165; 169; 187; 244f; 262; 264; 272;
Pence – 205;
Penn – 217;
Powers – 314;
Price – 18; 31;
Prochaska – 199f;

Robinson – 31;
Rock – 290;
Rogers – 51f; 77;
Rohrbaugh – 59;
Rollnick – 200;
Rosenblatt – 288;
Ruble – 11;
Rusk – 65;

Saleeby – 58;
Schwartz – 11;
Segal – 217;
Shoham – 59;
Smelser – 205;
Sofaer – 11;
Sokal – 53;
Solomon – 33;
Solovey – 65;
Stanley – 213;
Stendhal – 11;
Straus – 204;
Stuart – 254;

Thomas – 57;
Tolstoi – 13;
Tomm – 11; 33; 218ff;
Tracey – 113;
Turnell – 206;

Veroff – 13;

Wall – 242;
Walter – 11; 85; 132; 139; 141ff; 147; 163; 165; 169; 187; 244f; 262; 264; 272;
Watzlawick – 25; 56; 111; 217; 247;
Weakland – 111; 217;
Weiner-Davis – 137; 170; 187; 244; 292;

White – 7; 11; 18; 25; 41; 54; 117f; 163; 168; 205;

Ziegler – 7f; 61; 223; 304;
Zimmerman – 118; 237;